utb 6008

AF900604

Eine Arbeitsgemeinschaft der Verlage

Brill | Schöningh – Fink · Paderborn –
Vandenhoeck & Ruprecht · Göttingen – Böhlau · Wien · Köln
Verlag Barbara Budrich · Opladen · Toronto
facultas · Wien
Walter de Gruyter · Berlin · Boston
Haupt Verlag · Bern
Verlag Julius Klinkhardt · Bad Heilbrunn
Mohr Siebeck · Tübingen
Narr Francke Attempto Verlag – expert verlag · Tübingen
Psychiatrie Verlag · Köln
Psychosozial-Verlag · Gießen
Ernst Reinhardt Verlag · München
transcript Verlag · Bielefeld
Verlag Eugen Ulmer · Stuttgart
UVK Verlag · München
Waxmann · Münster · New York
wbv Publikation · Bielefeld
Wochenschau Verlag · Frankfurt am Main

PD Dr. Martin Seeliger

Universität Bremen

leitet die Abteilung „Wandel der Arbeitsgesellschaft“ am Institut für Arbeit und Wirtschaft der Universität Bremen.

Janis Ewen, M. A.

Universität Hamburg

war bis April 2026 wissenschaftlicher Mitarbeiter an der Fakultät für Wirtschafts- und Sozialwissenschaften der Universität Hamburg. Zu seinen Arbeitsschwerpunkten zählen digitalisierte Arbeit, industrielle Beziehungen und Konflikttheorien.

Martin Seeliger / Janis Ewen

Gewerkschaften

Digitalisierung, Globalisierung und Klimawandel

UVK

Umschlagabbildung: © GgWink | iStock
Autorenbild Seeliger: © MPIfG/AD
Autorenbild Ewen: © privat

Bibliografische Information der Deutschen Nationalbibliothek
Die Deutsche Nationalbibliothek verzeichnet diese Publikation in der Deutschen Nationalbibliografie; detaillierte bibliografische Daten sind im Internet über http://dnb.dnb.de abrufbar.

DOI: https://doi.org/10.36198/9783838560083

– Ein Unternehmen der Narr Francke Attempto Verlag GmbH + Co. KG
Dischingerweg 5 · D-72070 Tübingen

Internet: www.narr.de
eMail: info@narr.de

Einbandgestaltung: siegel konzeption | gestaltung
Druck: Elanders Waiblingen GmbH

utb-Nr. 6008
ISBN 978-3-8252-6008-8 (Print)
ISBN 978-3-8385-6008-3 (ePDF)
ISBN 978-3-8463-6008-8 (ePub)

FSC www.fsc.org MIX Papier | Fördert gute Waldnutzung FSC® C016368

Inhalt

1 Einleitung

Die deutsche Sprache hat die merkwürdige Eigenart, Dingen, die eigentlich etwas Schönes sind, eine abschreckende Konnotation zu verleihen. Denken Sie an das Wort Badeanstalt. Ein Ort, an dem man Sport treiben und sich amüsieren kann, indem man im Wasser planscht, vom Drei-Meter-Brett springt oder etwas Ähnliches tut, was Badegäste eben so tun, erscheint hier als Ort, an dem strenge Regeln gelten, vielleicht sogar Zwang ausgeübt wird. Badeanstalt klingt nach preußischer Bürokratie, ja fast schon Gefängnis. Und nicht nach Schwimmbad, Sport und Vergnügen.

Mit dem Begriff der Gewerkschaft, so ließe sich argumentieren, verhält es sich ähnlich. Gewerkschaften stellen wir uns vor als große, rigide Apparate, in denen Mitglieder verwaltet und endlose Sitzungen durchgeführt werden, an deren Ende in hölzerner, abstrakter Sprache irgendwelche mit bürokratischen Floskeln überfrachtete Standard-Sätze ausgesprochen werden. Gewerkschaften, um in diesem Bild zu bleiben, sind alt, langweilig und – in einer Epoche, die mehr als alle vorherigen von Individualismus und Selbstverwirklichung geprägt ist – alles andere als zeitgemäß.

Diese Einschätzung teilen wir nicht. Das liegt daran, dass wir uns seit vielen Jahren wissenschaftlich mit Gewerkschaften beschäftigen und daher eine differenziertere Sichtweise allein schon von Berufswegen einnehmen müssen. Doch auch unter politischen Aspekten sehen wir in den Gewerkschaften äußerst relevante Akteure, die wichtige Ziele verfolgen. Ohne die Arbeit der Gewerkschaften wäre das Leben eines Großteils der Menschen wesentlich schlechter.

Aber was genau ist eine Gewerkschaft eigentlich? Und was macht sie? Sind sie wirklich Bürokratiemonster aus dem Dinosaurierzeitalter des modernen Kapitalismus? Sind sie langweilig und träge? Ein

Hemmschuh wirtschaftlicher Modernisierung oder klientelpolitische Lobbyorganisationen einiger weniger Beschäftigter in irgendwelchen Schlüsselbranchen? All dies sind Vorurteile, mit denen wir auf den folgenden Seiten (soweit es geht) aufräumen möchten, indem wir eine historisch informierte, sozialwissenschaftlich reflektierte Perspektive auf die Rolle und Bedeutung der Gewerkschaften im zeitgenössischen Kapitalismus etablieren.

Auf der allgemeinsten Ebene sind Gewerkschaften „Interessenverbände der Lohnarbeiterinnen und Lohnarbeiter" (Deppe 2012: 9). Als politische Organisationen bündeln sie die Interessen ihrer Mitglieder und vertreten diese in strategischen Auseinandersetzungen mit anderen Organisationen – in der Regel Kapitalverbänden, Unternehmen und dem Staat, aber auch mit anderen Gewerkschaften, den Medien oder kollektiven Akteuren aus sozialen Bewegungen. In einer programmatischen Definition beschreibt Walther Müller-Jentsch (2009: 143) den Charakter von Gewerkschaften im Kapitalismus wie folgt: „Gewerkschaften agieren mit relevanten ökonomischen Effekten in kapitalistischen, das heißt marktwirtschaftlichen Systemen, ohne aber eine genuin marktwirtschaftliche beziehungsweise systemkonforme Institution dieser Wirtschaftsform zu sein."

Im Kapitalismus, den wir als weitgehend marktbasierte Wirtschaftsweise unter Bedingungen von Kapitalkonzentration und Ausbeutung von Arbeitskraft verstehen, kommt Gewerkschaften damit eine Schlüsselbedeutung zu. Indem sie die Bedingungen regulieren, unter denen Arbeitskraft als Ware am Arbeitsmarkt gehandelt wird, sind Gewerkschaften aus sozialwissenschaftlicher Sicht gleichermaßen als wirtschaftliche und politische Akteure anzusehen. Das politische Spektrum, innerhalb dessen Gewerkschaften ihren Aktivitäten nachgehen, ist relativ breit. Es gibt kommunistische und konservative Gewerkschaften. Es gibt Gewerkschaften, die die Marktwirtschaft ablehnen und Gewerkschaften, die sie verteidigen. Es gibt Gewerkschaften, die sich auf die Vertretung ihrer Mitglieder beschränken und Gewerkschaften, die den Anspruch haben, die gesamte Klasse der Lohnabhängigen zu repräsentieren. Es gibt nationalistische und internationalistische Gewerkschaften, Gewerkschaften, die Umweltschutz als Klasseninteresse etablieren und Gewerkschaften, die am fossilen Brennstoffe vernutzenden Kapitalismus festhalten wollen.

Die Darstellung der politischen Vielfalt des gewerkschaftlichen Spektrums ließe sich an dieser Stelle weiter fortführen. Die Frage, inwiefern die politische Subjektivität von Gewerkschaften jenseits ihres arbeitspolitischen Kerngeschäftes auch Fragen von Ökologie, Geschlechteregalität oder Antirassismus umfassen kann und sollte, ist hierbei grundsätzlich von großem Interesse. Im Zentrum dieses Lehrbuches steht sie allerdings nicht. Der Fokus des Buches liegt weiterhin auf Deutschland und dem hiesigen dualen System der Arbeitsbeziehungen. Während vor allem im Kapitel zur Internationalisierung gewerkschaftlicher Vertretungsarbeit Bezüge zu grenzüberschreitenden Aspekten hergestellt werden, folgt der Darstellungsverlauf einem Muster methodologischen Nationalismus. Das ist grundsätzlich zwar ein Problem, aber unter Bedingungen einer nationalstaatlich segmentierten Welt gleichzeitig die Lösung eines solchen (für eine globalhistorische Perspektive siehe van der Linde 2017 sowie Pries 2010 für eine transnationale Perspektive und Gumbrell-McCormick/Hyman 2013 für einen international vergleichenden Ansatz). Diese Engführung hängt nicht zuletzt mit den spezifischen Bedingungen im System deutscher Arbeitsbeziehungen zusammen.

Als theoretisch-analytischen Ausgangspunkt wählen wir stattdessen einen strukturellen Interessengegensatz zwischen Kapital und Arbeit. Während Kapitalist:innen grundsätzlich nach einer Erhöhung und Verstetigung ihres Gewinns streben (müssen), sind diejenigen, die vom Verkauf ihrer Arbeitskraft leben, angewiesen auf die Verbesserung und Verstetigung ihrer Arbeits- und Beschäftigungsbedingungen. Hieraus folgt, dass Kapitalist:innen ein strukturelles Interesse daran haben, dass Arbeitskraft billig verkauft wird. Und gleichzeitig folgt hieraus, dass Beschäftigte ein grundsätzliches Interesse daran haben müssen, dass ihre Arbeitskraft möglichst teuer verkauft wird. Entsprechende Erwägungen lassen sich hierbei auch auf Fragen von Arbeits- und Gesundheitsschutz ausweiten, die ebenfalls mit Geldzahlungen zu ermöglichen wären, deren Kosten entweder vom Gewinn der Kapitalist:innen oder vom Lohn der Arbeiter:innen zu bestreiten wären.

Die Frage nach der Bedeutung der Gewerkschaften in der aktuellen politischen Konstellation kann mit großer Sicherheit als umstritten beschrieben werden. Wer „nach 1982 geboren wurde“, so schreibt Lorenz (2013: Einband), kenne „im Grunde gar nichts anderes als den gewerkschaftlichen Krisenzustand.“ Als „entkernte Institutionen“, schreibt auch Ulrich Beck (2007: 240), würden diese zwar über eine saubere „Fassade“ verfügen, hätten aber tatsächlich „keine Ahnung, wie sie die neuen Herausforderungen meistern sollen“, welche mit der Globalisierung, der Liberalisierung des Arbeitsmarktes, der technologischen Entwicklung und einem kulturellen Wandel, „der individuelle Verwirklichung zunehmend und in immer mehr Bereichen über kollektiven Zusammenhalt stellt, einhergehen.“

Auf der anderen Seite konstatieren Beiträge aus dem Feld der Gewerkschaftsforschung seit einigen Jahren eine „Revitalisierung“ (Brinkmann et al. 2012) der Gewerkschaftsbewegung. Als Anhaltspunkte dienen den Kolleg:innen aus diesem Spektrum Entwicklungen wie die erfolgreiche Organisierung neuer Mitglieder oder mit zunehmender Intensität geführte Arbeitskämpfe (Dörre et al. 2016). „In der Tat“, so IG Metall-Vorstandsmitglied Hans-Jürgen Urban (2013), spräche vor diesem Hintergrund „einiges für die Vermutung, dass die Gewerkschaften zurück sind.“ Mit den Herausforderungen, so die These dieses Literaturstandes, wächst gleichzeitig auch die Möglichkeit der Gewerkschaften, sich neu zu erfinden. Der Revitalisierungs-Strang fragt nach den Fähigkeiten der Gewerkschaften, sich den wechselnden Gegebenheiten anzupassen. Während eine in Gänze von neuen Lebensgeistern beseelte Gewerkschaftsbewegung bislang nicht zu erkennen ist, lassen sich gleichwohl immer wieder Schlaglichter und punktuelle Anzeichen für eine erneute und erneuerbare Mobilisierung von Gewerkschaftsmacht finden.

Die Frage nach der aktuellen Bedeutung von Gewerkschaften für die politische Strukturierung von Wirtschaft und Gesellschaft wollen wir im vorliegenden Buch bearbeiten, indem wir sie im Kontext sozialen Wandels verorten, welcher in der Debatte der letzten Jahre auch unter dem Begriff der Transformation gefasst worden ist (Dingeldey et al. 2026). Ausgehend von der Annahme, dass wir zu Beginn des 21. Jahrhunderts in einer Epoche des Umbruchs leben, bezeichnet der Transformationsbegriff umfassende Veränderungen in der gesellschaftlichen Ordnung, die sich aus ihrer räumlichen Struktur, ihrer Technologie und ihrem Verhältnis zur Natur ergibt. Dass sich demografische Merkmale, wirtschaftliche Ordnungsmuster wie die Bedeutung unterschiedlicher Branchen, die Vermögensverteilung oder betriebliche Arbeitsorganisation oder auch Muster des Konsums und der Nachfrage verändern, erscheint aus dieser Perspektive als Resultat umfassender Sequenzen sozialen Wandels sowie deren Wechselwirkung miteinander.

Als solche Sequenzen wollen wir im vorliegenden Buch drei Stränge sozialen Wandels verstehen – die Globalisierung, die Digitalisierung und die (angestrebte) Dekarbonisierung der Ökonomie. Alle drei Stränge sozialen Wandels haben massive Auswirkungen auf die Struktur des Arbeitsmarktes und die Organisation der Wertschöpfung. Hieraus lässt sich leicht folgern, dass sie auch für die Gewerkschaften und ihr politisches Mandat von zentraler Bedeutung sind. Internationaler Wettbewerb, Technikeinsatz, die Restrukturierung der Wirtschaft im Zuge der Dekarbonisierung sowie die Folgen des Klimawandels sind grundlegende Probleme, die das Kerngeschäft der Gewerkschaften – die Vertretung der Interessen ihrer Mitglieder – unmittelbar beeinflussen. Indem wir ihre Rolle in der politischen Gestaltung dieser Sequenzen sozialen Wandels in jeweils einem Kapitel diskutieren, wollen wir mit unserem Buch einen Beitrag zum Verständnis der Gewerkschaften in der Transformation leisten.

Vier „Leitfragen zur Analyse organisierter Interessen" borgen wir uns hierbei von Ulrich von Alemann (2012: 52). Die erste dieser Fragen lautet: „Wie entstehen und entwickeln sich Interessenorganisationen?" Die Frage nach der Entstehung von Gewerkschaften als Interessenorganisationen der Arbeiter:innenklasse beantworten wir in einem Kapitel zur Geschichte der Gewerkschaftsbewegung empirisch sowie in einem weiteren Kapitel zur sozialwissenschaftlichen Theoretisierung der politischen Rolle der Gewerkschaften.

Eine zweite Leitfrage bezieht sich auf die „*Struktur* von organisierten Interessen" – also dem Problem „innerverbandlicher Demokratie", sowie dem „Verhältnis von Basis, Funktionärsapparat und Führungsspitze". Diese Fragen beschäftigen uns in Form der Analyse von Gewerkschaften als Organisationen in Auseinandersetzung mit sich selbst und ihrer Umwelt. Wie arbeiten Gewerkschaften im Betrieb unter Bedingungen wirtschaftlicher Modernisierung? Wie schaffen sie politische Ordnung im Rahmen internationaler Verbände? Und wie etablieren sie gemeinsame politische Positionen unter Bedingungen interner Heterogenität? Auch diese Fragen werden uns in Bezug auf die Rolle von Gewerkschaften in der Transformation beschäftigen.

„Wie agieren Interessenorganisationen nach außen?" lautet die dritte Leitfrage. Sie richtet sich auf Probleme der politischen Strategie und das Handlungsrepertoire der Gewerkschaften im Kontext umfassender politischer Systeme. Es geht hierbei vor allem um die Beziehung zwischen

Organisationen wie Unternehmen, Kapitalverbänden oder Betriebsräten, welche kooperative, aber auch konfliktfähige Formen annehmen kann.

Schließlich stellen wir viertens die Frage nach der „Legitimation, Überlebensfähigkeit und Veränderung einer Gesellschaft" (ebd.) durch den Einfluss von Gewerkschaften auf die gesellschaftliche Ordnungsbildung. Gewerkschaftliches Handeln ist aus dieser Perspektive nicht nur relevant für ihre eigenen Mitglieder, sondern erfüllt eine strukturbildende Wirkung, die – etwa im Feld der Lohnfindung, aber auch mit Blick auf die Arbeitsmarkt- und Gesellschaftspolitik insgesamt – eine Relevanz besitzt. Die Stabilisierung oder auch De-Stabilisierung der politischen Ökonomie hängt in kapitalistischen Gesellschaften wesentlich vom Verhalten der beteiligten Gewerkschaften ab. Die vier hier angeführten Leitfragen informieren die Darstellung in den jeweiligen Kapiteln.

Unser eigener Zugang zur Analyse der Rolle von Gewerkschaften in der Transformation ist hierbei relativ unorthodox. Verschiedene Perspektiven und Theorien betonen bestimmte Aspekte eines Phänomens, während sie andere vernachlässigen. Während marxistische Ansätze die Frage nach sozialen oder politischen Konflikten und ihrer Bedeutung für den sozialen Wandel stellen, interessieren sich symbolisch-interaktionistische Perspektiven für die Aushandlung von Bedeutungen im wechselseitigen Umgang von Akteuren miteinander. Institutionalistische Perspektiven betonen schließlich die stabilitätsstiftende Wirkung intermediärer Organisationen, wie sie auch Gewerkschaften darstellen. Um den Leser:innen zu helfen, zu einem umfassenden Verständnis zu gelangen, wollen wir ihnen eine Auswahl von Perspektiven und Blickwinkeln vermitteln. Zum angemessenen Verständnis gewerkschaftlichen Handelns, so wollen wir argumentieren, eignet sich eine Kombination unterschiedlicher theoretischer Elemente, die jeweils auf spezifische Momente und Motive abzielen.

Ihrer gesellschaftlichen Rolle gemäß findet der größte Teil der Auseinandersetzung mit Gewerkschaften im disziplinären Grenzgebiet zwischen Soziologie, Politikwissenschaft und Politischer Ökonomie statt. Soziologische Perspektiven beziehen sich hierbei oftmals auf die organisationsinternen Dynamiken von Gewerkschaften oder deren Bezug zur gesellschaftlichen Ordnung insgesamt. Politikwissenschaftliche Arbeiten untersuchen Gewerkschaften mit Blick auf ihren Einfluss im politischen System. Und Beiträge aus dem Feld der Politischen Ökonomie untersuchen politische Dynamiken im Bereich der Wirtschaft, wie sie Gewerkschaften etwa im Bereich der Lohnfindung anstoßen. Ein Verständnis der Rolle von Gewerkschaften in Prozessen sozialen Wandels im 21. Jahrhundert erfordert unseres Erachtens die Berücksichtigung aller drei Perspektiven sowie der mit ihnen verbundenen Literaturstränge. Damit wollen wir nicht zuletzt dazu beitragen, Gewerkschaften und institutionalisierte Arbeitsbeziehungen – trotz ihrer Genese im Sozialkapitalismus des letzten Jahrhunderts – in postfordistischen Produktionsverhältnissen zu verorten (was diese Begriffe genau bedeuten, können Sie in den folgenden Kapiteln erfahren).

Die Gliederung unseres zur Einführung ins Thema der Gewerkschaftspolitik dienenden Textes stellt sich dabei wie folgt dar: Das zweite Kapitel widmet sich der historischen Entwicklung von Gewerkschaften. Von ihrer Entstehung rekonstruieren wir die Historie der Gewerkschaften bis in die Gegenwart, um den Leser:innen eine Vorstellung von ihrem Wirken im Zeitverlauf zu vermitteln. Neben der Geschichte der Gewerkschaften dient das Kapitel außerdem dazu, die Entstehung des Systems der institutionalisierten Arbeitsbeziehungen darzustellen. Das dritte Kapitel dient der Vorstellung sozialwissenschaftlicher Theorien zum Verständnis von Gewerkschaften. Diese reichen von marxistischen über institutionalistische bis hin zu rational choice- oder machtressourcentheoretischen Ansätzen. Alle Perspektiven werden mit Blick auf ihren spezifischen Nutzen sowie mit ihnen einhergehende Engführungen erörtert. Mit dem Bereich der Tarifpolitik widmet sich das vierte Kapitel der Vorstellung des gewerkschaftlichen Kerngeschäfts. Die Festlegung von Arbeits- und Beschäftigungsbedingungen im Rahmen von Tarifverträgen stellt die hauptsächliche Aufgabe von Gewerkschaften als politischen Akteuren dar. Das fünfte Kapitel wendet sich den innerbetrieblichen Arbeitsbeziehungen und der Regulation des Einsatzes von Arbeitskraft zu. Im Mittelpunkt steht die betriebliche Mitbestimmung durch Betriebsräte sowie die Betriebspolitik von Gewerkschaften und ihr symbiotisches bis widersprüchliches Wechselverhältnis auf verschiedenen Handlungsebenen gewerkschaftlicher Praxis.

Die nächsten Kapitel widmen sich den drei Strängen sozialen Wandels, deren Zusammenwirken die Transformation konstituiert. Die Frage nach der gewerkschaftlichen Internationalisierung betrifft den Strang der Globalisierung. Die Neukonfiguration der Wertschöpfung im grenzüberschreitenden Maßstab erfordert hier die Restrukturierung der Gewerkschaften auf nationaler und internationaler Ebene. Die Digitalisierung von Wirtschaft und Gesellschaft stellt die Gewerkschaften vor technopolitische Herausforderungen, die diese vor allem im Verhältnis zur Kapitalseite bewältigen müssen. Als letzten Strang fokussieren wir die (angestrebte) Dekarbonisierung der Ökonomie. Zur Abschwächung der Folgen des Klimawandels sind hier umwelt- und industriepolitische Maßnahmen möglich, deren Umsetzung nicht zuletzt an der Rolle der Gewerkschaften in diesem Politikfeld hängt. Die gesellschaftspolitische Dimension gewerkschaftlichen Handelns möchten wir abschließend mit Blick auf die Bedeutung der Gewerkschaften für das Zusammenwirken oder den Widerspruch der gesellschaftlichen Strukturlogiken von Kapitalismus und Demokratie analysieren.

Bestimmte Aspekte und Facetten des Themenkomplexes Gewerkschaften und Gewerkschaftspolitik bleiben in diesem Buch unter- oder nicht-thematisiert. Die Rolle der Gewerkschaften im Staat – etwa in der Verwaltung der Sozialversicherungen, wie sie in manchen Ländern üblich ist – spielt hier genauso wenig eine Rolle wie spezifische Diskussionen – etwa die um den Fachkräftemangel oder den jüngeren Aufstieg demokratiefeindlicher Parteien. All das taucht, genau wie die Rolle der Kapitalverbände und Unternehmensleitungen, lediglich am Rande auf. Die innere Struktur von Gewerkschaften und die eng hiermit verbundene Frage nach deren Demokratiefähigkeit behandeln wir nicht besonders weitreichend. Und schließlich fehlt diesem Buch auch ein eigenes Kapitel zum Arbeitskampf – wenngleich Aspekte dieser Themen immer wieder behandelt werden.

In eigener Sache schließen wir die Einleitung mit einem Hinweis zum Sprachgebrauch. Wir haben im Text zur Ver- und Entgeschlechtlichung der Sprache die Schreibweise mit dem Doppelpunkt verwendet. Während inklusive Formulierungen der Komplexität menschlichen Zusammenlebens häufig besser Rechnung zu tragen vermögen, als androzentrische, kann eine entsprechende Darstellung mitunter auch irreführend wirken. So zum Beispiel, wenn im Geschichts-Kapitel die Schreibweise 'Gewerkschafter:innen' suggeriert, dass Gewerkschaften geschlechterdivers aufgestellt gewesen seien. Nach allem, was wir wissen, war das nicht der Fall und änderte sich erst im Laufe der folgenden Jahrhunderte.

Wir schreiben, abgesehen von Zitaten und feststehenden offiziellen Bezeichnungen wie etwa Arbeitnehmerentsendung, – entgegen einer landläufigen Verbreitung – außerdem nicht von Arbeitnehmer:innen und Arbeitgeber:innen, denn Arbeitnehmer:innen nehmen keine Arbeit, sondern geben sie, während Arbeitgeber:innen keine Arbeit geben, sondern welche nehmen. Eine entsprechende Verkehrung fügt dem Diskurs über Arbeitsbeziehungen eine paternalistische Nuance hinzu, die Arbeitnehmer:innen von Werktätigen zu Bittstellern macht, die froh sein können, durch eine:n Arbeitgeber:in eine Arbeit angeboten zu bekommen. Dies mag unter den gegebenen Bedingungen zwar häufig der Fall sein. Das Verhältnis, in der Arbeitsleistung durch die Arbeitenden erbracht wird, vermag eine entsprechende Terminologie jedoch nicht sachgemäß abzubilden.

2 Geschichte der Gewerkschaften in Deutschland

2.1 Einleitung

Die Kämpfe um bessere Arbeitsbedingungen, sozialstaatliche Absicherung und politische Emanzipation prägten die Geschichte der Arbeiter:innen- und Gewerkschaftsbewegung ebenso wie ihre brutale Zerschlagung durch den deutschen Faschismus im 20. Jahrhundert. Auf die Neugründung der Gewerkschaften nach 1945 folgte ihre Entwicklung im Kontext des „Wirtschaftswunders", die Auseinandersetzung mit der Krise des Fordismus sowie die zunehmende Erosion der Tarifautonomie und gewerkschaftlichen Gestaltungsmacht. Über die gesamte Zeit hinweg agierte die Arbeiter:innen- und Gewerkschaftsbewegung im Spannungsfeld zwischen ökonomischen Zwängen, politischen Umbrüchen und gesellschaftlichem Wandel – und musste sich fortwährend neu orientieren, um die Interessen von Beschäftigten wirksam zu vertreten.

Die historische Darstellung in diesem Kapitel bleibt – zwangsläufig – schlaglichtartig und skizzenhaft. Zugleich ist sie untrennbar mit der allgemeinen Sozial- und Wirtschaftsgeschichte verknüpft. Die Entwicklung der Arbeiter:innenbewegung in Deutschland verweist auf tiefgreifende gesellschaftliche, ökonomische und politische Transformationsprozesse seit dem Aufstieg des Kapitalismus. Ihre Geschichtsschreibung ist nicht nur von den historischen Quellen und deren Forschung abhängig, sondern auch eng verwoben mit den Selbstdeutungen der Gewerkschaften, in denen unterschiedliche politische Strömungen um Interpretationen rangen und eigene Narrative kultivierten (u. a. Deppe et al. 1977). Im Zentrum steht hier vor allem die frühere Geschichte der Arbeiter:innen- und Gewerkschaftsbewegung in Deutschland[1]; jüngere Entwicklungen werden in anderen Abschnitten dieses Buches ausführlich behandelt.

Das Kapitel versucht verschiedene Perspektiven der Geschichtsschreibung zu integrieren und entwickelt zugleich eine zusammenhängende und zweifellos „geglättete" Darstellung, die einzelne Etappen oder Ereignisse notwendig auswählt und andere Erzählstränge ausspart. Es folgt im Wesentlichen der gängigen Periodisierung der Gewerkschaftsgeschichte, die Phasen anhand des Grades der Institutionalisierung sowie zentraler wirtschaftlicher und politischer Wegmarken unterscheidet. Nach einem Überblick über die frühen Entwicklungen in den Manufakturen und der industriellen Revolution des 17. und 18. Jahrhunderts werden die Grundlagen der organisierten Arbeiter:innenbewegung erläutert. Sie entstanden unter Bedingungen wachsender Produktionsdichte, technologischer Innovationen und massiver Ausbeutung von Arbeitskraft, die kollektiven Widerstand begünstigten und die Bedingungen für Forderungen nach besseren Arbeits- und Lebensbedingungen schafften (2). Im 19. Jahrhundert führten die sozialen Verwerfungen der Industrialisierung, die Proletarisierung großer Bevölkerungsgruppen und der wachsende Konflikt zwischen Kapital und Arbeit zu ersten Formen von Interessenorganisationen von Arbeiter:innen, zunächst in Arbeitervereinen und später in Gewerkschaften (3). Politische, rechtliche und soziale Rahmenbedingungen – insbesondere

---

1 Die Hans-Böckler-Stiftung unterhält ein Portal zur Geschichte der deutschen Gewerkschaften (www.gewerkschaftsgeschichte.de), das einen umfassenden Überblick über verschiedene Phasen der Arbeiter:innen- und Gewerkschaftsbewegung liefert. Eine international vergleichende Perspektive zur Gewerkschaftshistorie findet sich u. a. bei Hayman (2001) sowie Ebbinghaus/Visser (2000) und mit Blick auf deren jüngeren Herausforderungen bei Frege/Kelly (2004) und Gumbrell-McCormick/Hyman (2013).

die schrittweise Durchsetzung der Koalitionsfreiheit – schufen wichtige Voraussetzungen für deren Anerkennung und trugen in der Weimarer Republik zur Konsolidierung und zum Bedeutungszuwachs der Gewerkschaften bei (4). Diese Entwicklung fand im deutschen Faschismus ein abruptes Ende: Trotz des anfänglichen „Stillhaltens" der Massenorganisationen wurden die Gewerkschaften von den Nazis systematisch zerschlagen (5). Nach 1945 entwickelte sich die Gewerkschaftsbewegung in Westdeutschland zu einer ihrer einflussreichsten Phasen. Hohe Tarifabschlüsse, steigende Mitgliedszahlen und ein wachsender Einfluss auf die Sozialpolitik kennzeichneten die Nachkriegsjahrzehnte (6). Mit der Krise der fordistischen Wirtschafts- und Sozialordnung gerieten jedoch viele gewerkschaftliche Errungenschaften erneut unter Druck; Tarifvertragssystem, Mitbestimmungsstrukturen und die Reichweite der Gewerkschaften selbst wurden zunehmend infrage gestellt (7).

Insgesamt zeigt das Kapitel, wie eng der Wandel von Produktionsverhältnissen, rechtlich-institutionellen Rahmenbedingungen und kollektiven Interessenorganisationen miteinander verflochten ist – und welche Bedeutung die Geschichte der Arbeiter:innen- und Gewerkschaftsbewegung für das Verständnis heutiger Arbeitsbeziehungen besitzt.

2.2 Entstehung des industriellen Kapitalismus und der Arbeiter:innenbewegung

Die Anfänge der Arbeiter:innenbewegung und der Gewerkschaften sind eng mit der Ausbreitung der kapitalistischen Produktionsweise verbunden. Diese löste die feudale Gesellschaftsordnung ab, in der Subsistenzwirtschaft und Leibeigenschaft die Lebensverhältnisse der Mehrheit prägten. Bereits im 17. und 18. Jahrhundert entstanden erste Manufakturen, die verschiedene handwerkliche Tätigkeiten unter einem Dach vereinten. Die Arbeit wurde räumlich konzentriert, Arbeitsschritte des traditionellen Handwerks verkürzt und die Mechanisierung vieler Tätigkeiten vorangetrieben. Dampf- und Spinnmaschinen, mechanische Webstühle und später die Lokomotive beschleunigten den einsetzenden Wandel der Produktionsweise. Während Produktivität und Gewinne der Manufakturbetreibenden stiegen, sanken die Einkommen der Arbeitenden und die Konkurrenz unter ihnen nahm zu. Zugleich verschlechterten sich die Arbeitsbedingungen: Manufakturen waren geprägt von strengen Regeln und rigorosen Zeitregimen, deren Einhaltung durch Aufseher kontrolliert wurde (Kuhn 2004). Traditionelle Regulierungsmechanismen der Erwerbsarbeit, wie sie die Zünfte zumindest ansatzweise gewährleistet hatten, verloren an Bedeutung. Arbeitskraft wurde zunehmend zur Ware. Damit verschärfte sich nicht nur der ökonomische Gegensatz zwischen Kapital und Arbeit, sondern es wandelten sich auch die Lebensweisen und kulturellen Erfahrungen der Arbeitenden. Ihre spezifische Klassenlage ging mit einer veränderten alltäglichen Lebensführung einher, die sich – trotz Widerständen – in den folgenden Jahrzehnten durchsetzen sollte (Thompson 1987).

Aus den Manufakturen entstanden Fabriken, die mithilfe von Maschinen und einem wachsenden Heer menschlicher Arbeitskraft eine stetig steigende Menge an Waren produzierten. Die Auflösung traditionaler Sozialstrukturen während der Industrialisierung von etwa 1830 bis 1870 führte zu verheerenden sozialen Verwerfungen. Die ländliche Bevölkerung wurde zunehmend aus ihrer bäuerlichen Lebensrealität herausgelöst und als Arbeitskräfte in die Städte gedrängt. Wie Marx u. a. in „Die deutsche Ideologie" (1969 [1845/46]) darlegte, war hierfür ein langwieriger und gewaltsamer Prozess notwendig, der vom 15. bis ins 19. Jahrhundert reichte und den Menschen ihre Subsistenzgrundlagen entzog. In der sogenannten ursprünglichen Akkumulation bildete sich auf der einen Seite das moderne Bürgertum heraus, das aus dem „dritten Stand" der Feudalgesellschaft hervorging – Handwerkern, Händlern und freien sowie landbesitzenden Großbauern. Sie entwickelten sich zu Fabrikbesitzern und Großunternehmern, die sich in einem langanhaltenden Kampf gegen Adel, Kirche und absolutistischen Staat als neue herrschende Klasse etablierten. Auf der anderen Seite entstand das Proletariat als eigentumslose Klasse, die ihre Arbeitskraft verkaufen musste, um die eigene Existenz zu sichern. Anfangs waren Gewalt, direkter Zwang und Maßnahmen zur Disziplinierung notwendig, um die neue Arbeits- und Lebensweise durchzusetzen. Im Verlauf der weiteren Entwicklung jedoch entstand, wie Marx formulierte, „eine Arbeiterklasse, die aus Erziehung, Tradition, Gewohnheit die Anforderungen jener Produktionsweise als selbstverständliche Naturgesetze anerkennt" und für die „der stumme Zwang der ökonomischen Verhältnisse [...] die Herrschaft des Kapitalisten über den Arbeiter" besiegelt (Marx 1969 [1867]: 765).

Die Industrialisierung und die Dominanz der kapitalistischen Produktionsweise breiteten sich ab der zweiten Hälfte des 18. Jahrhunderts von Großbritannien aus und erreichten im 19. Jahrhundert zahlreiche weitere Länder. Das soziale Elend der Arbeiter:innen in dieser Frühphase schilderte Friedrich Engels 1845 in seinem bekannten Aufsatz „Die Lage der arbeitenden Klasse in England" eindrücklich anhand eigener Beobachtungen:

> „Man gibt ihnen feuchte Wohnungen, Kellerlöcher, die von unten, oder Dachkammern, die von oben nicht wasserdicht sind. Man baut ihre Häuser so, daß die dumpfige Luft nicht abziehen kann. Man gibt ihnen schlechte, zerlumpte oder zerlumpende Kleider und schlechte, verfälschte und schwerverdauliche Nahrungsmittel. Man setzt sie den aufregendsten Stimmungswechseln [...] aus – man hetzt sie ab wie das Wild und läßt sie nicht zur Ruhe und zum ruhigen Lebensgenuß kommen. Man entzieht ihnen alle Genüsse außer dem Geschlechtsgenuß und dem Trunk, arbeitet sie dagegen täglich bis zur gänzlichen Abspannung aller geistigen und physischen Kräfte ab" (Engels 1972 [1845]: 326f.).

Diese Erfahrungen von Verelendung breiteten sich später auch in anderen Ländern aus, in denen sich die neue Produktionsweise etablierte. Deutschland blieb lange ein Agrarland und vollzog den Übergang zum Industriekapitalismus – auch aufgrund der späten Nationalstaatsbildung – erst ab den 1830er-Jahren. Die bürgerlich-demokratische Märzrevolution von 1848 im Deutschen Bund wurde durch preußische und österreichische Truppen niedergeschlagen. Doch auch wenn die politischen Verhältnisse zunächst vorbürgerlich blieben, gewann die Fabrikarbeit, die unter miserablen Bedingungen stattfand, anfänglich auch von Kindern geleistet wurde, häufig mehr als zwölf Stunden dauerte und die Arbeitenden an ihre physischen Grenzen brachte, an Bedeutung (Kuhn 2004: 60).

Die Arbeitenden reagierten auf diese veränderten Lebens- und Arbeitsbedingungen und versuchten, ihre Notlagen – niedrige Löhne, unsichere Existenz, schlechte Arbeitsbedingungen – zu verbessern. In dieser Phase entstanden unabhängige Arbeitervereine, die als Vorläufer der Gewerkschaften gelten können. Aufgrund politischer Verfolgung gründeten sich die ersten Arbeitervereine außerhalb Deutschlands. Der Widerstand der Arbeiter:innen äußerte sich meist in spontanen Aufständen, die in regelmäßigen Abständen stattfanden (Clover 2016).

Berühmt wurde insbesondere der Aufstand der schlesischen Weber von 1844, der sich gegen Lohnkürzungen durch die sogenannten Verleger (wohlhabende Kaufleute, welche die Heimarbeit organisierten) richtete. Diese Unruhen der frühindustriellen Arbeiter:innen lassen sich weder als reine Hungerrevolte noch als eindeutiger Klassenkampf einordnen, sind aber gerade typisch für diese Übergangsphase (Hodenberg 1997). Die Ausdehnung des industriellen Kapitalismus erhöhte nicht nur den Bedarf an Arbeitskräften, sondern auch an fossilen Rohstoffen wie Erz und Kohle, um die Maschinen des Fabriksystems am Laufen zu halten. Die wachsende Rohstoffextraktion ließ in Deutschland ganze Bergbauregionen entstehen, die zu wichtigen Orten der Arbeiter:innenbewegung wurden.

Die Durchsetzung der neuen Ordnung erforderte nicht nur technisch-ökonomische Umbrüche, sondern ebenso politische, rechtliche und institutionelle Veränderungen. Erst die Bauernbefreiung und die bürgerlichen Revolutionen lösten Grund- und Leibeigenschaft auf und schufen formal freie Rechtssubjekte, die Arbeitsverträge schließen konnten (Schneider 2000: 20). Der Tausch von Arbeitsleistung gegen Lohn basiert bis heute auf dem Arbeitsvertrag, der rechtlich ein zeitweises Unterordnungsverhältnis regelt. Marx bezeichnete diesen Zusammenhang als „doppelte freie Lohnarbeit“ (Marx 1969 [1867]: 742): Die Arbeiter:innen sind frei von Eigentum, aber ebenso frei darin, ihre Arbeitskraft auf dem Arbeitsmarkt zu verkaufen[2]. In liberalen Theorien gelten die Freiheit der Person und das Recht auf Privateigentum als zentrale Anreize für wirtschaftliche Produktivität (Smith 2018 [1776]). Zugleich stellt der Privatbesitz an Produktionsmitteln eine enorme Machtquelle dar. Eigentümer:innen entscheiden darüber, wo Kapital investiert wird, ob Arbeitskräfte eingestellt oder entlassen werden und unter welchen Bedingungen Arbeit stattfindet. Der Kapitalismus ist damit geprägt von einer spezifischen sozialen Beziehung zwischen Besitzenden und Arbeitenden. Für Marx bildet sie den grundlegenden Konflikt zwischen Kapital und Arbeit – oder auch Klassengegensatz, der die gesamte bürgerliche Gesellschaft durchzieht.

---

2 Dass diese „doppelt freie Lohnarbeit“ auch im modernen Kapitalismus nur für bestimmte Weltregionen dominiert und daneben weiterhin viele Formen „unfreier Arbeit“ existieren und Teil globaler Wertschöpfung waren und sind, wurde in den vergangenen Jahren breit diskutiert (u. a. van der Linden 2017; Fraser 2023).

2.3 Gründung erster Gewerkschaften

Die Formierung der Arbeiter:innenbewegung war das Ergebnis eines langwierigen Kampfes um politische und wirtschaftliche Rechte sowie um Möglichkeiten gewerkschaftlicher und politischer Organisation. Ihre Frühphase war geprägt von generellen Koalitionsverboten. Kollektive Lohnforderungen galten als Eingriff in die Wirtschaftsordnung oder als umstürzlerische Tätigkeit und wurden repressiv verfolgt. Die Verbote und polizeiliche Verfolgung im 19. Jahrhundert zielten darauf ab, die Herausbildung einer unabhängigen Machtposition der Arbeitenden auf dem Arbeitsmarkt zu verhindern. Dennoch entstanden vor allem in den Städten zunehmend Berufsverbände. Zu den ersten gehörten die Buchdrucker, die ihren Verband bereits 1849 gründeten. Als erster regionsübergreifender Zusammenschluss von Arbeiter:innenvereinen und damit als erste Gewerkschaft in Deutschland gilt der Ende 1865 gegründete „Allgemeine Deutsche Cigarrenarbeiterverein" (ADCAV), die Vorläuferorganisation der heutigen Gewerkschaft Nahrung-Genuss-Gaststätten (NGG) (Schreiber et al. 2015). Diese Organisationen entwickelten bereits ausdifferenzierte Witwen- und Invalidenkassen als Formen gewerkschaftlicher Selbsthilfe, die später auch in anderen Gewerkschaften als „soziale Kassen" zur Absicherung der Mitglieder üblich wurden. Ab 1869 entstanden zudem erste Kapitalverbände wie der „Deutsche Buchdruckverein" und einige Jahre später der „Gesamtverband Deutscher Metallindustrieller", die anfänglich vor allem als Koalitionen gegen die Streikbewegungen der Arbeiter:innen handelten (Simon 1976).

Mit der Gewerbeordnung des Norddeutschen Bundes von 1869 wurde erstmals die Koalitionsfreiheit gesetzlich verankert, die ab 1872 auch im Deutschen Reich galt. Die Mittel des Arbeitskampfes, insbesondere das Streikrecht, blieben allerdings weiterhin eingeschränkt (Kittner 2005: 155ff.). Das vorrangige Ziel der Gewerkschaften ist bis heute die „Wahrung und Förderung der Arbeits- und Wirtschaftsbedingungen ihrer Mitglieder", wie es in Art. 9 GG (Vereinigungs- und Koalitionsfreiheit) formuliert ist. Gewerkschaften lassen sich damit als „Schutzgehäuse gegen die Kommerzialisierung der Arbeit" (Briefs 1927, S. 1117) verstehen, das ihren Mitgliedern hilft, ihre ökonomischen Interessen in einer strukturell machtasymmetrischen kapitalistischen Gesellschaft durchzusetzen. Frank Deppe (2012: 9f.) greift diesen Gedanken auf und beschreibt Gewerkschaften als Klassenorganisationen – unabhängig davon, ob sie sich selbst so verstehen – die einen Doppelcharakter besitzen: „nach innen genossenschaftlich-solidarisch, nach dem Prinzip der gegenseitigen Unterstützung organisiert“, während sie „nach außen als Kartell die materiellen (oft auch die politischen und kulturellen) Interessen der besitzlosen Lohnarbeiter gegen die absolute Kommerzialisierung der Arbeitskraft vertreten“ (ebd.).

Mit der fortschreitenden Entwicklung des industriellen Kapitalismus verbreiteten sich politische Organisationsformen der Arbeiter:innen in Parteien und freien Gewerkschaften, die mehrheitlich sozialistisch-sozialdemokratisch orientiert waren. 1873 setzte der „Verband der Deutschen Buchdrucker“ den ersten Tarifvertrag in Deutschland durch. Er regelte Akkord- und Mindestlöhne, Höchstarbeitszeiten, Pausen und Überstundenbezahlung. Dem Tarifvertrag gingen landesweite Streiks voraus, in denen die Drucker:innen ihre hohe Konfliktfähigkeit unter Beweis stellten. Dieses Gewerbe war insofern besonders, als es durch hochqualifizierte Facharbeit geprägt war, die Machtasymmetrie zwischen Kapital und Arbeit geringer ausfiel und die Drucker:innen an kollektive Organisationserfahrungen aus der Zunfttradition anknüpfen konnten. Es war daher eine Gruppe „privilegierter“ Arbeiter:innen, der als erste die Anerkennung als Tarifpartei durch die Kapitalseite gelang (Ullmann 1977). Vor diesem Hintergrund argumentierte Karl-Heinz Roth (1976: 21ff.), dass es bereits in der Frühphase des Industriekapitalismus im Grunde zwei Arbeiter:innenbewegungen gab: die qualifizierten, betrieblich bessergestellten und gewerkschaftlich organisierten Facharbeiter:innen sowie die ungelernten Hilfsarbeiter:innen – etwa in der Textilindustrie –, die sich kaum mit Arbeitsabläufen und -inhalten identifizierten, deren Arbeitskämpfe weniger strategisch wirkten oder sich in Sabotage der Arbeitsorganisation äußerten.

Mit den Sozialistengesetzen von 1887 wurden demokratische und gewerkschaftliche Bestrebungen unterdrückt, während gleichzeitig sukzessive die beitragsfinanzierten Sozialversicherungen – Kranken-, Unfall- und Rentenversicherung – eingeführt wurden. Diese sollten nicht zuletzt soziale Konflikte beruhigen und die Arbeiter:innenbewegung befrieden (Ritter 1983: 28ff.). Trotz massiver Verfolgung stiegen die Mitgliederzahlen der Gewerkschaften an, und ihre Organisationen entwickelten sich zum Rückgrat der entstehenden Massenbewegung. 1890 scheiterte die Verlängerung der Sozialistengesetze, Bismarck trat als

Reichskanzler zurück, und Gewerkschaften konnten nun unter legalen oder zumindest entkriminalisierten Bedingungen arbeiten. In den folgenden Jahren erlebte die Arbeiter:innenbewegung einen deutlichen Aufschwung und die Zahl der Tarifabschlüsse nahm zu, wenngleich diese rechtlich nicht abgesichert waren. Rechtsverbindlich wurden Tarifverträge erst 1914 (Ullmann 1977). Auch Unternehmen erkannten – insbesondere außerhalb der Groß- und Schwerindustrie –, dass branchenweite Tarifverträge Planungssicherheit boten und arrangierten sich zunehmend mit ihnen. Denn „[d]urch die Standardisierung von Lohn- und Arbeitskosten wurde gerade in Branchen mit harten, direkten Konkurrenzbeziehungen und einem hohen Lohnkostenanteil die zwischenbetriebliche Konkurrenz gedämpft und berechenbarer gestaltet“ (Artus 2025: 109).

Die Regulierung von Löhnen und Arbeitsbedingungen über Kollektivverträge zwischen Kapitalverbänden und Gewerkschaften gewann immer mehr an Bedeutung (→ Kap. 4). Allerdings blieb die wachsende Orientierung auf Tarifverträge – spätestens seit dem Buchdruck-Abschluss von 1896 – innerhalb der Arbeiter:innenbewegung umstritten und wurde von ihren radikalen Teilen als Abkehr vom Klassenkampf kritisiert (Kuhn 2004: 113f.). Auch über die Organisationsformen stritten sich die Gewerkschaftsmitglieder und Verbände. Während an den Anfängen der Arbeiter:innenbewegung vor allem berufliche Gemeinsamkeiten und der Betrieb als sozialer Ort im Mittelpunkt standen – Traditionen, die auf das Zunftwesen zurückgingen –, setzten sich im Verlauf des 19. Jahrhunderts branchenzentrierte Industrieverbände durch, die Arbeiter:innen unabhängig von ihrem betrieblichen Status organisierten. Diese nach dem Industrieverbandprinzip strukturierten Gewerkschaften entwickelten größere Organisationsmacht und erwiesen sich als durchsetzungsfähiger (Schönhoven 1987: 228).

Gegen Ende des 19. Jahrhunderts verstärkten Frauen ihre Bemühungen, anerkannter Teil der Gewerkschaften zu werden, in denen sie bislang nur einen sehr kleinen Mitgliederanteil ausmachten. Zu den Pionierinnen gehörten die Hilfsarbeiterinnen im Buchdruck, die mit Paula Thiede an der Spitze des „Vereins der Arbeiterinnen an Buch- und Steindruck-Schnellpressen“ auf eine gleichberechtigte Organisierung drängten (Fuhrmann 2021). Die patriarchale Kultur der Zeit, die Mehrfachbelastung durch Lohn- und Hausarbeit sowie der Ausschluss aus sozialen Räumen, die für die Konstituierung der Gewerkschaftsbewegung zentral waren, erschwerten allerdings diese Anerkennungskämpfe. Zudem gilt der hohe Stellenwert von Kneipen als Orte der Freizeitgestaltung, politischen Diskussion und gewerkschaftlichen Treffen als ein weiterer Grund für die geringe Beteiligung von Frauen in der Gewerkschaftsbewegung (Hoffrogge 2010). Die Wahrnehmung von Frauen in einer randständigen Rolle ist aber zugleich auch das Resultat einer von männlichen Protagonisten geprägten Gewerkschaftsführung sowie einer historischen Forschung, die vielfach deren Perspektiven rekonstruierte.

2.4 Institutionalisierung der Interessenvermittlung

Während des Ersten Weltkriegs erklärten die Gewerkschaften ihre Bereitschaft zur „Burgfriedenspolitik" und verzichteten auf Lohnkonflikte und Streiks. Dadurch erfuhren sie staatliche Akzeptanz zum Ende des Deutschen Kaiserreichs und wurden in die Kriegswirtschaft integriert. Kurz darauf stimmte auch die SPD den Kriegskrediten im Reichstag zu. Das „Gesetz über den vaterländischen Hilfsdienst" von 1916, das verschiedene gesellschaftliche Akteur:innen für den Krieg mobilisieren sollte, verfügte sowohl die Zwangsorganisierung der Unternehmen in Kapitalverbänden als auch die Einrichtung von Arbeiterausschüssen in Betrieben mit mehr als 50 Beschäftigten. Dies stärkte die Bedeutung der Interessenverbände erheblich (Schönhoven 1987: 243ff.). In den Folgejahren wurde der „Burgfrieden" in wachsendem Maße brüchig, was 1918 in Massenstreiks für Frieden und Demokratie mündete (Berger et al. 2020).

In der Weimarer Republik gründeten sich aus den Freien Gewerkschaften der „Allgemeine Deutsche Gewerkschaftsbund" (ADGB) sowie mit dem „Gesamtverband der christlichen Gewerkschaften" und dem liberalen Hirsch-Dunckerschen „Verband der Deutschen Gewerkvereine" zwei weitere Dachverbände. Im Umfeld dieser drei gewerkschaftlichen Strömungen bestanden zudem Angestellten- und Beamtenorganisationen. Auch die bis heute bestehende dreigliedrige Organisierung der Kapitalseite geht auf diese Zeit zurück: Unternehmen schlossen sich parallel in Wirtschaftsverbänden sowie Kapitalverbänden zusammen und waren Mitglieder der Industrie- und Handelskammern. 1913 entstand aus der „Hauptstelle der deutschen Arbeitgeberverbände" und dem

„Verein deutscher Arbeitsgeberverbände" der Dachverband der „Vereinigung Deutscher Arbeitsgeberverbände". 1919 fusionierten zwei Wirtschaftsverbände zum „Reichsverband der Deutschen Industrie" (RDI). Die bereits seit 1861 existierende Spitzenorganisation der Handelskammern, der „Allgemeine Deutsche Handelstag", wurde 1918 in „Deutscher Industrie- und Handelstag" (DIHT) umbenannt (Müller-Jentsch 2023: 426f.).

Die politische Aufwertung der Verbände während des Kriegs und die zunehmenden revolutionären Unruhen machten 1918 das sogenannte Stinnes-Legien-Abkommen möglich, das als Geburtsstunde der Tarifautonomie in Deutschland gilt. Dieses Abkommen markierte einen Wendepunkt und stellte die faktische Anerkennung der Gewerkschaften als Verhandlungspartner durch die Kapitalseite dar. Die Kollektivvereinbarung zwischen 21 gewerblichen und industriellen Kapitalverbänden sowie sieben Gewerkschaften – benannt nach dem Industriellen Hugo Stinnes und dem Gewerkschaftsführer Carl Legien – verankerte erstmals unter anderem den 8-Stunden-Tag, die Anerkennung der Gewerkschaften, das Recht auf Kollektivverträge und die Einführung betrieblicher Arbeiterausschüsse. Das Abkommen war eine Reaktion auf die Novemberrevolution 1918 und stellte einen Kompromiss zwischen Kapitalverbänden und Gewerkschaftsspitzen dar. Die Gewerkschaften erhielten formalisierte Rechte, während die Kapitalseite angesichts massiver Streikwellen im Ruhrgebiet und der Rätebewegung, die auf die Sozialisierung der Fabriken zielte, ein „Not- und Zweckbündnis" einging, „um Schlimmeres zu verhüten" (Müller-Jentsch 2021: 67).

Mit dem Abkommen setzte eine institutionelle Einhegung des sozialen und industriellen Konflikts durch den Korporatismus ein. Der Begriff beschreibt in diesem Zusammenhang die Kooperation der Interessenverbände von Kapital und Arbeit zur gemeinsamen Konfliktbearbeitung. Allerdings beruhte das Abkommen im Kern auf einem „Elitekonsens" und nicht auf der Zustimmung der Mitglieder der Kapitalverbände und Gewerkschaften. Darin sieht Müller-Jentsch (ebd.: 66), bezugnehmend auf Teubner (1979), die Achillesferse des Korporatismus: Die Verbände müssen ihre Mitglieder zur Ordnung rufen, wenn die Kooperation mit der Gegenseite infrage gestellt wird. Dadurch verlagerte sich die Handlungsmacht innerhalb der Verbände von Mitgliedern und ihrer Motivation auf bürokratische Organisationsebenen. Damit entstand ein Institutionensystem industrieller Beziehungen, das dem Konflikt zwischen Kapital und Arbeit berechenbare Handlungsroutinen und Verfahrensweisen auferlegte und damit offene Formen von Klassenkampf kanalisierte. Der hohe Grad der Verrechtlichung der Arbeitsbeziehungen, der die Strategien der deutschen Gewerkschaftsbewegung prägte, ist international weitgehend einzigartig.

Die Tarifpolitik stand in dieser Zeit im Mittelpunkt, während die betriebliche Mitbestimmung zunächst eine untergeordnete Rolle spielte. Dies änderte sich in den folgenden Jahren, allerdings anfänglich nicht im Sinne der Gewerkschaften (Sperling 2014: 286f.; Milert/Tschirbs 2012). Auf das Stinnes-Legien-Abkommen folgte das Betriebsrätegesetz von 1920, das Betriebsratswahlen und die Interessenvertretung der gesamten Belegschaft (nicht nur der Gewerkschaftsmitglieder) regelte. Obwohl es einige Zugeständnisse an Beschäftigte vorsah, demonstrierten bis zu 100.000 Arbeiter:innen gegen das Gesetz vor dem Reichstag, da es ihnen nicht weit genug ging. Sie wollten die Ziele der Novemberrevolution hin zu einer Wirtschaftsdemokratie weiterführen. Die preußische Polizei eröffnete das Feuer und tötete 42 Demonstrierende; Reichspräsident Friedrich Ebert verhängte den Ausnahmezustand und wenige Tage später wurde das Gesetz verabschiedet (Weipert 2012). Es bildete den rechtlichen Grundstein für die heutige betriebliche Mitbestimmung durch das Betriebsverfassungsgesetz[3].

Die rechtliche Konsolidierung der Gewerkschaften in der Weimarer Republik wurde durch wirtschaftliche und politische Krisen herausgefordert. Die Frühphase der Republik war zunächst „durch eine zuvor nie da gewesene Organisierungsmacht der Gewerkschaften gekennzeichnet", und das Tarifvertragswesen erlebte „eine kurze Stabilisierungsphase [...], bevor sich im Kontext von Hyperinflation, Wirtschaftskrisen und zunehmender Arbeitslosigkeit die Machtposition der Kapitalseite wieder festigte" (Artus 2025: 107f.). Der reaktionäre Kapp-Putsch von 1920 gegen die demokratische Ordnung der Weimarer Republik konnte maßgeblich durch einen Generalstreik der Gewerkschaften verhindert werden (Feldman 1984: 192ff.). Kurz darauf stellten auch Unternehmen die Institutionalisierungstendenzen und den „Klassenkompromiss" nach dem Stinnes-Legien-Abkommen infrage, insbesondere im Ruhreisenstreit von 1928. Angesichts konjunktureller Unsicherheiten

3 Zur Geschichte der Mitbestimmung und des Betriebsverfassungsgesetzes siehe u. a. Milert/Tschirbs (2012) und Teuteberg (1961).

lehnten die Eisen- und Stahlindustriellen die Lohnforderungen der Gewerkschaften ab und reagierten mit der Aussperrung von 200.000 Arbeiter:innen. Die Auseinandersetzung richtete sich gegen die staatliche Wirtschafts- und Sozialpolitik sowie gegen die noch jungen Verfahren der institutionalisierten Konfliktregulierung im Tarifsystem (Schneider 2006).

Die Mitgliederzahl des ADGB sank von 8,1 Millionen im Jahr 1920 bis Anfang der 1930er-Jahre auf weniger als die Hälfte (Schönhoven 1987: 136ff.). Gleichzeitig verschärfte sich die Konkurrenz zwischen sozialdemokratischen, christlichen und liberalen Richtungsgewerkschaften sowie nationalistischen Angestelltenorganisationen. Die politischen Strömungen innerhalb der Gewerkschaftsbewegung differenzierten sich weiter aus. Bereits 1919 entstand aus der basisdemokratischen „Freien Vereinigung deutscher Gewerkschaften" (FVdG), den seit 1897 bestehenden Lokalisten, und weiteren kleinen Gewerkschaften die anarchosyndikalistische „Freie Arbeiter-Union Deutschlands" (FAUD) (Bock 1993). 1929 spaltete sich die KPD-nahe „Revolutionäre Gewerkschaftsopposition" (RGO), die zunächst innerhalb der Freien Gewerkschaften agiert hatte, als eigenständige Organisation ab.

2.5 Zäsur des deutschen Faschismus

Die Situation änderte sich drastisch, als den Nazis am 30. Januar 1933 die Macht übertragen wurde. Sie zerschlugen die Arbeiter:innen- und Gewerkschaftsbewegung – die letzte gesellschaftliche Kraft, die den Aufstieg des deutschen Faschismus noch hätte aufhalten können. Die Gewerkschaften hatten bis dahin versucht, ihre Strukturen der Interessenvertretung so lange wie möglich aufrechtzuerhalten. Diese Strategie führte letztlich zur Kapitulation, obwohl unter den Mitgliedern eine vergleichsweise hohe Bereitschaft zum Widerstand existierte (Buschak 2015). Die Gewerkschaften waren bereit, „der nationalsozialistischen Begriffswelt weit entgegenzukommen" (Buschak 1994: 646). Kosthorst (1963) sieht darin eine Fortsetzung von Positionen, die sich bereits während des „Burgfriedens" im Ersten Weltkrieg abgezeichnet hatten. Seitdem verlor die Idee internationaler Klassensolidarität an Bedeutung, während „die Nation in das gewerkschaftliche Bewußtsein aufgenommen" wurde und „das Erlebnis nationalen Zusammenstehens" (ebd.: 6) sich verankerte. Auch unter den Mitgliedern fanden sich Sympathien für völkische Ideologien, die den Wert der Arbeit für die Nation betonten (Schneider 1999: 94ff.). Die Vorschläge der KPD und kommunistischer Gewerkschaftsverbände an die Freien Gewerkschaften, eine Einheitsfront zu bilden und einen Generalstreik auszurufen, lehnte die Führung des ADGB ab. Dazu trugen wohl auch die zeitgleich erhobenen „Sozialfaschismus"-Vorwürfe der KPD gegen die Sozialdemokratie bei (Mielke/Frese 1999: 14).

Im April 1933 boten der ADGB und weitere Gewerkschaftsverbände an, sich dem Reichskommissar zu unterstellen und unterstützten mit eigenen Aufrufen den von den faschistischen Machthabern ausgerufenen „Tag der nationalen Arbeit" am 1. Mai. Doch dieser Versuch, durch pragmatische Anpassung die eigenen Organisationen zu schützen, scheiterte. Am 2. Mai 1933 stürmten SA und SS die Gewerkschaftshäuser, tausende Gewerkschafter:innen wurden in Zuchthäuser und Konzentrationslager verschleppt, viele ins Exil getrieben oder später ermordet. Von den Sekretär:innen, die überlebten und nicht flohen, wurden rund 4000 ADGB-Angestellte und etwa 500 christliche Gewerkschafter:innen wegen „staatsfeindlicher Einstellungen" entlassen (Mielke/Frese 1999: 16). Die Nazis ersetzten die Freien Gewerkschaften durch die „Deutsche Arbeitsfront" (DAF), die nationalistische Arbeiter- und Angestelltenorganisationen vereinte und das sozialistische Arbeiter:innenmilieu zersetzen sollte sowie der Integration in das NS-Regime diente. Das Vermögen der Gewerkschaften wurde konfisziert und der DAF-Unterorganisation „Kraft durch Freude" zugeführt, die Freizeitgestaltung und ideologischen Indoktrinationen organisierte. 1934 wurde die DAF offiziell der NSDAP angegliedert. Die Koalitionsfreiheit und Tarifautonomie wurden beendet, das Betriebsrätegesetz durch das „Gesetz zur Ordnung der nationalen Arbeit" aufgehoben, das die Entscheidungsgewalt dem „Betriebsführer" übertrug und Mitbestimmungsrechte abschaffte.

Ein Teil der ADGB-Sekretäre passte sich dem NS-Regime opportunistisch an, andere flohen ins Ausland oder gingen in den Untergrund und schlossen sich dem antifaschistischen Widerstand an. Zu den „personenstärksten und dauerhaftesten Widerstandsgruppen" (ebd.: 27) gehörten Eisenbahner:innen und Seeleute, die der Internationalen Transportarbeiter-Föderation (ITF) nahestanden, sowie Bergarbeiter:innen, die versuchten, Netzwerke ehemaliger Gewerkschaftsfunktionär:innen aufrechtzuerhalten. Trotz dieser Bemühungen blieb der Widerstand in Deutschland zu schwach, um den Faschismus aufzuhalten. Buschak (1994: 660) resümiert:

> „Gewerkschaftlicher Widerstand war eine Angelegenheit weniger. Illegale Schattenorganisationen mit Tausenden von Mitgliedern hat es nie gegeben. Es mindert aber weder den Mut noch den Heroismus derjenigen, die Widerstand geleistet haben, die sich nicht niederbeugen ließen, wenn man einräumt, daß sie allein blieben, daß es nur wenige waren, die die politische und moralische Substanz der Gewerkschaften wahren und unbeschadet über die NS-Herrschaft retten wollten."

Die Erinnerung der Gewerkschaften an den 2. Mai 1933 war kompliziert, denn sie „berührte unterschiedliche Erfahrungen", die vom „Auftakt zu Repression, Flucht und Exil", über „Dimension radikaler Fehleinschätzungen" bis zu „enttäuschter Erwartungen und gefährlicher Annäherungen an das neue Regime" (Süß 2025: 58) reichte. Als historische Erfahrung wirkt bis in die Gegenwart nach, dass die ideologische und organisatorische Fragmentierung der Gewerkschaften in der Weimarer Republik ihre Zerschlagung erleichterte, was sich im heutigen Konzept der Einheitsgewerkschaft widerspiegelt.

2.6 Nachkriegszeit und gewerkschaftliche Neugründungen

Nach der Befreiung 1945 gründeten sozialdemokratische, kommunistische und christliche Gewerkschafter:innen die Interessenverbände neu. In der sowjetischen Besatzungszone entstand noch im selben Jahr der „Freie Deutsche Gewerkschaftsbund" (FDGB), der bis 1990 in der DDR existierte. Er fungierte zwar formal als unabhängige Klassenorganisation, folgte aber faktisch der politisch-ideologischen Linie der SED. Der FDGB diente primär der Planerfüllung sowie der gesellschaftlichen und kulturellen Förderung und Integration von Arbeiter:innen, etwa durch Gesundheitsbetreuung, Ferienorganisation und Freizeitangebote. Auf tarifliche Regelungen wie Löhne, Arbeitszeiten oder Urlaubsansprüche hatten weder der FDGB noch die Einzelgewerkschaften großen Einfluss (Hübner et al. 2005; Brunner 2022).

In Westdeutschland konstituierte sich nach der Zusammenführung von 16 Einzelgewerkschaften 1949 der „Deutsche Gewerkschaftsbund"

(DGB) als Dachorganisation. Mit Hans Böckler an der Spitze organisierten sich unter dem Dach des DGB autonome Einzelgewerkschaften nach dem Prinzip der Einheitsgewerkschaft, also offiziell unabhängig von Parteien und politischen Strömungen. Ebenfalls 1949 wurde der „Deutsche Beamtenbund“ (dbb) (neu)gegründet, 1959 folgte der „Christliche Gewerkschaftsbund“ (CGB) als konfessioneller Dachverband. Die rechtliche Grundlage gewerkschaftlichen Handelns bildete in Westdeutschland die in Art. 9 Abs. 3 des Grundgesetzes verankerte Koalitionsfreiheit. Auch die Kapitalverbände organisierten sich nach 1945 neu, unter anderem in der „Bundesvereinigung Deutscher Arbeitgeberverbände“ (BDA), dem „Bundesverband der Deutschen Industrie“ (BDI) und dem „Deutschen Industrie- und Handelstag“ (DIHT).

Mit der verfassungsrechtlichen Garantie der Tarifautonomie 1949 wurden Gewerkschaften als Tarifvertragsparteien wieder anerkannt. Ihre Hoffnungen auf eine nicht-kapitalistische Wirtschaftsordnung erfüllten sich allerdings nicht. Insbesondere erwarteten sie eine Ausweitung der Montanmitbestimmung (→ Kap. 5), die ihnen weitreichende Mitgestaltungsmöglichkeiten eröffnete und als möglicher Ausgangspunkt wirtschaftsdemokratischer Entwicklungen interpretiert wurde (Schmidt 1975; Pirker 1979). Doch 1952 verabschiedete der Bundestag – gegen die Stimmen von SPD und KPD und ohne Berücksichtigung der Bedenken des DGB – das Betriebsverfassungsgesetz. Die Gewerkschaften kritisierten dieses wie auch die Etablierung von Betriebsräten weiterhin, da sie befürchteten, die betriebszentrierten und unabhängigen Mitbestimmungsgremien könnten die Klassensolidarität der Interessenverbände unterlaufen (Pirker 1979). Zudem blieb das Gesetz weit hinter dem gewerkschaftlichen Ziel der Wirtschaftsdemokratie zurück, da es an bestehenden Eigentumsverhältnissen festhielt und die Mitbestimmung nicht mit demokratischer Kontrolle des Produktionsprozesses gleichzusetzen war (Naphtali 1966). Die Novellierung von 1972 stärkte zwar die Rechte der Betriebsräte, doch die Gewerkschaften konnten sich mit ihrer Forderung nach paritätischer Mitbestimmung in Großbetrieben – analog zur Montanmitbestimmung – nicht durchsetzen. Trotz anfänglicher Ablehnung wandelte sich das gewerkschaftliche Verhältnis zum Betriebsverfassungsgesetz über die Jahrzehnte „von einer ‚Niederlage‘ zum ‚Erfolg‘“, was sich „wesentlich aus der sozialen Wirkungsgeschichte“ (Sperling 2014: 489) erklären lässt. Das Gesetz überführte den innerbetrieblichen Interessenkonflikt zwischen Kapital und Arbeit in regulierte Formen, die fortan von beiden Seiten – mehr oder weniger – akzeptiert wurden. Gleichwohl ohne die kapitalistischen Herrschaftsverhältnisse grundlegend in Zweifel zu ziehen.

Das „Wirtschaftswunder" der Nachkriegszeit, getragen insbesondere von der standardisierten Massenproduktion und einer expandierenden Automobilindustrie, führte zu steigenden Reallöhnen und ermöglichte Arbeiter:innenfamilien erstmals breiteren Zugang zu Konsumgütern (Boyer 1990; Hirsch/Roth 1986). Das sozialversicherungspflichtige „Normalarbeitsverhältnis" (Mückenberger 1985) etablierte sich (zumindest für Männer) und die Erwerbslosigkeit fiel äußerst niedrig aus. Rund achtzig Prozent der Beschäftigten arbeiteten in tarifgebundenen Betrieben. Der gewerkschaftliche Organisationsgrad stieg zeitweise auf über 30 Prozent und die DGB-Gewerkschaften entwickelten sich zu Massenorganisationen mit ausgeprägten bürokratischen Apparaten und erheblichem gesellschaftlichem Einfluss. In den 1960er-Jahren setzte der DGB unter dem Motto „Samstags gehört Vati mir" die 40-Stunden-Woche in den meisten Branchen durch und tariflich wurden schrittweise mehr Urlaubstage verhandelt, bis Ende der 1970er-Jahre ein sechswöchiger Urlaubsanspruch erreicht war.

Die erste Wirtschaftskrise der Bundesrepublik führte zu sinkendem Wachstum und steigender Erwerbslosigkeit. Staat und Tarifparteien reagierten darauf mit der „Konzertierten Aktion" (1967–1977), die der Abstimmung der Interessen zwischen unterschiedlichen Akteur:innen diente und insbesondere Lohnsteigerungen dämpfen sollte (Rehling 2011). Die Gewerkschaften verfügten in dieser Phase über eine breite Mitgliederbasis und großes Streikpotenzial, das sie jedoch nur selten einsetzten. Sie hatten sich zu mächtigen intermediären Organisationen entwickelt, die zunehmend kooperativ zwischen wirtschaftlichen „Sachzwängen" und Mitgliederinteressen vermittelten (Müller-Jentsch 1982). Die hohe Abdeckung durch Flächentarifverträge eröffnete dabei durchaus Partizipationsmöglichkeiten und setzte Umverteilungseffekte in Kraft. Viele Lohnabhängige oder deren Kinder erfuhren den sozialen Aufstieg und die materiellen Lebensbedingungen glichen sich tendenziell an (Nachtwey 2016). Allerdings blieben Migrant:innen und Frauen, die sich bereits zu der Zeit häufig in atypischen Beschäftigungsformen wiederfanden, weitgehend von den relativen Sicherheiten des fordistischen Produktions- und Lebensmodells ausgenommen (Mayer-Ahuja 2003; Lessenich 2009).

Das Modell wurde durch geschlechterhierarchische Reproduktionsweisen in den Familien sowie den Ausbau des Wohlfahrtsstaates stabilisiert (Aulenbacher 2009). Dieser sollte Beschäftigte vor Arbeitsmarktrisiken schützen und den Warencharakter der Arbeitskraft reduzieren. Gewerkschaften trugen durch politische Verhandlungen und Arbeitskämpfe zum Ausbau des Sozialstaates bei. Diesem ist dabei ein „produktivistischer Dualismus eingeschrieben", der einerseits „die Lebensrisiken der Lohnarbeiter mildern, anderseits aber sicherstellen [will], dass die Erwerbsfähigen auch wirklich arbeiten (können)" (Nachtwey 2016: 20). Das deutsche Wohlfahrtsstaatsmodell ist seit den Bismarck'schen Sozialreformen im Kern ein lohnarbeitszentriertes Versicherungssystem, das sich wesentlich aus Erwerbseinkommen finanziert. In ihm sind „die Gewerkschaften als repräsentative Vertreter der Arbeitnehmer unmittelbar an der Selbstverwaltung der Sozialversicherungsträger durch die Versicherten beteiligt" (Döring/Koch 2003: 376). Sie wirken damit auf beide Seiten staatlicher Sozialpolitik ein (Hentschel 1983: 7): auf den sozialen Interessenausgleich (kollektives Arbeitsrecht) und auf die soziale Sicherung (Transferleistungen). Letztere bezieht sich vor allem auf Armutsreduktion, Krankenversorgung sowie die Absicherung im Alter oder bei Arbeitslosigkeit. So verhalf die IG Metall in Schleswig-Holstein 1956/57 mit einem sechzehnwöchigen Streik der Lohnfortzahlung im Krankheitsfall zum Durchbruch. Obwohl der Streik formal als Tarifkonflikt geführt wurde, hatte er die sozialpolitische Regelung durch den Gesetzgeber zum Ziel (Dittrich/Kalk 1987). Auch am Rentenreformgesetz von 1972, das einen Renteneintritt mit 63 Jahren ermöglichte, waren Gewerkschaften beteiligt. Insgesamt war die Zeit bis in die 1970er-Jahre durch eine Ausweitung der Sozialpolitik geprägt, wobei die Gewerkschaften ihren Schwerpunkt auf das sozialversicherungsbasierte System legten, das angesichts starken Wirtschaftswachstums und nahezu Vollbeschäftigung als vergleichsweise stabil galt.

Ab den 1950er-Jahren schloss die Bundesrepublik (und kurz darauf die DDR) bilaterale Anwerbeabkommen, um den steigenden Arbeitskräftebedarf des Nachkriegsbooms zu decken. Die sogenannten „Gastarbeiter", von denen die Bundesregierung annahm, sie würden später in ihre Herkunftsländer zurückkehren, kamen vor allem aus Südeuropa und später aus der Türkei. Sie verdienten weniger als deutsche Arbeiter:innen, waren im Betriebsalltag oft schlechter gestellt und arbeiteten teils in separaten Werkshallen. Die Gewerkschaften lehnten die Anwerbung zunächst ab und bemühten sich kaum um die Integration der neuen Kolleg:innen in die Interessenorganisationen (Trede 2015; Carstensen et al. 2022; Öztürk 2026). Dies änderte sich schrittweise; in einzelnen Branchen stieg der Organisationsgrad migrantischer Beschäftigter deutlich und nach der Novellierung des Betriebsverfassungsgesetzes 1972 konnten sie sich auch als Betriebsräte aufstellen und wählen lassen. 1973 kam es in der Automobilindustrie zu einer Welle „wilder Streiks", in denen überwiegend migrantische Arbeiter:innen bessere Arbeitsbedingungen und höhere Löhne forderten und sich gegen die systematische Spaltung der Belegschaften wandten. Betriebsräte und IG Metall stellten sich gegen die Arbeitskämpfe, die unter diesen Bedingungen nicht erfolgreich sein konnten (Birke 2007; Huwers 2013; Karakayali 2005). Dennoch trugen sowohl die migrantische Selbstorganisation als auch die Streiks maßgeblich dazu bei, die Gewerkschaften für die Anliegen migrantischer Beschäftigter zu öffnen.

2.7 Krise des Fordismus und gewerkschaftliche Erosionstendenzen

Der fordistische Kapitalismus, der als Hochphase gewerkschaftlichen Einflusses in der Bundesrepublik gelten kann, geriet Ende der 1970er-Jahre in die Krise. Das Wirtschaftswachstum der Nachkriegsjahrzehnte stockte, die Kapitalrentabilität sank, Märkte waren gesättigt und die globale Konkurrenz nahm zu. Gleichzeitig stieg die Erwerbslosigkeit (wieder) und im „deutschen Modell" der industriellen Beziehungen, das auf branchenweiten Flächentarifverträgen und betrieblicher Mitbestimmung beruhte, zeigten sich erste Erosionstendenzen (Hirsch/Roth 1986; Doering-Manteuffel/Raphael 2008). Zudem gingen infolge des Strukturwandels der Arbeitsgesellschaft vermehrt Arbeitsplätze in der Industrie verloren, während der Dienstleistungssektor rasant an Bedeutung gewann, in dem Interessenorganisationen weniger stark verankert sind.

Der gewerkschaftliche Einfluss wurde durch diese ökonomischen Entwicklungen wie auch durch politische Umbrüche vermehrt in Frage gestellt. Die 1982 gebildete Koalition aus CDU/CSU und FDP unter Helmut Kohl (CDU) verfolgte eine angebotsorientierte Wirtschaftspolitik, die Unternehmen von Steuern, Sozialabgaben und Lohnkosten entlastet sowie auf die Lockerung des Kündigungsschutzes, flexible Tariflöhne und die Beschränkung der Mitbestimmung zielte. Daran änderten auch die massenhaften Proteste des DGB im Herbst 1982 mit mehreren hunderttausenden Teilnehmenden nichts. Ein ausufernder Korruptionsskandal um die gewerkschaftseigene Wohnungsgesellschaft „Neue Heimat“ erschütterte im selben Jahr zudem die sozialpolitische Legitimität der Gewerkschaften (Kramper 2008). Der IG Metall gelang es 1984 noch, in der westdeutschen Metall- und Elektroindustrie mit umfangreichen Streiks einen Kompromiss zur Einführung der 35-Stunden-Woche zu erreichen, doch trug dieser zugleich zur Aufweichung der Normsetzungskraft von Flächentarifverträgen bei. Die stufenweise Arbeitszeitverkürzung war mit Zugeständnissen an die Kapitalseite verbunden, die auf Flexibilisierung drängte. Der Einstieg in die 35-Stunden-Woche wurde letztlich durch eine Verbetrieblichung bzw. Dezentralisierung der Tarifpolitik „erkauft“, bei der tarifliche Öffnungsklauseln bestehende Standards auf Betriebsebene unterlaufen konnten (Andresen et al. 2025).

Nach der Wiedervereinigung 1990 konnte sich das westdeutsche System industrieller Beziehungen in Ostdeutschland nicht in gleichem Umfang etablieren (Artus 2001). Zwar stiegen die Mitgliederzahlen der DGB-Gewerkschaften durch Beitritte ostdeutscher Beschäftigter kurzzeitig sprunghaft an, doch sanken sie anschließend kontinuierlich und langfristig ab. In den folgenden Jahren ordnete sich die Gewerkschaftslandschaft neu; mehrere Verbände fusionierten und schlossen sich 2001 zur neu gegründeten „Vereinten Dienstleistungsgewerkschaft“ (ver.di) zusammen. Ungefähr zur selben Zeit traten vermehrt Berufs- und Spartengewerkschaften wie der „Marburger Bund“, die „Vereinigung Cockpit“, die „Unabhängige Flugbegleiter-Organisation“ (UFO) oder die „Gewerkschaft Deutscher Lokomotivführer“ (GDL) hervor, die teils entschlossene Arbeitskämpfe führten und für ihr jeweiliges Klientel eigene Tarifverträge durchsetzten (Keller 2020).

Bereits in den 1980er-Jahren und verstärkt seit den 1990er-Jahren gerieten staatliche und tarifliche Regulationsmechanismen unter Druck. Langfristige Investitionsstrategien wurden zunehmend von finanzmarktgetriebenen Unternehmenslogiken abgelöst. Standorte gerieten global in Konkurrenz, unternehmerische Risiken wurden auf Belegschaften verlagert und Marktgrenzen in das Innere der Unternehmen verschoben (Höpner 2003; Streeck 2013; Brinkmann 2011). Die Orientierung an Kennziffern, Gewinnerwartungen und Kapitalproduktivität verschärfte die Konkurrenz innerhalb der Betriebe, etwa zwischen Abteilungen und Arbeitsgruppen (Dörre 2009; Moldaschl/Sauer 2000). Diese Prozesse hatten weitreichende arbeitspolitische Folgen, die durch die schwindende gewerkschaftliche Gestaltungsmacht zusätzlich verstärkt wurden. Der Bedeutungsverlust der DGB-Gewerkschaften zeigte sich auch in der Sozialpolitik: Weder bei der Rentenreform noch bei der Hartz-IV-Arbeitsmarktreform 2002 konnten sie politische Weichenstellungen maßgeblich beeinflussen (Steinmüller 2019). Der Verlust der Gewerkschaften an Arbeitsmarkt-, Organisations- und institutioneller Macht begrenzte ihre Fähigkeit, der Abwicklung des Wohlfahrtsstaates etwas entgegenzusetzen und verdeutlicht zugleich das „Geflecht wechselseitiger Beziehungen zwischen wohlfahrtsstaatlicher und gewerkschaftlicher Entwicklung“, wie Hans-Jürgen Urban (2010: 443) betonte.

Die Ausweitung der Dienstleistungsarbeit, die Finanzialisierung von Unternehmen und neue Steuerungskonzepte betrieblicher Arbeit haben in den vergangenen Jahrzehnten massiv in die institutionellen Grundlagen der Arbeitsbeziehungen eingegriffen und diese fragmentiert. Parallel dazu hat eine marktliberale Wirtschafts- und Sozialpolitik – geprägt von Deregulierung, Privatisierung und Arbeitsmarktflexibilisierung – die Tarifautonomie und betriebliche Mitbestimmung zusätzlich geschwächt (Streeck 2009; Brandt/Schulten 2008). Diese Prozesse destabilisieren zentrale Pfeiler des „deutschen Modells“ industrieller Beziehungen. Die Erosion der Tarifbindung, die abnehmende Reichweite betrieblicher Mitbestimmung, eine strategisch gestärkte Kapitalseite sowie der Bedeutungsgewinn atypischer Beschäftigungsformen erschweren es Gewerkschaften, ihre kollektive Handlungsmacht zu erhalten. Diese Entwicklungen sind eingebettet in einen umfassenden Strukturwandel, der neben technologischen Veränderungen durch Digitalisierung und globale Wertschöpfungsketten und Standortkonkurrenz auch die notwendige Dekarbonisierung der Wirtschaft einschließt, die inzwischen eine Überlebensfrage der Menschheit darstellt. Gewerkschaften geraten damit nicht nur als Tarifvertragsparteien unter Druck, sondern auch in ihrer gesellschaftspolitischen Funktion, soziale Gerechtigkeit, demokratische Teilhabe von lohnabhängig Beschäftigten und Alternativen zum fossilen Kapitalismus zu gestalten. Ihre Fähigkeit, kollektive Interessen wirksam zu organisieren, muss sich unter Bedingungen einer veränderten Arbeitswelt, verschobener Machtressourcen und zunehmender politisch-institutioneller Einschränkungen behaupten.

3 Theoriekapitel

3.1 Einleitung

Gewerkschaften, das haben wir bis hierhin gelernt, sind Organisationen, die spezifische Interessen gegenüber anderen Organisationen vertreten (oder zumindest vertreten sollen) und Einfluss auf öffentliche Debatten nehmen. Jenseits dieses zugegebenermaßen noch recht allgemeinen Verständnisses erstreckt sich jedoch eine Vielfalt gewerkschaftspolitischer Empirie, die eine weitere Spezifikation oft als schwierig erscheinen lässt. Es gibt politische Gewerkschaften mit klaren ideologischen Orientierungen, es gibt sogenannte ‚gelbe' Gewerkschaften, die die Interessen des Kapitals vertreten. Es gibt staatstragende Gewerkschaften in demokratischen und undemokratischen Staaten. Es gibt Betriebs- und Branchengewerkschaften, Einheitsgewerkschaften und Graswurzelgewerkschaften. Es gibt revolutionäre Gewerkschaften und nationale wie internationale Gewerkschaftsföderationen (die Aufzählung ließe sich fortführen).

Zieht man nun weiter in Betracht, dass die nominelle Programmatik einer Gewerkschaftsorganisation – also das, was sie in Statements und Pressemitteilungen nach außen trägt – nicht unbedingt mit ihren realen Zielen übereinstimmt, verunklart sich die Angelegenheit weiter. Und vielleicht, um die Situation mit einer rhetorischen Frage noch weiter zu dramatisieren, herrscht unter den Mitgliedern einer Gewerkschaft selbst alles andere als Klarheit über die Ziele, geschweige denn darüber, wie diese zu erreichen wären.

Die Vielfalt von Aspekten, unter denen das, was gemeinhin als Gewerkschaft und Gewerkschaftspolitik wahrgenommen wird, betrachtet werden kann, ist so groß, dass eine einzelne Perspektive sie nicht zu verarbeiten vermag. Dieser Umstand beschreibt in der Sozialwissenschaft ganz allein der Begriff der Komplexität. Um Komplexität zu reduzieren, wenden Sozialwissenschaftler:innen Theorien an. Eine Theorie gibt dabei, einfach formuliert, die Aspekte vor, unter denen ein bestimmter Gegenstand wahrzunehmen ist (Seeliger et al. 2021).[4] Das Handeln von Gewerkschaften sowie deren Rolle innerhalb umfassender politischer Systeme sind seit der Entstehung der Gewerkschaften im 19. Jahrhundert Gegenstand zahlreicher Ansätze gewesen. In diesem Abschnitt stellen wir – ohne Anspruch auf Vollständigkeit – typische Perspektiven auf Gewerkschaften und Gewerkschaftspolitik vor.

Mit Claus Offe (vgl. Offe 2019: 45) lassen sich drei Formen von Theorien unterscheiden, die sich mit der sozialen Konstruktion und dem politischen Charakter von Interessenorganisationen auseinandersetzen. Eine erste Gruppe von Theorien beschäftigt sich hierbei mit den Erwartungen und Praktiken individueller Akteur:innen innerhalb von oder im Umgang mit Organisationen. Eine zweite Gruppe von Theorien befasst sich mit Interessenorganisationen als Organisationen, das heißt, mit Blick auf ihre internen Bürokratien und Aushandlungsprozesse aber auch im Verhältnis zur Organisationsumwelt. Eine dritte Gruppe bezieht sich schließlich auf die Gesellschaft als ganze im Verhältnis zu den Interessengruppen. Diese drei Perspektiven „von unten“, „von innen“ und „von oben“ (vgl. ebd.) bedienen auch die im Folgenden behandelten Theorien gewerkschaftspolitischen Handelns.

Unsere Auswahl der hier vorzustellenden Blickwinkel entspricht dieser von Offe vorgeschlagenen Dreiteilung nur bedingt. Mit Émile Durkheim und Karl Marx haben wir zwei Vertreter einer gesellschaftstheoretischen Perspektive ausgewählt, um zwei paradigmatische Verständnisse gewerkschaftspolitischen Handelns – die kohäsionsorientierte Intermediaritätsthese und das konfliktsoziologisch argumentierende Klassenkampfparadigma – vorzustellen (vgl. 3). Beide Blickwinkel sind Teil gesellschaftstheoretischer Rahmenhandlungen, die sich durch die Gesamtwerke beider Autoren ziehen. Mit Karl Polanyi (1973) und Thomas Humphrey Marshall (1992) verfolgen die nächsten beiden Vertreter zwar ebenfalls einen gesellschaftstheoretischen Anspruch.

---

4 Die theoretische Perspektive folgt hierbei einem Sozialwissenschaftsverständnis von mittlerer Breite. Neben zentralen Bezügen zur Soziologie und Politikwissenschaft der Arbeitsbeziehungen beziehen wir theoretische Blickwinkel aus dem Feld der Organisationsforschung und der Politischen Ökonomie mit ein.

Anders als Marx und Durkheim reicht dieser – nicht zuletzt aufgrund des geringeren Umfangs ihrer überlieferten Gesamtwerke – weniger weit und bezieht sich – vor allem in den hier vorgestellten Teilen – auf die Frage nach der Institutionalisierung von Lohnabhängigenmacht im Prozess kapitalistischer Modernisierung. Während Durkheim und Marx – um eine klassische Unterscheidung (siehe Seeliger 2019 b) zu bemühen – auf die Makro-Ebene abheben, beziehen sich Polanyi und Marshall in unserer Lesart auf die Meso-Ebene politischer Mobilisierung von Gewerkschaften in Form der Gegenbewegung und der Industrial Citizenship (vgl. 5). Die dritte Gruppe ausgewählter Ansätze besteht schließlich aus handlungstheoretischen Zugängen, die sich auf Potenziale und Restriktionen, Mobilisierung und Beherrschung von Mitgliedern und Führungspersonal der Gewerkschaften beziehen (vgl. 6).

3.2 Allgemeine Definitionen

Darüber, was unter einer Gewerkschaft zu verstehen ist, finden sich in der sozialwissenschaftlichen Forschungsliteratur eine Reihe von Auffassungen. Im allgemeinsten Sinne handelt es bei ihnen um „eine dauernde Verbindung von Lohnarbeitern zum Zweck der Aufrechterhaltung oder Besserung ihrer Arbeitsbedingungen“ (Webb/Webb 1895: 1). Dieses Verständnis gewerkschaftlichen Handelns speist sich aus einem christlich-sozialistischen Weltbild der britischen Fabian Society. Gegen Ende des 19. Jahrhunderts hatten deren Mitglieder Sidney und Beatrice Webb in ihren Untersuchungen von Arbeits- und Beschäftigungsbedingungen im sich industrialisierenden England grundlegende Konzepte und Kategorien Gewerkschaftsforschung geprägt.

Eine weiter gefasste Funktionsbestimmung liefert Mitte des 20. Jahrhunderts der im Umfeld der Frankfurter Schule forschende Nationalökonom und Politikwissenschaftler Franz Neumann. „Diejenigen Organisationen“, so führt er (1997: 150) aus, „die es sich zur Aufgabe gemacht haben, der Gewalt des Eigentums gegenüberzutreten, sind die Gewerkschaften.“ Ihre Rolle als politische Akteurinnen beschreibt der marxistisch geschulte Neumann unter vier Aspekten (1997: 151):

Als „Kampfverbände“ streben Gewerkschaften *erstens* nach einer „Beherrschung des Arbeitsmarktes“ und stellen „der monopolistischen Gewalt des Privateigentums die kollektive Macht der organisierten

Arbeit gegenüber." Die Möglichkeit, Prozesse der Preisbildung auf dem Arbeitsmarkt zu beeinflussen, schöpfen Gewerkschaften hierbei aus ihrer Fähigkeit, Tarifverträge abzuschließen und die wirtschaftlichen Austauschprozesse so zu verstetigen oder durch Streiks zu behindern. In einer *zweiten* Dimension richtet sich das politische Handeln von Gewerkschaften darauf, „den Staat und den staatlichen Zwangsapparat zu beeinflussen" (Neumann 1997: 151). Um die Interessen ihrer Mitglieder möglichst effektiv zu vertreten, versuchen Gewerkschaften aus dieser Perspektive, Prozesse der Gesetzgebung – etwa mit Blick auf die Funktionsweise des Arbeitsmarktes oder der Sozialpolitik, aber auch mit Blick auf andere Politikfelder und Gegenstände öffentlichen Interesses wie dem Umweltschutz – zu beeinflussen. *Drittens* erkennt Neumann (1997: 149) die gewerkschaftspolitische Aufgabe im „Problem des Arbeitsschutzes". Indem sie den Einsatz der Arbeitskraft in den Betrieben mitgestalten, besteht ihre Aufgabe laut Neumann (1997: 149) drittens darin, Maßnahmen durchzusetzen, „die eine Ausbeutung der Arbeitskraft des arbeitenden Menschen verhindern sollen." Mit der „Demokratisierung des Wirtschaftslebens" erkennt Neumann (ebd. 149) schließlich die Beteiligung der Lohnabhängigen am Arrangement wirtschaftlicher Ordnung als Aufgabe der Gewerkschaften an. Welche Produkte hergestellt würden und unter welchen Bedingungen dies geschehen soll, ist aus dieser Perspektive von den Lohnabhängigen demokratisch zu entscheiden (Seeliger 2018c).

In der jüngeren Geschichte der Bundesrepublik Deutschland sind Gewerkschaften auch als Ausdruck organisierter Interessen verstanden worden. Als solche bezeichnet Ulrich von Alemann (2012: 30) „freiwillig gebildete, soziale Einheiten mit bestimmten Zielen und arbeitsteiliger Gliederung (Organisationen), die individuelle, materielle und ideelle Interessen ihrer Mitglieder im Sinne von Bedürfnissen, Nutzen und Rechtfertigungen zu verwirklichen suchen." Der Begriff der Organisierten Interessen verweist hierbei auf die dichten Verflechtungsbeziehungen, die Gewerkschaften im zeitlichen Entwicklungsverlauf mit dem politischen System und der Wirtschaft eingegangen sind. In der politischen Praxis kann ihre Rolle hierbei Ausprägungen von Kampfverbänden (Neumann 1997), über die intermediäre Organisation (Müller-Jentsch 1997) bis zur fraktalen Organisation (Dörre 2011) annehmen, die nur spezifische Interessen ihrer eigenen Klientel vertritt.

Die zentrale Problemstellung gewerkschaftlichen Handelns besteht in der politischen Mobilisierung und Repräsentation der Beschäftigten innerhalb ihres Organisationsbereiches. Diese kann unterschiedliche Formen annehmen, welche von Mitgliedergewinnung über Beteiligungen an Streiks, dem Engagement auf betrieblicher Ebene als Vertrauensmann oder Vertrauensfrau bis hin zu allgemeinem politischem Engagement reichen kann. Neben der Interessenvertretung nach außen dienen sie nach innen als Ort des Austausches zwischen den Mitgliedern. Politische Bildung und die Schaffung eines Zusammengehörigkeitsgefühls sind Effekte, die Mitgliedschaft und Engagement in Gewerkschaften für ihre Mitglieder nach sich ziehen.

Versteht man Gewerkschaften in erster Linie als Interessenorganisationen, liegt ihre zentrale Aufgabe im Ermitteln und Vertreten der politischen Positionen ihrer Mitglieder. Das Spannungsverhältnis, in dem Gewerkschaften vor diesem Hintergrund agieren, beschreiben Schmitter und Streeck (1981) als Konkurrenz zwischen Mitgliederlogik und Einflusslogik. Während sie einerseits die Interessen ihrer Mitglieder glaubhaft repräsentieren müssen, hängt ihr Erfolg auch davon ab, inwiefern es ihnen gelingt, diese auch durchzusetzen. Je differenzierter die Interessen ihrer Mitglieder sind, desto schwerer wird deren Repräsentation nach außen. Je weiter sie sich jedoch von ihnen entfernen, desto eher verlieren die Beschäftigten den Bezug zu den nach außen vertretenen Zielen. Zwischen Mitglieder- und Einflusslogik zu vermitteln, kann in der gewerkschaftspolitischen Praxis zu grundlegenden Dilemmata führen.

Allgemein stellen sich für die Gewerkschaften beim Mobilisieren ihrer Klientel eine Reihe von Grundproblemen: Eine hohe Gruppengröße der zu organisierenden Lohnabhängigen bedingt eine – je nach Wirtschaftssektor und nationaler Sozialstruktur variierende – starke Heterogenität der Klientel. Während sich die Mitgliederbasis der IG Metall in den 1950er und 1960er-Jahren aus relativ großen, sozial homogenen Belegschaften rekrutierte, von denen der Großteil in den gleichen Werkshallen tätig war, arbeiten die Beschäftigten des Dienstleistungssektors heute oft nicht nur räumlich isoliert – sie unterscheiden sich auch nach Herkunft, Geschlecht oder Qualifikationsgrad. Die Überwindung entsprechender „Bruchlinien“ (Heinze et al. 1981) innerhalb der Lohnabhängigenklasse ist eine Voraussetzung für eine erfolgreiche klassenpolitische Mobilisierung – sei es in Form eines Streiks, einer

Empfehlung für die Bundestagswahl oder für breite zivilgesellschaftliche Anliegen. Die „ständige Herausforderung“ (Dribbusch 2014: 338) gewerkschaftspolitischen Handelns besteht vor diesem Hintergrund darin, (teils widersprüchliche) Einzelinteressen zu einer „Einheit in Vielfalt“ (Zeuner 2004) oder „Gegenseitigkeit trotz Unterschiedlichkeit“ (Hyman 2011) zu verbinden.

3.3 Gewerkschaften als intermediäre Organisationen im System der gesellschaftlichen Arbeitsteilung – Die Durkheimianische Perspektive

Eine erste Perspektive auf Gewerkschaften lässt sich im Anschluss an Émile Durkheim begründen. Gegen Ende des 19. Jahrhunderts beschäftigten den jungen Soziologen den Übergang der feudalen in die moderne Gesellschaft. „Eine Gesellschaft“, so expliziert Durkheim seine Befürchtung, „die aus einer Unmasse von unorganisierten Individuen zusammengesetzt ist und die sich ein Überstaat bemüht zusammenzuhalten, ist ein wahres soziologisches Monstrum“ (Durkheim 1988: 45). Besorgt über die Frage, wie die soziale Kohäsion unter Bedingungen rapiden gesellschaftlichen Wandels zu gewährleisten sein könnte, wandte sich Durkheim in seiner Dissertation ‚Über die Teilung der sozialen Arbeit‘ der Rolle von intermediären Organisationen – also den Gilden, Kammern und Gewerkschaften – zu. Diese Organisationen, so Durkheim, könnten es schaffen, zwischen eigeninteressierten Akteuren und einer übergeordneten gesellschaftlichen Struktur zu vermitteln.[5] Die Aufgabe dieser Verbände bestünde darin, „das soziale Gewebe“ zu straffen, „dessen Maschen so gefährlich locker geworden sind“ (Durkheim 1990: 453). Die Regulierung von Arbeits- und Beschäftigungsbedingungen, Löhnen und Formen der Mitbestimmung erscheint aus dieser Perspektive als wesentlicher Beitrag von Gewerkschaften (und Kapitalverbänden) zur gesellschaftlichen Ordnungsbildung.

Die enge Einbindung von Gewerkschaften in politische Systeme ist der politikwissenschaftlichen Literatur als ‚Korporatismus‘ bezeichnet worden. Ursprünglich bezieht sich der Begriff des Korporatismus in der

5 Mit Karl Marx als Konflikttheoretiker und Herbert Spencer als protoliberalem Individualisten liegt Durkheim über weite Strecken im Clinch mit zwei unsichtbaren Sparringspartnern – zitieren tut er sie nämlich nicht.

politischen Praxis auf die protofaschistischen Systeme Spaniens und Italiens der 1920er und 1930er-Jahre. Diese zeichneten sich durch eine zwangsförmige Kanalisierung organisierter Interessen durch staatliche Bürokratien aus. Seine deutlichste demokratische Entsprechung fand Durkheims Theorie im korporatistischen Ordnungsmodell der sozialkapitalistischen Länder ab den 1950er-Jahren. Mit dem „schillernden Begriff" (Müller-Jentsch 2021: 63) des ‚Korporatismus' bezeichnete eine Reihe von Forscher:innen ab den 1960er-Jahren (Lehmbruch 1977, 1978; Schmitter/Lehmbruch 1982; Streeck/Schmitter 1985) politische Systeme mit drei Schlüsseleigenschaften (Panitch 1978 : 2): Eine „Verkopplung" zwischen „Staat und funktionalen [...] Interessengruppen", „institutionalisierte Formen direkter Interaktion zwischen den Interessengruppen" sowie einem „Element staatlicher Kontrolle über die Gruppen" zur Begrenzung von deren Autonomie.

Als „leitender Gedanke" (Baccaro et al. 2018: 9) rahmt die neo-korporatistische Theorie die Grundidee, die Koordinationsleistung der (proto-)faschistischen Systeme mit der Wahrung eines liberalen Verständnisses von Bürgerrechten zu kooperieren. Indem er vermittelt über die Gewerkschaften die Interessen der Lohnabhängigen zum Systemzweck werden lässt, ist der Korporatismus mit Streeck (1981: 7) mehr als nur ein „Mittel zur Stabilisierung der kapitalistischen Gesellschaftsordnung." Vielmehr, so Müller-Jentsch (2021: 65), sollte er „ermöglichen, die wirtschaftspolitischen Kontrollpotenziale der Gewerkschaften für die staatliche Wirtschaftssteuerung zu nutzen und ihnen dafür externe – das heißt staatliche und rechtliche – Hilfen etwa für die Rekrutierung und Bindung von Mitgliedern oder für den Ausbau von Mitbestimmungsinstitutionen anzubieten."

Eine problematische Implikation korporatistischer Politik als auch Theorie ist die geringe Berücksichtigung von Mitgliederinteressen in der von den Gewerkschaften vertretenen politischen Linie. Als „Achillesferse" bezeichnet Müller-Jentsch (2021: 66) seine auf einem Elitenkonsens basierende Legitimation durch den Zusammenschluss der Beschäftigten zu Interessenorganisationen mit hauptamtlichen Repräsentanten. Der Vorwurf, über paternalistische Elitennetzwerke eine systematische Kooptation der Lohnabhängigenklasse (beziehungsweise ihrer Spitzenvertreter) in das kapitalistische Produktionssystem zu bewirken, begleitet die Korporatismusdiskussion bereits seit den 1960er-Jahren (Müller-Jentsch; Dukes/Streeck 2023: 55). Hatten Graswurzel-Initiativen und wilde, mitunter migrantisch getragene Streiks (vgl. Bojadjiev 2008) Ende der 1960er und Anfang der 1970er-Jahre zu den „Legitimationsproblemen" (Habermas 1973) spätkapitalistischer Ordnungsbildung beigetragen, ließen die 1980er-Jahre entsprechende Initiativen weitestgehend vermissen.

Eine weitere Adaption Durkheimianischen Denkens stellt für die sozialwissenschaftliche Auseinandersetzung mit Gewerkschaften das Konzept Intermediarität dar. Vor allem ab den 1980er-Jahren ergab sich die Plausibilität des Konzeptes aus der Konstellation im Feld der Arbeitsbeziehungen. Ausgehend von der Struktur einer ‚Dualität der Interessenvertretung' erklärte der in Bochum lehrende Industriesoziologe Walther Müller-Jentsch sowohl den Betriebsrat als auch die Gewerkschaft zu intermediären Organisationen im deutschen Kapitalismus. Mit der Tarifautonomie und dem Betriebsverfassungsgesetz regulieren die Austauschbeziehungen zwischen Kapital und Arbeit zwei starke Institutionen (vgl. Müller-Jentsch 2007). Als „intermediäre Akteure in korporatistischen Beziehungsmustern" treten sie, so Haipeter (2011: 9) deshalb auf, „weil sie sich nicht auf die Vertretung von Arbeiterinteressen alleine beschränken, sondern weil sie stets auch die Interessen der Kapitalseite in ihre Handlungsstrategien inkorporieren." Anstatt als unmittelbar ihren Mitgliederinteressen (geschweige denn autonome) Organisationen treten sie in der Rolle vermittelnder Instanzen in Erscheinung.

Um diese Rolle nicht nur auf Betriebs- und Unternehmens-, sondern auf wirtschaftssektoraler und – im Sinne der Durkheimschen Theorie – gesellschaftlicher Ebene erfüllen zu können, müssen Betriebsräte und Gewerkschaften eine umfassende institutionelle Prägekraft erfüllen. Angesichts eines anhaltenden Mitgliederverlusts sinkt seit geraumer Zeit nicht nur der Einfluss der Gewerkschaften. Auch die Anzahl der Betriebe ohne Betriebsrat und mit ihm auch die der Beschäftigten, die nicht durch einen Betriebsrat vertreten werden, nimmt kontinuierlich zu. Das Bild eines „dualen, auf intermediären Verbänden mit korporatistischen Handlungsmustern beruhenden einheitlichen *Systems* der industriellen Beziehungen", so Haipeter (ebd.: 11) basiert damit auf politökonomischen Prämissen, die seit den 1990er-Jahren ihr empirisches Fundament verlieren.

Die Frage, inwiefern es rund drei bis vier Jahrzehnte nach den Hochzeiten des deutschen Korporatismus sinnvoll ist, Arbeitsbeziehungen mit theoretischen Konzepten zu untersuchen, die unter vollkommen anderen Bedingungen entwickelt worden waren, war im Jahr 2016 Gegenstand einer umfassenden Kontroverse. In der Zeitschrift ‚Industrielle Beziehungen' widmete sich eine Reihe von Beiträgen der Auseinandersetzung mit Walther Müller-Jentschs Konzept der ‚Konfliktpartnerschaft' (vgl. Müller-Jentsch 1997). Mit diesem Begriff hatte dieser die spezifische Konstellation zwischen Kapital und Arbeit im Rahmen des deutschen Kapitalismusmodells beschrieben. Als „intermediäre Organisationen" kam den Gewerkschaften hierin eine vermittelnde Rolle zu, die sich durch die Gleichzeitigkeit von konflikthaften und kooperativen Elementen auszeichnete. Vor dem Hintergrund der Entwicklungen der letzten Jahrzehnte stellt sich in zunehmendem Maße die Frage, inwiefern diese Konstellation unter Bedingungen von Globalisierung, Finanzialisierung und Digitalisierung weiter Bestand hat (vgl. Ewen et al. 2022).

In seinem Beitrag zur Debatte in den ‚Industriellen Beziehungen' kritisierte Dörre (2016) Müller-Jentschs Theorie als „institutionenfixiert" (ebd.: 351). Durch den Fokus auf bestehende Institutionen, denen axiomatisch eine bestimmte Form der Funktionalität unterstellt würde, bleibe eine entsprechende Perspektive blind für etwaige Veränderungen der institutionellen Rahmenbedingungen. Angesichts der Resultate einer fortschreitenden Liberalisierung westlicher Ökonomien (Baccaro/Howell 2017) sowie einer hiermit einhergehenden Prekarisierung der Arbeit (Mayer-Ahuja 2003) bedinge eine entsprechende Perspektive die Entschärfung der analytischen Instrumente:

„Im Grunde bleibt es jedoch bei einer Evolution des Immergleichen, bei der „Entdramatisierung" des industriellen Klassenkonflikts und der Chance, noch immer virulente Interessendivergenzen von Kapital und Arbeit kooperativ-problemlösend zu bewältigen" (ebd.).

Eine entsprechend konfliktsoziologisch sensibilisierte Perspektive versprechen marxistische Gewerkschaftstheorien zu eröffnen.

3.4 Marxistische Gewerkschaftstheorie

Anders als Durkheim geht die marxistische Gesellschaftsanalyse vom Grundbegriff des Konfliktes aus. Als Motor der Geschichte stellt sich das Verhältnis zwischen herrschender und beherrschter Klasse aus seiner

Sicht als ständige, mitunter gewaltförmige Auseinandersetzung dar.[6] Als Ziel einer Entwicklung, die sich aus einem Wechselspiel zwischen Naturbeherrschung, technologischer Innovation, der Organisation betrieblicher und zwischenbetrieblicher Abläufe und Veränderungen im politischen System ergibt, steht für Marx der Übergang in eine sozialistische, später kommunistische Gesellschaftsordnung, in der die vormals beherrschte Lohnabhängigenklasse den Einsatz sowie die Produktion und Verteilung von Gütern und damit auch das politische System kontrolliert.

Als „wesentliches Element der Arbeiterbewegung" (Deppe 1975: 392) kommt den Gewerkschaften in diesen Auseinandersetzungen eine Schlüsselrolle zu. Als „ursprüngliche und erste Form der Organisation der Lohnabhängigen" (ebd.) konstituieren sich Gewerkschaften, wie Engels (MEW 19: 258) herausstellt „zum Kampf gegen die Übergriffe des Kapitals". Hier, so die maßgebliche Idee der marxistischen Konfliktsoziologie, lernen Arbeiter:innen ihre Unterdrückung im Betrieb als solche zu erkennen und sich ihr entgegenzustellen. Als „Kriegsschulen der Arbeiter" (MEW 2: 436) prägen gewerkschaftlich getragene Streiks das politische Bewusstsein in unmittelbarer Form.

Gleichzeitig kommt ihnen als verteilungspolitisches Korrektiv aber auch eine systemstabilisierende Rolle zu. „Nur die Furcht vor den Gewerkschaften", so Engels (MEW 19: 253) weiter, könne „den Kapitalisten zwingen, dem Arbeiter den vollen Marktwert seiner Arbeitskraft zu zahlen." Indem Gewerkschaften die Beteiligung der arbeitenden Klasse am gesellschaftlichen Wohlstand zu gewährleisten helfen, tragen sie zur Reproduktionsfähigkeit der Lohnabhängigen Klasse bei.

Anders als gemäßigtere (sozialdemokratische) Positionen erschöpft sich das Ziel der gewerkschaftspolitischen Mobilisierung nicht in der betrieblichen Aufhebung individueller Konkurrenzverhältnisse und in der Repräsentation von Beschäftigteninteressen. „Das political movement der Arbeiterklasse", so Marx, „hat natürlich zum Endzweck die Eroberung der political power für sie, und dazu ist natürlich eine bis zu einem gewissen Punkt entwickelte previous organisation der working

---

6 Eine ausgearbeitete Gewerkschaftstheorie sucht man im marxschen Gesamtwerk vergebens. Für die Bedeutung von Bündnispolitik für die Formierung der und Auseinandersetzung zwischen den Klassen stellt der „Der achtzehnte Brumaire des Louis Bonaparte" einen Schlüsseltet dar.

class nötig, die aus ihren ökonomischen Kämpfen selbst erwächst" (MEW 33: 332).

Aus der Vertretung konkreter betrieblicher Interessen, so die Idee von Marx und Engels, können Gewerkschaften mittelfristig in eine revolutionäre Politik übergehen. Um die arbeitende Klasse als ganze organisieren zu können, sahen Marx und Engels in der im 19. Jahrhundert rasant fortschreitenden Industrialisierung beste Voraussetzungen. Während die großen Betriebe mit ihren homogenen Belegschaften eine wechselseitige Identifikation der Proletarier:innen des Manchester-Kapitalismus wahrscheinlich erschienen, gaben die prekären Arbeits- und Beschäftigungsbedingungen diesen ausreichend Anlass, um sich zu beklagen. Als „Sammelpunkte des Widerstands gegen die Gewalttaten des Kapitals" (MEW 16: 152) stellen sie eines der ersten Glieder der Kette dar, entlang derer politische Mobilisierung bis zur proletarischen Revolution aus Sicht von Marx und Engels verlaufen sollte.

Während Engels und Marx, abgesehen von einer relativ groben Aufgabenbestimmung, nicht über die historische Rolle der Gewerkschaften hinausgelangen, finden sich konkretere Bestimmungen in den Arbeiten marxistischer Autor:innen. Einen wesentlichen Beitrag in dieser Tradition stellen Lenins ‚Die Rolle und Aufgaben der Gewerkschaften' dar:

„Die Verbindung mit den Massen, d. h. mit der gewaltigen Mehrheit der Arbeiter (und sodann aller Werktätigen) ist die wichtigste, grundlegende Bedingung für den Erfolg jedweder Tätigkeit der Gewerkschaften. Von unten bis zur höchsten Spitze der Gewerkschaftsorganisationen und ihres Apparates muss ein ganzes System von verantwortlichen Genossen, und zwar unbedingt nicht nur aus den Reihen der Kommunisten, geschaffen und praktisch aufgrund der Erfahrung vieler Jahre erprobt werden, von Genossen, die tief im Arbeiterleben verwurzelt sind, das Leben der Arbeiter in- und auswendig kennen und es verstehen müssen, in jeder Frage, in jedem Moment die Stimmung der Massen, ihre wirklichen Bestrebungen, Bedürfnisse und Gedanken untrüglich festzustellen, die es verstehen müssen, ohne eine Spur falscher Idealisierung den Grad der Bewusstheit der Massen […] festzustellen, die es verstehen müssen, das grenzenlose Vertrauen der Massen durch kameradschaftliches Verhalten zu ihr und durch sorgsame Befriedigung ihrer Bedürfnisse zu gewinnen. Eine der größten […] Gefahren für die zahlenmäßig bescheidene Kommunistische Partei, die als Vorhut der Arbeiterklasse ein riesiges Land führt, das (vorläufig noch ihnen Unterstützung fortgeschrittener Länder) den Übergang zum Sozialismus vollzieht, ist die Gefahr der Loslösung von den Massen, die Gefahr, dass die Vorhut zu weit vorauseilt, ihnen [...] mit der gewaltigen Mehrheit der Arbeiter- und Bauernmassen in fester Verbindung zu bleiben“ (Lenin 1964, Band 3: 751f.).

In seinen Ausführungen erläutert Lenin die Notwendigkeit einer Rückbindung gewerkschaftlicher Arbeit an den Alltagsverstand und die Lebenswelt der Lohnabhängigen. Wer eine Klasse mobilisieren will, muss verstehen, wie ihre Angehörigen die Welt wahrnehmen. Eine entsprechende Sensibilität setzt die Präsenz der gewerkschaftlichen Vertreter im Alltag der zu mobilisierenden Lohnabhängigen voraus.

Der italienische Marxist Antonio Gramsci wurde als Kommunist unter Mussolini im Jahr 1927 in Apulien inhaftiert. Beschäftigt mit dem Scheitern der Rätebewegung am Vorabend des italienischen Faschismus fand Gramsci im Gefängnis die Zeit, sich intensiv mit seinen Studien zur politischen Ordnungsbildung im Kapitalismus zu befassen, welche er ab 1929 in den ‚Gefängnisheften‘ (Gramsci 1991) niederschreiben sollte. In Auseinandersetzung mit dem Risorgimento – einer politischen Bewegung zur nationalen Einigung Italiens im 19. Jahrhundert – entwickelt Gramsci mit dem Begriff der Hegemonie ein Konzept zum Verständnis der Organisation politischer Herrschaft. Möglichst effektiv, so Gramsci, lässt sich die politische Struktur einer Gesellschaft aufrechterhalten, wenn die Beherrschten nicht (nur) durch unmittelbaren Zwang zur Einwilligung gebracht werden, sondern der gegebenen Ordnung intrinsisch motiviert zustimmen.

In seinen historischen Untersuchungen analysiert Gramsci wie sich die italienische Landbevölkerung nicht entschließen konnte, eine konsequent revolutionäre Politik zu verfolgen, die auf die Enteignung der Großgrundbesitzer abzielte. Im Unterschied zur „statisch-bipolare[n] Unterscheidung von ‚herrschender‘ und ‚beherrschafter‘ ‚Kultur und Ideologie‘“ (Maasen 2019: 55)“, wie sie im marxistischen Denken bis dahin verbreitet gewesen war, erfährt der (traditionell seit der Antike gebräuchliche) Hegemoniebegriff in den Gefängnisheften – mit Perry Anderson (2018:36) als einem der profiliertesten Gramsci-Kenner – „zwei miteinander konfligierende Bedeutungserweiterungen“. Indem er „die Herbeiführung der Zustimmung der Beherrschten“ mit der Anwendung von „Zwang zur Durchsetzung dieser Herrschaft“ (ebd.) in Verbindung brachte, gelang es Gramsci, den widersprüchlichen Charakter gesellschaftlicher Dominanz- und Subordinationsbeziehungen im Verhältnis von materieller Basis und symbolischer Repräsentation theoretisch zu rahmen.[7]

Klassentheoretisch gewendet bezeichnet Hegemonie damit einen Prozess der Verselbstverständlichung kapitalistischer Klassenherrschaft. Gegenüber der in erster Linie materialistisch, das heißt auf die Verteilung von Arbeit und Wohlstand und hieraus entstehende Konsequenzen für die Lebensführung abhebenden Perspektiven marxistischer Sozialwissenschaft und Philosophie öffnet Gramsci sich mit seinen Überlegungen dem Feld der Kultur. Es ist das Reich der Ideen, der symbolischen Repräsentationen und der sozialen Praktiken von dem aus Normalität und Selbstverständlichkeit sich in der praktischen Unhinterfragbarkeit sozialer Verhältnisse manifestieren.

Ihre politische Erscheinung finden hegemoniale Herrschaftsverhältnisse in der Formation des sozialen Blocks. Soziale Blöcke etablieren sich als Koalitionen politischer und soziale Interessengruppen, die sich unter Führung der herrschenden Klasse um gemeinsame ökonomische und politische Projekte herum gruppieren. Diesen Vorgang beschreibt Gramsci anschaulich in den Gefängnisheften:

> „Im neuen Jahrhundert leitete die herrschende Klasse eine neue Politik ein, eine Politik der Klassenbündnisse, der politischen Blockbildung unter den Klassen, das heißt die Politik der bürgerlichen Demokratie. Sie hatte die Wahl: entweder eine auf das flache Land orientierte Demokratie, das heißt ein Bündnis mit den Bauern des Südens, eine Politik der Zollfreiheit, des allgemeinen Wahlrechts, der Dezentralisierung der Verwaltung, der niedrigen Preise für Industrieprodukte oder ein Industrieblock der Kapitalisten mit der Arbeiterklasse, ohne allgemeines Wahlrecht, mit Schutzzöllen, mit Beibehaltung der Zentralisierung des Staates […], mit einer Politik der Reformen in Bezug auf die Löhne und die gewerkschaftlichen Freiheiten“ (zitiert nach Deppe 1981: 69).

Gleichermaßen interessiert an Herrschaft und Gegenmacht synthetisierte Gramsci im Hegemoniebegriff zwei vorher getrennt behandelte

---

7 In unmittelbarer begrifflicher wie theoretischer Nähe definiert auch Hall (1994c: 121) Hegemonie als „Zustand ›völliger sozialer Autorität‹, die ein bestimmtes Klassenbündnis […] durch eine Verbindung von ›Zwang‹ und ›Zustimmung‹ über die gesamte Gesellschaftsformation und die beherrschten Klassen erringt“.

Grundprobleme marxistischer Klassentheorie: „die Frage der Reproduktion und Regulation kapitalistischer Gesellschaftsformationen unter den grundlegend antagonistischen Strukturbedingungen einer Klassengesellschaft" sowie die „die strategische Orientierung der ArbeiterInnenbewegung in Bezug auf mögliche Bündnispartner" (Opratko 2012: 25).

Mit Blick auf die Re-Etablierung und Ausweitung gewerkschaftlicher Macht stellt sich aus hegemonietheoretischer Perspektive also nicht nur die Frage, welche Verstrickungen in den hegemonialen Block die Interessensorganisationen der Lohnabhängigen aufweisen.[8] Mit Gramsci stellt sich die Frage nach den Ressourcen von Lohnabhängigenmacht in unmittelbarem Zusammenhang mit der Frage nach ihrer Fähigkeit, Bündnisse mit anderen Organisationen und Bewegungen zu schließen.

3.5 Gewerkschaften als Akteure von Einbettung und Industrial Citizenship – Die Perspektive von Polanyi und Marshall

Mit Karl Polanyi und Thomas Humphrey Marshall wenden wir uns im Folgenden zwei Vertretern einer politökonomischen Makrosoziologie zu. Eine der zentralen Fragen, die beide beschäftigten, bezog sich auf die Institutionalisierung von Lohnabhängigenmacht im Prozess kapitalistischer Modernisierung. Mit ihrer Perspektive auf sozialen Wandel und Konflikte zwischen den Klassen auf der einen und einem besonderen Augenmerk auf die Möglichkeit der Stabilisierung kapitalistischer Gesellschaften unter Bedingungen rasanter Veränderungsprozesse lassen sich die Werke beider Autoren als Syntheseversuche marxistischen und durkheimianischen Denkens lesen.

8 Lynch und Watson (2022) beschreiben etwa, wie sich bestimmte politische Bündnisse in die nationalen Volkswirtschaften je nach deren spezifisch-institutioneller Ausrichtung über Klassengrenzen hinweg entwickeln. In Deutschland umfasst dieser hegemoniale Block neben den großen Parteien auch die Gewerkschaften, Betriebsräte, Unternehmen und Kapitalverbände der Exportwirtschaft, auf deren Erfolg das deutsche Wachstumsmodell ausgerichtet ist.

Karl Polanyi's ‚The Great Transformation'

Ähnlich wie Marx und Engels interessierte sich auch der ungarisch-britische Historiker Karl Polanyi für die politischen Auseinandersetzungen um den Warencharakter von Erwerbsarbeit. In seiner Studie ‚The Great Transformation' untersucht er den Prozess gesellschaftlicher Modernisierung als Wechselspiel der Ent- und Wiedereinbettung von Märkten. Als auf dem Arbeitsmarkt gehandelte Ware kommt Erwerbsarbeit aus Sicht Polanyis der Charakter einer „fiktiven Waren" zu. Hiermit ist gemein, dass diese nicht originär für ihren Verkauf auf dem Markt produziert wird. Löst man, so Polanyi, man den Handel mit Arbeit auf dem Arbeitsmarkt – etwa durch die Aufhebung von Mindestlöhnen und Ruhezeiten – aus seinen Regularien heraus, droht die Arbeit durch übermäßige Nutzung ihren Gebrauchswert zu verlieren.

In einer aufwändigen historischen Rekonstruktion arbeitet Polanyi zwei Wellen der Entbettung des Marktes heraus. Die erste dieser Wellen nahm ihren Anfang in einer Reform der Armengesetze auf dem Land im England des 18. Jahrhunderts. Indem eine neue Gesetzgebung die Kopplung der Mindesteinkommen an den Brotpreis aufhob und gleichzeitig Teile des ländlichen Gebiets privatisiert wurden, drängte die englische Regierung die auf dem Land lebenden Lohnabhängigen in die Städte. Hatte diese groß angelegte Entbettungsbewegung zur Erschließung von Arbeitskraft für die florierende Industrie gegolten, gelang es vor allem ab den 1870er-Jahren unter dem Druck der sich organisierenden Arbeiter:innenklasse, Gesetze zur Regulierung des Arbeitsmarktes zu etablieren.

Eine zweite Bewegung zur Entbettung nationaler Arbeitsmärkte vollzog sich laut Polanyi im Laufe der 1920er-Jahre mit der Auflösung des Goldstandards. Die ökonomischen Turbulenzen, die aus den volatilen Wechselkursen resultierten, setzten Gewerkschaften als interessenpolitische Akteure unter Druck. Nationale Reaktionen in Form von Stalinismus in der Sowjetunion, dem ‚New Deal' in den Vereinigten Staaten und dem Hitler-Faschismus in Deutschland führten nicht nur zu einer Wiedereinbettung des Marktes, sondern auch – so Polanyi's historische These – zum größten Vernichtungskrieg der Menschheitsgeschichte. Aus den schrecklichen Folgen des Zweiten Weltkriegs, so schloss er, sollten die Menschen nun gelernt haben, die selbstzerstörerischen Kräfte der Gesellschaft nie wieder aufs Neue zu entfesseln.

Wie wir heute – zahlreiche finanzialisierungs-, globalisierungs- und pandemiebedingte – Wirtschaftskrisen später – wissen, hat Polanyi's frommer Optimismus nicht abbilden können, wie die Gesellschaft sich tatsächlich entwickelt hat. Eine besonders wichtige Innovation, die Polanyi dem sozial- und geschichtswissenschaftlichen Verständnis kapitalistischer Modernisierung hinzugefügt hat, besteht jedoch in seiner Theoretisierung von Gegenbewegungen zur Entbettung des Marktes.

Während Gewerkschaften in der Perspektive Polanyi's eine lediglich untergeordnete Rolle spielen, kommt ihnen in einer an seine Arbeiten anschließenden Gewerkschaftsforschung ein hoher Stellenwert zu. Aus dieser Perspektive erscheinen Gewerkschaften als Protagonistinnen der Gegenbewegung, die auf die Entbettung des Marktes folgt. Die Fragen, wann eine Gegenbewegung entsteht (und wann nicht) (vgl. Webster et al. 2008) und welche Ausprägungen sie annimmt (Seeliger 2018) haben eine Reihe von Arbeiten zur Organisierung und Mobilisierung von Lohnabhängigenmacht beschäftigt (siehe auch Gajewska 2009 und Deppe 2012).

In seiner 1949 in Cambridge gehaltenen Vorlesung ‚Citizenship and Social Class' legte Marshall einen der Grundsteine sozialwissenschaftlicher Forschung über Sozial- und Tarifpolitik. Ausgehend von der Frage, wie der moderne Nationalstaat demokratische Gleichheitsansprüche mit den konstitutiven Ungleichheiten kapitalistischer Vergesellschaftung in (relativen) Einklang bringen konnte, wandte sich Marshall der Institution moderner Staatsbürgerschaft zu.

Thomas Humphrey Marshalls Industrial Citizenship

Indem er den Staatsbürgerstatus in drei Bestandteile zerlegt, rekonstruiert Marshall (1992) die Entstehung von Staatsbürgerschaft als Sequenz der Ausdehnung und Steigerung dreier Bündel von Rechten, deren institutionalisiertes Zusammenwirken später den Status als Staatsbürger begründen sollte. Ein erstes Bündel von Rechten, die Marshall als Bürger- oder zivile Rechte bezeichnet zielt ab dem 17. Jahrhundert darauf, individuelle Freiheit der Rechtssubjekte zu gewährleisten. Hierzu zählen die freie Meinungsäußerung, die Religionsfreiheit, die Vertragsfreiheit oder auch das Recht auf reguläre Gerichtsverfahren. Anschließend an dieses erste Bündel von Rechten umfasst eine zweite Gruppe von Rechten ab dem 18. Jahrhundert die Befugnisse zur Teilhabe an politischer

Machtausübung. Hierzu zählen für Marshall unter anderem das Recht zu wählen oder die Freiheit, sich an Demonstrationen zu beteiligen. Zu diesen politischen Rechten kommen vor allem im Laufe des 19. Jahrhunderts ein Anspruch auf ein Mindestmaß an sozialer Sicherung. Der Großteil solcher sozialer Rechte ist in den Staaten Europas im Rahmen von Wohlfahrtsstaaten institutionalisiert.

Zusätzlich zu diesen drei Typen von Rechten erkennt Marshall in der Entwicklung der Politischen Ökonomie ab dem ausgehenden 19. Jahrhundert eine weitere Institution von Rechten und Praktiken, die er – wie Müller-Jentsch (2008: 18) treffend formuliert „unter der Hand" vorstellt – die ‚Industrial Citizenship' oder deutsch Wirtschaftsbürger:innenschaft.

In Marshalls Gesamtargumentation kommt der Wirtschaftsbürger:innenschaft insgesamt eine lediglich untergeordnete Rolle zu. Im Gesamttext seines Essays wird sie lediglich wenige Male erwähnt. Dies mag nicht zuletzt daran lassen, dass sich die mit ihr verbundenen Praktiken schwer in das Raster der anderen drei Rechts-Typen einordnen lassen. Zwar greifen sie, wie Brinkmann und Nachtwey (2013: 510) herausstellen, „am gleichen Punkt wie die sozialen Bürgerrechte an: dem Spannungsverhältnis zwischen der demokratischen Gleichheit der Bürger und ihrer ökonomischen Ungleichheit." Gleichzeitig sind sie als routinisierte Muster sozialen Ausgleichs in der Tarif- oder Mitbestimmungspolitik an die konkrete Ausübung von Lohnabhängigenmacht gebunden.

Mit Blick auf die von ihr abgedeckten Rechte, lässt sich Wirtschaftsbürger:innenschaft damit als Gesamtheit derjenigen Rechte verstehen, die Lohnabhängigen bei der Vertretung ihrer Interessen innehaben. Hierzu zählen die Freiheit zum Zusammenschluss sowie – national variierende – Mitbestimmungsregeln, Mindestlöhne, Arbeitsrecht, Gesundheitsschutz und ähnliches. Im Rückbezug auf Marshalls Theorierahmen umfasst sie damit sowohl zivile, politische, als auch soziale Rechte. Aus Marshalls Sicht zum Ende der 1940er-Jahre, so lässt sich schließen, spielte sich staatsbürgerliche Beteiligung damit nicht zuletzt im Feld der Arbeitspolitik ab.

Diese Vorstellung ist, den Fordismus der 1950er und 1960er-Jahre vor Augen, keineswegs absurd. Der Erfolg von Marshalls Theorie, die in kurzer Zeit zu einem der zentralen Ansätze in der Analyse von Arbeitsbeziehungen und Wohlfahrtsstaatlichkeit avancierte, wäre wohl ausgeblieben, wenn das Produktionsmodell eben nicht auf großen Fabriken mit homogenen, leicht organisierbaren Belegschaften, stetigem Wachstum und einem stabilen Außenhandel der koordinierten Kapitalismen des Globalen Nordens gewesen wäre. Der Bürgerstatus war damit an eine Reihe politökonomischer Rahmenbedingungen geknüpft, die ihre Zeit und ihren Ort hatten. Während institutionalisierte Lohnabhängigenmacht hier in Form starker Sozialstaaten zu Tage trat, liegt die ursprüngliche Quelle dieser Macht in der Konstellation im Feld der Arbeitsbeziehungen begründet und folgt damit unmittelbar aus der Wirtschaftsbürger:innenschaft.

The Great Transformation und Citizenship and Social Class als historisch-institutionalistische Kapitalismustheorien

Sowohl Polanyi's ‚Great Transformation' als auch Marshall's ‚Citizenship and Social Class' behandeln die Dynamiken und Muster der Institutionalisierung von Lohnabhängigenmacht von der Industrialisierung bis zum Ende des zweiten Weltkriegs. Beiden Autoren ist es gelungen, die historischen Verlaufsmuster in einzigartiger Art und Weise zu synthetisieren. Sowohl das Motiv der Gegenbewegung als auch die Konzeption der Wirtschaftsbürger:innenschaft können als theoretische Elemente helfen, gewerkschaftspolitisches Handeln und dessen Rahmenbedingungen auch im 21. Jahrhundert zu verstehen.

Gleichzeitig würde die Anwendung der Theorien auf gegenwärtige Phänomene drei Probleme mit sich bringen, die jeweils bereits in der Anlage der klassischen Argumente Polanyi's und Marshall liegen. Erstens wählen Polanyi und Marshall in ihrer Rekonstruktion der Pendelbewegung und der Evolution der Staatsbürger:innenrechte eine „historisch institutionalistische" (vgl. Skocpol 1979) Forschungsperspektive. Während sich Prozesse politischer Mobilisierung und etwaige Folgen der Institutionalisierung ihrer politischen Erfolge im Rückblick gut beobachten lassen, erklingen diese Folgen in der Gegenwart der entsprechenden Mobilisierungen als Zukunftsmusik. Polanyi's Große Transformation ist in der Gegenwart daher nicht mehr als eine Große Antizipation (vgl. Beckert 2018, sowie Ewen et al. 2023). Eine ähnliche historische Situiertheit findet sich auch in der Argumentation Marshalls. So ist die erfolgreiche Institutionalisierung der ‚Industrial Citizenship' gebunden an ein Produktionsmodell des westlichen Europas in den 1950er-Jahren. Was in der Retrospektive der 1950er-Jahre funktioniert, lässt sich aber nicht ohne weiteres in die Mitte des nächsten Jahrhunderts transferieren.

Eng hiermit verbunden ist eine zweite Kritik, die sich auf den Modernisierungsoptimismus beider Theorien (beziehungsweise derer Rezeption) bezieht. Die Rezeption Polanyi's hat vor allem seit den 1990er-Jahren das Motiv der Gegenbewegung aufgegriffen, um Schutzreaktionen von Staaten gegen die Globalisierung zu beschreiben. Während Projekte wie die ‚Clean Clothes Campaign' oder utopische Visionen ein Europäisches Sozialmodell zwar gut gemeint und mitunter sogar erfolgreich sein mögen, stellen sie – zumindest mit Polanyi betrachtet – harmlosere Varianten der Wiedereinbettung dar. Dass Polanyi mit dem Hitler-Faschismus und dem Stalinismus zwei autoritäre und menschenfeindliche Varianten der Wiedereinbettung vor Augen hatte, wird hierbei oft vergessen – auch wenn autoritäre Anti-Globalisierer wie Trump oder Bolsonaro dies jüngst deutlich vor Auge geführt haben.

Eine ähnliche optimistische Verengung lässt sich auch in der Rezeption Marshalls finden. Eine Kritik an dieser Verengung müsste sich auf die Fassung der Bezugsgruppe wirtschaftsbürgerlicher Rechte richten. Mit dem im fordistischen Produktionsmodell an das Normalarbeitsverhältnis im Wirtschaftsbürgerstatus richtet es sich faktisch vor allem an die männlich dominierten Interesseorganisationen der Kernbeschäftigten der 1950er-Jahre. Die Ausbeutung der zumeist weiblichen Reproduktionsarbeit vollzog sich außerhalb der Schutzzone, welche ihr Ende schließlich ohnehin an den Grenzen der nationalen Settings des Sozialkapitalismus im Globalen Norden fand (vgl. Lessenich 2016).

Ein dritter problematischer Aspekt stellt bei der Anwendung von Polanyi's Überlegungen bei der Analyse von Gewerkschaften in der Gegenbewegung das Problem einer mangelnden Theorie klassenpolitischer Mobilisierung. Der an sozialen Makro-Prozesse interessierte Polanyi hat die Mikrodynamiken der politischen Konstruktion der Gegenbewegung in seiner Studie nicht rekonstruiert.[9] Die (mögliche) Emergenz von Gegenbewegungen aus der Gegenwart lässt sich daher vor allem über Prozesse politischer Mobilisierung in Form von Antizipationen untersu-

9 Tatsächlich wurde eine entsprechende Perspektive ca. zehn Jahre später durch Edward Palmer Thompson's (1987) ‚The Making of the English Working Class' populär.

chen (vgl. Ewen et al. 2023). Eine ähnliche Leerstelle klafft schließlich auch dort, wo bei Marshall die konkreten Prozesse klassenpolitischer Mobilisierung hätten nachvollzogen werden müssen, die schließlich zur Etablierung von Lohnfindungssystemen, Mitbestimmungsregeln, Arbeitsrecht und ähnlichem geführt haben. Mit der handlungstheoretischen Perspektive auf Gewerkschaftspolitik stellt der folgende Abschnitt Ansätze vor, die zum Verständnis eben jener Mikroprozesse nützlich sein können.

3.6 Handlungstheoretische Zugänge

„Parteien, Verbände und Verwaltungen“, schreibt Helmut Wiesenthal (1992: 2) „lassen sich nicht nur als subjektlose und dem steuernden Zugriff entzogene Systeme verstehen, sondern auch als Gegenstände handlungstheoretischer Betrachtung.“ Während die bis hierhin vorgestellten Ansätze vor allem das Verhältnis von Interessenorganisationen und Gesellschaft im Blick hatten, geht der „Akteurfähigkeit“ (ebd.) von Interessenorganisationen eine Vielzahl interner Abläufe voraus, die von kollektiver Sinnstiftung über die konfliktive Auseinandersetzung bis zur Interessenaggregation reichen. „Innerverbandliche Strukturen, Prozesse und Orientierungen“, erläutert Walther Müller-Jentsch (1982: 424), „steuern die Interpretation und Selektion von Mitgliederinteressen, die Formulierung von Politiken und die Anwendung von Strategien.“ Die im Folgenden vorzustellenden Ansätze fokussieren auf entsprechende inner- und zwischen organisationale Prozesse.

3.6.1 Machtressourcentheorie

Die erste hier vorzustellende Theorie ist der sog. Machtressourcenansatz.[10] Wie Max Weber einer vielzitierten Formulierung festgestellt hat, ist der Begriff der Macht „soziologisch amorph“ (1985: 28). Von den vielen Ausprägungen und Erscheinungsformen, die Macht anneh-

---

10 Streng genommen behandelt der Machtressourcenansatz – wie die weiter oben vorgestellten Theorien – eher das Verhältnis von Interessenorganisationen und Gesellschaft. Da er sich hierbei jedoch vor allem auf die Möglichkeiten gewerkschaftlichen Handelns bezieht, die sich im gesellschaftlichen Kontext bieten, stellen wir ihn als Handlungstheorie vor.

men kann, fokussiert die Theorie des Machtressourcenansatzes auf die Potenziale, die sich für das Handeln von Interessenorganisationen aus ihrem Verhältnis zu ihrer Umwelt eröffnen. Was Gewerkschaften dem Staat, den Kapitalverbänden und Unternehmensleitungen, den Betriebsräten oder verbündeten oder konkurrierenden Gewerkschaften gegenüber aufbieten können, hängt aus dieser Perspektive davon ab, wie viel Macht sie aus dem Verhältnis zu ihrer Umgebung ableiten können.

Als Begründer dieser Perspektive gilt Walter Korpi (1983). In seinem Buch ‚The Democratic Class Struggle' beschäftigte ihn die Frage nach der Verteilung von Macht zwischen den Klassen für die Entwicklung westlicher Gesellschaften. Fragen nach der Verteilung gesellschaftlichen Reichtums oder nach dem Einfluss auf die Gesetzgebung entscheiden sich aus dieser Perspektive abhängig von den bestehenden Machtkonstellationen. Von den vielen verschiedenen Ausprägungen der Machtressourcentheorie (siehe hierzu etwa Silver 2005; Webster et al. 2008) wollen wir im Folgenden den Jenaer Machtressourcenansatz vorstellen, der verschiedene anderswo entwickelte Aspekte synthetisiert und zu einem umfassenden Modell zusammenführt.

Lohnabhängigenmacht, so die Grundidee des Machtressourcenansatzes, ist „ihrem Ursprung nach eine heterodoxe Machtform" (Dörre 2017), welche sich in Relation zu den Machtressourcen aus ihrer Umgebung manifestiert. In einem prozeduralen Modell gedacht, erfordert ihre Ausübung eine immer neue Mobilisierung durch handelnde Akteure. Für diese Mobilisierung erkennen die Jenaer Forscher:innen vier Quellen von Lohnabhängigenmacht.[11]

Aus ihrer Stellung im Produktionsprozess leiten Lohnabhängige, beziehungsweise deren Interessenorganisation einen ersten Typus von Einfluss ab – die Strukturelle Macht. Diese beruht, wie Schmalz und Dörre (2014: 222) erläutern, „auf der Macht, zu stören und somit die Kapitalverwertung zu unterbrechen oder einzuschränken." Strukturelle Macht kann einerseits als Produktionsmacht – d. h. aus der Besetzung von Schlüsselpositionen im Produktionsprozess – oder als Marktmacht

11 Mit dem Begriff der metabolischen Macht bringen Dörre et al. (2022) einen neuen Machttypus in die Debatte ein. Dieser erscheint zwar vielversprechend, ist jedoch gegenwärtig zu wenig ausgearbeitet, um die Debatte substanziell zu ergänzen.

– aus der Situation eines aufgrund von Knappheiten angespannten Arbeitsmarktes – folgen.

Um strukturelle Macht effektiv anwenden zu können, benötigen Lohnabhängige, beziehungsweise deren Interessenorganisationen, einen Zugang zu einem zweiten Typus von Einfluss – der Organisationsmacht. Diese besteht in der Fähigkeit, politische Durchsetzungsfähigkeit durch den Zusammenschluss von Lohnabhängigen zu mobilisieren – sei es in Form von Gewerkschaften, Parteien oder sonstigen Allianzen. Im Unterschied zur strukturellen Macht erfordert Organisationsmacht damit ein strategisches Moment, in dem die Ausübung durch die gezielte Konstruktionsleistung vorbereitet wird (vgl. Seeliger 2019b). Als konkrete Bestandteile nennen Schmalz und Dörre Mitgliederstärke, Infrastrukturressourcen, Organisationseffizienz, Mitgliederpartizipation, Innere Kohäsion.

Ein dritter Machttypus ist für die beiden die institutionelle Macht. Diese umfasst Einflusspotenziale, die sich aus historischen Errungenschaften von Klassenkämpfen ergeben. Hierzu zählen sozialstaatliche Umverteilungsmechanismen, Mindestlöhne oder auch die Tarifautonomie. Besonders deutlich wird in diesem Machttypus die Gleichzeitigkeit handlungsermöglichender und handlungsbeschränkender Momente von Macht. So setzt eine Verteidigung des Sozialstaats (nicht zwangsläufig, aber praktisch doch in aller Regel) die Akzeptanz des ihm zu Grunde liegenden Lohnarbeitsverhältnisses voraus.

Gesellschaftliche Macht ist für Schmalz und Dörre schließlich jene Macht, die Lohnabhängige aus der Zusammenarbeit mit anderen sozialen Gruppen abzuleiten vermögen. Inwiefern gewerkschaftliche Kämpfe in der öffentlichen Meinung anerkannt werden ist hier genauso relevant wie die potenzielle Bündnisfähigkeit mit den Anliegen sozialer Bewegungen.

Innerhalb dieser vier Dimensionen, so die Grundannahme, klärt sich die Frage, inwiefern Lohnabhängigeninteressen gesellschaftliche Durchsetzungsfähigkeit erlangen. Die Mobilisierung von Unterstützung muss sich idealerweise auf eine Kombination der vier Machtressourcen stützen. Die Frage nach der Anwendung dieser Machtressourcen auf Akteursebene beantworten die Vertreter:innen des Jenaer Ansatzes unter Bezug auf fünf Momente politischen Handelns – die Lernfähigkeit (1) und organisatorische Flexibilität (2) politischer Akteure, deren Konfliktfähigkeit (3), die Kreativität, plausible Deutungsmuster für die

Adressat:innen zu etablieren (4) sowie deren Fähigkeit, relativ autonom von Instanzen zu agieren, deren Ziel in der Vereinnahmung gewerkschaftlicher Kämpfe bestehen könnte (5) (vgl. Brinkmann et al. 2012: 369f.).

3.6.2 Mancur Olsons Theorie des Kollektiven Handelns

Während die Machtressourcentheorie das Verhältnis von Gewerkschaftsorganisationen und deren Umwelt – also das Handeln kollektiver Akteure – fokussiert, widmen sich andere Theorien dem kollektiven Handeln individueller Akteure. In seiner Theorie kollektiven Handelns wendet sich der Ökonom und Politikwissenschaftler Mancur Olson einem Grundproblem aus diesem Bereich zu – der Frage nach der Möglichkeit kollektiven Handelns großer Gruppen. Für individuelle Mitglieder einer Gruppe, so die Ausgangsidee, bestünden keine ausreichenden Anreize, um sich für die Schaffung von Kollektivgütern zu engagieren. Als Kollektivgut ist hierbei ein Gut gemeint, von dessen Nutzung niemand ausgeschlossen werden kann. Als anthropologische Setzung wählt Olson das Handlungsmodell des homo oeconomicus. Aus dieser Perspektive agieren Akteure zur Maximierung des eigenen Nutzens bei gleichzeitiger Minimierung der Kosten.[12]

Die Beteiligung an einer Gewerkschaft per Mitgliedschaft oder sogar Engagement erscheint für Olson unrealistisch, weil die Leistungen der Gewerkschaft (zumindest in Form des Tarifabschlusses) für alle tariflich Beschäftigten ungeachtet ihrer Mitgliedschaft in der Gewerkschaft gelten würde. Vor diesem Hintergrund, so Olsons Annahme, sei es aus Sicht der Lohnabhängigen rational, andere Beschäftigte den Aufwand (Mitgliedschaft, Streik) für den Tarifabschluss erbringen zu lassen.

Besonders große Organisationen hätten aus dieser Perspektive große Probleme, das Handeln ihrer vielen Mitglieder zu koordinieren. Während kleine Organisationen zumindest über weiche Sanktionsmechanismen wie direkte Kontrolle zwischen den Mitgliedern deren Handeln beeinflussen könnte, verböten eine entsprechende Dynamik die

12 Dieses vor allem im Bereich der Wirtschaftswissenschaft verbreitete Modell setzt eine Reihe basaler Prämissen voraus, die der realen Verhaltensweise von Menschen oftmals nicht entsprechen. Für eine Kritik hieran siehe Beckert (1999).

Weitläufigkeit und Anonymität großer Organisationen. Kleine Gruppen hingegen würden ihre Mitglieder über die Kontrolldynamiken unmittelbarer Kontakte unter Handlungsdruck setzen. Für die Bereitstellung von Kollektivgütern, so der Schluss, entsteht ein „Folgeproblem“ (Holzer 2020: 98): „Rational wäre es darum, sich nicht selbst zu engagieren, sondern die Arbeit anderen zu überlassen. Gilt dies aber für alle, kommt das Kollektivgut erst gar nicht zustande.“ Im Ergebnis, so die paradoxe Schlussfolgerung, dürfte kollektives Handeln unter den genannten Bedingungen also gar nicht stattfinden.

Angesichts der eindimensionalen Herleitung sowie den drastischen Schlussfolgerungen erscheint es nicht als verwunderlich, dass Olsons Theorie im Spiegel der sozialwissenschaftlichen Debatte viel Kritik erfahren hat. Zum einen besteht diese darin, dass gewerkschaftliches Handeln in der Praxis durchaus auf der Mobilisierung von Kollektiven beruht. Diese empirische Einsicht bedingt weitere Kritikpunkte an den theoretischen Prämissen Olsons. Erstens erscheint der Schluss, dass Lohnabhängige rational über den Einsatz ihres Engagements entscheiden als unrealistisch. Gewerkschaftliches Handeln speist sich vielmehr häufig aus emotionalen Beweggründen und ist im Weber'schen Sinn damit nicht nur zweckrational, sondern auch wertrational und affektuell begründet. Diese Aspekte führen auch Offe und Wiesenthal (2018: 327) in ihrer viel rezipierten Kritik an Olsons Ansatz aus:

> “No union can function for a day in the absence of some rudimentary notions held by the members that being a member is of value in itself, that the individual organization costs must not be calculated in a utilitarian manner but have to be accepted as necessary sacrifices, and that each member is legitimately required to practice solidarity and discipline, and other norms of a nonutilitarian kind.”

Tatsächlich ist wohl eher die Mitgliedschaft in einer Gewerkschaft bereits Ausdruck der Tatsache, dass sich Lohnabhängige eben nicht egozentrisch, sondern kollektivistisch identifizieren (Hyman 2002: 1).

3.6.3 Michels und die innergewerkschaftliche Demokratie

Eine andere Perspektive auf kollektives Handeln von Individuen in Gewerkschaftsorganisationen lässt sich im Anschluss an Robert Michels etablieren. Michels politische Biografie folgte seiner inhaltlichen Auseinandersetzung mit den politischen Organisationen der sozialistischen Linken. In seiner Studie ‚Zur Soziologie des Parteienwesens in der modernen Demokratie' arbeitet er Probleme politischer Mobilisierung heraus, die im Rahmen von Interessenorganisationen der politischen Linken auftreten. Anfangs noch ein Kritiker der Entdemokratisierung der Parteiarbeit in der politischen Praxis akzeptiert er die vermeintliche Notwendigkeit des ‚Ehernen Gesetzes der Oligarchie' an und schließt sich in den 1920er-Jahren Mussolini an.

Die von Michels entdeckte Dynamik betrifft das Verhältnis von Organisationsmitgliedern und deren Führungsvertretern. Um effektiven Output zu generieren, brauchen Interessenorganisationen eine starke Struktur. Eine zentralisierte Entscheidungsfindung und eine strikte Befehlsordnung gewährleisten weiterhin eine schnelle Handlungsfähigkeit. Im Prozess der Interessenvertretung kommt es, so Michels, mit der Zeit zu einer Entkoppelung der Führungsinteressen von denen der Mitglieder. Auf Dauer gestellt basiert eine solche Form der Arbeitsteilung auf den Prinzipien der Bürokratisierung und Delegation.

Da den meisten regulären Mitglieder das Wissen und Fachkompetenzen fehlen, können Hauptamtliche mit entsprechenden Spezialkompetenzen die Wahl- und Entscheidungsprozesse wie die Personalentwicklung sowie den Einsatz der Organisationsressourcen insgesamt dominieren. Anstelle innerorganisationaler Demokratie besteht auf diese Weise eine „Herrschaft der Gewählten über die Wähler, der Beauftragten über die Auftraggeber, der Delegierten über die Delegierenden" (1925: 384). „Wer Großorganisation sagt," so Michels' (ebd.: 370) pessimistischer Schluss, „sagt Oligarchie."

Während Michels, nicht zuletzt geprägt durch seine eigene biografische Erfahrung, in seinen Urteilen drastisch und pauschal ausfällt, gelingt es ihm trotzdem, Grundprobleme politischer Organisierung herauszuarbeiten. Die Auseinandersetzung mit diesen Problemen hat in der Folge eine Tradition von Untersuchungen aus dem Feld der Gewerkschaftsforschung geprägt. Initial dieser Entwicklung war die von Seymour Martin Lipset und anderen erarbeitete Studie ‚Union Democracy'. Am Beispiel der International Typographical Union arbeitet das Forscherteam um Lipset die Bedingungen heraus, unter denen gewerkschaftliche Organisierung das eherne Gesetz der Oligarchie umgehen und (einigermaßen) demokratische interne Strukturen etablieren und unterhalten können.[13] Einen weiteren Meilenstein der Auseinandersetzung stellt die Untersuchung von Voss und Shermann (2000) dar, die sich mit der Revitalisierung der US-amerikanischen Arbeiter:innenbewegung in den Mustern des ‚Social Movement Unionism' interessieren (siehe hierzu auch Brinkman et al. 2012).

Angesichts eines Inputs heterogener Interessen und einem zwar nicht allgemeinen, jedoch weitreichenden Anspruch an eine demokratische Führung stehen Gewerkschaften damit vor dem Problem, Einheit in Vielfalt ihrer Mitglieder in eine durchsetzungsfähige Politik zu überführen. Verfahren einer diskursiven Ermittlung von Mitgliederinteressen sowie deren aktive Partizipation in Befragungen und Diskussionen und Plena sind hierbei genauso wichtig wie informellen Foren und Kanäle innerhalb der Organisationen. Eine entsprechende Perspektive verfolgen pragmatistische und sozialisationstheoretische Ansätze auf das Handeln innerhalb von und zwischen Interessenorganisationen.

3.6.4 Gewerkschaften als Orte der Entstehung der Entwicklung politischer Präferenzen

Sozialwissenschaftliche Ansätze, die auf die Entstehung von Präferenzen abheben, stehen in der Tradition der Makrosoziologie kapitalistischer Modernisierung. Während Karl Marx mit seinem apodiktischen Statement, das gesellschaftliche Sein bestimme auch das menschliche Bewusstsein die Grundlage materialistischer Politiktheorien festigte, lässt sich Max Webers Untersuchung zur Protestantischen Ethiken und dem Geist des Kapitalismus als gegenteilige Interpretation lesen. Wie Weber in der Einleitung seiner Soziologie der Weltreligionen bemerkt, sind es vielmehr die Ideen, die das „Nadelöhr" bilden, durch das die Interessen in die Welt gelangen.

Die Frage, ob zuerst das Huhn da war oder das Ei, ist interessant. Für empirische Untersuchung vom Verhältnis von Interessen und Ideen (siehe etwa Blyth 2013) bietet sie einen andauernd verfügbaren Be-

---

13 Dass die New Yorker Drucker:innen in den 1950er-Jahren vor allem in der Nacht arbeiteten und starke eigene Communities mit eigenen Freizeitangeboten unterhielten, unterschied sie vom Großteil der übrigen Lohnabhängigen. Branchenspezifika und eine geteilte Lebenswelt dürften hier so ausschlaggebend wie besonders gewesen sein. Versuche der Verallgemeinerung sollten dies unbedingt in Betracht ziehen!

zugsrahmen. In der empirischen Forschung zur Entstehung politischer Präferenzen hat sich demgegenüber im Verlauf der letzten Jahrzehnte eine dritte Perspektive etabliert, die ihre Inspiration aus Elementen pragmatistischer (Dewey 1960) und prozesssoziologischer (Elias 2009) Argumente bezieht. Wie Peter Hall (2005: 136) vom Blickpunkt der Politischen Ökonomie bemerkt, leiten sich Präferenzen politischer Akteure nicht nur aus einer mehr oder weniger abstrakten Struktur von Rahmenbedingungen, sondern als Ergebnis andauernder Verständigung und Interpretation. Der Grundgedanke einer entsprechend ausgerichteten Gewerkschaftsforschung besteht mit Bormann und Jungehülsing (2014: 23f.) darin, „dass auch kollektive Identitäten als Grundlage einer Kampfsolidarität erst durch die Definition gemeinsamer Ziele und durch kollektive Handlungen wie beispielsweise im Streik hergestellt und permanent reproduziert werden müssen."

Die Frage, wie Organisationen zu ihren politischen Haltungen kommen ist dabei aufgrund der internen Hierarchien, Kommunikationskanäle und Delegationsstufen, wie von Alemann (2012: 161) bemerkt, „vielfach gebrochen". Wer mit wem über was redet (und überhaupt reden kann), ist damit eine Frage der Organisationsstruktur. Je größer und differenzierter eine Organisation, desto schwerer ist es folglich auch, informelle Abstimmungsprozesse über Abteilungsgrenzen oder lokale Niederlassungen hinweg zur Grundlage allgemeiner Koordination zu machen. Während Gewerkschaften in mitunter mehrjährigen Abständen Gesamtkongresse – oder sogenannte ‚Gewerkschaftstage' – organisieren, in denen eine große Zahl an Delegierten zusammenkommt, um Richtungsentscheidungen zu legitimieren, erfolgt die Erarbeitung entsprechender Programmatiken in der Regel im Vorfeld im Rahmen informeller Netzwerke innerhalb der Organisationen.

Wie eine kleine, aber wachsende Literatur seit einigen Jahren herausarbeitet, finden Prozesse der Meinungs- und Produktionsbildung innerhalb von Organisationen im Rahmen aber auch außerhalb der formalen Strukturen statt. So zeigen Seeliger und Wagner (2020) am Beispiel des Europäischen Gewerkschaftsbundes und den Europäischen Branchenverbänden wie eine ideologische Nähe der EGB-Vertreter:innen zu den Repräsentanten der EU-Kommission hier eine politische Tendenz zur Stärkung der Europäischen Ebene bedingt. Ähnliche Prozesse mikrosozialer Positionsbildung arbeitet auch Fantasia (1989) heraus, indem er Prozesse gewerkschaftlicher Organisierung und Mobilisierung auf betrieblicher Ebene untersucht. Eine allgemeine Analyse der Etablierung transnationalen Bewusstseins im Rahmen nationaler Gewerkschaftsorganisationen findet sich etwa bei Rüb (2009).

Wie Wiesenthal (1992: 14) ausführt, ist der „Deutungspluralismus“ gewerkschaftlicher Kollektivakteure hierbei eine wesentliche Voraussetzung strategischer Handlungsfähigkeit:

> „Unter Bedingungen genuiner Unsicherheit, d. h. in Verhältnissen, die sich ex ante einer Kartographierung der Kausalbeziehungen entziehen, können multiple Orientierungen mehr Aussicht auf Realitätsanpassung bieten als Bemühungen um die Herstellung eines Weltbilds, das auf zugängliche und instruktive, aber nicht konsistent integrierbare Informationen verzichtet.“

Dass Gewerkschaften als gleichzeitig politisch und wirtschaftlich orientierte Organisationen verschiedene, teilweise konfligierende Zielgrößen vor Augen haben, stellt ein grundlegendes Problem ihrer politischen Arbeit dar. Anstatt diesbezüglich zu einheitlichen und konsistenten Positionen zu gelangen, steht es ihnen gleichzeitig offen, widerstreitende Erwartungen mit unterschiedlichen Formen des Outputs zu begegnen. Entsprechende Grundmotive liegen im Zentrum neo-institutionalistischer Organisationstheorie (siehe hierzu die gelungene Einführung von Hasse/Krücken 2015). Wie Seeliger (2017) am Beispiel der internationalen Lohnkoordinierung in der Metall- und Elektroindustrie gezeigt hat, produzieren internationale Abteilungen und europäische Verbände hier einen internationalistischen ‚talk‘ während nationale Tarifabteilungen Lohnabschlüsse erzielen, die den nationalen Interessen der Gewerkschaft entsprechen (siehe hierzu auch Brunsson 1989).

Eine Synthese beider Positionen – der pragmatistischen Idee einer politischen Einigung verständnigungsorientierter Akteure sowie der zynisch anmutenden Entkoppelungs-Dynamik – findet sich in der Theorie imaginierter Zukünfte von Jens Beckert (2018). Selbst genuin pragmatistisch argumentierend verweist Beckert auf die grundlegende Fiktionalität zukünftigen Handelns. Da die Zukunft von der Gegenwart aus nur in Form von Imaginationen zugänglich ist, stellt eine Entkoppelung von Reden und Handeln – neo-institutionalistisch betrachtet – die einzige Möglichkeit dar, sich in der Gegenwart auf die Zukunft zu beziehen. Man muss sozusagen rhetorisch etwas beschreiben, was man nicht tut – nicht unbedingt, weil man es nie tun wird, sondern in erster Linie, weil man es noch nicht tut.

Wenn wir mit Beckert die Zukunft als einen Zeitraum verstehen, der nur über die Antizipation zugänglich ist, ist damit noch nichts über die Wirkung der Zukunft auf die Gegenwart gesagt. Umgekehrt entfaltet nämlich auch die Zukunft (beziehungsweise deren Antizipation) entfaltet für das Handeln von Akteuren also eine strukturierende Wirkung. Vor diesem Hintergrund muss es nun plausibel erscheinen, dass die erfolgreiche Mobilisierung von Akteuren für eine politische Sache eine bestimmte Zukunftsaussicht erfordert, auf die die jeweiligen Projekte hinwirken müssen.

Dass entsprechende Zukunftshoffnungen ein entscheidendes Instrument politischer Mobilisierung darstellen, zeigt die Geschichte der Arbeiter:innenbewegung in besonderer Deutlichkeit. Das symbolische Repertoire sozialistisch-kommunistischer Folklore ist voll von hoffnungsvollen Zukunftsaussichten, die die Genossinnen und Genossen motivieren sollen, sich – allen historisch-mittelfristigen Zwischentiefs zum Trotz – weiter für den sozialen Fortschritt zu engagieren. Dass das Proletariat außer seinen Ketten „nichts zu verlieren“ und stattdessen „eine Welt zu gewinnen“ (MEW 4: 493) habe, ist zwar keineswegs empirisch abgesichert. Dass aus den Trümmern der alten Gesellschaft, wie Ernst Busch dies einst besang, die sozialistische Weltrepublik steigen wird, könnte sich wiederum irgendwann als selbsterfüllende Prophezeiung herausstellen.

3.7 Arbeitspolitische Öffentlichkeiten als Bezugsrahmen programmatischer Diskussionen

Entsprechende Debatten über die Wertorientierungen gewerkschaftlichen Handelns und ihre Bedeutung in der politischen Praxis teilen häufig eine Gemeinsamkeit: Sie finden in der Öffentlichkeit statt. Um politische Handlungsmacht zu gewinnen, müssen die Lohnabhängigen ihre Standpunkte miteinander abstimmen und, wie Karl Marx im Kapital formuliert, „die Arbeiter ihre Köpfe zusammenrotten“ (MEW 23: 319). Dass die Auseinandersetzung von Arbeiter:innen miteinander eine Voraussetzung für deren politische Mobilisierung ist, stellt eine der Ausgangsannahmen dar, wenn wir vorschlagen, diese Prozesse als Dynamiken arbeitspolitischer Öffentlichkeiten zu verstehen (Heiland et al. 2022).

Eng verwandt mit der weiter oben anschließend an Gramsci angeführten Perspektive auf die Frage nach der Hegemonie ist ein Konzept arbeitspolitischer Öffentlichkeit. Anschließend an die Arbeit von Jürgen Habermas, Oskar Negt und Alexander Kluge und anderen fragt Forschung aus diesem Blickwinkel nach politisch aufgeladenen Kommunikationsprozessen in der und über die Erwerbsarbeit (Schmidt/Weick 1975).[14]

Einen zentralen Begriff der Demokratietheorie stellt Öffentlichkeit dar, weil in sich ihr Gesellschaften ihrer selbst vergewissern. Indem sie dort politische Probleme identifizieren und nach Relevanz und Lösbarkeit ordnen, wird die Öffentlichkeit zum Medium ihrer politischen Auseinandersetzung mit sich selbst. Als durch Medien und andere private Initiativen in Gang gehaltenes Geschehen umfasst die Öffentlichkeit eine Sphäre, die Zivilgesellschaft mit dem Parlament verbindet.

Wie Jürgen Habermas in seiner politischen Theorie des demokratischen Rechtstaates (1990, 1992) darlegt, erfolgt die Legitimation politische Herrschaft im modernen Nationalstaat über ihre Legitimation in öffentlichen Diskursen. Die Mobilisierung kollektiver Vernunft, die valide Gründe von weniger validen Gründen unterscheiden können soll, kann – so die Hoffnung von Habermas – im Rahmen dieser öffentlichen Diskurse funktionieren und eine rationale Grundlage politischer Ordnung bestätigen.

Während Habermas vor allem mit seiner Untersuchung zum Strukturwandel der Öffentlichkeit (1962) sowie nachfolgenden Studien den Begriff der Öffentlichkeit für die politische Theorie des Rechtsstaates nutzbar gemacht hat, markiert die Bedeutung von Öffentlichkeit für die Ökonomie eine Leerstelle dieser Überlegungen. Dementsprechend ist auch die Organisation von Arbeit im betrieblichen Rahmen, wie Brinkmann und Heiland (2021: 119) konstatieren, „kein genuiner Gegenstand des Strukturwandels der Öffentlichkeit“. Wie sich vom Blickpunkt einer politiksoziologisch und demokratietheoretisch informierten Sozialwissenschaft der Arbeit argumentieren lässt, sind Momente von Öffentlichkeit für die politische Strukturierung von Erwerbsarbeit dabei von unmittelbarer Bedeutung (siehe Heiland/Seeliger 2024).

---

14 Es muss sich hierbei nicht unbedingt um Erwerbsarbeit handeln– auch informelle und im Privathaushalt geleistete Care-Arbeit kann prinzipiell zum Gegenstand arbeitspolitischer Öffentlichkeit werden.

Auf diesen Umstand haben bereits Oskar Negt und Alexander Kluge (1972) in ihrer Untersuchung proletarischer Öffentlichkeit aufmerksam gemacht. Indem sie – analog zu Habermas, der die Kaffeehäuser und Literatursalons aus Deutschland und England im 17. und 18. Jahrhundert als Orte der Entstehung bürgerlicher Öffentlichkeit in den Blick rückte, analysierten die beiden die soziale Konstruktion von Öffentlichkeit in den Lebenswelten der Arbeiterklasse – das heißt in Kneipen, Vereinen, Parteien und Siedlungen. Im Rahmen der marxistischen Gesellschaftstheorie arbeiten die beiden nicht nur einige der Leerstellen von Habermas' Öffentlichkeitstheorie heraus, sondern versuchen selbige in einen Rahmen marxistischer Gesellschaftsforschung einzubauen, indem sie die Entstehung von Öffentlichkeit als umkämpften und ideologisch aufgeladenen Prozess rekonstruieren. Eine stärker betrieblich fokussierte Weiterentwicklung der Habermas'schen Perspektive findet sich außerdem bei Schmidt und Weick (1975).

Mit Blick auf die Analyse gewerkschaftlichen Handelns in Bezug auf die Strukturierung von Erwerbsarbeit haben Heiland et al. (2022) ein Mehrebenenmodell arbeitspolitischer Öffentlichkeit vorgeschlagen. Das arbeitspolitische Geschehen wird dort in seinem Bezug zur Öffentlichkeit in drei Dimensionen gegliedert. Die *Mikroebene* der betrieblichen Öffentlichkeit konstituiert sich in den unmittelbaren Interaktionen der betrieblichen Akteure. Sie umfasst demnach die Ausübung von Arbeitstätigkeiten, alltägliche Arbeitsgespräche, Betriebsversammlungen, Streiks, aber auch Publika wie Flugblätter oder Werkszeitungen. Betriebliche Öffentlichkeiten sind nicht notwendigerweise auf die engen Sphären einzelner Betriebe beschränkt, sondern können über diese hinausreichen und stehen in enger Verbindung mit anderen Öffentlichkeiten, etwa Verbindungen und Wechselwirkungen mit übergeordneten Öffentlichkeiten.

Die *Mesoebene* arbeitspolitischer Öffentlichkeit eröffnet sich zwischen kollektiven Akteuren – wie zum Beispiel auf Branchenebene oder im Rahmen multinationaler Unternehmen über grenzüberschreitende Vertretungsorgane. Mit Tarifverhandlungen und Streiks spielen sich im Rahmen dieser Öffentlichkeiten Aspekte des Wirtschaftslebens ab, die sich weniger auf den konkreten Wertschöpfungsprozess beziehen als seine politische Strukturierung. Für das Feld der Tarifpolitik kommt der Meso-Ebene damit eine zentrale Bedeutung zu. Die Frage, wie viele

Beschäftigte sich zu einem Streik mobilisieren lassen, klärt sich etwa im Verhältnis der Gewerkschaft zu den zu bestreikenden Betrieben.

Schließlich existieren auf der *Makroebene* allgemeine arbeitspolitische Öffentlichkeiten, die über Massenmedien von professionalisierten Sprecher:innenrollen bestimmt werden. Aufgrund ihrer großen Reichweite müssen makrosoziale Öffentlichkeiten über Medien vermittelt werden. Die gesellschaftliche Selbstvergewisserung im Bereich der politischen Öffentlichkeit steht hierbei in Zusammenhang mit der symbolischen Repräsentation von Arbeit sowohl in kulturindustriell vermittelten Inszenierungen als auch in unmittelbar politischen Formaten. Diese reichen von klassischen Publika wie Zeitungen über Fernsehsendungen bis hin zu Internetformaten. Heute eröffnet vor allem der plattformbasierte Austausch hierbei durch Muster in der many-to-many-Kommunikation die Möglichkeit neuer politischer Strategien arbeitspolitischer Akteure, auf die gesellschaftliche Selbstvergewisserung (hegemonial) einzuwirken (siehe hierzu auch die Beiträge in Seeliger/Sevignani 2021).

Die besondere politische Bedeutung solcher (arbeitspolitischer) Öffentlichkeit betont auch Sevignani (2020: 221), indem er sie als Orte beschreibt, „an denen Erfahrungen mit Konflikten, die in der kapitalistischen Gesellschaftsstruktur gründen, artikuliert, geteilt, ausgeformt bzw. interpretiert und eventuell klassenbewusst in emanzipatorischer Perspektive organisiert werden können." Entsprechende Prozesse der sozialen Konstruktion von Öffentlichkeit in Zusammenhang mit der Strukturierung und Praxis von Erwerbsarbeit zu analysieren, erfordert – je nach Erkenntnisinteresse (etwa gewerkschaftliche Organisierung von Arbeit, Branchenorganisierung, transparente, faire, gute Arbeitsbedingungen, Politisierung ökonomischer Beziehungen, Stakeholder und Managementansätze) – unterschiedliche öffentlichkeitstheoretische und arbeitssoziologische Zugänge. Die Rolle der Gewerkschaften in der Herstellung von Öffentlichkeit steht dabei in unmittelbarem Zusammenhang mit der Frage nach der Demokratie in der Erwerbsarbeit sowie in der Gesellschaft insgesamt.

Im Rahmen von tarifpolitischen Auseinandersetzungen und Arbeitskämpfen haben Hopp und Seeliger (2025) die Entstehung und Wirksamkeit gewerkschaftlicher Öffentlichkeiten herausgearbeitet. In solchen findet die politische Sozialisation und Mobilisierung von Beschäftigten statt, die auf eine kollektive Verbesserung der Arbeits- und Beschäftigungsverhältnisse abzielt. Ausgehend von der Beobachtung, dass die

Stellung der Beschäftigten im Produktionsprozess allein noch keine politische Orientierung derselben determiniert, zeigen die Autoren, wie sich die Beschäftigten eines Automobilzulieferbetriebs in der Zusammenarbeit von Gewerkschaft und Betriebsrat über die einzelnen Werke des Unternehmens hinweg zusammenfinden, um einen Sozialtarifvertrag durchzusetzen. Als kollektive politische Akteure stellen Gewerkschaften somit einen Rahmen dar, in dem Krisen der Ökonomie, kapitalistische Herrschaftsstrategien und die Möglichkeit ihrer Überwindung diskutiert werden (vgl. Deppe 2012: 105).

Auseinandersetzungen im Feld arbeitspolitischer Öffentlichkeit sind – mit Blick auf die gesamtgesellschaftliche Dimension – vor allem unter Aspekten des politischen Framings untersucht worden. Unter dem Framing versteht man die gezielte Darstellung eines bestimmten Sachverhaltes unter bestimmten Aspekten mit der Absicht, bei den Rezipient:innen bestimmte Reaktionen hervorzurufen. Der Begriff des ‚Frames' geht dabei auf den Soziologen Erving Goffman zurück (vgl. Goffmann 1976). Dieser verstand als Frames bestimmte Schemata, die die Wahrnehmung von Menschen vorstrukturieren. Versteht man politische Auseinandersetzungen nun als Kämpfe um das Framing einer Angelegenheit, wird die (arbeits-)politische Öffentlichkeit hier als Feld der Auseinandersetzungen erkennbar. In Form von Konflikten um die ‚richtige' Deutung eines politischen Phänomens ringen hier politische Akteure darum, wie bestimmte Sachfragen in der Öffentlichkeit diskutiert und wahrgenommen werden.

Ein Beispiel für die Untersuchung solcher Framing-Prozesse ist die Untersuchung von Hopp et al. (2022), die die Framing-Strategien der IG Metall im Laufe der Corona-Krise 2020ff. in den Fokus rückt. Wie die Autoren auf Grundlage einer Analyse von Pressemitteilungen zeigen, bemüht sich die Gewerkschaft hier, eine sozialpartnerschaftliche Konstellation ins Gedächtnis der Rezipient:innen zu rufen, indem sie sich auf das partnerschaftliche Verhältnis zwischen Kapital und Arbeit bezieht. Der Kapitalverband Gesamtmetall ruft gleichzeitig zur Lohnzurückhaltung auf und bezieht sich nicht auf das sozialpartnerschaftliche Ordnungsmuster. Eine weitere Auseinandersetzung um arbeitspolitische Öffentlichkeit im Prozess der Corona-Krise findet sich bei Seeliger und Sebastian (2022). In ihrer Untersuchung zur Regulierung der Schlachthofarbeit in der Krise verdeutlichen sie, wie sich die öffentliche Wahrnehmung prekärer Beschäftigung im Zuge der Pandemie veränderte. Verglichen mit dem relativ weitreichenden Literaturstand zu Framing-Prozessen im Feld der sozialen Bewegungsforschung (vgl. Benford/Snow 2000) finden sich entsprechende Untersuchungen in der Auseinandersetzung mit der politischen Rolle von Gewerkschaften jedoch eher selten.

3.8 Fazit

In diesem Kapitel haben wir sozialwissenschaftliche Theorien über Gewerkschaften dargestellt. Diese Theorien lassen sich mit Offe (2019: 45) in drei Gruppen gliedern – Theorien über das Verhältnis individueller Akteure zu Organisationen, Theorien über Organisationen und Theorien über das Verhältnis von Organisationen zur gesellschaftlichen Gesamtkonstellation. Wie gezeigt wurde, sind Gewerkschaften vom Handeln einzelner abhängig und damit prinzipiell umkämpfte, oder – vorsichtiger formuliert – von den Aushandlungen zwischen konkreten Akteuren abhängig. Im Verhältnis zur gesellschaftlichen Ordnung insgesamt kommt Gewerkschaften ebenfalls eine wichtige Rolle zu, die jedoch – je nach historischer Konstellation – variiert. Während im aufkommenden Industriekapitalismus sowie in Zeiten gesellschaftlicher Umbrüche klassenkämpferische Organisationen politische Entwicklungen erkämpften, die später in der einen oder anderen Weise die soziale Ordnung prägten, gewährleisteten Gewerkschaften in ruhigeren Zeiten Stabilität und sozialen Ausgleich. Zwischen klassenkämpferischer und intermediärer Organisation liegen also nicht unbedingt nur Unterschiede in der perspektivischen Rahmung durch die sozialwissenschaftlichen Beobachter:innen, sondern auch Zeiträume, in denen sich die jeweiligen Rahmenbedingungen veränderten.

Angesichts der aktuellen Konstellation im arbeitspolitischen Feld sowie im politischen System insgesamt ist die Rolle der Gewerkschaften aktuell weniger eindeutig zu bestimmen, als in der zweiten Hälfte des 20. Jahrhunderts. So ließe sich angesichts der durch Mitgliederverluste eingeschränkten Handlungsspielräume der deutschen Gewerkschaften die Frage stellen, inwiefern diese überhaupt noch als intermediäre Organisationen wirksam werden können. Zwar haben Theorien gewerkschaftlicher Revitalisierung (vgl. Brinkmann et al. 2012) die Wieder-Etablierung gewerkschaftlicher Machtpotenziale untersucht – ob und inwiefern diese aber erfolgreich gewesen ist, lässt sich nicht klar sagen und muss insgesamt bezweifelt werden.

Auch die Rolle der Gewerkschaften in der von uns im Rahmen des vorliegenden Buches skizzierten Transformation lässt sich gegenwärtig nicht klar bestimmen. Ob sie als Protagonisten einer Wiedereinbettung im Polanyi'schen Sinne oder als Gestalter und Bewahrer einer neuen ‚Industrial Citizenship' fungieren können, wird sich in der Zukunft zeigen. Aus unserer Sicht stellt jedoch die Forschungsperspektive auf arbeitspolitische Öffentlichkeit ein vielversprechendes Instrument dar, um Prozesse gewerkschaftlicher Mobilisierung und deren Konsequenzen sensibel und ergebnisoffen zu untersuchen. Wenn die Krise der Gewerkschaften, mit Nachtwey (2016: 232) gesprochen, auch eine „Krise der linken Imagination" (ebd.) bedeutet, dann wären arbeitspolitische Öffentlichkeiten der Ort, an dem dieser Krise mit neuen Ideen und Konzepten zu begegnen wäre.

4 Tarifpolitik

4.1 Einleitung

Tarifpolitik dreht sich um Lohnfindung und die Ausgestaltung arbeitsrechtlicher Rahmenbedingungen. Als sogenannte Tarifparteien stehen sich hierbei die Gewerkschaften und Kapitalverbände, beziehungsweise der Staat im öffentlichen Dienst gegenüber. Auch Unternehmensleitungen agieren im Rahmen von Haustarifverträgen als Akteure in diesem Bereich. Als zentrale verteilungspolitische Arena verrichten Gewerkschaften im Bereich der Tarifpolitik ihre „Hauptaufgabe“ (von Alemann 2012: 88). Doch auch für die Struktur der Gesellschaften des Globalen Nordens ist der Bereich des ‚Collective Bargaining‘, dessen spezifisch deutsche Variante die Tarifpolitik darstellt, ein grundlegender Baustein (vgl. Streeck 2001).

Die Gegenstände der Tarifpolitik sind unter Bedingungen strukturellen Wandels im Spannungsfeld von Globalisierung, Digitalisierung und den antizipierten Folgen des Klimawandels gegenwärtig so umstritten wie lange nicht mehr. Die Ungleichheit in Einkommen und Vermögen ist hierbei genauso ein Thema wie Fragen nach Arbeitsplatzsicherheit und Mitbestimmung. Auch Probleme des demografischen Wandels und Fachkräftemangels spielen seit einigen Jahren zunehmend eine wichtige Rolle innerhalb der tarifpolitischen Arena.

Das Kapitel behandelt den Gegenstandsbereich der Tarifpolitik in fünf Schritten. Zunächst geben wir einen Überblick über Erwerbsarbeit und Lohn als Strukturmerkmale kapitalistischen Wirtschaftens (2). Der folgende Abschnitt stellt das Feld der Tarifpolitik dar (3), dessen spezifischen Dynamiken wir uns im anschließenden Teil zuwenden (4). Die Entwicklung des deutschen Tarifsystems ist Gegenstand des darauffolgenden Abschnitts (5). Ein abschließendes Fazit fasst die Befunde mit

Blick auf mögliche zukünftige Forschungsfragen und Probleme zusammen (6).

4.2 Arbeit und Lohn im Kapitalismus

Zentraler Gegenstand der Tarifpolitik sind die Ausgestaltung des Tausches von Arbeit gegen Geld und weiterer Beschäftigungsbedingungen. Als „die Auseinandersetzung des Menschen mit der Natur und des Menschen mit dem Menschen“ (Schmidt 2010: 143) ergibt sich die Bedeutung für die Arbeit aus Sicht sozialwissenschaftlicher Theorien aus ihrer Rolle für die gesellschaftliche Ordnung und deren sozialen Wandel. Zusammen mit der Natur dient die Arbeit im Prozess der Zivilisation als Quelle menschlichen Wohlstands (Menz/Seeliger 2024). Die Frage, ob Menschen Zugang zu Arbeit und ihren Produkten haben, ist entscheidend für den Zugang zu gesellschaftlichem Reichtum sowie hieraus resultierende soziale Ungleichheiten mit Blick auf Einkommen, Gesundheit und viele weitere Dimensionen.

Während ehrenamtliche Arbeit, Care-Arbeit im eigenen Haushalt, die Arbeit am Körper oder der individuell motivierten Arbeit an den eigenen Fremdsprachenkenntnissen ohne Vergütung erfolgen, ist mit dem Beginn von Moderne und industrieller Revolution am weitesten die Form der abhängigen Erwerbsarbeit verbreitet. Diese – zumindest in den regulierten Kapitalismen des Globalen Nordens – zumeist arbeitsvertraglich abgesicherte und in Betrieben verrichtete Form der Arbeit ist ihren Anforderungsprofilen nach Berufen und mit ihnen verbundenen Erwerbsbiografien strukturiert und durch umfassende rechtliche Regelsysteme abgesichert (vgl. Offe 2018: 62; Pries 2005).

Erwerbsarbeit wird in der Gegenwart zumeist in kapitalistischen Gesellschaften geleistet. Kapitalistische Gesellschaften zeichnen sich dadurch aus, dass ihre wirtschaftlichen Angelegenheiten weitgehend (aber nicht ausschließlich) durch Märkte gesteuert werden. Die Entscheidungen darüber, was produziert wird, treffen unter diesen Bedingungen vor allem der Staat und die Unternehmen. Diese Produktionsentscheidungen wirken sich dann mittelbar auch auf den Einsatz menschlicher Arbeit aus (vgl. Minssen 2006).

Da sich der Großteil des Kapitals hier in den Händen weniger Kapitalist:innen konzentriert, liegt ein wesentliches Strukturmerkmal kapitalistischer Gesellschaften in der Verbreitung sozialer Ungleichheit (vgl. Piketty 2022). Eine, wenn nicht die zentrale Konfliktlinie verläuft vor diesem Hintergrund zwischen Besitzern der Produktionsmittel und denjenigen Mitgliedern der Gesellschaft, die gezwungen sind, ihre Arbeitskraft auf dem Markt anzubieten – den Lohnabhängigen.

Die Abhängigkeit der Lohnabhängigen vom Lohn besteht unter Bedingungen eines umverteilenden Wohlfahrtsstaat zwar nur theoretisch. Um ein annähernd erfülltes Leben im Einklang mit gängigen Konsummustern und Statusnormen führen zu können, streben die meisten Menschen jedoch freiwillig ein Einkommen oberhalb des sozialpolitisch garantierten Minimums an. Ihre Tätigkeit im Arbeitsmarkt unterwirft sowohl die Lohnabhängigen als auch die sie beschäftigenden Unternehmen hierbei untereinander „bestimmten Konkurrenzstrategien" (Offe 2019: 26). Während die Lohnabhängigen untereinander über die Höhe der eigenen Lohnforderung, die Effektivität der eigenen Arbeitsleistung, aber auch ein charismatisches Auftreten im Bewerbungsgespräch oder die Mobilisierung persönlicher Netzwerkbeziehungen (auch bekannt als ‚Vitamin B') konkurrieren, bestehen entsprechende Wettbewerbsbeziehungen zwischen Unternehmen unter Aspekten von Innovations- und Preiskonkurrenz, aber etwa auch mit Blick auf die Attraktivität des Arbeitsplatzes für die Beschäftigten. Die ständige Anpassung von Kapital und Lohnabhängigen in den genannten Dimensionen wird in der Theorie sozialen Wandels kapitalistischer Gesellschaften als wichtigster Treiber gesellschaftlicher Entwicklung angesehen (siehe Bieling et al. 2021).

Für die soziale Ordnung kapitalistischer Gewerkschaften bringt die Form der abhängigen Erwerbsarbeit mit Offe und Lenhardt (2019: 13) drei „Strukturprobleme" hervor. Zum einen müssen die Arbeitskräfte in den Arbeitsmarkt eingegliedert werden. Dies erfordert eine gezielte Qualifizierung, personalpolitische Zuordnung, Transparenz des Arbeitsmarktes (etwa über Stellenanzeigen) und viele weitere gesellschaftliche Koordinationsleistungen. Ein zweites Strukturproblem besteht hier in der „Institutionalisierung der im Lohnarbeitsverhältnis nicht unterzubringenden Lebenssphären und Lebensrisiken" (ebd.). Hier werden gesellschaftliche Infrastrukturen gebraucht, die etwa gesundheitliche oder sonstige private Probleme der Lohnabhängigen lösen oder zumindest abmildern können. Ein Beispiel hierfür sind Kranken- oder Hausratsversicherungen. Ein drittes Problem besteht schließlich in der „der quantitativen Regulierung des Verhältnisses zwischen Angebot und Nachfrage". Um produktiv und für das Kapital profitabel sein und gleichzeitig kaufkräftige Abnehmer unter den Lohnabhängigen zu generieren, muss eine kapitalistische Wirtschaft diese Pole ausgleichen.

All diese Probleme verdeutlichen, dass eine reine Marktwirtschaft allein deswegen nicht überlebensfähig wäre, weil ihr die nötigen Kapazitäten fehlen, um deren Folgen vorzubeugen. Vor diesem Hintergrund erschließt sich die Notwendigkeit der politischen Strukturierung kapitalistischer Gesellschaften im staatlichen Herrschaftsverband. Entsprechend deutet Wolfgang Streeck (1981: 1) die Geschichte der liberalen Demokratie als eine „des allmählichen Wandels der Kampforganisationen der Arbeiterbewegung zu integrierten Bestandteilen des politischen und ökonomischen Institutionensystems der kapitalistischen Gesellschaft."

Die Institutionalisierung der Interessen von Kapital und Arbeit fand somit Erscheinung im modernen Wohlfahrtsstaat des 19. und 20. Jahrhunderts, dessen Strukturmuster statt feudalistischen Traditionen und Bürokratien die Präsenz von Gewerkschaften, Arbeiterparteien und Kapitalverbänden prägten. An die Stelle traditioneller Instanzen autoritärer Herrschaft traten moderne Verhandlungssysteme, die einen Ausgleich der Interessen zumindest ansatzweise ermöglichten. Die Ausweitung politischer Partizipation und eine zunehmende Teilhabe am materiellen Wohlstand versöhnten große Segmente der Arbeiterklasse mit der kapitalistischen Wirtschaftsordnung und ermöglichten der Sozialdemokratie einen reformistischen politischen Kurs. Diese Gewährleistung von Kontinuität in der Kapitalakkumulation bei gleichzeitiger Verwirklichung vieler Interessen der arbeitenden Klasse stellt ein zentrales Motiv der soziologischen Modernisierungstheorie dar (vgl. etwa Durkheim 1988; Polanyi 1973; Marshall 1992).

Erwerbsarbeit im Kapitalismus ist also politisch strukturiert. Ihre Umwandlung von einer Fähigkeit individueller Träger in eine am Arbeitsmarkt gehandelte Ware (vgl. Polanyi 1973) ist jenseits makrosozialer Absicherung im Rahmen des politischen Systems an die Ausübung von Herrschaft im Rahmen des Betriebes gebunden (Burawoy 1979). Diese betriebliche Herrschaft folgt in ihrer eigenen Ordnung nicht dem Prinzip der Warenförmigkeit, sondern ist an die konkreten Interaktionen zwischen den Mitgliedern der betrieblichen Sozialordnung gebunden. Während zwischen den Beschäftigten auch hier Konkurrenzverhältnisse wirken können, sind die Konditionen ihrer Beschäftigung in einer der zentralen Institutionen politischer Regulierung des Kapitalismus festgeschrieben – dem Arbeitsvertrag.

Die kapitalistische Gesellschaft bezieht ihre Legitimität aus der Fähigkeit, eine Wirtschaftsordnung zu gewährleisten, in der nutzenmaximierende Individuen zumindest großteilig ihren eigenen Vorteil verfolgen. Dass unter Bedingungen genuiner Interessengegensätze und weithin unsicherer Zukunftsaussichten Kooperation wahrscheinlich werden kann, macht eine Instanz sozialer Ordnungsbildung erforderlich, die Transaktionen gewährleisten und Zusammenarbeit dauerhaft ermöglichen kann. Das Medium, welches dies ermöglicht, ist der Vertrag (vgl. Streeck 1992: 41).

Von anderen Formen zivilrechtlicher Verträge unterscheidet sich der Arbeitsvertrag mit Offe (2018: 67) durch vier Merkmale: Er ist unvollständig, insofern er nur in groben Zügen darstellt, worum es bei der zu erbringenden Arbeitsleistung geht. Der Interpretationsspielraum der arbeitenden Person mag hier variieren – etwa zwischen den Tätigkeiten eines Fließbandbeschäftigten und einer Managerin. Insgesamt bleibt er aber – und das ist mit Offe (ebd.) seine zweite Eigenschaft – an die Subjektivität und die mit ihr verbundenen „Lebensbezüge“ (ebd.: 63f.) geknüpft. Hieraus folgt drittens eine formal begrenzte Kontrolle der betrieblichen Herrschaft über den Einsatz der konkreten Arbeit durch die Arbeitenden. Für die Konstellation betrieblicher Wertschöpfung bedeuten die Unbestimmtheit des Arbeitsvertrags und die Subjektivität der Arbeitskraft ein ständiges Konfliktrisiko. Ein vierter signifikanter Unterschied ergibt sich schließlich aus dem Machtgefälle zwischen Nachfrage- und Angebotsseite. Während Unternehmen oftmals in der Lage sind, mit dem Abschluss von Verträgen zu warten, Arbeitsplätze zu verlagern oder durch Technikeinsatz überflüssig zu machen, ist die Befriedigung der unmittelbaren Bedürfnisse der Lohnabhängigen an ein stetiges Einkommen gebunden.

Die Bezahlung der Arbeitskräfte für die von ihnen (zumindest theoretisch) zu leistende Arbeit erfolgt über den Lohn. In den entwickelten Gesellschaften des Globalen Nordens stellt die arbeitsvertraglich regulierte Lohnarbeit in abhängiger Beschäftigung die am weitesten verbreitete Form individuellen Wirtschaftens dar (Bäcker/Kühn 1985). Einkommen der Arbeiter:innen, Kosten der Kapitalisten, Ursache unterschiedlicher Produktivitätsniveaus, Ursprungsort der Deckung von Lohnnebenkosten, aber auch Indikator sozialer Statusordnung und Quelle kulturell vermittelter Anerkennung – als Preis der Ware Arbeitskraft stellt der Lohn damit eine facettenreiche soziale Tatsache dar.

Als wichtigster Ausgangspunkt der volkswirtschaftlichen Binnennachfrage auf der einen und Hauptkostenpunkt der Produktivität auf der anderen Seite bewegt er sich dabei in seiner politökonomischen Bedeutung im Spannungsfeld verschiedener sozialer Referenzsysteme – „den unmittelbaren Verteilungsinteressen der tarifpolitischen Akteure einerseits und den ökonomischen Steuerungsinteressen einer Gesellschaft andererseits" (Bispinck/Schulten 2006: 254). Während Unternehmen in der Regel an möglichst geringen Löhnen ihrer Beschäftigten interessiert sind, fordern in aller Regel eine möglichst hohe Vergütung bei möglichst guten Arbeits- und Beschäftigungsbedingungen.

Einer der wichtigsten Indikatoren für die Ermittlung sozialer Ungleichheit in der Gesellschaft findet sich in der Lohnquote als Anteil der unselbständigen Arbeit am gesamten Volkseinkommen. Die Ausprägung der Lohnquote deutet nicht nur auf Verteilungsdiskrepanzen und Folgen für die Lebensqualität weiter Bevölkerungsteile hin, sondern verweist auf die Möglichkeit binnenwirtschaftlicher Entwicklung sowie die angebotsseitige Kostenbelastung (Scharpf 1987: 51). Vor dem Hintergrund dieser Fragestellung berührt die Lohnpolitik einen der Gegenstände der klassischen Makrosoziologie als Modernisierungswissenschaft – die Frage nach der gesellschaftlichen Integration unter Bedingungen sozialen Wandels (vgl. Heitmeyer/Imbusch 2010: 10).

Der dynamische Charakter von Wirtschaft und Gesellschaft im Wandel, so ließe sich die beschriebene Dynamik auf einfache Weise zusammenfassen, bedingt auch die Notwendigkeit einer dynamischen Lohnpolitik. Unter Bedingungen steigender Produktivität und zunehmender Inflation, so lautet eine verteilungspolitische Grundregel, müssen auch die Löhne mindestens im Einklang mit diesen Entwicklungen wachsen, um eine Zunahme sozialer Ungleichheit zu vermeiden. Gleichzeitig ist die Gewährleistung von Massenkaufkraft – zumindest für binnenwirtschaftlich produzierte Güter – auch eine Voraussetzung für deren Absatz. Damit die produzierten Güter auf dem Markt einen Abnehmer finden, müssen genügend Marktteilnehmer:innen über ausreichende Kaufkraft verfügen, die sie in der Regel durch den Verkauf ihrer Arbeitskraft gewinnen.

Die Idee einer gesamtwirtschaftlich orientierten Lohnpolitik ist im Laufe des 20. Jahrhundert als Konzept etabliert worden, um der zentralen verteilungs- und konjunkturpolitischen Rolle des Lohnes gerecht zu werden. „Durch die politische Absicherung eines umfassenden gesellschaftlichen Verteilungskompromisses", so beschreiben Bispinck und Schulten (2006: 254) das Prinzip, „sollten die Tarifvertragsparteien dazu bewegt werden, im Rahmen ihrer Tarifpolitik gesamtwirtschaftliche Verantwortung zu übernehmen und ihre Lohnabschlüsse nach gesamtwirtschaftlichen Vorgaben auszurichten."

Die wichtigsten verteilungspolitischen Ziele einer solchen Politik bestehen allgemein in der Durchsetzung gleicher Löhne für eine gleiche (oder zumindest ähnliche) Arbeit sowie eine gesamtgesellschaftlich möglichst ausgeglichene Lohnstruktur. Während eine auf den Ausgleich von Inflations- und Produktivitätszuwachs zielende Lohnpolitik hierbei lediglich auf das Wachstum sozialer Diskrepanzen abhebt, hat eine expansive Lohnpolitik eine hierüber hinausreichende Umverteilung zum Ziel. Lohnerhöhungen oberhalb des Produktivitätszuwachses sollen hier eine graduelle Stärkung der Kaufkraft lohnabhängiger Haushalte bewirken.[15]

In den klassischen Modernisierungstheorien der Makrosoziologie und der Politischen Ökonomie werden Gewerkschaften, wie Thorsten Schulten (2004: 134) herausarbeitet, „als ein notwendiges Instrument" angesehen, „um die strukturelle Ungleichheit zwischen dem Unternehmer und dem einzelnen Beschäftigten auf dem Arbeitsmarkt auszugleichen." Während revolutionäre Theorien aus dem Bereich des Marxismus Gewerkschaften im Arbeitskampf als „Kriegsschulen der Arbeiter" (MEW 2: 441) verstehen, betonen institutionalistische und korporatistische Ansätze ihren steuernden, potenziell stabilitätsstiftenden Charakter.

15 Vom Blickpunkt der Politischen Ökonomie sind entsprechende Dynamiken in der wirtschaftspolitischen Schule des Keynesianismus ein Gegenstand von besonderem Interesse (siehe hierzu auch Baccaro et al. 2022). Niedrige Löhne, so die Grundannahme von Keynes Theorie, verfestigen die Arbeitslosigkeit als Resultat gesamtwirtschaftlich stagnierender Entwicklung aufgrund von mangelnder lohninduzierter Nachfrage. Ebenfalls lässt sich die Binnennachfrage durch die Besteuerung von hohen Einkommen und Vermögen anregen, die zur Erhöhung der Staatsquote beitragen (zu Keynes siehe Skidelsky 2013).

Mit Blick auf die Festlegung des Lohnes besteht ein wesentlicher Zweck der Gewerkschaften in der Organisation von Kartellen unter den Lohnabhängigen. Aus diesem Zweck ergibt sich mit Offe und Hinrichs (2018: 3) ein genuines Interesse der Gewerkschaften an einer möglichst geringen Zahl von Arbeitslosen in der Gesamtwirtschaft. Drei weitere genuine Interessen bestehen den Autoren zufolge in der Erhaltung und Steigerung der Realeinkommen, dem Interesse an möglichst günstigen Arbeits- und Beschäftigungsbedingungen sowie einem hohen Beschäftigungsstand (ebd.).

Wie groß der gewerkschaftliche Einfluss auf die Lohnfindung ist, hängt in der politischen Praxis von einer Reihe institutioneller Voraussetzungen ab (vgl. Schulten 2004: 165). Es ist erstens wichtig, dass Gewerkschaften eine ausreichende Anzahl an Mitgliedern vertreten, die ihnen in einem bestimmten Rahmen – einem Betrieb, einem Unternehmen, einem wirtschaftlichen Sektor, einer Region oder Nation und so weiter – eine ausreichende Repräsentativität verleihen. Je größer die von den Gewerkschaften repräsentierte Anzahl von Lohnabhängigen, desto effektiver fällt etwa eine Streikdrohung aus (siehe hierzu auch den Abschnitt zum Machtressourcenansatz im Theorien-Kapitel).[16] Zwei weitere Faktoren, die die Macht der Gewerkschaften im Prozess von Lohnverhandlungen bestimmt, sind mit Schulten (ebd.) die institutionelle Struktur der jeweiligen Lohnfindungssysteme sowie deren politische und rechtliche Absicherung durch den Staat. Deren spezifische Charakteristika – seien es Mindestlöhne, Allgemeinverbindlichkeitserklärungen oder sonstige Eigenheiten – beeinflussen Prozesse und Ergebnisse der Lohnverhandlungen maßgeblich (vgl. Höpner/Lutter 2018).

4.3 Tarifpolitik – Was ist das?

Im Rahmen des deutschen Kapitalismusmodells werden Fragen der Lohnfindung im Bereich der Tarifpolitik institutionalisiert und geklärt. Vor diesem Hintergrund stellt die Tarifpolitik mit Müller-Jentsch (2011:

16 Es ist anzumerken, dass eine durch Gewerkschaftsmitglieder konstituierte Mehrheit nicht unbedingt eine Mehrheit der Lohnabhängigen-Klasse insgesamt abbilden muss. Dass eine Gewerkschaft Mitglieder effektiv mobilisiert, muss nicht bedeuten, dass die meisten Lohnabhängigen auch in den Organisationsbereich dieser Gewerkschaft fallen.

108) „zweifellos das Kerngeschäft der Gewerkschaften“ dar. Als „das entscheidende Kernstück gewerkschaftlicher Gestaltungsmöglichkeiten“ (Janßen/Lang 1985: 196) reguliert Fragen von Lohn und Beschäftigung zumindest für einen wesentlichen Teil der abhängig Beschäftigten der Tarifvertrag. Im Rahmen des deutschen Systems der Arbeitsbeziehungen gewährleistet dieser für die Tarifparteien – in der Regel also eine zuständige Gewerkschaft und einen spezifischen Kapitalverband, beziehungsweise den Staat im Fall des öffentlichen Dienstes – ihre Fähigkeit, private Regelungen mit gesetzlicher Absicherung zu treffen: die Tarifautonomie. Indem sie „strukturell erzeugte Klassenauseinandersetzungen in begrenzte und regelbare Interessenkonflikte“ (Heinze/Müller-Jentsch 1983: 555), wirkt sie auf die politische Ökonomie des deutschen Kapitalismus als ein „Katalysator“ (ebd.).

Historisch betrachtet begann die Institutionalisierung von Tarifkonflikten mit der Trennung politischer und ökonomischer Interessenkonflikte in Form parlamentarischer Regeln und tarifpolitischer Routinen (ebd.: 556). Weiterhin ermöglicht es das Prinzip gewerkschaftlicher Repräsentation, dass die Gewerkschaftsführung, beziehungsweise die mit den tarifpolitischen Kompetenzen ausgestattete Abteilung für die Aushandlung entsprechender Probleme relativ unabhängig von den unmittelbaren Interessen der Mitglieder handeln kann.[17]

Als „von staatlichen Einflüssen unabhängiges Verfahren“ (Müller-Jentsch 2011: 108) gewährleistet die Tarifautonomie „mindestens eine Armlänge Abstand“ (Hyman 2001: 3) der Lohnfindung zu den unmittelbaren Interessen von Staat und Regierung. Das zentrale Instrument zur Selbstbestimmung der Tarifparteien ist hierbei der Tarifvertrag, der die Machtasymmetrie zwischen Kapital und Arbeit durch bestimmte Mindeststandards relativiert und die Entlohnung per Pauschale von der tatsächlich geleisteten Arbeit entkoppelt. Voraussetzung für das Zustandekommen von Tarifverträgen ist die Existenz gewerkschaftlich zumindest teilweise organisierter Belegschaften in einem Betrieb und einer Branche, die den Einsatz von Arbeitskraft im Wege von Streiks einschränken können. Die Entstehung von Kapitalverbänden stellt aus dieser Perspektive eine Reaktion auf die arbeitspolitische

17 Was auf der anderen Seite bedeutet, dass die Gewerkschaft „auf die zumeist in Form von Kompromissen erzielten Vereinbarungen verpflichten können“ muss (ebd.).

Rolle der Gewerkschaften dar. Für die Beschäftigten sichert der Tarifvertrag damit eine Mindestpartizipation am ökonomischen Wohlstand und gewährleistet über das Arbeitsrecht hinausreichende Grundlagen im Arbeitsschutz und Beschäftigungsverhältnis. Der Kapitalseite sichert er hingegen eine gewisse Verlässlichkeit und Stabilität im Produktionsprozess, indem er zur Zufriedenstellung der Beschäftigten beiträgt und so die Wahrscheinlichkeit von Streiks senkt. Indem sie die Rolle des Staates in der Lohnfindung auf ein Minimum begrenzen, sind Tarifverträge schließlich ein wesentlicher Baustein der liberalen Demokratie, die die Regulierung des Arbeitsmarktes in weiten Teilen den Verbänden überlässt.

Die Tarifautonomie basiert auf dem in Artikel 9, Absatz 3 des Grundgesetzes festgeschriebenen Grundrecht auf Koalitionsfreiheit als „Grundlage jeglicher kollektiven Interessenvertretung der abhängig Beschäftigten." In 13 Paragraphen konstituiert die rechtliche Basis zum Abschluss von Tarifverträgen das Tarifvertragsgesetz. Dieses regelt mit Müller-Jentsch (2011: 112) „die Tariffähigkeit und Tarifzuständigkeit der Parteien, die Form des Tarifvertrags und seine Rechtswirkungen." Gemeinsam mit dem Betriebsverfassungsgesetz markiert das Tarifvertragsgesetz damit die „Dualität" (Beckmann/Spohr 2022: 167) der deutschen Arbeitsbeziehungen, die sich aus dem Zusammenspiel betrieblicher und überbetrieblicher Ebene ergibt. Zweitens verweist sie auf das Prinzip der „Zentralisierung" (ebd. 197f.), das Gewerkschaften, einzelne Unternehmensleitungen und Kapitalverbände dazu ermächtigt, Tarifverträge abzuschließen. Und drittens korrespondiert sie mit dem Prinzip der „Verrechtlichung" (ebd. 198), welches der Arbeitspolitik einen legislativen Rahmen und Legitimität im und gegenüber dem Staat garantiert.

Abgeschlossen zwischen den Tarifparteien gewinnen Tarifverträge ihre Gültigkeit für einen bestimmten Zeitrahmen innerhalb eines bestimmten Geltungsbereiches. Während Flächen- und Branchentarifverträge in einem Bundesland oder bundesweit gelten, sind Firmen- und Haustarifverträge auf bestimmte Unternehmen und Betriebe beschränkt. Die in ihnen festgelegten Regelungen gelten für bestimmte Gruppen in bestimmten Branchen und unterscheiden sich innerhalb der Verträge nochmal je nach Beschäftigtengruppen (Beckmann/Spohr 2022: 199).

Grundsätzlich lassen sich verschiedene Typen von Tarifverträgen unterscheiden, die sich auf jeweils verschiedene Regulierungsgegenstände beziehen. Entgelt- und Vergütungstarifverträge bestimmen die Höhe der Löhne in Bezug zu Qualifikation und Tätigkeit. Die hier vereinbarten Regelungen gelten in der Regel für eine Dauer von 12 bis 24 Monaten. Zweitens legen Entgeltrahmentarifverträge die Zuordnung zu unterschiedlichen Lohngruppen je nach Tätigkeit, Qualifikation und Beschäftigungsdauer. Da er – seinem Namen gemäß – die Rahmenbedingungen für den Entgelt- und Vergütungstarifvertrag schafft, wird er weniger häufig neu verhandelt. Drittens beinhaltet der Manteltarifvertrag Regelungen über die Dauer der Arbeitszeit, Urlaubsansprüche, Kündigungsfristen und weitere Fragen der Beschäftigungsbedingungen. Eine vierte Gruppe von Tarifverträgen umfasst Vereinbarungen, die den Umgang mit Rationalisierungsprozessen und allgemeine gesellschaftliche Entwicklungen wie den demografischen Wandel betreffen. Dies kann beispielsweise Fragen der Kostendeckung für Qualifizierungsinitiativen oder sogenannte Demografiefonds betreffen, die eine tarifliche Altersvorsorge oder den flexiblen Einsatz von Arbeitszeit im Erwerbsverlauf regeln. Hierunter fallen etwa auch Sozialtarifverträge, welche von Belegschaften erstritten werden, die die Folgen von Beschäftigungsabbau oder einer Standortschließung durch die Kapitalseite kompensiert wissen wollen.

Die Herausbildung eines Feldes der kollektiven Lohnverhandlungen und Tarifpolitik sind in der deutschen und westeuropäischen Geschichte eng verbunden mit der Entstehung des Wohlfahrtsstaates im 19. Jahrhundert. Die Ablösung des Zunftwesens nach der französischen Revolution machte den Arbeitsvertrag, wie Höpfner et al. (2021: 50) in ihrer historischen Untersuchung zur Tarifautonomie feststellen, „zur Grundlage der Arbeitsverfassung". Mit dem Druckergewerbe als „Pionierbranche" wirkten verschiedene Berufsgewerkschaften aus dem Handwerk in dieser Zeit als „Schrittmacher des Tarifvertragsgedankens" (Müller-Jentsch 2009: 110). Um sich vor der zunehmenden Ausbeutung in den sich industrialisierenden Betrieben zu schützen, begannen diese ihre Interessen gemeinschaftlich zu vertreten und auf deren rechtlicher Absicherung hinzuwirken. Diese Etablierung der Lohnpolitik als Gegenstand kollektiver Aushandlungen bedeutete mit Thomas H. Marshall (1992) eine Überführung politischer in zivile und wirtschaftsbürgerliche Rechte.

Wie im historischen Kapitel dargelegt, wurden die Kompetenz und Erlaubnis von Kapitalverbänden und Gewerkschaften, eigenständig Tarifverträge abschließen zu können, über lange Zeit „gegen massive Widerstände des Staates erkämpft" (Höpfner 2021: 159f.). Das Stinnes-Legien-Abkommen, in dem Vertreter des deutschen Kapitals die Gewerkschaften als „berufene Vertreter der Arbeiterschaft" (ebd.) anerkannten, bildet die historische Grundlage der heutigen Tarifautonomie.

Mit Claus Offe (2019: 198) schließen nach dem Ende des Ersten Weltkriegs nahezu alle westlichen Länder eine Epoche politischer Modernisierung und Demokratisierung ab. Die wichtigsten Resultate dieser Entwicklung liegen in der Durchsetzung des allgemeinen Wahlrechts, der Erweiterung verfassungsmäßiger Rechte des Parlaments sowie der Organisationsfreiheit und Verhandlungslegitimation für Interessenverbände. Die Einführung der Tarifautonomie erfolgte anschließend an den Zweiten Weltkrieg auf Grundlage eines Entwurfes von Thomas Nipperdey aus dem Jahr 1948, der auf die Abschaffung der Genehmigungspflicht von Tarifverträgen durch den Staat abzielte.[18] Die durch Branchen- und regionale Grenzen strukturierte Geltungsordnung der Tarifverträge entwickelte sich im Laufe der 1950er und 1960er-Jahre (vgl. Haipeter 2023: 328). Vor dem Hintergrund der fordistischen Gesellschaftsordnung, in der ein kontinuierliches Wirtschaftswachstum sozialen Frieden und (relativ starke) gesellschaftliche Integrationsmuster ermöglichte, gewann die Tarifautonomie als arbeitsmarktpolitisches Ordnungsprinzip schnell an Legitimität. Der historische Kompromiss der ‚Trentes Glorieuses' stärkte die reformistische Agenda der deutschen Sozialdemokratie und rechtfertigte die (sozial-)kapitalistische Kontrolle über den Produktionsprozess (vgl. Streeck 2013).

Anschließend an den „Strukturbruch" (Raphael 2019) westlich-fordistischer Gesellschaften zu Beginn der 1970er-Jahre geriet die Tarifautonomie vor dem Hintergrund anhaltender Entwicklungen von Globalisierung, Finanzialisierung und technologischer Rationalisierung ab den 1980er-Jahren vermehrt in die politische Diskussion. Diese Debatte intensivierte sich im Laufe der 1990er-Jahre. Als der ökonomische Auf-

18 „Weitere – noch heute im Grundsatz gültige – Prinzipien umfassten die Unabdingbarkeit sowie die unmittelbare und zwingende Wirkung des Tarifvertrags, den Vorrang von Tarifverträgen vor Betriebsvereinbarungen, die Allgemeinverbindlichkeitserklärung sowie die Nachwirkung von Tarifverträgen" (Höpfner et al. 2021: 220).

schwung wenige Jahre nach der Wiedervereinigung abklang, verdichteten sich die Stimmen verschiedener politischer Lager zu einer Kritik am Prinzip der Tarifautonomie.

Aber welche Rolle spielt nun der Staat jenseits seiner Aufgabe, den rechtlichen Rahmen für die Aushandlungen zwischen den Verbänden zu garantieren? Betrachtet man die Dynamiken des Tarifgeschehens im Zusammenhang, offenbart sich schnell eine enge Verbindung des Feldes zum Komplex der Sozialpolitik. Auch die öffentlichen Krankenkassen dienen dem Schutz ihrer Mitglieder vor körperlichen oder psychischen Folgeschäden einer Verletzung oder Erkrankung.

Als hauptsächlicher Träger der Sozialpolitik lässt sich der Wohlfahrtsstaat als Gebäude mit vier Etagen verstehen (vgl. Offe 2018a: 39). Die unterste und älteste Etage stellt die noch zu preußischen Zeiten eingeführten Arbeitsgesetze dar, die Kinderarbeit verboten und Arbeitszeitregelungen verbindlich machten. Im zweiten Stock des Gebäudes sind all jene Maßnahmen angesiedelt, die auf eine Minderung von Lebensrisiken außerhalb der Erwerbsarbeit zielen. Indem der Staat über die Sozialversicherung ein Mindestmaß an Einkommen auch für Erwerbslose garantiert, schützt er sie vor den Folgen einer möglichen Arbeitslosigkeit. Während die gesetzliche Krankenversicherung auf die Unterstützung der Reproduktion von Arbeitskraft zielt, schützen die Sozialversicherungen vor den monetären Folgen von Arbeitslosigkeit.[19] In der dritten Etage befinden sich die institutionellen Maßnahmen zur Regelung der Arbeitseinkommen – also die Tarifautonomie und komplementäre Maßnahmen wie Mindestlöhne und Allgemeinverbindlichkeitserklärungen. Im vierten Stock des Hauses finden sich schließlich Instrumente makroökonomischer Steuerung, welche vor allem in den Jahren zwischen 1955 und 1975 eingesetzt wurden.[20] Indem der

19 Vor allem vom Blickpunkt der „sozialdemokratische[n] Anthropologie" (Scharpf 1987: 34), die die Arbeit als „Grundbedingung des menschlichen Daseins" (ebd.) rahmt, ergibt sich so ein genuines Interesse der Politik an Vollbeschäftigung, welche soziale Integration neben dem erzieherischen und inklusiven Wert von Arbeit über gefüllte Sozialkassen gewährleisten soll. Eine hohe Erwerbslosigkeit wirkt sich weiterhin negativ auf die privaten Haushaltseinkommen und damit mittelbar auf die Steuereinnahmen des Staates aus. Lange andauernde Arbeitslosigkeit erzeugt für den Staat in der Sozialpolitik perspektivisch massive Finanzierungsprobleme.

20 In der Wirtschaftskrise des Jahres 1967 rief der damalige Wirtschaftsminister die ‚Konzertierte Aktion' ins Leben, im Zuge derer Staat, Gewerk-

Wohlfahrtsstaat, abhängig von den Wahlentscheidungen seiner Bürger, die Durchsetzung gewerkschaftlicher Ziele bewirken, unterstützen oder verhindern kann, kommt ihm aus Sicht der Gewerkschaften eine zentrale politische Bedeutung zu.

Als „fragloses Zentrum der Gewerkschaftsanalyse" (Hertle/Kätdler 1990: 183) nimmt die Tarifpolitik vom Blickpunkt der sozialwissenschaftlichen Auseinandersetzung die Kardinalsposition ein. Dieser wichtigen Bedeutung sowohl für die Kapitalverbände und die Gewerkschaften als auch für die gesellschaftliche Ordnung zum Trotz hat die Tarifpolitik vergleichsweise selten im Zentrum arbeitssoziologischen oder politikwissenschaftlichen Interesses gestanden. Mit der zentralen Expertise am Düsseldorfer Wirtschafts- und Sozialwissenschaftlichen Institut der Hans-Böckler-Stiftung[21] angesiedelt, wurden tarifpolitische Problemstellungen zwar auch außerhalb der anwendungsorientierten Forschung immer wieder aufgegriffen und zum Gegenstand theoretisch gerahmter Untersuchungen gemacht. Grundlagenforschung zum Problemkomplex der Tarifpolitik hat es in den letzten Jahrzehnten nur noch vereinzelt gegeben (vgl. Di Carlo 2022). Eine mögliche Ursache hierfür liegt im genuinen Schnittstellencharakter dieses im Grenzland von Arbeitssoziologie, Politikwissenschaft, Politischer Ökonomie und Organisationsforschung angesiedelten Gegenstandes begründet, der disziplinäre Zuständigkeiten nur schwer verteilen lässt. Weiterhin zeichnet das Feld der Tarifpolitik zumindest vom Blickpunkt qualitativer Untersuchungen eine gewisse Intransparenz. Diese rührt daher, dass die beteiligten Interessenorganisationen ihre Verhandlungspositionen nicht durch das Preisgeben prozeduralen Wissens über die Abläufe gefährden wollen. Die Rekonstruktion des konkreten Verlaufes bestimmter Tarifverhandlungen stellt vom Blickpunkt der qualitativen, etwa ethnografisch informierten Sozialforschung ein wesentliches Forschungsdesiderat dar.

---

schaften und Kapitalvertreter gemeinsam an wirtschaftspolitischen Lösungen arbeiten sollten. Diese auch als ‚Tisch der kollektiven Vernunft' bekannt gewordene Initiative wurde vor dem Hintergrund von Corona- und Ukraine-Krise von Kanzler Olaf Scholz reanimiert.

21 Das Wirtschafts- und Sozialwissenschaftliche Institut (WSI) ist eine ursprünglich 1946 gegründete Forschungseinrichtung, die sich mit der arbeits-, wirtschafts-, sozial- und tarifpolitischen Entwicklung in Deutschland und Europa beschäftigt. Mit dem WSI-Tarifarchiv unterhält es eine der wichtigsten Materialsammlungen zur Analyse der Tarifpolitik.

Als Grundproblem gewerkschaftlichen Handelns in der Tarifpolitik gilt für die theoretische Auseinandersetzung die Gewinnung und Mobilisierung möglichst vieler Gewerkschaftsmitglieder. Im Sinne der Gewerkschaftsführung stellen sich hierbei zwei Grundprobleme. Sowohl im Streik als auch mit Blick auf die interne Infrastruktur wie auch die Ausübung von Einfluss im politischen System braucht eine Gewerkschaft erstens viele Mitglieder, die zweitens koordiniert handeln – idealerweise, indem sie tun, was die Gewerkschaftsführung von ihnen erwartet. Mit diesem Grundproblem setzen sich aus einer Perspektive auf die Tarifpolitik eine Reihe von Theorien auseinander, von denen wir einige paradigmatische Ansätze nun kurz vorstellen wollen.

Vom Blickpunkt der Feldtheorie betrachten eine Reihe von Arbeiten Machtbalancen und Prozesse kollektiver Sinnstiftung im Bereich der Tarifpolitik (siehe etwa Glassner/Pernicka 2014 sowie Seeliger 2017). Mit Blick auf konkrete Arbeitskämpfe, aber auch innerorganisationale bürokratische Abläufe untersuchen diese Arbeiten das Verhältnis zwischen Gewerkschaftsführung und Mitgliederbasis, sowie die Interaktionsbeziehungen zwischen Organisationen im Mehrebenen-System internationaler Gewerkschaftspolitik (Gumbrell-McCormick/Hyman 2014). Wie etwa Mahmood und Banerjee (2023) herausarbeiten, geht die Bedeutung der Tarifpolitik hierbei über die Verfolgung ökonomischer Interessen in der Lohnfindung hinaus. Während Tarifverhandlungen zwar durchaus als ritualisierte und zielgerichtete Routinen verstanden werden können, entfalten sie ihre Bedeutung weiterhin in der Prägung des politischen Bewusstseins der Mitglieder, der Erweiterung der Mitgliederbasis und der Klassenbildung (siehe auch Seeliger 2018).

Ein weiterer paradigmatischer Zugang verläuft über das Konzept der Moral. Dem ethischen Grundproblem, inwieweit Marktkräfte durch den Staat oder andere Institutionen zu regulieren sind, kommt in der modernen Philosophie seit John Stuart Mill's (1869) ‚On Liberty' der Status eines Grundproblems zu. Eine klare Absage an moralische Erwägungen im Verhältnis von Kapital und Arbeit bei der Lohnfindung erteilt Friedrich Engels (MEW 19: 248) gegen Ende des 19. Jahrhunderts: „Der Arbeiter gibt so viel und der Kapitalist so wenig, wie es die Natur der Übereinkunft zulässt. Das ist eine sehr sonderbare Sorte von Gerechtigkeit", schrieb er 1881 für die Gewerkschaftszeitung ‚the Labour Standard'. Anders als dies zahlreiche Kampagnen für „faire" oder „anständige" Löhne suggerieren, sind Löhne demnach nicht gerecht, sondern bilden Kräfteverhältnisse zwischen an ihrer Aushandlung beteiligten Akteursgruppen ab. Eine konträre Perspektive auf die ethisch-moralische Dimension der Lohnpolitik findet sich etwa bei Wilkinson (2004). Dynamiken, im Zuge derer Gewerkschaftsorganisationen moralischen Erwartungen zumindest rhetorisch entsprechen, hat Seeliger (2021) als Entkoppelung von Reden und Handeln beschrieben. Während Gewerkschaften sich symbolpolitisch zu internationaler Solidarität bekennen, betreiben sie in der Praxis eine mitgliedernahe Standort- und Klientelpolitik.

Institutionalistische Perspektiven auf das Feld der Tarifpolitik nehmen zum Ausgangspunkt soziale Ordnungsmuster, die das Handeln der beteiligten Akteure strukturieren und auf einen „kleineren Kreis erwartbarer Verhaltensregelmäßigkeiten reduzieren" (Scharpf 1987: 27). Die Ordnung tarifpolitischer „Rituale" (Wiedemuth 2017: 616) ergibt sich hierbei aus dem kollektiven Arbeitsrecht, den „binnenrechtlichen Strukturen" (ebd.) der beteiligten Organisationen sowie den Routinen und Normen der jeweiligen Umgebungen, die sich im Laufe der Vergangenheit herausgebildet haben. Das Handeln von Gewerkschaften im Rahmen nationaler Systeme der Arbeitsbeziehungen ist hierbei wie Kädtler (2010: 128) ausführt, „maßgeblich bestimmt durch den mehr oder weniger großen Bestand geteilter Realitätsdeutungen, Rationalitätsannahmen und Legitimitätsprinzipien, auf die sich die Kontrahenten gerade auch bei der Konfrontation ihrer unterschiedlichen Interessen beziehen können."

Während vergleichende Untersuchungen Institutionen vor allem als zu einem gewissen Zeitpunkt festgefügte Gebilde verstehen (vgl. Hall/Soskice 2001), betont etwa Thelen (2006: 400) deren beständigen Aushandlungscharakter. Die These, „dass sich die Entwicklung von Institutionen am besten als ein Prozess verstehen lässt, bei dem unter sozialen und politischen Akteuren Unterstützung für den Aufbau, die Umgestaltung oder die Weiterführung spezifischer institutioneller Arrangements mobilisiert wird." Während vergleichende Untersuchungen der institutionellen Beschaffenheit von Tarifsystemen häufig fixierte Institutionenbegriffe zu Grunde liegen, findet sich eine dynamische Perspektive auf „Varianten der Liberalisierung" etwa bei Thelen (2014) oder Baccaro und Howell (2017).

Eine ähnliche Perspektive auf Dynamiken ökonomischen Wachstums haben Lucio Baccaro et al. (2022) ebenfalls vom Blickpunkt der Vergleichenden Politischen Ökonomie entwickelt. Das spezifische Erkenntnisinteresse dieser Ansätze richtet sich auf die Fähigkeit (oder Unfähigkeit) nationaler Wirtschaftssysteme, „Nachfrage nach Produkten und Dienstleistungen entweder selbst zu generieren oder sie vom Ausland ins Inland zu leiten“ (Höpner/Baccaro 2022: 2). Als (potenzielle) Quelle von Massenkaufkraft spielt die Tarifpolitik auch in diesen Ansätzen eine wichtige Rolle.

Aus einer neben moralischen Begründungsmustern eher reale Kräfteverhältnisse abhebenden Perspektive untersuchen andere Arbeiten (z. B. Schulten 2004: 136) tarifpolitische Prozesse im Anschluss an Thompsons (1971) Begriff der ‚Moral Economy'. Die moralische Ökonomie ist für Thompson eine gesellschaftliche Sphäre, innerhalb derer Repräsentanten sozialer Klassen ihre moralischen Werte als angemessen oder sogar gültig zu rahmen. Eine entsprechende Perspektive haben Heiland et al. (2022) unter Bezug auf Jürgen Habermas' Konzept politischer Öffentlichkeit ausgearbeitet. Als arbeitspolitische Öffentlichkeit verstehen die Autoren jene Sphäre gesellschaftlicher Selbstvergewisserung, innerhalb derer Fragen von Erwerbsregulierung und Lohnpolitik diskursiv thematisiert werden. In einem Mehrebenenmodell unterscheiden die Autoren zwischen Betrieb und Unternehmen, Branchenöffentlichkeit und der gesamtgesellschaftlichen Öffentlichkeit innerhalb derer diese Fragen erörtert und debattiert werden. Ein Beispiel für entsprechende Dynamiken fand sich in der Corona-Krise etwa in der symbolischen Unterstützung der Pflegebeschäftigten durch ostentatives Klatschen an den Wohnungsfenstern zur Abendzeit. Da gegenwärtig keine Theorie die Wirkung öffentlicher Diskurse auf die Tarifpolitik analysiert, besteht hierin ein besonders interessantes Desiderat für weitere Forschung.

4.4 Dynamiken der Tarifpolitik

In der soziologischen, politikwissenschaftlichen und politökonomischen Literatur haben Dynamiken der Tarifpolitik – gemessen an ihrer gesellschaftlichen Relevanz – eher eine untergeordnete Bedeutung. Vor allem vom Blickpunkt der Vergleichenden Politischen Ökonomie hat ein relativ weitreichender Literaturstand typische Varianten nationaler Tarifsysteme herausgearbeitet. Diese haben sich im Prozess der Nationalstaatenbildung – mal wie im Falle der westeuropäischen Länder über Jahrhunderte – und mal wie im Falle der Post-Sowjet-Staaten durch rapides institutionelles Design herausgebildet. Inwieweit diese nationalen Systeme die oben dargestellten Zielgrößen der Tarifpolitik erreichen, hängt von verschiedenen Faktoren ab (Schulten 2012: 486). Zum einen ist hier die Ebene wichtig, auf der die Tarifverhandlungen stattfinden. Entsprechend kann der Geltungsbereich sowohl räumlich (Region/Bundesland/Nationalstaat) als auch funktional (Betrieb, Unternehmen, Branche) variieren. Einen zweiten Faktor stellt die Stärke der Interessenorganisationen dar. Diese hängt vor allem von der Größe der Mitgliedschaft ab, da die Tarifverträge nur für die organisierten Beschäftigten in organisierten Unternehmen gelten. Ausnahmen sind Betriebe, in denen es Bezugsklauseln gibt, welche in der Regel in den Arbeitsverträgen verankert werden. Die Reichweite von Tarifverträgen kann schließlich erweitert werden, wenn hierzu drittens spezifische Regeln in Kraft sind.

Um Länder und ihre nationalen Tarifsysteme zu ordnen, schlägt Garnero (2020: 188) drei Vergleichsdimensionen vor. Wie oben erläutert bezieht sich erstens die Frage nach der Ebene der Tarifverhandlungen auf die Reichweite der Tarifverträge. Je höher die Ebene, desto geringer fällt die Lohnungleichheit aus. Zweitens hängt die Flexibilität des Tarifsystems davon ab, inwiefern es Unternehmen und Betrieben möglich ist, aus Tarifverträgen auszuscheren – etwa im Wege von Härtefallklauseln. Ist dies möglich, lässt das Tarifsystem Raum für eine systematischere Kopplung von Unternehmensperformance und entsprechenden Ausprägungen der Löhne im Unternehmen. Der Grad der Koordinierung zwischen verschiedenen Tarifverträgen stellt schließlich eine dritte Vergleichsdimension dar.

Die Koordinierung von Lohnverhandlungen dient mit Traxler (2003: 195) der Verringerung von Konkurrenz zwischen Lohnabhängigen unterschiedlicher Sektoren, der Einebnung des gesellschaftlichen Lohnspiegels sowie der Verringerung von Arbeitslosigkeit und der Gewährleistung von Preisstabilität. In der politischen Praxis lassen sich zwei wesentliche Koordinierungsziele als Bezugspunkte der Koordinierungsstrategie unterscheiden (vgl. Traxler 2005: 172). Eine modernisierungsorientierte Lohnpolitik soll die Lohnzuwächse in einer Art und Weise abstimmen, die Preisstabilität und Beschäftigung sichert. Eine verteilungsorientierte Lohnpolitik zielt demgegenüber auf die Verringerung von Lohnunterschieden.

Im Forschungsstand zur Lohnpolitik war lange die Ansicht verbreitet, dass lohnpolitische Koordinierung ein zentralisiertes Tarifsystem erfordert. In den letzten Jahrzehnten hat ich demgegenüber die Einsicht etabliert, dass dezentrale Koordinierung ebenfalls möglich und in Teilen auch empirisch festzustellen ist (Traxler 2005). Allgemein lassen sich hierbei zwei typische Formen dezentraler Lohnkoordinierung unterscheiden: In einer ersten Variante verbleibt die Verantwortung für den Koordinationsprozess bei den gewerkschaftlichen Dachverbänden von Kapital und Arbeit, welche die Richtlinien für die Lohnverhandlungen vorgeben. In einer zweiten Variante wird die Koordinierung von „tarifpolitischen Schlüsselakteuren" (ebd.: 173) betrieben. Aufgrund der breiteren Streuung lohnpolitischer Kapazität stellen dezentrale gegenüber zentralisierten Systemen der Lohnfindung normalerweise die stabileren Strukturen dar.

Vor dem Hintergrund der hier dargestellten Spezifika lassen sich mit Garnero (2020: 189) Ländergruppen hinsichtlich ihrer institutionellen Beschaffenheit ihrer Tarifsysteme in punkto Flexibilität und Koordinierung unterscheiden. Eher zentralisierte und schwach koordinierte Systeme existieren in Frankreich, Island, Portugal Slowenien, Spanien und der Schweiz. Sektoral gültige Verträge und Allgemeinverbindlichkeitserklärungen spielen in diesen Ländern eine tragende Rolle. Stark zentralisierte und koordinierte Systeme finden sich in Belgien und Finnland, die mit sektorenübergreifenden Abschlüssen operieren. Organisiert dezentralisierte Systeme basieren auf sektoralen Abschlüssen, welche wiederum Spielraum für unternehmensspezifische und betriebliche Öffnungsklauseln lassen. Österreich, Dänemark, Deutschland, die Niederlande, Norwegen und Schweden zählen zu dieser Gruppe. Australien, Japan, Griechenland, Luxemburg und die Slowakei verfügen über weitgehend dezentrale Systeme, in denen vor allem auf Unternehmensebene verhandelt wird – jedoch mit gewissen Koordinierungsanstrengungen auf der übergeordneten Sektorenebene. Vollkommen dezentralisierte Systeme finden sich schließlich in Kanada, Chile, der Tschechischen Republik, Estland, Ungarn, Irland, Korea, Lettland, Litauen, Mexiko, Neuseeland, Polen, der Türkei, dem Vereinigten Königreich und den USA.

4.4.1 Das deutsche System der Lohnfindung

Die deutsche Politische Ökonomie ist als „koordinierter" (Hall/Soskice 2001), Rheinischer (Albert 1992) oder auch Sozial-Kapitalismus (Nachtwey 2016) typisiert worden. Diese vor allem auf die fordistische Prosperitätsphase der Nachkriegszeit gemünzte Bezeichnung hebt auf einen allgemeinen Ausgleich der Einflusspotenziale und Verteilungsergebnisse zwischen Kapital- und Arbeit ab, der die schlimmsten Verwerfungen kapitalistischen Wirtschaftens wenn nicht aufheben, dann zumindest lindern kann.[22] Als institutionelles Setting beschreibt Streeck (2009) die spezifische deutsche Konfiguration für die Phase nach dem Zweiten Weltkrieg als Ensemble verschiedener Bausteine – einem koordinierten Tarifsystem, einer ausgeprägten Sozialpolitik, starken intermediären Organisationen, dem dualen Mitbestimmungssystem sowie starken öffentlichen Finanzen mit einer hohen Staatsquote.

Vor allem die Kombination aus der betrieblichen Mitbestimmung und dem Flächentarifvertrag – in der Literatur auch als duales System aus Tarifautonomie und Betriebsverfassung bekannt (Müller-Jentsch 1997) – ist ein prägendes Moment für das deutsche System der Arbeitsbeziehungen. Als „Grundsätze" (Beckmann/Spohr 2022: 213) der Konfliktaustragung sind im deutschen System Arbeitskämpfe in Form von Streiks traditionell wenig verbreitet. Der Aufruf zum Streik kann nur durch die Gewerkschaften erfolgen, und dies nur, wenn die sogenannte Friedenspflicht erloschen ist. Die Friedenspflicht ist ein wesentlicher Bestandteil von Tarifverträgen und markiert einen Zeitraum, innerhalb dessen die Gewerkschaften keinerlei Arbeitskampfmaßnahmen mehr ergreifen dürfen. Diese Zusicherung gewährleistet der Kapitalseite eine gewisse, wenn auch zeitlich begrenzte Souveränität über den Einsatz der Arbeitskraft. Auch politische Streiks sind in diesem Rahmen nicht legal. Auch wilde und spontane Streiks an der Gewerkschaft vorbei sind rechtlich nicht zugelassen und treten in der Praxis nur selten auf. Neben diesem „restriktiven Streikrecht" (Dribbusch/Birke 2014: 13) stehen die

---

22 Inwiefern Sozial-Kapitalismus ein deskriptiver oder ideologischer Begriff ist, lässt sich kritisch diskutieren. Eine wesentliche Kritik am Begriff geht von der Frage aus, für wen dieser Kapitalismus eigentlich sozial war und für wen nicht. Während männliche Facharbeiter in den Schlüsselindustrien profitierten, blieben Frauen, Migranten und andere im Niedriglohnsektor Beschäftigte hiervon ausgeschlossen (vgl. Lessenich 2018).

deutschen Gewerkschaften seit 1945 allgemein in keiner besonders streikorientierten Tradition.

Charakteristisch für das deutsche System der Lohnfindung war lange Zeit das sogenannte „Geleitzugprinzip" in der Tarifpolitik. Als „egalitäre Konzeption solidarischer Lohnpolitik" (Streeck 2001: 5) wies dieses Prinzip in den Verhandlungen der IG Metall als stärkster deutscher Gewerkschaft eine Führungsrolle zu. Indem die von der IG Metall für ihren Organisationsbereich erstrittenen Tarifabschlüsse dann zum Maßstab der allgemeinen Lohnentwicklung wurden. Aufgrund der Führungsrolle der IG Metall war es so anderen Gewerkschaften möglich, Tarifabschlüsse in einer Höhe zu erzielen, die die eigenen Verhandlungsmacht für sie unerreichbar gemacht hätte.

Wie Höpner und Baccaro (2022: 1) gezeigt haben, formierte sich mit Beginn der 1990er-Jahre ein exportorientiertes Wachstumsmodell der deutschen Ökonomie. Die konstitutive Bedeutung der Lohnpolitik im Metallsektor steht historisch in unmittelbarem Zusammenhang mit dieser Exportorientierung. Mit der Automobilindustrie und dem Maschinenbau an der Spitze des Geleitzuges entwickelten sich die Löhne auf gesamtwirtschaftlicher Ebene im Einklang mit den Dynamiken des Weltmarktes. Eingeschrieben in die Kultur und Institutionen der deutschen Politischen Ökonomie ist diese Grundorientierung im umfassenden Rahmen einer Ideologie des Exportismus (Nölke 2021). Aus dieser Perspektive erscheint ein Außenhandelsüberschuss als fraglos gegebenes Ziel der gesamtwirtschaftlichen Entwicklung. Institutionalisiert ist die exportistische Ideologie im Rahmen der deutschen Wirtschafts- und Tarifpolitik in viererlei Weise – eine niedrige Inflation, begrenzte öffentliche Ausgaben, eine unterbewertete Währung sowie eine gemäßigte Lohnentwicklung sollen Wettbewerbsfähigkeit im Rahmen des Weltmarktes gewährleisten. Die Ausrichtung der politischen Ökonomie zielt damit vor allem darauf, Nettoexporte zu generieren.

Neben den offenkundigen Problemen, die die starke Exportorientierung für die konkurrierenden Wirtschaftsstandorte mit sich bringt (etwa der Export von Arbeitslosigkeit oder Deutschlands proaktive Rolle in der Austeritätspolitik für die Eurozone) verschärft diese politische Doktrin auch die Interessengegensätze zwischen Beschäftigten und Gewerkschaften verschiedener Sektoren. Während moderate Lohnentwicklung den Exportsektoren Standortvorteile verschaffen, müssen die Gewerkschaften der Binnensektoren für möglichst hohe Löhne eintreten, um die Kaufkraft ihrer Mitglieder zu sichern. Weiterhin profitieren die Kernbelegschaften der Schlüsselindustrien – etwa im Automobil-, Chemie- oder Maschinenbaubereich – von der Abwertung der Löhne in den Randbereichen wie in der Logistik oder im Rahmen atypischer Beschäftigungsverhältnisse wie Werksverträge oder Leiharbeit – eine Dynamik, die Palier und Thelen (2010) früh als „Dualisierung" beschrieben haben. So zeigen die Tarifeinkommen seit über zwei Jahrzehnten „ein äußerst differenziertes Bild" (Deppe 2012: 50). Während Gewerkschaften in den exportorientierten Industrien traditionell hoch abschließen konnten, halten sich die lohnpolitischen Erfolge der Binnensektoren in Grenzen.

4.4.2 Lohnverhandlungen

Im Folgenden wollen wir uns der Rekonstruktion des Ablaufs von Lohnverhandlungen im Rahmen des deutschen Systems zuwenden. Mit Renneberg (2012: 85ff.) lassen sich im Ablauf der Tarifrunde fünf Phasen unterscheiden. In einer *Vorbereitungsphase* macht sich die Tarifkommission als zuständige Instanz ein Bild der ökonomischen Rahmenbedingungen sowie der eigenen Durchsetzungsfähigkeit. Diese hängt zum einen davon ab, inwiefern die Mitglieder bereit sind, in einen Arbeitskampf einzutreten. Neben deren grundsätzlicher politischen Haltung hängt dies auch davon ab, wie viel Geld sich in der Streikkasse der Gewerkschaft befindet, aus der die streikenden Mitglieder während der Arbeitsniederlegung ihr Einkommen beziehen. Die Vorsteher:innen der Tarifkommissionen stimmen die Planung mit den jeweiligen Gewerkschaftsvorständen und den Vertreter:innen der jeweiligen Tarifbezirke ab.

In der *Verankerungsphase* versuchen die genannten Instanzen, die zu stellenden Forderungen mit den Erwartungen der Mitglieder zu koordinieren. Wie dies geschieht, variiert zwischen den Organisationen.

Während etwa ver.di die Mitglieder über die Höhe entscheiden lässt, werden Forderungen in der IG Metall durch die Tarifkommissionen festgelegt. Die Ebene der Entscheidungsfindung ist hierbei von unmittelbarer Bedeutung für das politische Selbstverständnis der Organisation zwischen Basisdemokratie und bürokratischer Ordnung. Mit Renneberg (2012: 104) lassen sich drei Standardkomponenten einer Lohnforderung unterscheiden – die Preissteigerungsrate, der Inflationszuwachs und eine darüber hinaus reichende Umverteilungskomponente, die Nachholbedarfe decken und eine Angleichung der Einkommensverhältnisse bewirken soll.[23] Wie Bispinck und Schulten (2006: 253) herausstellen, ergeben sich die konkreten Forderungen hierbei in erster Linie aus den „praktischen Erfahrungen der tarifpolitischen Akteure“. Ökonomische Rahmenbedingungen spielen den beiden zufolge, „nur insofern eine Rolle, als sie in pragmatischer Weise zur Legitimation der jeweiligen Tarifforderungen herangezogen werden und somit einen wichtigen ideologischen Referenzpunkt in den Tarifauseinandersetzungen bilden“ (ebd.). Eine wichtige symbolpolitische Bedeutung jenseits der konkreten verteilungspolitischen Folgen der Tarifrunde besteht darin, dass am (Nicht-)Erreichen der Zielsetzung auch der Erfolg der Gewerkschaft gemessen wird. Wird eine kühne Lohnforderung um Längen verfehlt, kratzt das am Selbstbewusstsein der Organisation und die Führung kann an Glaubwürdigkeit verlieren.

Die *Verhandlungs- und Mobilisierungsphase* ist der Planung von Vorgehensweise und Strategie sowie der Schaffung konkreter Handlungsfähigkeit gewidmet. Mit der Besetzung der Verhandlungskonstellation führt Wiedemuth (2017: 619) in diesem Zusammenhang einen zentralen Aspekt der Lohnverhandlungen aus. Mit den Rollen „des Agitators“, „des Scharfmachers“, des „Nachdenklichen“, des „Ausgleichenden“, des „kühlen Strategen“ und „des Kreativen“ beschreibt der ehemalige ver.di-Funktionär ein „Gesamtensemble“ unterschiedlicher Typen, die – sowohl für die internen Dynamiken als auch die Außenwirkung der

23 Mögliche Zusatzzahlungen können auf Unternehmensebene in Form von Erfolgsentgelten ausgeschüttet werden (vgl. Haipeter 2014). Während solche – vor allem in der verarbeitenden Industrie verbreiteten – Prämiensysteme für viele Beschäftigte attraktiv erscheinen, bringen sie für die Gewerkschaften das Problem einer zunehmenden Spreizung der Lohnstruktur sowie einer übermäßigen Gewichtung übertariflicher Entgelte zu Lasten der tariflich garantierten mit sich.

Verhandlungen – von wichtiger taktischer, operativer und repräsentativer Bedeutung sind.

In der *Durchsetzungsphase* geht es viertens darum, tarifpolitischen Druck aufzubauen und Arbeitskampfmaßnahmen zu organisieren. Um ihre Interessen durchzusetzen, muss eine Gewerkschaft glaubhaft mit Sanktionen drohen können. Diese bestehen in der Tarifpolitik gegenüber der Kapitalseite mit dem Streik. Mit Hyman (1972: 17) lassen sich Streiks als zeitweilige Arbeitsniederlegung verstehen, mithilfe derer Beschäftigte ihren Unmut ausdrücken und/oder ein bestimmtes Interesse durchsetzen wollen. Die Streikfähigkeit einer Gewerkschaft ergibt sich einer Operationalisierung des Frankfurter Instituts für Sozialforschung zufolge (vgl. Müller-Jentsch 2009: 70) innerhalb von vier Dimensionen – der Streikfähigkeit (kann ein Streik den Produktionsprozess effektiv stören?), der Streikbereitschaft (sind ausreichend Beschäftigte willens, sich am Streik zu beteiligen?), dem finanziellen Kampfpotenzial (wie viele Streiktage kann die Streikkasse finanzieren?) sowie die Erfahrung aus vorherigen Arbeitskämpfen (Wie erprobt sind die Beschäftigten in der Auseinandersetzung?).[24]

Ob tatsächlich ein Streik erfolgt oder nicht, ist hierbei oftmals weniger bedeutsam, als die Frage, inwiefern Gewerkschaften in der Lage sind, glaubwürdig mit einer Arbeitsniederlegung zu drohen. Ritualisierte Verhaltensmuster im Streik, im Rahmen derer alle paar Jahre aufs Neue, haben Müller-Jentsch (1997) zu der weithin geteilten Charakterisierung der Tarifpolitik als „Arena“ gebracht, in der auf immer wieder ähnliche Weise dieselben Prozeduren vollzogen werden. Diesem Umstand trägt Wiedemuth (2017: 619) Rechnung, indem er die konkreten Verhandlungen mit ihren typischen symbolischen Komponenten als Rituale beschreibt – wir alle kennen beispielsweise den Gewerkschafter mit der Neonfarbenen Warnweste, der in den Tagesthemen vor der Kulisse einer mit Schildern und Trillerpfeifen ausgestatteten Gruppe ähnlich Gekleideter einen „Schluck aus der Pulle“ einfordert. Ein Scheitern der Tarifverhandlungen muss jedoch nicht unbedingt einen Streik nach sich ziehen. Möglich ist eine kompromissförmige Regelung, die unter

24 Wie Dribbusch (2010: 166) bemerkt, bringen Streiks immer auch einen „Bruch mit dem Arbeitsalltag“ sowie „Elemente der Selbstorganisation, Widersetzlichkeit und zivilen Ungehorsam“ mit sich, welche perspektivisch auch zur politischen Sozialisation der Beschäftigten beitragen können (vgl. Fantasia 1989).

Beteiligung sogenannter Schlichtungskommissionen erzielt wird (Keller 1972). Die Rolle der Kommission ist die eines unparteiischen Dritten. Sie entwickelt eine Einigungsempfehlung, auf deren Grundlage die Tarifparteien den Verhandlungsprozess wieder aufnehmen.

In einer letzten *Umsetzungsphase* geht es schließlich darum, Informationen über den Tarifabschluss zu verbreiten und dessen Umsetzung zu überwachen. In diesem Zusammenhang kommt auch der betrieblichen Vertretung in Form des Betriebs- oder Personalrates eine Schlüsselrolle zu.

4.5 Empirische Entwicklungen der Tarifpolitik

4.5.1 Tarif- und Lohnentwicklung in Zahlen

Insgesamt lässt sich feststellen, dass die Lohnentwicklung in Deutschland in den letzten Jahrzehnten durch eine Schwächung der Tarifpolitik gekennzeichnet ist, was sich in einem verringerten, stagnierenden oder negativen Wachstum der Reallöhne ausdrückt. Die Lohnentwicklung ist aber nicht ausschließlich von der abnehmenden Tarifbindung beeinflusst, sondern auch von makroökonomischen Trends und sich verändernden institutionellen Rahmenbedingungen.

Laut Institut für Arbeitsmarkt- und Betriebsforschung (IAB) arbeiteten im Jahr 2024 noch 49 Prozent der Beschäftigten in tarifgebundenen Betrieben. Für 41 Prozent galt ein Branchentarifvertrag, für 8 Prozent ein Firmen- oder Haustarifvertrag. In Westdeutschland entspricht das 50 Prozent der Beschäftigten, in Ostdeutschland etwa 42 Prozent. Damit ist der Anteil in Ostdeutschland weiterhin deutlich niedriger, hat sich die letzten Jahre aber leicht stabilisiert (Hohendanner/Kohaut 2025). Die Tarifbindung unterscheidet sich stark zwischen den einzelnen Branchen. Mit 100 Prozent war die Tarifbindung im Jahr 2024 im Bereich öffentliche Verwaltung, Verteidigung und Sozialversicherung am höchsten. Dahinter folgen Energieversorgung mit 84 Prozent, Erziehung und Unterricht mit 80 Prozent sowie Finanz- und Versicherungsdienstleistungen mit 72 Prozent. Die geringste Tarifbindung lässt sich auch 2024 in den Wirtschaftssektoren Land- und Forstwirtschaft, Fischerei mit 11 Prozent, Kunst, Unterhaltung und Erholung mit 20 Prozent, Grundstücks- und Wohnungswesen sowie Gastgewerbe und Erbringung von freiberuflichen, wissenschaftlichen und technischen Dienstleistungen mit jeweils 23 Prozent feststellen. Im Vergleich der Bundesländer sind Bremen (56 Prozent), das Saarland (54 Prozent) und Nordrhein-Westfalen (51 Prozent) Spitzenreiter der Tarifbindung. Sachsen (42 Prozent), Berlin (44 Prozent), Thüringen (45 Prozent) und Schleswig-Holstein (46 Prozent) weisen hingegen die geringste Tarifbindung auf (Destatis 2025).

Die Tariflöhne in Deutschland sind im Jahr 2024 nominal gegenüber dem Vorjahr um durchschnittlich 5,5 Prozent gestiegen. Da die Inflationsrate, im Vergleich zum historischen Anstieg der Verbraucherpreise der Jahre 2022 und 2023, wieder zurückging, konnten Tarifbeschäftigte mit durchschnittlich 3,2 Prozent einen Reallohnzuwachs verzeichnen. Die (nominale) Tariflohnentwicklung war damit ungewöhnlich hoch, was insbesondere auf die zuvor massiv gestiegenen Verbraucherpreise und drastische Reallohnrückgänge der Vorjahre zurückzuführen ist. Laut Tarifarchiv des Wirtschafts- und Sozialwissenschaftlichen Instituts (WSI) der Hans-Böckler-Stiftung konnten die Reallohnzuwächse den Verlust der Kaufkraft der drei Vorjahre etwa zur Hälfte kompensieren. Einen nicht unerheblichen Beitrag zur Erhöhung der Tariflöhne leisteten steuer- und abgabenfreie Einmalzahlungen, sogenannte Inflationsausgleichsprämien. Deren Wegfall dürfte die Tariflohnentwicklung im Jahr 2025 deutlich dämpfen (WSI 2024).

Der Rückgang der Tarifbindung in Deutschland setzte in den 1980er-Jahren ein und ist insbesondere seit den 1990er-Jahren zu beobachten. Seit 1996, dem Beginn der Erhebung durch das IAB, ist der Anteil der Beschäftigten, die in Betrieben mit Tarifvertrag arbeiten, von 79 auf 49 Prozent im Jahr 2024 nahezu kontinuierlich gesunken (Branchen- bzw. Flächentarifverträge von 67 auf 41 Prozent). Der Rückgang ist primär in der Privatwirtschaft zu verzeichnen, wo die Tarifbindung von 76 auf 39 Prozent sank (Branchen- bzw. Flächentarifverträge von 63 auf 33 Prozent), während sie im öffentlichen Sektor weitgehend stabil geblieben ist (Hohendanner/Kohaut 2025). Im Jahr 2000 hatten noch mehr als zwei Drittel der Beschäftigten einen Branchen-, Firmen- oder Haustarifvertrag. Insbesondere für Kleinbetriebe spielen Branchentarifverträge eine untergeordnete Rolle, während große Betriebe mit über 200 Beschäftigten zumindest in Westdeutschland (noch) mehrheitlich tarifgebunden sind. Viele Unternehmen sind aus der tariflichen Bindung ausgestiegen und sind höchstens noch Mitglieder in OT-Verbänden (Arbeitgeberverbänden ohne Tarifbindung). Auch wenn sich einige

Betriebe weiterhin am Branchentarifvertrag orientieren, ohne selber ein Tarifabkommen unterzeichnet zu haben, nahm die regulierende Funktion des Flächentarifvertrags durch Verbandsflucht, Tarifflucht und Tarifbruch der Unternehmen sukzessive ab (Müller-Jentsch 1997: 229). Die Situation hat sich seit Mitte der 2000er-Jahre zwar leicht stabilisiert, von einer Trendwende kann jedoch keine Rede sein (Kohaut 2018). Auch der Anteil an Haus- und Firmentarifverträgen verdreifachte sich von den 1990er- bis in die 2000er-Jahre (Müller-Jentsch 2007: 108).

Im historischen Vergleich lässt sich sehen, dass in den 1950er- bis in die 1970er-Jahre noch große Anteile der Beschäftigten tariflich gebunden waren. Die Deckungsrate tariflicher Normen war in nahezu allen Wirtschaftszweigen hoch, die Tarifbindung lag bei über 80 Prozent. Die breit geltenden Flächentarifverträge sicherten jährliche Reallohnsteigerungen, wodurch die Kaufkraft der Beschäftigten relativ stabil gehalten wurde. Nach der Rezession und niedrigen Tarifabschlüssen mit langen Laufzeiten Ende der 1960er-Jahre, kam es – auch aufgrund der „wilden Streiks“ im September 1969 – im folgenden Jahrzehnt zur tarifpolitischen Offensive und starken Reallohnsteigerungen (Bispinck 2024). Hohes Wirtschaftswachstum und steigende Arbeitsproduktivität bildeten die Grundlage des Erfolgs der damaligen Lohnpolitik (Müller-Jentsch 1997: 231f.). Doch bereits in den 1980er-Jahren zeichnete sich die Krise dieses Wachstumsmodells ab. Die Inflationsraten dieser Zeit führten zur Stagnation oder sogar zu leichten Rückgängen der Reallöhne, was sich mit Beginn der 1990er-Jahre – nicht zuletzt im Zuge der Vereinigung von BRD und DDR – noch verschärfte.

Zwischen 1991 und 2019 sind die Reallöhne in Deutschland um 12,3 Prozent gestiegen, obwohl die nominale Lohnsteigerung bei 60,7 Prozent lag. Die Steigerung der Verbraucherpreise um 48,1 im gleichen Zeitraum schmälerte die Reallohnentwicklung deutlich. Im Zuge von Arbeitsmarktreformen, der Ausdehnung des Niedriglohnsektors und der Wirtschafts- und Finanzkrise ließ sich von 2000 bis 2009 sogar ein kontinuierlicher Rückgang der Reallöhne feststellen, erst seit 2010 kommt es wieder zu einem leichten Wachstum (Zinke 2020). In Ostdeutschland waren stärkere Lohnentwicklungen als in den alten Bundesländern festzustellen, wenngleich ausgehend von einem niedrigeren Lohniveau. Gleiches gilt für Frauen, deren Nominallohn gegenüber männlichen Beschäftigten ein etwas höheres Wachstum aufwies, das die weiterhin bestehende Lohndifferenz aber keineswegs schließt (ebd.).

Insbesondere die Einführung des gesetzlichen Mindestlohns 2015 sorgte in einzelnen Dienstleistungssektoren oder Teilen des Gesundheits- und Sozialwesens für steigende Löhne und den partiellen Rückgang des Niedriglohnsektors.

4.5.2 Entwicklung des deutschen Tarifsystems

Als Teil einer sich im Wandel befindlichen Politischen Ökonomie eines ausgehenden Sozialkapitalismus (vgl. Nachtwey 2016) befindet sich seit einigen Jahren auch das deutsche Tarifsystem in Erosion. Die Entwicklung der Arbeitsbeziehungen wurde von verschiedenen Beobachtern als Prozess graduellen Wandels (Baccaro/Howell 2017: 97, Streeck 2009) beschrieben, der sich weniger durch einen Frontalangriff auf bestehende Institutionen als durch deren schrittweise Reinterpretation auszeichnet. Die Rahmenbedingungen dieser Entwicklungen folgen aus einer Kombination unterschiedlicher Faktoren. Die in den 1960er-Jahren einsetzende Globalisierung des Produktionssystems durch Transport- und Datentechnologie erhöhte den auf Unternehmen lastenden Wettbewerbsdruck genauso wie die Finanzialisierung der Ökonomie und die hiermit einhergehende Orientierung der Aufsichtsräte am Shareholder Value (vgl. Krippner 2005).

Entsprechende Restrukturierungsentwicklungen wirkten sich in unterschiedlicher Weise auf das Tarifsystem aus. Unternehmensleitungen nahmen den zunehmenden Kostendruck zum Anlass, bestimmte Produktionsschritte auszulagern, was eine Fragmentierung der Beschäftigungsformen nach sich zog. Die Eröffnung neuer Unternehmenseinheiten zielte vor allem nach der Wiedervereinigung und der Osterweiterung der EU in den Jahren 2004 und 2007 ebenfalls auf eine gezielte Reduktion der Lohnkosten. Gleichzeitig lässt sich seit den 1990er-Jahren ein tendenziell wachsender Einsatz von atypischen Beschäftigungsverhältnissen verzeichnen (Bitterwolf/Seeliger 2013), welcher häufig auch darauf abzielt, reguläre Beschäftigung dauerhaft zu ersetzen. Vor allem in den 1990ern erhöhte die Privatisierung vormals staatlich geführter Unternehmen auch hier den Druck des Marktes auf die Arbeits- und Beschäftigungsstandards. Eine massive Ausweitung des Niedriglohnsektors geht seit dem Wahlsieg von Rot-Grün aus dem Jahr 1998 einerseits aus der abnehmenden Tarifbindung und andererseits aus der gezielten Deregulierung des Arbeitsmarktes im Zuge der Agenda 2010 hervor (vgl. Hassel/Schiller 2010, Seeliger 2023).

Der wesentliche Trend in der Entwicklung des deutschen Tarifsystems lässt sich unter dem Oberbegriff der Dezentralisierung erfassen. Grundsätzlich lassen sich hierbei zwei Formen unterscheiden. Während der Begriff der Verbetrieblichung eine reguläre Verlagerung der Tarifkompetenz auf die Ebene von Unternehmen und Betrieb in Form eines Haustarifvertrages oder einer Betriebsvereinbarung bezeichnet, beschreibt die informelle Unterschreitung von Tarifnormen der Begriff der Dezentralisierung. Während es auch hier um die Verlagerung von Tarifkompetenz auf die betriebliche Ebene geht, weist die Dezentralisierung gegenüber der Verbetrieblichung zwei wesentliche Unterschiede auf: Obwohl sie faktisch auf der Unternehmensebene angesiedelt ist, liegt die Aushandlungskompetenz erstens formal weiter bei den Tarifparteien (1). Zweitens geht es im Falle der Dezentralisierung in der Regel um Abweichungen vom Flächentarifvertrag und nicht deren konkrete betriebliche Ausgestaltung (2) (Höpfner et al. 2021: 337).

Erste Tendenzen zur Dezentralisierung des Tarifsystems lassen sich seit den frühen 1990er-Jahren verzeichnen. Mit Höpfner et al. (2021: 338) lassen sich diesbezüglich fünf Formen unterscheiden, die ihre Bedeutung vor dem Hintergrund einer wachsenden Kritik an der Institution des Flächentarifvertrags gewannen. Hierbei handelt es sich um die Einführung von Öffnungsklauseln in den Branchentarifverträgen, die Modifikation des Paragraphen 77.3 aus dem Betriebsverfassungsgesetz, welcher den betrieblichen Parteien den Abschluss von Tarifverträgen gestattet, sowie eine Reinterpretation des Günstigkeitsprinzips, das eine Absenkung von Arbeits- und Sozialstandards zum Erhalt von Arbeitsplätzen teilweise gestattet.

Betriebliche Beschäftigungsbündnisse gewinnen ihre Bedeutung vor dem Hintergrund der Erosion gewerkschaftlicher Macht im Zuge der neoliberalen Globalisierung als Instrument der „Standortsicherung im Spannungsverhältnis von Beschäftigungs-, Einkommens- und Wettbewerbsinteresse“ (Dribbusch/Birke 2014:15). Entsprechende Regelungen finden sich seit Mitte der 1990er-Jahre[25] als wachsendes Strukturele-

---

25 Ihren Ursprung finden sie freilich bereits gegen Ende der 1980er-Jahre in der Gewährung arbeitszeitpolitischer Entscheidungsbefugnisse an die Tarifparteien (Schmidt/Trinczek 1989). Als weiteren wesentlichen „Vorläu-

ment einer kontrollierten Dezentralisierung im deutschen System der Arbeitsbeziehungen (Haipeter 2011: 33). Im Unterschied zur wilden Dezentralisierung wird die Abweichung im Falle solcher Beschäftigungsbündnisse von den Tarifparteien abgesegnet. Diese auch unter dem Begriff der Verbetrieblichung diskutierte Tendenz zwingt die Gewerkschaften, ihre Politik „nunmehr stärker an einzelbetrieblichen Konstellationen und damit auch betriebswirtschaftlichen Kalkülen" (Bahnmüller 2009: 95) auszurichten. Während die peripheren Geschäftsstellen damit an tarif- und mitbestimmungspolitischer Kompetenz gewinnen und dadurch eine Aufwertung erfahren, verlieren die Hauptgeschäftsstellen an Einfluss. Die Spreizung der Arbeits- und Sozialstandards in den Betrieben setzt die Gewerkschaften daher unter besonderen Druck bei der Akquise von Informationen sowie der arbeitspolitischen Koordinierung eines immer heterogeneren Spektrums an Betrieben.

Mit Haipeter (2011: 65) lassen sich für den Bereich der Metall- und Elektroindustrie fünf tarifliche Regelungsdimensionen unterscheiden, die eine betriebliche Unterschreitung von Tarifnormen erlauben. Hierbei handelt es sich um eine Verlängerung oder Verkürzung der Arbeitszeit von 2,5 Stunden mit Entgeltausgleich, einen sogenannten Entgeltkorridor (d. h. die Möglichkeit zur Entgeltabsenkung um 10 Prozent zum Zweck der Standortsicherung), den Tausch regulärer Lohnzahlungen gegen eine Jahresleistung oder Einmalzahlung, den Fall tarifkonkurrierender Betriebe sowie firmenbezogene Verbandstarifverträge. Nach den 1993 ermöglichten ‚Härtefallklauseln' für ostdeutsche Betriebe markiert das Pforzheimer Abkommen aus dem Jahr 2004 die endgültige Festschreibung der Öffnung des Flächentarifvertrages. Mit der Zustimmung der Tarifparteien (IG Metall und Gesamtmetall) konnten Betriebsleitungen und Betriebsräte von nun an Abweichungen vom Tariflohn gestalten. Das Abkommen stellt eine Konzession der deutschen Gewerkschaften an die rot-grüne Regierung, die es auf Drängen Gerhard Schröders gegen den Widerstand der IG Metall durchsetzte.

---

fer betrieblicher Beschäftigungsbündnisse" führt Höpfner et al. (2021: 336) den Tarifvertrag zur Standort- und Beschäftigungssicherung der VW AG aus dem Jahr 1993 an, welcher den Tausch zeitweilig gültiger Beschäftigungsgarantien gegen eine Reduzierung der Wochenarbeitszeit ohne Lohnausgleich garantierte.

4.5.3 Maßnahmen zur Stärkung des Tarifsystems – Mindestlohn und Allgemeinverbindlichkeitserklärungen

Mindestlöhne markieren als Lohnuntergrenze den Mindestpreis, zu dem eine Arbeitsleistung in einem bestimmten Arbeitsmarkt gehandelt werden darf. Anders als die oben dargestellten tariflichen Mindestlöhne werden gesetzliche Mindestlöhne durch den Staat festgelegt. Die erstmalige Einführung gesetzlicher Mindestlöhne erfolgte zu Beginn des 19. Jahrhunderts in Australien und Neuseeland. Als Ergänzung zum tariflich festgelegten Lohn sollen sich entsprechende Untergrenzen positiv auf die Lohnentwicklung in schwach regulierten Wirtschaftssegmenten auswirken und die ökonomische Teilhabe der dort Beschäftigten sicherstellen.

Wie effektiv Mindestlöhne wirken, hängt dabei einerseits von der Lohnstruktur der Gesamtwirtschaft und andererseits von der Produktivität der jeweiligen Sektoren ab (vgl. Rycx/Kampelmann 2012). Branchen, in denen atypische Beschäftigungsformen wie Teilzeit- und Leiharbeit, kurze Befristungen und Selbständigkeit verbreitet sind, zeichnen sich häufig durch einen niedrigen Lohnspiegel aus. Migrationshintergrund, weibliches Geschlecht und geringe Qualifikationen sind Merkmale, die die dort Beschäftigten häufig aufweisen. Besonders für diese Gruppen dient der Mindestlohn als Kompensationsregulierung und wirkt außerdem gegen die Unterbietung nationaler Lohnstandards im Rahmen der Arbeitnehmerentsendung (vgl. Dingeldey/Seeliger 2023). Wie stark die Effekte einer gesetzlichen Lohnuntergrenze wirken, bestimmt nicht nur die relative Höhe des Mindestlohnes, sondern auch davon, wie viele Beschäftigte er unmittelbar betrifft (vgl. Bosch et al. 2019).

Die Einführung des deutschen Mindestlohns im Januar 2015 geht zurück auf eine Initiative der Gewerkschaft Nahrung, Genuss und Gaststätten aus dem Jahr 1999 (vgl. NGG 2016). Angesichts der schwindenden Durchsetzungsfähigkeit der deutschen Gewerkschaften in der Tarifpolitik war die NGG nicht mehr im Stande, niedrige Löhne in ihrem Organisationsbereich zu verhindern. Vor dem Hintergrund prekärer Beschäftigung im Dienstleistungssektor unterstützte die 2001 gegründete ver.di die Initiative, bis sich 2006 auch der Deutsche Gewerkschaftsbund anschloss. Kurz darauf übernahm auch die SPD eine entsprechende Forderung in ihr Wahlprogramm übernahm und setzte in der Koalition mit der CDU ab dem Jahr 2015 einen Mindestlohn in Höhe von 8,50 pro Stunde durch. Die Entwicklung des Mindestlohnes wird durch die mit Kapital- und Gewerkschaftsvertretern besetzte Mindestlohnkommission in zwei-jährigen Intervallen koordiniert. Mit der Erhöhung des Mindestlohnes auf zwölf Euro pro Stunde (gültig ab Oktober 2022) reicht der Mindestlohn nun erstmalig an die Niedriglohngrenze (12,27 Euro pro Stunde in 2022) heran. Zum 1.1.2025 wurde der Mindestlohn dann auf 12,82 Euro und zum 1.1.2026 auf 13,90 Euro angehoben. Eine weitere Anhebung auf 14,60 Euro ist für den 1.1. 2027 vorgesehen.

Eine weitere staatlich getragene Maßnahme, die dem Zweck einer Stärkung des Tarifsystems dient ist die in Paragraph 5 des Tarifvertragsgesetzes verfasste Allgemeinverbindlichkeitserklärung. Im Rahmen einer solchen Erklärung wird ein Tarifvertrag einer bestimmten Branche auf alle Unternehmen aus diesem Bereich ausgedehnt, und dies unabhängig davon, ob diese im Tarifverband organisiert sind oder nicht. Für Wolfgang Günther (2021), der die letzte umfangreiche Studie zum Themenkomplex der Allgemeinverbindlichkeitserklärung in Europa vorgelegt hat, stellt diese „das zentrale staatliche Instrument" dar, „mit dem Tarifsysteme stabilisiert werden können." Aus Sicht der Gewerkschaften ist eine derartige Regelung besonders dann von Interesse, wenn ihre eigenen Machtressourcen begrenzt und sie auf staatliche Unterstützung angewiesen sind.

Während die Allgemeinverbindlichkeitserklärung grundsätzlich geeignet erscheint, der Erosion des Tarifsystems entgegenzuwirken birgt ihre intensive Nutzung auf der anderen Seite auch die Gefahr, dass Gewerkschaften ihre Mobilisierungsfähigkeit verlieren. Diese Eigenschaft teilt die Allgemeinverbindlichkeitserklärung mit dem Instrument der gesetzlich festgelegten Lohnuntergrenze. Wenn sich Beschäftigte auf den Gesetzgeber als Garant stabiler Einkommensverhältnisse verlassen, besteht die Gefahr, dass sie auf diese Weise auch die Einsicht in die Notwendigkeit gewerkschaftlicher Vertretungsarbeit verlieren.

4.5.4 Zusammenfassung

Die Entwicklung des deutschen Tarifsystems lässt sich als Sequenz innerhalb der Erosion des deutschen Kapitalismusmodells verstehen (vgl. Streeck 2009). Die Deregulierung des Arbeitsmarktes funktioniert hier als Ensemble verschiedener Entwicklungen, die sich im Feld der

Tarifpolitik vollziehen. Die abnehmende Bindungskraft des Flächentarifvertrages und die ihr zu Grunde liegenden Entwicklungen der Verbetrieblichung und Dezentralisierung des Lohnfindungssystems bringen die Gewerkschaften dazu, ihre Rolle als „intermediäre Organisationen" (vgl. Müller-Jentsch 2009) zunehmend in Frage zu stellen. Während diese, wie Deppe (2012: 48) kritisch bemerkt, zunehmend in die Rolle eines „Juniorpartners" gedrängt werden, lassen sich gleichzeitig auch neue Ambitionen zum Arbeitskampf verzeichnen.

Die Erosion des deutschen Tarifsystems zeigt sich vor allem in vier Formen: Zum einen geht mit der Tarifbindung der Geltungsbereich tariflicher Regulierung stetig zurück. Ein Ende der „Talfahrt" ist, wie Bosch (2022: 38) bemerkt, derzeit nicht abzusehen. Gleichzeitig zeigen jüngere Entwicklungen – wie die Streiks im öffentlichen Dienst oder die Mitgliederentwicklung bei ver.di und GEW – allerdings auch gegenläufige Tendenzen. Eng hiermit verbunden ist zweitens ein stetiger Rückgang der Lohnentwicklung – sowohl in der Gesamtwirtschaft als auch in den einzelnen Branchen. Die oben dargestellte Tendenz zur Dezentralisierung des Tarifsystems – sowohl durch Verbetrieblichung als auch durch Tariföffnung – stellt einen dritten zentralen Entwicklungstrend dar. Eine vierte Tendenz besteht schließlich in einer fortschreitenden Auseinanderentwicklung der Lohnstandards zwischen den Branchen.

Die These, dass eine Stabilität wirtschaftlicher Kerne zu Lasten von Randbereichen geht, deren Beschäftigungssysteme auf Kosten privilegierter Segmente flexibilisiert werden, ist früh etwa von Palier und Thelen (2010) stark gemacht worden. Anders als die beiden proklamiert vor diesem Hintergrund Wolfgang Schroeder (2016) eine Ausdifferenzierung des deutschen Arbeitsmarktes in drei Welten. In einer ersten Welt – versinnbildlicht durch die Kernbelegschaften Automobil- und Maschinenbauindustrie oder weite Teile des öffentlichen Dienstes – gewährleisten Haus- und Flächentarife sowie eine hohe Deckungsrate die Einkommen der Beschäftigten und die Institutionen der Mitbestimmung sind weiterhin intakt. Doch auch hier finden sich in zunehmendem Maße Arbeits- und Beschäftigungsbedingungen, die Schroeder (2016) einer zweiten Welt zuordnen. Mitbestimmung und Tarifbindung sind hier weniger ausgeprägt. Prekäre Beschäftigung in Form von Leiharbeit oder Werksverträgen ist hier an der Tagesordnung. Raumzeitlich deckt sich diese zweite Welt mit der ersten in zahlreichen Industrieparks oder auf Werksgeländen bedingt durch Outsourcingstrategien zur Kostensenkung. Eine dritte Welt zeichnet sich schließlich durch die Abwesenheit von Tarifverträgen und Mitbestimmungsmöglichkeiten aus. Wie jüngst die Debatte um die Fleischwirtschaft in der Corona-Krise (Sebastian/Seeliger 2022) oder die anhaltende Diskussion um Prekarisierung im Pflege- und im Logistik-Bereich (siehe die Beiträge in Jacobsen et al. 2022) zeigen, wird das Angebot von Leistungen und Waren des alltäglichen Bedarfes standardmäßig durch prekäre Beschäftigung ermöglicht. Ein arbeitspolitisches Risiko ergibt sich aus gewerkschaftlicher Sicht durch mögliche Spillover-Effekte zwischen den verschiedenen Welten. Dass Unternehmen etwa Tätigkeiten auslagern und aus den hoch regulierten in die weniger stark reglementierten Segmente verschieben können, macht diese zu möglichen Protagonisten weiterer Erosionsentwicklungen.

4.6 Fazit

Ihre Performance im Bereich der Tarifpolitik ist mit Wiesenthal (1992: 7) „der wohl wichtigsten Maßstab für die Effektivität von Gewerkschaften." Im Laufe der letzten Jahrzehnte weist das deutsche Tarifsystem zunehmende Erosionserscheinungen auf. Diesen Entwicklungen entgegenzusteuern, muss in erster Linie Aufgabe der Gewerkschaften sein. Denn auch wenn staatliche Interventionen die Lohnentwicklung – etwa durch gesetzliche Untergrenzen oder Allgemeinverbindlichkeitserklärungen – beeinflussen können, steht und fällt die tarifpolitische Vertretung von Lohnabhängigeninteressen mit der Fähigkeit der Gewerkschaften, Mitglieder zu gewinnen und diese in Arbeitskämpfen zu mobilisieren. „Eine offensiv betriebene betriebsnahe Tarifpolitik", so Haipeter (2011: 56f.), „scheint ein möglicher Weg für die Erneuerung deutscher Gewerkschaften zu sein."

Eine Eigenheit der Lohnpolitik liegt in der arkanen Wirkung, die sie – als Gegenstand im interdisziplinären Grenzgebiet – nicht nur auf viele Sozialwissenschaftler:innen ausübt. Gemessen daran, dass die am weitesten verbreitete Einkommensquelle Einkünfte aus der Erwerbsarbeit darstellen, findet sich in der Bevölkerung nur ein geringes Verständnis für die Dynamiken im Feld der Lohnpolitik sowie für ihre gesellschaftlichen Voraussetzungen und Konsequenzen. Dieses distanzierte Verhältnis der Lohnabhängigen zu lohnspezifischen Themen tritt bereits dort zu Tage, wo Leute untereinander keinen offenen Umgang mit ihren Einkünften pflegen. Die Redewendung „Über Geld spricht man nicht“ erklärt die Frage nach dem Lohn zu einer privaten Angelegenheit, die zwischen Beschäftigten und Beschäftigenden, nicht aber zwischen Beschäftigten und etwaigen Dritten (die eigene Familie mal ausgenommen) zu behandeln ist.

Als klassenpolitisches Projekt hängt die Mobilisierung in Lohnfragen davon ab, inwiefern es möglich ist, diese als gesellschaftspolitische Fragen im Rahmen einer breiten Öffentlichkeit zu thematisieren. Dass sich Lohnabhängige mit Lohnabhängigen als Geringverdiener identifizieren, setzt voraus, dass man mit der eigenen sozialen Lage einen offenen Umgang findet. Lohnfragen sind somit nicht nur machtpolitische Fragen aus dem Bereich der Tarifpolitik, sondern auch identitätspolitische Probleme einer Klasse von Lohnabhängigen, die sich als politische Bewegung erkennen und formieren muss.

An diesem Punkt berührt das Feld der Lohnfindung das Terrain politischer Mobilisierung moderner Gesellschaften – die demokratische Öffentlichkeit (vgl. Seeliger/Sevignani 2021). Während die konkrete Aushandlung von Löhnen weiterhin in der gegenseitigen Bedrohung von Kapital und Arbeit mit Streik und Aussperrung stattfinden wird, bietet die Öffentlichkeit ein Terrain gesellschaftlicher Selbstverständigung, in dem Lohnabhängige sich ihrer sozialen Lage vergewissern und als Klasse formieren können. Indem sie Ausbeutung und ökonomische Ungerechtigkeit als solche kenntlich machen, Verantwortliche benennen und den Lohnabhängigen positive Identifikationsangebote und einen kollektiven Bezugsrahmen bieten, können Gewerkschaften die Öffentlichkeit als Ort klassenpolitischer Mobilisierung nutzen. Ihr Erfolg in der Restitution eines umverteilungsfesten Tarifsystems wird vor allem davonabhängen, inwiefern ihnen dies gelingt.

Perspektivisch stellt sich vor diesem Hintergrund auch die Frage, inwiefern die Lohnfindung als verteilungspolitisches Instrument unter Bedingungen fortschreitender Globalisierung als nationale Angelegenheit effektiv wirken kann. Während Verlagerungsdruck und Standortwettbewerb die Notwendigkeit einer transnationalen Lohnkoordinierung immer dringender machen, sind politische Erfolge in diesem Bereich jedoch nicht in Sicht.

5 Mitbestimmung und gewerkschaftliche Betriebspolitik

5.1 Einleitung

Dass Gewerkschaften im Betrieb präsent sein sollten, liegt auf der Hand. Schließlich handelt es sich um den „zentralen Ort der Regulierung der konkreten Arbeitsbedingungen" (Trinczek 2018: 580). Dennoch ist das Feld der gewerkschaftlichen Betriebspolitik weitaus komplexer und unbestimmter, als es zunächst den Anschein haben könnte. Einerseits hat der Wandel industrieller Beziehungen die Bedingungen für betriebliche Aktivitäten von Gewerkschaften permanent verändert. Andererseits müssen sich Gewerkschaften in Deutschland mit dem dualen System der Interessenvertretung arrangieren, dass die betriebliche Mitbestimmung an formal unabhängige Betriebsräte delegiert. Indes dürfte die Bedeutung gewerkschaftlicher Betriebspolitik in den letzten Jahren gestiegen sein, denn in Anbetracht ökonomischer Verschiebungen, der Restrukturierung von Produktionsprozessen und neuer Arbeitsformen nimmt sie auch in anderen Handlungsfeldern, wie der Organisations- und Tarifpolitik, eine immer wichtigere Rolle ein.

Während Tarifverträge auf der Makroebene zum (relativen) Ausgleich der Machtasymmetrie zwischen Kapital und Arbeit beitragen, agieren Betriebsräte und gewerkschaftliche Betriebspolitik auf der Meso- und Mikroebene. Mitbestimmung gilt als Stabilisator von innerbetrieblichen Arbeitsbeziehungen und Garant zur Sicherung von Beschäftigteninteressen in wettbewerbsgetriebenen Transformationsprozessen. Als intermediäre Akteur:innen streiten Betriebsräte um den sozialen Ausgleich zwischen ökonomischen Zielen des Unternehmens und denen der Belegschaften, wobei sie zwischen Interessenvertretung der Beschäftigten und der Befriedung sozialer Konflikte changieren. Die betriebliche Mitbestimmung und Unternehmensmitbestimmung in Aufsichtsräten „trägt zu einer geregelten Form der Konfliktbearbeitung bei, fördert die soziale Integration in Betrieb und Unternehmen und sichert den Informationsfluss zwischen Beschäftigten und Unternehmensleitung" (Höpner 2004: 352).

Mitbestimmungsstrukturen erlauben Beschäftigten ihre Interessen auf verschiedenen Ebenen des Unternehmens einzubringen, an betrieblichen Entscheidungsprozessen teilzuhaben und Arbeitsbedingungen zu verbessern, womit sie zur „Demokratisierung der Arbeitswelt" beitragen können. Zugleich ermöglicht die institutionalisierte Mitbestimmung, dass potenzielle Konflikte zwischen Beschäftigten und Unternehmen (frühzeitig) erkannt und bearbeitet werden, was die Akzeptanz von Managemententscheidungen, den Arbeitsfrieden und die Motivation im Betrieb zu gewährleisten hilft. Mehr noch: Indem Beschäftigte mit ihren Erfahrungen und ihrem spezifischen Wissen an Entscheidungsprozessen beteiligt sind, lassen sich Unternehmensstrategien an die Anforderungen der Belegschaften anpassen, was letztlich sogar die Effizienz und Wettbewerbsfähigkeit von Unternehmen fördern kann (u. a. Freeman/Lazear 1995; Müller 2015). Gewerkschaften nehmen darin eine ambivalente Rolle ein, die sich aus ihrer Bindegliedposition zwischen verschiedenen Akteur:innen, dem Anspruch der überbetrieblichen Interessenvertretung und den rechtlichen Bestimmungen des Betriebsverfassungsgesetzes (BetrVG) ergibt.

Dieses Kapitel teilt sich in die zwei genannten (miteinander verwobenen) Ebenen: Zum einen der Betriebsrat, als formal unabhängiges und intermediäres Gremium, und zum anderen die betriebliche Strategie von Gewerkschaften als Interessenorganisation der Beschäftigten. Dafür werden zunächst Grundzüge der Regulation von Arbeitskraft, innerbetrieblichen Kontrollregimen und die Genese des Betriebsverfassungsgesetzes skizziert, die das Verhältnis von Kapital und Arbeit im Betrieb strukturieren (2). Es folgt die Darstellung der Funktion und Bedeutung der betrieblichen Mitbestimmung und Unternehmensmitbestimmung in Deutschland (3). Anschließend werden Forschungsergebnisse zu verschiedenen Typen und Handlungsstrategien von Betriebsräten erörtert, die sich zwischen konflikt- und konsensorientierten Polen bewegen (4). Wie sich die industriellen Beziehungen im Allgemeinen und die betriebliche Mitbestimmung im Besonderen in den letzten Jahrzehnten gewandelt haben, wird darauffolgend behandelt (5). Anschließend widmet sich das Kapitel den Aufgaben und Strukturen von Gewerkschaften im Betrieb und legt dar, welche Bedeutung die Betriebspolitik neben der formalen Mitbestimmung einnimmt und wie sich die Beziehungen zu Betriebsräten gestalten (6). Ferner werden gegenläufige Entwicklungspfade sowie Probleme der Mitbestimmung und gewerkschaftlichen Betriebspolitik im postfordistischen und finanzmarktgetrieben Kapitalismus diskutiert (7), bevor das Kapitel mit einem Resümee schließt (8).

5.2 Innerbetriebliche Kontrolle und die Regulation von Arbeitskraft

Der Betrieb als Ort der Produktion und Arbeit ist von einem Konflikt durchzogen, der zwar einerseits nicht immer offen zutage tritt, aber andererseits niemals vollständig abwesend ist. Denn um die Anwendung der gekauften Arbeitskraft im Unternehmen, die konkreten Bedingungen wie im Betrieb gearbeitet wird, ringen die verschiedenen betrieblichen Akteur:innen beständig. Da dem wirtschaftlichen Austausch von Lohn gegen Arbeitsleistung eine strukturelle Machtasymmetrie zugrunde liegt und das gesamte Verhältnis von einem Interessengegensatz durchzogen ist, kommt es zu wiederkehrenden Spannungen zwischen Kapital und Arbeit (Müller-Jentsch 2007: 10). Damit diese nicht regelmäßig eskalieren bedarf es mehrerer Voraussetzungen, um die betriebliche Herrschaft zu stabilisieren.

Für Max Weber (2013 [1921]: 455ff.) ist der Betrieb ein rational-bürokratischer Verband, der durch hierarchische Ordnung, spezifische Aufgaben- und Rollenverteilung und formelle Regeln gekennzeichnet ist. Dadurch werde eine Form legaler Herrschaft organisiert, die mit Rechten und Pflichten der Mitglieder der Organisation verbunden ist. Deren Gehorsam den betrieblichen Abläufen gegenüber gründet sich nicht (oder zumindest weniger) auf persönlichen Beziehungen, sondern auf klar definierter Position innerhalb der betrieblichen Hierarchie. Die legale Herrschaft sei deshalb der zeitgemäße Weg, um organisatorische Ziele in Unternehmen zu erlangen. Dem modernen Betrieb unterstellt Weber funktionale Rationalität, indem er rationale Ziele wie Effizienz- und Produktivitätssteigerungen verfolge, auf Momenten des sozialen Konsenses beruhe und (gewisse) Legitimität unter den Beherrschten besitze. Die Legitimität erhalten die betrieblichen Herrschaftsverhältnisse durch das Einverständnis der Mitglieder mit den (rationalen) Regeln und den formell-hierarchischen Strukturen der Organisation. Weber argumentiert, dass sich nur so garantieren lasse, dass sich das Handeln der Beschäftigten im Betrieb mehrheitlich an der vorgefunden sozialen Ordnung orientiert.

Einen anderen Standpunkt nimmt bekanntlich Karl Marx ein. Für ihn steht im betrieblichen Kontext die Unterordnung der Arbeitenden unter den kapitalistischen Verwertungsprozess im Fokus. Marx (1969 [1867]: 533) beschreibt die reelle Subsumtion der Arbeiter:innen, die nicht nur einen Arbeitsvertrag zu bestimmten Konditionen schließenden (formelle Subsumtion), sondern deren Arbeitskraft in den Arbeitsprozess eingegliedert bzw. unter das Kommando des Kapitals gebracht werden muss. Da die Arbeitskraft eine besondere Ware ist, die an die Existenz des Menschen der sie veräußert gebunden ist, wirft ihre Anwendung immer Fragen der Macht, Kontrolle und des Konflikts auf. Dabei kreist die betriebliche Herrschaft im Kern um das Transformationsproblem, abstrakt vorhandenes menschliches Arbeitsvermögen in tatsächliche Arbeitsleistung im Sinne des Unternehmens zu verwandeln. Auch wenn Unternehmen über Weisungs- und Direktionsrechte über die gekaufte Arbeitskraft verfügen, ist die Intensität von deren Nutzung immer nur in groben Zügen bestimmt. Der Arbeitsvertrag ist insofern unvollständig, weil er das individuelle Leistungsniveau der Arbeitenden formell nicht vollständig definieren kann. Diese Offenheit des Arbeitsvertrags führt zu Konflikten um die Intensität der Arbeitsleistung, die im betrieblichen Alltag stets von neuem ausgehandelt wird. Aus kontroll- und herrschaftstheoretischer Perspektive dienen Managementstrategien des Unternehmens vor allem dazu, das Transformationsproblem zu bearbeiten und selbstbestimmte Handlungsräume der Beschäftigten zu schließen, um die Herrschaft des Kapitals über die Arbeit zu sichern (u. a. Braverman 1977).

Das rein ökonomische Austauschverhältnis zwischen Kapital und Arbeit wird durch die innerbetriebliche Regulation um einen rechtlichen, kulturellen, moralischen und sozialen Kontext ergänzt, der dem destruktiven Charakter der Ausbeutung von Lohnarbeit bestimmte Grenzen setzen soll. Die Gegenbewegungen zum uneingeschränkten Zugriff der Kapitalseite auf die Arbeitskraft können wir mit Karl Polanyi (2021 [1944]) als Prozess der Dekommodifizierung von Arbeit verstehen, in dem Arbeitskraft auf Ebene ihrer betrieblichen Anwendung politisch-institutionell (wieder) eingebettet und ihre Warenförmigkeit reduziert wird. So lassen sich Gewerkschaften und Mitbestimmung als Versuche deuten, Arbeit wieder in soziale Beziehungen einzugliedern und von der alleinigen Marktabhängigkeit zu lösen.

5.3 Mitbestimmung

Die Mitbestimmung in Deutschland ist durch eine Vielzahl von Gremien und Instrumenten charakterisiert, die auf unterschiedlichen Ebenen des Unternehmens ansetzen. Die betriebliche Mitbestimmung wird durch Betriebsräte ausgeübt, während die unternehmerische Mitbestimmung durch die Beteiligung von Beschäftigten bzw. ihrer Vertreter:innen in Aufsichtsräten geschieht. Im dualen System der Interessenvertretung in Deutschland[26] sind Betriebsräte und Gewerkschaften organisatorisch unabhängig voneinander. Sie handeln institutionell in verschiedenen Arenen, die nach Interessen, Akteur:innen und Durchsetzungsformen funktional differenziert sind und das Überspringen von Konflikten der einen in die andere Arena verhindern sollen (Müller-Jentsch 1997: 194–200). Als Vertretung der Gesamtbelegschaft kommt Betriebsräten die Funktion zu, die innerbetrieblichen Spannungen zwischen Kapital und Arbeit zu regulieren. Sie agieren damit in der rechtlich-institutionellen Arena der Betriebsverfassung, der zweiten institutionellen Ebene neben der Tarifautonomie.

Das Betriebsverfassungsgesetz verpflichtet Betriebsräte zum „Wohl der Arbeitnehmer und des Betriebs“ (§ 2 Abs. 1) mit dem Unternehmen vertrauensvoll zusammenzuarbeiten. Sie dürfen weder Arbeitsabläufe noch den Betriebsfrieden beeinträchtigen, keine Maßnahmen des Arbeitskampfs ergreifen und sich nicht parteipolitisch betätigen (§ 74 Abs. 2). Darüber hinaus unterliegt das Gremium der Schweigepflicht bei Betriebs- und Geschäftsgeheimnissen (§ 79 Abs. 1). Demnach sind Betriebsräte nicht nur Konfliktakteure, vielmehr vermitteln sie zwischen den Interessen der Beschäftigten und den ökonomischen Zielen des Unternehmens. Die betriebliche Mitbestimmung ist damit „primär auf

26 Zum internationalen Vergleich von Arbeitsbeziehungen und Mitbestimmungsformen vgl. Rogers/Streeck (1995)

Konsens, Kooperation und Problemlösung angelegt“ (Müller-Jentsch 2007: 58). Dieser rechtliche Rahmen verhindert, dass Betriebsräte ausschließlich der gewerkschaftlichen Betriebspolitik verpflichtet sind. Als legales Mittel im Konfliktfall bleibt die Anrufung der betrieblichen Einigungsstelle, die paritätisch besetzt ist und einen unparteiischen Vorsitzenden hat, oder bei rechtlichen Streitigkeiten die Anrufung des Arbeitsgerichts.

Die Ambivalenz der Mitbestimmung liegt in diesem widersprüchlichen Verhältnis begründet. Ihr Charakter ist der einer „Grenzinstitution“ (Fürstenberg 1958), die zwischen den Erwartungen und Interessen von Beschäftigten, Geschäftsleitung und Gewerkschaft handelt. Als Schnittstelle zwischen drei Akteur:innen, die sich in jeweils eigenen Problemfeldern mit spezifischen Anforderungen wiederfinden, muss der Betriebsrat also einerseits Interessenvertretung der Beschäftigten im Betrieb sein und andererseits den ökonomischen Zielen des Unternehmens Rechnung tragen. Damit werden in ihm „zwei Handlungslogiken miteinander verknüpft, die den Interessengegensatz zwischen Kapital und Arbeit konstituieren“ (Müller-Jentsch 2007: 59). Zugleich erhält der Betriebsrat seine Legitimation durch die Wahl der Belegschaft. Entsprechend navigiert er sich permanent durch ein Feld von überschneidenden und abweichenden Interessen, die durch plurale Identitäten, Ansprüche und Bedürfnisse geprägt sind. Ein funktionierendes Mitbestimmungsgremium muss daher in der Lage sein, kollektive Interessen der Belegschaft erkennen und artikulieren zu können. Allerdings müssen Betriebsräte nicht nur die Erwartungen der Beschäftigten erfüllen, sondern sie sind gleichzeitig von der Kooperationsbereitschaft des Managements abhängig, mit dem sie in Aushandlungsprozesse treten. Diese intermediäre Rolle führt zu widersprüchlichen Loyalitäten, da sie sowohl die unternehmerischen Ziele als auch die vielfältigen Anliegen und Rechte der Beschäftigten berücksichtigen. Die Doppelfunktion bringt sie in paradoxe Situationen, wenn sie zwischen entgegengesetzten Interessen abwägen müssen. Wie sie ihre Verhandlungsmacht einsetzen, ist neben subjektiven oder politischen Präferenzen von einer Vielzahl anderer Faktoren abhängig, wie der wirtschaftlichen Lage des Unternehmens, dem Organisationsgrad der Gewerkschaft im Betrieb und den rechtlichen Rahmenbedingungen.

Auch wenn Mitbestimmung für Unternehmen zunächst Kosten verursacht (Büroräume, Schulungen, Wahlverfahren, Freistellung von Betriebsratsmitgliedern etc.) und einen (partiellen) Eingriff in die Verfügungsgewalt der Eigentümer:innen, sind die betriebswirtschaftlichen Effekte keineswegs eindeutig. In ökonomistischen Theorien, die von sich rational verhaltenden Akteur:innen ausgehen, lässt sich die betriebliche Mitbestimmung als „collective voice" verstehen, in der sich Interesse, Ansprüche und Orientierungen der Beschäftigten ausdrücken, welche die Geschäftsleitung berücksichtigen und zur effizienten Entscheidungsfindung nutzen kann. Als Kommunikationsschnittstellen im Unternehmen sind Mitbestimmungsstrukturen dafür verantwortlich, Informationen von der Belegschaft an das Management und umgekehrt zu vermitteln. Damit sollen Betriebsräte einerseits sicherstellen, dass Anliegen der Beschäftigten wahrgenommen und ihre Position im Unternehmen vertreten wird, andererseits wird durch funktionierende Kommunikationskanäle das Vertrauen zwischen Arbeitenden und Management gestärkt. Verringern lassen sich demnach die Transaktionskosten, die durch Informations- und Koordinationsaufwand vor dem Hintergrund unvollständiger Arbeitsverträge entstehen, nicht zuletzt, wenn Beschäftigte über den Betriebsrat kollektiv und frühzeitig ihren potenziellen Unmut in Richtung des Managements kommunizieren können (Müller-Jentsch 2014: 527f.; Freeman/Lazear 1995; Müller 2015). Nicht ohne Grund nehmen Betriebsräte oftmals Schlüsselfunktionen bei Anpassungs- und Transformationsprozessen in Unternehmen ein, indem sie betriebliche Restrukturierungen begleiten und die Interessen der Belegschaft aufzunehmen versuchen. Insofern kann Mitbestimmung zur Stabilität betrieblicher Ordnung beitragen und letztlich die unternehmerische Effizienz, Arbeitszufriedenheit und -motivation sowie die Produktivität steigern (Dilger 2002; Hauser-Ditz et al. 2008).

Im macht- und konflikttheoretischen Verständnis lassen sich Betriebsräte als Instrumente begreifen, die als emergentes Ergebnis aus dem langanhaltenden Interessenkonflikt zwischen Kapital und Arbeit entstanden, bei dem die (kollektiven) Interessen der Beschäftigten gegenüber dem Management auf verschiedene Arten verteidigt wurden. Die rechtlichen, politischen und institutionellen Rahmenbedingungen in Deutschland brachten ein spezifisches Modell der betrieblichen Mitbestimmung hervor. In Anbetracht der historischen Kräfteverhältnisse und interessenpolitischen Konstellationen entwickelte sich ein Institutionensystem, das die asymmetrischen Machtbeziehungen zwischen Kapital und Arbeit abmildert und der innerbetrieblichen Vernutzung von Arbeitskräften – im Rahmen der bestehenden Produktionsweise – bestimmte Schranken setzen kann. Es ist zwar nur die „halbe Macht" (Wassermann 2002), die aufgrund der strukturellen Verhältnisse kein gleichberechtigtes Mitbestimmen bedeutet, doch sie schränkt das alleinige Direktionsrecht des Managements ein. Betriebsräte fungieren als Kommunikationsmedium zwischen Management und Belegschaft und schaffen einen funktional-differenzierten Aushandlungsraum, in dem die Bearbeitung betrieblicher Auseinandersetzungen stattfinden kann. Das schafft rechtlich regulierte Kanäle zur Entschärfung von Interessengegensätzen. Damit nimmt Mitbestimmung auch aus macht- und konflikttheoretischer Perspektive eine stabilisierende, integrierende und loyalitätssichernde Funktion innerhalb der betrieblichen Herrschaft ein (Brinkmann/Nachtwey 2017: 15f.; Kißler et al. 2011b).

Die spezifischen Beziehungen zwischen Betriebsrat und Management sowie Betriebsrat und Beschäftigten sind Gegenstand diverser Untersuchungen der vergangenen Jahrzehnte gewesen (zur Übersicht: Trinczek 2018). Unter anderem Bosch et al. (1999) sehen die „betrieblichen Austauschbeziehungen" durch verschiedene Interaktionskulturen geprägt, welche die soziale Integration über geteilte Deutungen und Normen ermöglichen oder blockieren. Die betrieblichen Austauschbeziehungen reichen von „interessen- oder integrationsorientierten Kooperation" über den „harmonischen Betriebspakt" bis zum „autoritär-hegemonialen Regime", das sich vor allem in kleinen und mittelständischen Betrieben finden lässt. Auch Kotthoff/Reindl (1990) formulieren mit dem Konzept der „betrieblichen Sozialordnung" einen anerkennungstheoretischen Zugang, bei dem die Handlungskoordination und soziale Integration auf Ebene der Arbeitspraxis und Interessenpolitik – die über „den formalen Arbeitsvertrag hinausgehenden sozial-moralischen Grundlagen" (Kotthoff 2017: 91) des Verhältnisses zwischen Kapital und Arbeit – im Mittelpunkt stehen. Insofern ist die Frage, ob Betriebsräte eher ein Mittel sind, um Beschäftigte im Sinne des Unternehmens in den Arbeitsprozess zu integrieren oder um ihre Interessen effektiv zu verteidigen, stark von Interaktionsmustern, Deutungen und Verhandlungsprozessen des Mitbestimmungsgremiums abhängig, die wiederum nicht von den (politischen) Orientierungen der Betriebsratsmitglieder, den inner- und überbetrieblichen sowie gesellschaftlichen Rahmenbedingungen zu trennen sind.

5.3.1 Betriebs- und Personalräte

Der Betriebsrat ist das zentrale Gremium der betrieblichen Mitbestimmung in Deutschland und juristisch im Betriebsverfassungsgesetz (BetrVG) verankert[27]. Er kann in Betrieben mit mindestens fünf abhängig Beschäftigten gegründet werden und repräsentiert die gesamte Belegschaft (nicht nur Gewerkschaftsmitglieder) gegenüber dem Unternehmen auf betrieblicher Ebene. Seine personelle Zusammensetzung wird alle vier Jahre gewählt und er unterliegt als repräsentatives Organ daneben keinem direkten Einfluss der Beschäftigten, sondern handelt stellvertretend für diese. Seine Größe hängt von der Anzahl der Beschäftigten ab. Die Betriebsratstätigkeit ist ehrenamtlich, wobei der Betrieb verpflichtet ist, die Betriebsratsmitglieder dafür von der Arbeit freizustellen. Ab einer Betriebsgröße von mehr als 200 Beschäftigte können einzelne Betriebsratsmitglieder vollständig freigestellt werden.

Als Mitbestimmungsgremium ist er formal unabhängig, wobei Gewerkschaften ihn in der Regel als bestimmenden Ort der Interessenvertretung ihrer Mitglieder ansehen und häufig mit eigenen Listen zu Betriebsratswahlen antreten. Zudem unterstützen sie als organisierender Akteur im Hintergrund durch Weiterbildung und Beratung, was dazu beiträgt, die Verbindungen zwischen Gewerkschaften und Betriebsräten zu erhalten. Der definierte *Aufgabenbereich* des Betriebsrats umfasst die Überprüfung der Einhaltung von geltenden betrieblichen und tarifvertraglichen Rechtsnormen (Kontrolle), die Beantragung von Maßnahmen und das Weiterleiten von Vorschlägen der Belegschaft (Initiative), die besondere Aufmerksamkeit für schutzbedürftige Gruppen (schwerbehinderte, ältere oder migrantische Beschäftigte) (Fürsorge) sowie die Gleichstellung von Geschlechtern (Förderung).

Neben den individuellen Lohnabhängigenrechten setzt das BetrVG einen gesetzlichen Handlungsrahmen, der unterschiedliche Stufen der

---

27 Im öffentlichen Dienst erfolgt die Interessenvertretung durch Personalräte, die im Personalvertretungsgesetz des Bundes und Landes geregelt ist. Deren Mitwirkungs- und Mitbestimmungsrechte fallen vergleichbar aus, wenngleich das Gremium mit geringeren Befugnissen ausgestattet ist. Der Personalrat wird im Folgenden nicht gesondert behandelt, die Ausführungen treffen mehrheitlich aber auch auf ihn zu. Zu Besonderheiten des öffentlichen Dienstes und der Differenzierung zwischen Personal- und Betriebsrat vgl. Keller (2014).

Beteiligung des Betriebsrats an sozialen, personellen und wirtschaftlichen Entscheidungen im Unternehmen vorsieht:

1. Das *Informationsrecht* ist die niedrigste Stufe der Mitbestimmung und verpflichtet das Unternehmen, den Betriebsrat über vorgesehene Maßnahmen – z. B. wirtschaftliche Entscheidungen, technische Neuerungen oder personelle Entwicklungen – zu informieren. Es handelt sich um eine einseitige Form der Kommunikation, die zunächst nur Transparenz über betriebsinterne Abläufe und Entscheidungen herstellt und dem Betriebsrat ermöglicht, auf dieser Grundlage zu handeln.
2. Die *Anhörungs- und Beratungsrechte* sehen vor, dass der Betriebsrat nicht nur informiert wird, sondern ihm die Möglichkeit eingeräumt wird, seine Position zu vertreten. Üblich ist das z. B. bei Fragen der Arbeitsplatzgestaltung, des Arbeitsschutzes, der Personalplanung oder Kündigungen, bei denen der Betriebsrat angehört werden muss.
3. Durch das *Widerspruchsrecht* kann sich der Betriebsrat aktiv in Entscheidungen, wie z. B. bei Einstellung, Eingruppierung und Versetzung, einbringen und das Unternehmen muss dessen Vorschläge miteinbeziehen.
4. Das (erzwingbare) *Mitbestimmungsrecht* ist die weitreichendste Stufe der Beteiligung, die dem Betriebsrat gleichberechtigte Entscheidungsbefugnisse, z. B. bei der Arbeitsorganisation, der Einführung technischer Systeme zur Leistungserfassung oder geltenden Arbeitszeitregelungen, einräumt. Ohne Zustimmung des Betriebsrats kann das Unternehmen bei mitbestimmungspflichtigen Angelegenheiten keine verbindlichen Entscheidungen treffen.

Müller-Jentsch (2007: 58) sieht im BetrVG die allgemeine Tendenz, dass die Beteiligungsrechte von sozialen, über personelle bis zu wirtschaftlichen Angelegenheiten abnehmen, weshalb die Beteiligungsrechte des Betriebsrats größer sind, „je weiter sie von den strategischen Unternehmensentscheidungen (z. B. über Ziele und Inhalte der Produktion) entfernt sind“. Das Betriebsverfassungsgesetz von 1952 wurde mehrfach novelliert und an die Anforderungen der sich wandelnden Arbeitswelt angepasst, wobei viele der gesetzlichen Neuerungen ihre Wirkung zu zeigen scheinen (Kißler et al. 2011a). So wurde das Wahlverfahren vereinfacht, die Betriebsratsmandate und die Freistellung erhöht (ab 200

Beschäftigten), das aktive Wahlrecht für Leiharbeiter:innen eingeführt, die zahlenmäßige Anpassung des Frauenanteils in Betriebsratsgremien an den Belegschaftsanteil gefordert sowie die Mitbestimmungsrechte auf Grundsätze zur Durchführung von Gruppenarbeit erweitert.

Verbindliche Regelungen zwischen Betriebsräten und Management zu Arbeitsbedingungen im Unternehmen werden in Form von *Betriebsvereinbarungen* fixiert. Sie sind im Betriebsverfassungsgesetz (§ 77 BetrVG) vorgegeben und ergänzen Arbeitsverträge sowie gesetzliche und tarifvertragliche Bestimmungen[28]. Sie dürfen letztere nicht unterlaufen, müssen sich im Rahmen gesetzlicher Vorschriften bewegen und z. B. keine Investitionsentscheidungen des Unternehmens betreffen. Betriebsvereinbarungen sind ein weiteres Instrument zur Regulierung von Arbeitsbeziehungen und Ausdruck der Kooperations- und Konfliktbeziehungen zwischen Betriebsrat und Management. In der Regel sind sie das Ergebnis von Aushandlungsprozessen und spiegeln somit auch die Machtverteilung und das Niveau des institutionalisierten Interessensausgleichs innerhalb des Betriebs wider.

Die *Betriebsversammlung* stellt nach BetrVG eine Versammlung von Betriebsrat und Belegschaft dar, die vierteljährlich abgehalten werden kann und der Information der Beschäftigten über die den Betrieb betreffenden Angelegenheiten dient. Sie schafft einen Ort des Austauschs, an dem der Betriebsrat von seinen Tätigkeiten berichtet und in direkte Kommunikation mit den Beschäftigten tritt. Dem Management ist die Tagesordnung der Betriebsversammlung mitzuteilen und ihm wird das Recht eingeräumt, auf der Versammlung zu sprechen. Einmal jährlich ist er verpflichtet über das Personal- und Sozialwesen, die wirtschaftliche Lage und den betrieblichen Umweltschutz zu informieren. Nach BetrVG können die Versammlungen zwar Anträge an Betriebsräte formulieren und Stellungnahmen zu deren Positionen abgeben, die aber rechtlich nicht bindend sind.

---

28 Sie regeln u. a. Arbeitszeiten und Pausen (Verteilung der Arbeitszeit, Überstundenregelungen, Schichtpläne oder Gleitzeitmodelle), Urlaubsregelungen (Zusatzurlaubstage oder Urlaubsplanung), Vergütung und Entlohnungsformen (Bonuszahlungen oder betriebliche Altersversorgung), betriebliche Arbeitsordnung (Regeln und Verhalten am Arbeitsplatz, zur Nutzung betrieblicher Einrichtungen sowie zum Arbeits- und Gesundheitsschutz), soziale Leistungen (Kantinenzuschüsse, Fahrgeld oder betriebliche Fortbildungsangebote), betriebsinterne Abläufe (Einsatz technischer Systeme zur Leistungskontrolle oder Einführung neuer Technologien).

Neben den genannten Gremien, Aufgaben und Regelungen existieren verschiedene Ausschüsse der betrieblichen Mitbestimmung, die spezifische Funktionen erfüllen: Der *Arbeitsschutzausschuss* befasst sich mit Fragen des Arbeits- und Gesundheitsschutzes. Der Ausschuss setzt sich aus Vertreter:innen des Betriebsrats, des Unternehmens, der Sicherheitsbeauftragten und Betriebsärzt:innen zusammen und soll Maßnahmen zur Verbesserung des Arbeitsschutzes entwickeln und überwachen. Der *Wirtschaftsausschuss* ist ein spezielles Gremium, das in Unternehmen ab 100 Beschäftigten gebildet wird. Er setzt sich aus Vertreter:innen des Betriebsrats zusammen und berät ihn in wirtschaftlichen Angelegenheiten. Das Unternehmen ist verpflichtet, den Wirtschaftsausschuss umfassend über die ökonomische Lage und Entwicklung zu informieren. Der *Sprecherausschuss* ist ein Gremium für leitende Angestellte, die nicht vom Betriebsrat vertreten werden, allerdings ohne formelle Mitbestimmungsrechte wie die des Betriebsrats.

5.3.1.1 Übergreifende Betriebsräte

Die *Konzernbetriebsräte* oder *Gesamtbetriebsräte* existieren in größeren Unternehmensstrukturen, in denen mehrere Betriebe zusammengefasst sind. Sie koordinieren die Interessenvertretung auf überbetrieblicher Ebene. Diese Gremien agieren immer dann, wenn Entscheidungen das gesamte Unternehmen oder mehrere Standorte betreffen; sie dienen als Bindeglied zwischen den Betriebsräten der einzelnen Betriebe.

Der *Europäische Betriebsrat* (EBR) und *Weltkonzernbetriebsrat* (WKBR) sind Formen der betrieblichen Interessenvertretung auf internationaler Ebene, die in multinationalen Unternehmen die Kommunikation und Mitbestimmung ermöglichen sollen. Der EBR und WKBR sind Reaktionen auf eine zunehmend globalisierte Ökonomie und stellen den Versuch dar, die transnationale Vernetzung der Produktionsketten auf Ebene der Interessenvertretung abzubilden. Sie können als Antworten auf globale Machtverschiebungen angesehen werden, bei denen die Eingriffsmöglichkeiten nationaler institutioneller Akteur:innen wie lokale Betriebsräte an Bedeutung verlieren (u. a. Hyman 2005). Sie lassen sich als Instrumente der transnationalen Solidarität unter Beschäftigten auffassen, die zur Durchsetzung von global angeglichenen Arbeitsstandards beitragen und Abwärtsspiralen von Arbeitsbedingungen verringern helfen sollen (kritisch dazu Kap. 6).

Ein *Europäischer Betriebsrat* ist in Unternehmen oder Unternehmensgruppen möglich, die in mehreren europäischen Ländern über Standorte verfügen und mindestens 1000 Beschäftigte in der EU haben (und mindestens 150 Beschäftigte in zwei oder mehr Mitgliedsstaaten arbeiten). Er muss über länderübergreifende Entscheidungen und Maßnahmen wie z. B. Unternehmensstrategien, Standortverlagerungen, Fusionen etc. informiert werden und hat eine beratende Funktion. Umfassenden Mitbestimmungsrechte besitzt der EBR nicht, seine Aufgabe besteht in der Beratung und Anhörung bei strategischen Entscheidungen des Unternehmens, die mehrere europäische Standorte betreffen. Damit wird ein institutioneller Rahmen geschaffen, um die Mitbestimmung in transnationalen Unternehmensstrukturen zu ermöglichen, wenngleich der reale Einfluss des EBR umstritten ist (→ Kap. 6.4).

Der *Weltkonzernbetriebsrat* vertritt die Beschäftigten eines multinationalen Unternehmens weltweit. Anders als beim EBR gibt es keine gesetzliche Verpflichtung zur Errichtung eines WKBR. Seine Aufgaben sind dem des EBR ähnlich: Er wird bei Unternehmensentscheidungen informiert und konsultiert, die verschiedene Standorte betreffen und berät z. B. bei länderübergreifenden Restrukturierungsmaßnahmen, Schließungen von Produktionsstätten oder Änderungen in der globalen Unternehmensstrategie. Trotz fehlender „echter" Mitbestimmung nach BetrVG, kann er durch Verhandlungen und Einflussnahme versuchen, die Interessen der Beschäftigten in weltweit agierenden Unternehmen zu vertreten.

5.3.1.2 Weitere Formen der betrieblichen Interessenvertretung

Es existieren weitere Formen der Interessenvertretung in Deutschland, die für besonders schutzbedürftige Beschäftigte gelten und deren innerbetriebliche Partizipation stärken sollen. Sie erfüllen eine Funktion als Kontrollinstanzen, um Ausschlüsse und Diskriminierungen vulnerabler Gruppen zu verringern.

Die *Jugend- und Auszubildendenvertretung* (JAV) ist im Betriebsverfassungsgesetz (§§ 60–73 BetrVG) geregelt und vertritt jugendliche Beschäftigte (bis 18 Jahre) sowie Auszubildende (bis 25 Jahre). Sie vertritt die junge Belegschaft in allen sozialen, personellen oder wirtschaftlichen Angelegenheiten und überwacht die Einhaltung von Gesetzen und Regelungen, die Jugendliche und Auszubildende betreffen. Alle zwei Jahre wird die JAV neu gewählt. Sie wirkt etwa bei der Ausbildungsplanung und Gewährleistung der Ausbildungsqualität mit. In Zusammenarbeit mit dem Betriebsrat behandelt die JAV auch Themen wie Arbeitsbedingungen, Ausbildungsvergütungen oder Übernahmemöglichkeiten. Damit erweitert sie die betriebliche Mitbestimmung, indem sie die Teilhabe von jugendlichen Beschäftigten und Auszubildenden an Entscheidungsprozessen sowie deren Integration in betriebliche Strukturen und Arbeitskulturen sicherstellt.

Die *Schwerbehindertenvertretung* (SBV) ist im Sozialgesetzbuch IX (§§ 176–182 SGB IX) festgehalten und dient der Vertretung von schwerbehinderten und ihnen gleichgestellten Beschäftigten im Betrieb. Sie berät und unterstützt bei der (barrierefreien) Arbeitsgestaltung, Rehabilitation und Integration und hat u. a. Mitwirkungsrechte bei Einstellungen, Versetzungen und Kündigungen, um zu gewährleisten, dass die spezifischen Bedürfnisse von schwerbehinderten Beschäftigten angemessen berücksichtigt und ihre Interessen vertreten werden. Die Wahl einer örtlichen SBV ist auch in Betrieben oder Dienststellen möglich, in denen es sonst keine Gremien betrieblicher Mitbestimmung gibt.

5.3.2 Unternehmensmitbestimmung

Das Betriebsverfassungsgesetz wird institutionell durch die Unternehmensmitbestimmung ergänzt. Sie stellt eine rechtlich abgesicherte Form der Teilhabe von Beschäftigten an unternehmerischen Entscheidungen in den Führungsetagen von kapitalmarktorientierten Unternehmen dar. Die Unternehmensmitbestimmung erfolgt über die Interessenvertretung im Aufsichtsrat, die in der Regel von Betriebsratsvorsitzenden und gewerkschaftlichen Vertreter:innen ausgeübt wird. Betriebsräten und Gewerkschaften werden damit Befugnisse der Information, Überwachung und Mitentscheidung zugesichert, indem sie etwa den Konzernvorstand kontrollieren und den Jahresabschlussbericht des Unternehmens prüfen können. Sie werden somit in die Beratung über Unternehmensentscheidungen eingebunden, dürfen allerdings nicht in die Geschäftsführung eingreifen. Diese Form der Mitbestimmung ist im Mitbestimmungsgesetz von 1976 sowie in weiteren gesetzlichen Regelungen wie dem Montanmitbestimmungsgesetz von 1951 verankert.

Die *Montanmitbestimmung* gilt speziell für Unternehmen der Montanindustrie (Bergbau, Eisen- und Stahlindustrie), wo die paritätische Mitbestimmung besonders weitreichende Einflussmöglichkeiten eröffnet. Der Aufsichtsrat setzt sich zu gleichen Teilen aus Beschäftigten- und Kapitalvertreter:innen zusammen, zusätzlich wird ein „neutrales Mitglied" von allen Aufsichtsratsmitgliedern in der Hauptversammlung gewählt, das bei Stimmengleichheit entscheidet (§ 4 MontanMitbestG). Die Beschäftigtenvertreter:innen im Aufsichtsrat werden anteilig von den Betriebsräten gewählt sowie von den Gewerkschaften entsandt. Als Konvention hat sich durchgesetzt, dass für gewöhnlich der Aufsichtsratsvorsitz von der Kapitalseite gestellt wird, während das „neutrale Mitglied" von Seiten der Beschäftigtenvertretung ernannt wird. Eine Ende der 1960er-Jahre eingesetzte Mitbestimmungskommission lotete im Auftrag der CDU/CSU-Bundestagsfraktion die Zukunft der Mitbestimmung aus und kam 1970 zu dem Ergebnis, dass die Montanmitbestimmung keinen negativen Einfluss auf Wirtschaftlichkeit und Rentabilität der Unternehmen habe, vielmehr habe der Aufsichtsrat vom Erfahrungswissen der Beschäftigtenvertreter:innen profitiert und die konsensuale Zusammenarbeit mit dem Betriebsrat verbessert:

> „Statt als Einstieg in die ‚neue Wirtschaftsdemokratie' (Agartz) erwies sich die Montanmitbestimmung als stabiler Unterbau für die Institutionalisierung kollektiver Arbeitsregulierung in einem Bereich, der sich in der Vergangenheit wie kein anderer gegen jede Form kollektiver Interessenvertretung gewehrt hatte. [...] Die Praxis der Montanmitbestimmung stärkte, weit über die Montanindustrien hinaus, jenes Potenzial, das sich in den vergangenen Jahrzehnten paradigmatisch zum deutschen Konsensmodell der industriellen Beziehungen auskristallisierte" (Müller-Jentsch 2014: 513).

Diese Form der paritätischen Mitbestimmung mit starker gewerkschaftlicher Vertretung galt Gewerkschaften für viele Jahre als strategische Orientierung der Unternehmensmitbestimmung. Doch der Montanbereich hat seine einstige ökonomische Schlüsselposition längst eingebüßt und die Anzahl der paritätisch mitbestimmten Betriebe ging in den vergangenen Jahrzehnten drastisch zurück. Das 1976 verabschiedete Mitbestimmungsgesetz hat die Unternehmensmitbestimmung zwar auf andere Sektoren – wie es die Gewerkschaften forderten – ausgeweitet, gleichzeitig aber die Position der Beschäftigten in den Aufsichtsräten geschwächt. Die heute verbreiteten unterparitätischen und damit weicheren Formen der Unternehmensmitbestimmung greifen ab einer Unternehmensgröße von 2000 Beschäftigten, nach der Beschäftigte das Recht besitzen bis zu 50 Prozent der Aufsichtsratssitze zu besetzen. Allerdings hat der Vorsitzende des Aufsichtsrats, der von den Kapitalvertreter:innen gestellt wird, bei Stimmengleichheit ein Doppelstimmrecht. Zudem findet sich unter den Interessenvertretern mindestens eine Person aus der Gruppe der leitenden Angestellten. Das noch schwächere Drittelbeteiligungsgesetz von 2004 gilt schließlich für Unternehmen mit 500 bis 2000 Beschäftigten und schreibt vor, dass ein Drittel des Aufsichtsrats aus Interessenvertretern bestehen muss, die von wahlberechtigten Beschäftigten des Unternehmens gewählt werden. Viele Unternehmen im Geltungsbereich des Drittelbeteiligungsgesetzes umgehen allerdings den mitbestimmten Aufsichtsrat, da sie ausländische Rechtsformen nutzen oder die gesetzlichen Bestimmungen schlicht ignorieren (Bayer/Hoffmann 2015).

Für Peter Ittermann (2017: 304) markiert die Unternehmensmitbestimmung „eine der wichtigsten sozial- und wirtschaftspolitischen Errungenschaften der deutschen Arbeitsbeziehungen“, die aber zugleich „Kumulationspunkt erbitterter Auseinandersetzungen“ ist, die sich um „das Spannungsverhältnis zwischen gesellschaftlichen Demokratisierungsbestrebungen einerseits und der Absicherung der Verfügungsrechte der Kapitaleigner andererseits“ drehen. Im Kontrast zur weitreichenden Montanmitbestimmung ist es der Kapitalseite in den vergangenen Jahrzehnten gelungen, die gesellschaftlichen Kräfteverhältnisse in ihre Richtung zu verschieben, wovon die ausgedehnte aber wesentlich schwächere Unternehmensmitbestimmung von 1976 zeugt. Neben diesem langfristigen Trend wurde allerdings durch Scholz/Vitols (2021) gezeigt, dass die Mitbestimmung einer kontinuierlichen Pfadabhängigkeit folgt, sprich Unternehmen gleichen sich weder an, noch entwickeln sie sich hinsichtlich der Mitbestimmung auseinander. So unterscheidet sich die Verankerung der Unternehmensmitbestimmung zwar zwischen einzelnen Unternehmen deutlich, bleibt gleichzeitig aber in ihren spezifischen Ausprägungen innerhalb der jeweiligen Unternehmen über die Zeit stabil, was eine Abschwächung (oder auch Stärkung) der Mitbestimmung durch involvierte Akteur:innen schwierig macht. Untersucht wurde auch das Wechselverhältnis zwischen Betriebsrat und mitbestimmten Aufsichtsrat, wobei Martin Behrens (2022) darlegt, dass die Unternehmensmitbestimmung sowohl zum Erhalt der

Tarifbindung wie auch der Versachlichung von betrieblichen Arbeitsbeziehungen beiträgt, indem sie sowohl die Einhaltung der Informationspflicht des Managements gegenüber dem Betriebsrat wie auch den Gesundheitsschutz im Unternehmen fördert. Andere Studien kommen hingegen zu dem Ergebnis, dass Gewerkschaftsfunktionär:innen im Aufsichtsrat einen negativen Effekt auf die Beschäftigungsentwicklung haben, also die Zunahme von Mitarbeiter:innenzahlen, weil sie – so die Annahme – zwar die Interessen der aktuellen Beschäftigten der Unternehmen vertreten, nicht aber der potenziell zukünftigen (Werner/Zimmermann 2005).

Die sozial- und wirtschaftswissenschaftliche Forschung zur Unternehmensmitbestimmung konzentriert sich einerseits auf Kooperations- und Interaktionsmuster der Interessensaushandlung sowie die Einflussmöglichkeiten der Interessenvertretungen in Aufsichtsräten (u. a. Bamberg et al. 1987; Höpner/Müllenborn 2010; Raabe 2011) und andererseits auf die ökonomischen Auswirkungen der Unternehmensmitbestimmung auf Effizienz, Wettbewerbsfähigkeit, Produktivität oder Börsenbewertung der Unternehmen (u. a. Junkes/Sadowski 1999; Höpner 2004; Dilger 2003; Jirjahn 2010; Scholz/Vitols 2019). Untersuchungen zur Corporate Governance von deutschen Aktiengesellschaften haben gezeigt, dass die Zusammenarbeit in Aufsichtsräten mehrheitlich problem- oder reibungslos funktioniere (Raabe 2011). Allerdings schätzen andere Forschungsergebnisse (Bamberg et al. 1987) die Eingriffsmöglichkeiten von Beschäftigten und Gewerkschaften durch die Unternehmensmitbestimmung als relativ gering ein. Sie könne in Einzelfällen zwar die betriebliche Stellung von Betriebsräten bei z. B. Umstrukturierungsmaßnahmen stärken, da deren Vorsitzende im Aufsichtsrat mitreden können, ihr vorrangiger Nutzen für Betriebsräte und gewerkschaftliche Betriebspolitik liege aber im erleichterten Zugang zu Informationen. Belegt wurde aber auch, dass es einen positiven Zusammenhang zwischen Unternehmensmitbestimmung und der Kapitalinvestitionsquote von Unternehmen gibt, was als langfristige Orientierung am Fortbestand der Unternehmen und der Standorte gedeutet wird (Vitols/Scholz 2021).

Studien zu den betriebswirtschaftlichen Auswirkungen der Unternehmensmitbestimmung weisen mehrheitlich keine signifikanten Ergebnisse auf oder bestätigen entgegengesetzte Tendenzen, wobei mit sehr verschiedenen Forschungsdesigns und Vergleichsparameter gearbeitet wurde. Einerseits lassen sich Anzeichnen für negative Zusammenhänge, also die Rentabilität, Profitabilität oder Börsenbewertung mindernde Effekte, ausmachen (u. a. FritzRoy/Kraft 1993; Schmid/Seger 1998; Gorton/Schmid 2004). Andererseits finden sich Studien, die gegenteilige Annahmen formulieren und entweder keine signifikanten oder positive Effekte der Mitbestimmung empirisch aufzeigen (u. a. Benelli et al. 1987; Gurdon/Rai 1990; Hauser-Ditz/Höpner 2002). Auch FitzRoy und Kraft (2005) kommen in ihrer Folgeuntersuchung zu einem anderen Ergebnis als in ihrer Studie von 1993 und zeigen, dass sich die paritätische Mitbestimmung im Vergleich zur Mitbestimmung nach Drittelbeteiligungsgesetz leicht positiv auf den Umsatz der Unternehmen auswirkte. Andere Studien können zumindest keine geringere Rentabilität oder Börsenbewertung von unternehmensmitbestimmten Konzernen feststellen (Vitols 2008). Rapp et al. (2019) konnten zeigen, dass Unternehmen mit mitbestimmten Aufsichtsräten wirtschaftlich besser durch die Finanz- und Wirtschaftskrise 2008/09 kamen – aus Sicht des Unternehmens und der Beschäftigten. Bei all den verschiedenen Ergebnissen der breit geführten Debatte um die betriebswirtschaftlichen Effekte der Mitbestimmung bleibt letztlich zu betonen, dass der Mitbestimmungsgedanke sich historisch niemals auf ökonomische Logiken berief. Er entsprang vielmehr moralischen, sozialen und politischen Ideen (Höpner 2004: 352), die sich im Kern auf Fragen der demokratischen Kontrolle von Eigentum und Machtasymmetrien bezogen.

In den letzten Jahren hat die wissenschaftliche Aufmerksamkeit für die Unternehmensmitbestimmung merklich nachgelassen, was der Verbetrieblichung von Arbeitsbeziehungen, dem wachsenden Gewicht von grenzüberschreitend agierenden Kapitalgesellschaften sowie der europäischen Integration geschuldet sein dürfte (Ittermann 2017: 307), welche die Bedeutung und Reichweite des deutschen Modells der Unternehmensmitbestimmung weiter einzuschränken drohen.

5.4 Typen der Mitbestimmung

Ob es Betriebsräten gelingt, Konzessionen von der Kapitalseite zu erringen, sie zur beidseitigen Kompromissfindung beitragen oder ob sie in erster Linie den wirtschaftlichen Betriebszielen zuträglich sind, hängt von vielfältigen Faktoren ab. Die eine Art „der“ Mitbestimmung existiert nicht, in der Praxis lassen sich zahlreiche Varianten der betrieblichen

Mitbestimmung finden. Die Arbeitsforschung hat verschiedene idealtypische Rollen und Verhaltensweisen von Betriebsräten analysiert.

Betriebsräte befinden sich in Situation, in denen sie zwischen den Erwartungen unterschiedlicher betrieblicher Akteur:innen manövrieren müssen. Als zentral erweisen sich in diesem Kontext auch die rechtlichen Rahmenbedingungen, die dem Handeln von Betriebsräten definierten Grenzen setzen. Dabei haben (oder hatten) sich durchaus gängige Mitbestimmungsmuster etabliert, die sich als Form der „kooperativen Konfliktverarbeitung“ (Weltz 1977) beschreiben lassen. Betriebsräte, Beschäftigte und Management erkennen sich wechselseitig an, wissen um die Konfliktfähigkeit der anderen Seite und sind genau deshalb angehalten, zwischen ihren Interessen zu vermitteln und Kompromisse zu erzielen. Dennoch findet sich bei genauerer Betrachtung eine erhebliche Varianz an Betriebsratstypen und ihrer üblichen Partizipationsmuster.

In seiner viel beachteten Typologie aus der Studie „Betriebsräte und betriebliche Herrschaft“ (1981) unterscheidet Hermann Kotthoff sieben Betriebsratstypen, die sich in ihren Strategien an verschiedenen Handlungsweisen orientieren. Die Studie nimmt die soziale Beziehung und kommunikative Prozesse zwischen Betriebsrat und Geschäftsleitung zum Ausgangspunkt, um verschiedene Partizipationsmuster zu identifizieren. Als „defiziente Interessenvertretung“ beschreibt Kotthoff (1981) die Gruppe des „ignorierten Betriebsrats“ und des „isolierten Betriebsrats“ sowie den „Betriebsrat als Organ der Geschäftsleitung“. Dem gegenüber steht die „wirksame Interessenvertretung“, die sich aus dem „respektiert zwiespältigen“ und dem „respektiert standhaften Betriebsrat“ sowie dem „Betriebsrat als kooperative Gegenmacht“ zusammensetzt. Der siebte Typ des „klassenkämpferischen Betriebsrats“ war in seinem Sample nicht vertreten. Die erste Gruppe findet innerbetriebliche Bedingungen und Beziehungsmuster zum Management vor, die funktionierende Partizipation letztlich verhindert. Das ist insbesondere in kleineren Betrieben der Fall, wie auch schon frühere Studien zeigen konnten (Blume 1964: 209). Neben den restriktiven lassen sich kooperative Formen der Mitbestimmungspraxis finden. Diese umfasst kooperationsorientierte Handlungsmuster und (sozialpartnerschaftliche) Zusammenarbeit mit der Unternehmensleitung ebenso wie den Versuch in Verhandlungen einvernehmliche Lösungen in Konfliktfällen zu finden. Das schließt eine größere Distanz zum Management, konfliktorientierte Grundhaltungen und die entschiedene Interessenvertretung der Belegschaft gegen die dominanten Positionen des Unternehmens nicht zwingend aus. Andere Betriebsräte gehen weniger von ideologischen oder normativen Orientierungen aus, sondern stützen ihre Arbeit auf technische und juristische Expertise, durch die der Betriebsrat Einfluss auf die Geschäftsleitung nehmen möchten. Dabei kooperiert das Gremium zwar ebenso mit Management, aber mehr auf Grundlage seiner Sachkenntnis und nicht zwingend wegen seines sozialpartnerschaftlichen Selbstverständnisses. Weitere Betriebsräte verstehen sich mehr als unabhängiges Gremium, das zunächst weder konfrontativ noch kooperativ dem Unternehmen gegenüber auftritt. Vielmehr möchte dieser Typ Betriebsrat eigenständig und unbeeinflusst von äußeren Akteur:innen, wie etwa der Gewerkschaft, in Verhandlungen mit dem Unternehmen gehen und flexibel, pragmatisch und situativ seine Strategie wählen. Während sich in der Studie aus dem Jahr 1981 nur 35 Prozent Typen von „wirksamer Interessenvertretung" fanden, drehte sich das Verhältnis in der Folgeuntersuchung um (Kotthoff 1994). 66 Prozent der analysierten Betriebsräte wurden als „wirksame" und 33 Prozent als „defiziente Interessenvertretung" typologisiert. In mehr als der Hälfte der zum Untersuchungszeitpunkt 1990 noch existenten Betriebe fand seit der Erstuntersuchung ein Wandel von defizitären zu wirksamen Vertretungsstrukturen statt, was auf die gesteigerte Akzeptanz der Mitbestimmung oder zumindest des Arrangements mit ihr auf Unternehmensebene schließen lässt.

Die Typologien sind ein Versuch der empirischen Forschung, die komplexen und widersprüchlichen Rollenverständnisse und Interaktionsformen von Betriebsräten im Spannungsfeld von Arbeitenden- und Kapitalorientierung zu ordnen und deutlich zu machen, dass Betriebsräte keine homogenen Handlungsweisen und Strategien verfolgen. Gleichzeitig stellen Typologien aber immer schematische Vereinfachung dar, da sie Betriebsräte vergleichsweise statisch begreifen und die fließenden Übergänge etwa zwischen Kooperation und Konflikt wenig berücksichtigen. Denn Mischformen und wechselnde Handlungsstrategien von Betriebsräten sind nicht ungewöhnlich, insbesondere wenn sie sich dem Wandel von betrieblichen und wirtschaftlichen Situationen anpassen müssen. Zu kurz kommen auch andere Faktoren, die Orientierungen von Betriebsräten beeinflussen und die Wahl der Handlungsstrategie mitbestimmen: Individuelle Einstellungen (persönliche

Präferenzen der Betriebsratsmitglieder zu Konflikt, Kooperation und Verhandlungen), die betrieblichen Rahmenbedingungen (wirtschaftliche Lage, Organisationskultur, Interaktionsmuster mit Management etc.) sowie das externe Umfeld (Stärke von Gewerkschaften und Tarifbindung, politischen Organisationen etc.). So ließe sich zeigen, dass Betriebsräte nicht von vornherein konfliktorientiert oder kooperativ sind, sondern sich in einem sozialen und politischen Feld bewegen, in dem sie permanent abwägen müssen, welche Strategien ihnen unter den gegebenen Bedingungen als sinnvoll erscheinen. Neben der Orientierung von Betriebsräten sind für die Reichweite der Mitbestimmung und die Frage, welche „effizienten Formen der Konfliktregelung" sich etablieren, nicht zuletzt die „Kräfteverhältnisse, kulturelle Affinitäten der Eigentümer und Unternehmensleitungen sowie historische Erfahrungen" (Höpner 2004: 355) entscheidend.

5.5 Gewerkschaft im Betrieb

Gewerkschaften kommt auf der „Makroebene" die Aufgabe zu, überbetriebliche Normsetzung und Arbeitsstandards durch Tarifverträge zu etablieren, während Betriebsräte auf der „Meso- und Mikroebene" des Betriebs ansetzen und Tarifabkommen kontrollieren und arbeitsplatzbezogene Regelungen bewirken, wofür sie mit verschiedenen Mitbestimmungsrechten ausgestattet sind. Ihr betriebliches Handeln bezieht sich auf zwei formell getrennte Sphären: Durch die Koalitionsfreiheit ist Gewerkschaften der Zutritt zum Betrieb prinzipiell gestattet, wobei die zeitlichen, inhaltlichen und räumlichen Dimensionen ihrer betrieblichen Aktivitäten immer wieder Gegenstand von Auseinandersetzungen sind. Die zweite Sphäre, die Interessenvertretung durch Betriebsräte, ist zunächst unabhängig, wobei deren Mitglieder oftmals Gewerkschafter:innen sind. Die Ebenen oder Konfliktarenen können im betrieblichen Kontext nicht säuberlich getrennt werden, vielmehr lassen sich Gewerkschaften und Betriebsräte als komplementäre Institutionen oder „widersprüchliche Einheit" verstehen, in der die „verschieden konstituierten Strukturen symbiotisch aufeinander bezogen sind" (Streeck 1979: 217). Sie gehen ein „wechselseitiges Unterstützungsverhältnis" (Haipeter 2019: 32) ein und ergänzen sich bei der betrieblichen Regulation von Arbeitskraft. In der Folge ergeben sich verschiedene gewerkschaftliche

Betätigungsfelder innerhalb der betrieblichen Arbeitsbeziehungen, die uns im Folgenden interessieren.

5.5.1 Symbiotisches Verhältnis zwischen Gewerkschaften und Betriebsräten

Vom anfänglich misstrauischen Verhältnis zwischen Gewerkschaften und betrieblichen Mitbestimmungsgremien ist heute nicht viel übriggeblieben, vielmehr avancieren Betriebsräte zum Hauptakteur gewerkschaftlicher Betriebspolitik. Zum einen wurden mit der Novellierung des Betriebsverfassungsgesetzes im Jahr 1972 die gewerkschaftlichen Zutrittsrechte zum Betrieb ausgedehnt (Däubler 2010). Zum anderen trug zur „Versöhnung“ sicherlich bei, dass der Großteil der gewählten Betriebsratsmandate an gewerkschaftliche Aktive fällt[29], was organisatorische Verbindungen schafft und den (indirekten) Einfluss der Gewerkschaften erhält. Ihr symbiotisches Verhältnis besteht darin, dass Betriebsräte häufig auf Beratungsleistungen oder rechtliche und andere Unterstützung durch Gewerkschaften angewiesen sind, die wiederum durch die Betriebsratsarbeit neue Mitglieder gewinnen und die betriebliche Organisationsmacht ausdehnen können (Behrens 2005). Den Betriebsräten verschafft das eine mächtige und unabhängige Position neben dem hauptamtlichen Gewerkschaftsapparat, auf dessen Unterstützung sie zur nächsten Betriebsratswahl bauen müssen, sofern sie auf gewerkschaftlichen Listen kandidieren (Müller-Jentsch 2014: 515f.).

Die Verknüpfung zwischen Betriebsräten und gewerkschaftlicher Organisations- und Betriebspolitik gelingt vor allem über ein weitgefächertes Angebot an Schulungs-, Weiterbildungs- und Beratungsprogrammen der Gewerkschaften. Die hierfür freigemachten Ressourcen nützen am Ende den Interessenverbänden, die auf „ihre“ Betriebsräte bei der gewerkschaftlichen Arbeit im Betrieb bauen können. Betriebsräte gelten den Beschäftigten oftmals als glaubhafte betriebliche Repräsentant:innen der Gewerkschaft (Kotthoff 1994: 43). Das bedeutet für Gewerkschaften zugleich, dass eine erhöhte Abhängigkeit von der

29 Allerdings zeigt sich bereits seit den 1990er-Jahren eine abnehmende Tendenz der „arbeitsteiligen ‚Verschränkung‘ des Betriebsrats- und Gewerkschaftshandelns“ und insbesondere in ostdeutschen Betrieben lassen sich „defizitäre Beziehungsmuster der ‚Abhängigkeit‘, ‚Entkopplung‘ oder ‚Distanz‘“ erkennen (Artus 2003: 250). Siehe auch → Kap. 7.1.

gelingenden Zusammenarbeit mit dem Betriebsratsgremium besteht, wenn sie die Beziehungen zum Betrieb nicht verlieren wollen. Gerade der persönliche Kontakt zwischen (gewerkschaftlichen) Betriebsräten und Gewerkschaftsmitgliedern sichert deren Loyalität gegenüber dem Interessenverband (Pyhel 2008). Betriebsräte sind wiederum an der Positionsfindung in Gewerkschaften beteiligt, indem sie ihre Standpunkte in örtliche Gremien hineintragen. Ein wichtiges Moment gewerkschaftlicher Betriebspolitik kann in betrieblichen Tarifkommissionen liegen, die Vertrauensleute, Betriebsräte und andere Gewerkschaftsmitglieder in die Strategiefindung bei Tarifverhandlungen einbeziehen. Die gewerkschaftliche Praxis verbindet so die Tarifpolitik mit Aktivitäten auf betrieblicher Ebene, was das Handeln der Gewerkschaft aufwerten und legitimieren sowie die eigene Mitgliederbasis in den Betrieben ausbauen kann. Der Zugang zu Gewerkschaftsstrukturen sichert Betriebsräten den Einfluss auf die Verbände und die sie betreffende Tarifpolitik. Schmidt/Trincek (1999: 107) beschreiben dieses Wechselverhältnis als „Vergewerkschaftung der Betriebsräte“ und „Verbetriebsrätlichung der Gewerkschaften“.

Die strenge Aufgabenteilung zwischen Gewerkschaften als überbetrieblicher Akteur der Tarifautonomie und Betriebsräten als Akteur gewerkschaftlicher Betriebspolitik, lässt sich nicht aufrechterhalten und wird der Komplexität betrieblicher Arbeitsbeziehungen nicht gerecht. So konnten Betriebsräte in einzelnen Großunternehmen die tariflichen Standards durch betriebliche Nachverhandlungen, die sogenannten zweiten Lohnrunden, übertreffen, was ihnen direkten Einfluss auf die Lohnpolitik verschaffte. Das erweiterte den Handlungsraum und führte zum Bedeutungsgewinn von Betriebsräten, während zeitgleich die Legitimität gewerkschaftlicher Interessenpolitik vor Probleme gestellt wurde (Teschner 1977: 154). Das gleiche galt in den 1980er-Jahren bei der schrittweisen Reduzierung der Arbeitszeit in der Metall- und Elektroindustrie, die zwar tarifvertraglich bestimmt, aber in der konkreten Umsetzung auf betrieblicher Ebene geregelt wurde, wobei Betriebsräte eine Schlüsselrolle einnahmen. Seit Jahrzehnten dehnt sich das Handlungsfeld von Betriebsräten auf die qualitative Seite der Arbeitsorganisation aus, die teilweise in Tarifabschlüssen als Gestaltungsebene fixiert wurde. Die Details von qualitativen Veränderungen der Arbeitsbedingungen werden oftmals auf betrieblicher Ebene verhandelt und durch Betriebsvereinbarungen festgehalten, welche die spezifische betriebliche Situation antizipieren sollen, deren Abschluss aber mitunter durch den Tarifvertrag zwingend vorgesehen ist. Damit überkreuzen sich Tarif- und gewerkschaftliche Betriebspolitik, was ihre strenge funktionale Trennung zunehmend aufweicht (Schauer et al. 1984).

5.5.2 Vertrauensleute

Betriebspolitik ist das originäre Feld gewerkschaftlicher Vertrauensleute. Ihre Wurzeln gehen auf frühe gewerkschaftliche Organisationsansätze zurück, als die rechtlich-institutionellen Rahmenbestimmungen der Mitbestimmung noch nicht vorhanden waren. Vertrauensleute sind von den Gewerkschaftsmitgliedern im Betrieb gewählte oder durch die zuständige Gewerkschaft ernannte Delegierte, die als Bindeglied zwischen Beschäftigten und Gewerkschaft fungieren (u. a. Koopmann 1981; Prott 2006). Die Aufgabe der Vertrauensleute ist es, die gewerkschaftlichen Strukturen auch jenseits von Tarifrunden zu pflegen und zu erhalten. Sie bilden die persönlichen Beziehungen aus und bauen soziale Netze auf, die sich für gewerkschaftliche Auseinandersetzungen aktivieren lassen und über das nötige Vertrauen unter Kolleg:innen verfügen. Sie informieren die Belegschaft über gewerkschaftliche Themen, beraten bei arbeitsrechtlichen oder tariflichen Fragen, gewinnen neue Gewerkschaftsmitglieder und mobilisieren im Zuge von Tarifverhandlungen und Streiks. Vertrauensleute achten zudem darauf, dass Tarifverträge, Betriebsvereinbarungen und gesetzliche Regeln eingehalten werden, um Rechtsverstöße oder Missachtungen zu verhindern. Die formalisierte Struktur der Vertrauensleute sichert Kontinuität, während der Weggang von einzelnen aktiven Gewerkschaftsmitgliedern ohne Mandat ansonsten gravierende Folgen haben kann.

Durch Betriebsvereinbarungen oder tarifvertragliche Regelungen ist die Arbeit von Vertrauensleuten in einigen Großbetrieben abgesichert und ihnen wird Zeit für die Tätigkeit zur Verfügung gestellt. Ihre Ressourcen und betriebspolitischen Handlungsmöglichkeiten sind aber beschränkt und ihre eigenen Entscheidungsbefugnisse von Bestimmungen des zuständigen Gewerkschaftsapparates abhängig (Sperling 2014: 494). Nicht zuletzt hat sich die Anzahl an Vertrauensleuten mit der wachsenden Etablierung von Betriebsratsgremien über die letzten Jahrzehnte deutlich verringert. In der Regel arbeiten Vertrauensleute zwar eng mit dem Betriebsrat zusammen, sie besitzen aber nicht die gleichen formellen Rechte, sondern sind vielmehr informelle Repräsentant:innen der Gewerkschaft. Als symbolische Repräsentation verkörpern sie die kollektive Stärke der Gewerkschaft im Betrieb und sind – anders als Betriebsräte – nicht durch das BetrVG an die Berücksichtigung der unternehmerischen Ziele gebunden.

Heute ist es üblich, dass gewählte Betriebsratsmitglieder als Vertrauensleute von der Gewerkschaft ernannt (und nicht mehr von der Belegschaft direkt gewählt werden) und in dieser Doppelfunktion im Betrieb agieren. Die Betriebsräte übernehmen zwar einen Teil des Aufgabenbereichs von Vertrauensleuten, sind aber eben keine von ökonomischen Betriebszielen unabhängige gewerkschaftliche Interessenvertretung. Demnach sind heute „Vertrauenskörper dort, wo sie überhaupt existieren, faktisch lediglich der verlängerte Arm des Betriebsrats und keineswegs, wie ursprünglich intendiert, ein funktionierendes Kontrollorgan desselben“ (Schmidt/Trinczek 1999: 108). Noch in den 1950er- und 1960er-Jahren fokussierten sich Gewerkschaften auf den Aufbau von Vertrauensleutestrukturen, die ihre Hochphase in den 1970er-Jahren in den großen Industriebetrieben hatten. Damals eskalierten teilweise Konflikte zwischen oppositionellen Vertrauensleuten und kooperationswilligen Betriebsräten (Owetschkin 2016), um die interessenpolitische Ausrichtung der betrieblichen Arbeit und konkrete Ausgestaltung der Mitbestimmung. Auch heute lassen sich Ansätze zur Belebung der Vertrauenskörperarbeit beobachten, die häufig von kleinen Aktivengruppen ausgehen. Diese greifen aktuelle betriebliche Themen auf und versuchen, die Beteiligungsmöglichkeiten der Belegschaft zu erweitern. Wie Tietel et al. (2026) jüngst anhand von Organisationsbereichen der IG Metall, ver.di und IG BCE gezeigt haben, wird die Kultur der Vertrauensleutearbeit dabei partizipativer und kommunikativer. Zugleich bezieht sie heterogene Beschäftigtengruppen stärker in die Positionsfindung und das eigene Handeln ein.

5.5.3 Betriebsgruppen und Aktivenkreise

Betriebsgruppen und Aktivenkreise sind zentrale betriebliche oder lokale Akteur:innen der Gewerkschaft, die als Bindeglied zwischen Beschäftigten, der gewerkschaftlichen Basis und Strukturen des Gewerkschaftsapparats fungieren. Ihre Aufgabe besteht – ähnlich wie bei

Vertrauensleuten – darin, die Gewerkschaftsmitglieder im Betrieb zu organisieren und die kontinuierliche Präsenz der Interessenorganisation am Arbeitsplatz sicherzustellen. Sie sind Multiplikatoren für gewerkschaftliche Anliegen und für die direkte Ansprache der Beschäftigten im Betrieb (mit)verantwortlich. Ihre Belegschaftsnähe erlaubt es ihnen, die betriebliche Stimmung und konfliktreiche Themen frühzeitig zu erkennen und in die Gewerkschaftsarbeit und deren Strategiefindung einzubringen. Das heißt, sie „verfügen über die Fähigkeit, glaubhaft realistische Ziele für kollektives Interessenhandeln zu definieren und die Belegschaft für diese Ziele zu mobilisieren“ (Goes et al. 2015: 55). Indem sie die kollektive Identität und die Solidarität unter den Beschäftigten stärken, tragen sie zur sozialen Kohäsion der Belegschaft bei, was als wesentliches Moment für den Erfolg gewerkschaftlicher Kämpfe gelten kann. Es kommt also auf ihre Repräsentationsfähigkeit an, die brennenden Themen der Belegschaft definieren und artikulieren zu können, um darüber die Gewerkschaft im betrieblichen Alltag zu legitimieren (Thiel 2022: 114ff.). Gleichzeitig kommunizieren Betriebsgruppen und Aktivenkreise gewerkschaftliche Strategien und Forderungen an die Belegschaft und übersetzen sie auf die betriebliche Ebene. Sie gewährleisten damit nicht zuletzt die Fähigkeit der Gewerkschaft, die Belegschaft für kollektive Aktionen wie Streiks zu gewinnen, da sie zwischen unterschiedlichen Interessen der (unorganisierten) Belegschaft und den Zielen der Gewerkschaftsstrukturen vermitteln können (Bahnmüller 1998). Als „Aktivierungsnetzwerke“ sind sie damit eine wichtige Voraussetzung, um die Machtressourcen der Beschäftigten und Gewerkschaft in betrieblichen und tarifpolitischen Auseinandersetzungen mobilisieren zu können.

Die arbeitspolitische Kommunikation und öffentlichen Meinungsbildung im Betrieb, die von aktiven Beschäftigten und Gewerkschaften ausgeht, lassen sich als betriebliche Gegenöffentlichkeit verstehen. Sie stellt eine Gegenöffentlichkeit zur „offiziellen“ betrieblichen Kommunikation des Managements dar und bietet Beschäftigten und Gewerkschaften die Möglichkeit, ihre Perspektiven gegen die Narrative der Unternehmensführung zu artikulieren. Üblicherweise geschieht dies in Form von betriebsinternen Aushängen und Newslettern, Flugblättern, Chat-Gruppen, soziale Medien und durch Betriebsversammlung. Sie stellt damit ein Gegengewicht zur hierarchischen Kommunikationsstruktur in vielen Betrieben dar, die wenig Raum zur Partizipation von

Beschäftigten lässt und in Regel einseitig von oben nach unten funktioniert (Negt/Kluge 1972). Das macht betriebliche Gegenöffentlichkeit zum kritischen Korrektiv managementseitiger Diskurse, das Entscheidungen der Unternehmensführung aufdecken, interpretieren und abweichende Blickwinkel formulieren kann. Somit handelt es sich um eine Art gegenhegemonialen Diskurs, der die Dominanz der Managementkommunikation infrage stellen und die betriebliche Herrschaft delegitimieren kann. Die betriebliche Gegenöffentlichkeit wirkt sich somit auf die Arbeitskultur und normativen Vorstellungen im Betrieb aus, welche die Ausgestaltung der Arbeitsbeziehungen neben den gesetzlichen und institutionellen Rahmenbedingungen prägen. Schließlich trägt sie daher auch zur Herausbildung einer kollektiven Identität der Beschäftigten bei, die es Aktivenkreise und Gewerkschaften potenziell erleichtert, sie in betrieblichen Konflikten mobilisieren und organisieren zu können (Schmidt/Weick 1975). Wenn Unternehmen die Gegenöffentlichkeit der Beschäftigten bzw. ihrer Interessenvertretung als Bedrohung der betrieblichen Machtverhältnisse ansehen, kann es zur Einschränkung von Kommunikationskanälen kommen, wie es z. B. bei Chat-Gruppen von Plattformlieferdiensten geschah (Heiland/Brinkmann 2020). Für Betriebsgruppen und Aktivenkreise kommt es daher darauf an, ihre Kommunikationsmöglichkeiten zu erhalten und die (diskursive) Präsenz gewerkschaftlicher Anliegen am Arbeitsplatz zu gewährleisten.

5.5.4 Erschließung und Organizing

Die Bereitschaft zur Gewerkschaftsorganisation ist in vielen Bereichen gering ausgeprägt, insbesondere im Dienstleistungssektor und in prekären Arbeitsverhältnissen, was u. a. mit der Angst vor Arbeitsplatzverlust, mit Befristung und Leiharbeit oder der allgemeinen Unwissenheit über Gewerkschaften zu tun hat. Interessenorganisationen stoßen aber zunehmend auch auf Widerstand der Kapitalseite, die ihre unternehmerische Freiheit gefährdet sieht und durch Methoden des Union Busting versucht gewerkschaftliche Strukturen aktiv zu verhindern oder behindern. Die *Erschließung* neuer Betriebe durch Gewerkschaften, also die Gewinnung von Mitgliedern und die Verankerung gewerkschaftlicher Strukturen im Betrieb, hat mit der relativen Schwächung von Gewerkschaften an Bedeutung gewonnen und stellt sie vor verschiedene Herausforderungen. Denn der Zugang zum Betrieb muss in vielen Bereichen erst (wieder) hergestellt werden. Mit neuen Strategien versuchen Gewerkschaften daher ihre betriebliche Basis zu reorganisieren und auch Betriebe zu erreichen, die als „weiße Flecken" der Interessenpolitik gelten.

Erfolgreiche Erschließungskampagnen erfordern langfristige Strategien, zielen aber in der Regel zunächst auf Mitgliederzuwächse, um die eigene Organisation (in den entsprechenden Bereichen) zu erhalten bzw. auszubauen, um mittelfristig kollektive Forderungen durchsetzen zu können. Die hierin zu erkennende gewerkschaftliche Neuausrichtung, mit der vor allem im Tätigkeitsbereich von ver.di, IG Metall, IG BAU und NGG experimentiert wird, arbeitet mit Elementen des „Social Movement Unionism" (u. a. Vandenberg 2006) und orientiert sich an Organizing-Methoden us-amerikanischer Gewerkschaften wie der Service Employees International Union (SEIU). Diskutiert werden derartige Ansätze auch als „Strategic Unionism" (Brinkmann et al. 2012). Systematische Mitglieder- und Organisierungskampagnen folgen keinem einheitlichen Konzept, aber sie konzentrieren sich im Wesentlichen auf drei Komponenten: „[D]ie externe Mobilisierung zur Rekrutierung neuer Mitglieder, die interne Mobilisierung der Basis zur Unterstützung dieses Ziels sowie die Bildung neuer Koalitionen mit politischen Akteuren" (Rheder 2014: 242). Wie die Strategien konkret ausfallen, hängt stark mit der Ausgangslage im Betrieb, der Beschäftigtenstruktur und möglichen Keimzellen der betrieblichen Organisierung zusammen. Eine Schlüsselrolle nehmen oftmals Multiplikator:innen ein, die selbst im Betrieb arbeiten, bereits Gewerkschaftsmitglieder sind und von den Kolleg:innen geschätzt werden. Einzelne Elemente des Organizing sind mittlerweile zu einem festen Bestandteil gewerkschaftlicher Alltagsarbeit geworden und werden mehrheitlich in Unternehmen mit Tarifbindung eingesetzt. Die tarifpolitische Erschließung neuer Betriebe durch Organizing bleibt in Deutschland jedoch eher die Ausnahme. Größere Erfolge wurden vor allem im Gesundheitswesen erzielt, etwa bei der Wiederherstellung der Tarifbindung ausgegliederter Servicebetriebe (Dribbusch 2026; Kunkel 2025).

Am Anfang stehen oft „kleine Probleme" am Arbeitsplatz, die von Kerngruppen von aktiven Beschäftigten bearbeitet werden, um von dort aus größere Kampagnen zu entwickeln. Bei diesem „Organisieren am Konflikt" (Dribbusch 2011) haben sich eine ausgeprägte Mitgliederpartizipation und niedrigschwellige Mitmachaktionen als Mittel der interessenpolitischen Mobilisierung etabliert, die dem sukzessiven Aufbau gewerkschaftlicher Organisationsmacht dienen und als Gradmesser des Erfolgs verstanden werden. Als zentrales Element aus dem Baukasten der Organizing-Methoden hat sich zudem die gezielte Adressierung der Öffentlichkeit durchgesetzt, also Kampagnen in sozialen Medien, Pressemitteilungen oder öffentlichkeitswirksame Aktionen, um von außen Aufmerksamkeit auf die Situation von Beschäftigten zu lenken und den Nutzen von Interessenorganisationen aufzuzeigen (Dribbusch 2007; Birke 2010; Wetzel 2013; McAlevey 2019). Diese Strategie scheint sich vor allem dort als erfolgreich zu erweisen, wo Unternehmen mit Endverbraucher:innen zu tun haben und besonders auf ihr Image und ihre öffentliche Reputation bedacht sind. Auch der Kampf um Tarifverträge wird zur Mitgliedergewinnung genutzt, da sich in den Auseinandersetzungen der konkrete Vorteil gewerkschaftlicher Organisation leichter vermitteln lässt.

Etwas anders gelagert ist das Konzept der „bedingungsgebundenen Tarifarbeit", das den betrieblichen Organisationsgrad und die Handlungsbereitschaft der Belegschaft zur Bedingung macht, um als Gewerkschaft eine Tarifauseinandersetzung zu beginnen. Verbunden werden mit dem Ansatz zugleich eine höhere Mitgliederpartizipation und demokratisierte Entscheidungsstrukturen in Tarifkommissionen (Dilcher 2011; Thiel 2022). Die Bemühungen zur gewerkschaftlichen Revitalisierung und offensiven Mitgliederrekrutierung stehen allerdings häufig unter dem Vorbehalt von knappen personellen und finanziellen Ressourcen, denn die Bedeutung und der Stellenwert konfliktorientierter Gewerkschaftsstrategien bei gleichzeitiger Stärkung der betrieblichen Basis werden innerhalb der Interessenorganisationen durchaus unterschiedlich bewertet. Dabei entstehen teilweise Reibungen zwischen Organizing-Ansätzen und von Hauptamtlichen und Funktionsträger:innen geprägten Gewerkschaftsstrukturen sowie gewählten Betriebsräten, die stärker auf Interessenrepräsentation orientieren und weniger auf die Aktivierung und Selbststätigkeit der betrieblichen Basis. Dies zeigt sich insbesondere dort, wo die etablierten Verhandlungswege des dualen Systems als wirkungsvoll wahrgenommen werden. Gerade bei schwach formalisierten Interessenvertretungsstrukturen können hingegen beteiligungsorientierte Erweiterungen der Betriebspolitik die Beziehungen zwischen Gewerkschaft, Betriebsräten und Belegschaft festigen (Thünken 2018). Es deutet sich aber an, dass sich mittelfristig die Aufgabenbereiche gewerkschaftlicher Betriebspolitik hin zu einem strategischen Handeln verschieben (müssen), das die Routinen institutionalisierter Interessenpolitik verlässt und den eigenen Organisationsaufbau, die Mitgliederorientierung und Kampagnenfähigkeit (wieder) in den Mittelpunkt rückt.

5.6 Wandel der betrieblichen Mitbestimmung

Veränderte Unternehmens- und Marktstrukturen, eine global vernetzte Ökonomie und die von Wettbewerb getriebene und kapitalmarktorientierte Reorganisation von Arbeits- und Produktionsprozessen, wandeln die institutionalisierten Arbeitsbeziehungen und Mitbestimmungsstrukturen.

Verschiedene Entwicklungen der letzten Jahrzehnte, beispielsweise das Outsourcing von Unternehmensteilen (oder die Auslagerung von Teilaufgaben an formal Selbstständige), das Entstehen von zwischenbetrieblichen Netzwerken und „eigenständigen" betrieblichen Profitcentern, begrenzen die Reichweite der Mitbestimmung. Sie haben die „Dezentrierung des Betriebs als eines exemplarischen Ortes der normativen Regulierung der Arbeit und kollektiven Interessenvertretung zur Konsequenz" (Müller-Jentsch 2007: 96). Betriebsräten in *Unternehmensnetzwerken* bleibt häufig nur noch eine verwaltende Funktion, denn die Entscheidungsmacht verlagert sich von einzelnen Standorten hin zu Managementstrukturen im Kernunternehmen, die (lokale) Betriebsräte nur noch bedingt beeinflussen können (Sydow/Wirth 1999). Das erhöht die Akzeptanz von arbeitspolitischen Zugeständnissen durch Betriebsräte, um z. B. Standortschließungen oder -verlagerungen abzuwenden. Das 2001 novellierte Betriebsverfassungsgesetz hatte daher u. a. das Ziel, die Betriebsratsgründung in Unternehmensnetzwerken zu erleichtern, indem sich deren Geltung als „Gemeinschaftsbetriebsrat" ausweiten lässt.

Als weiterer Trend lässt sich seit Jahren die schwindende Verbindlichkeit tariflicher Normen feststellen. Arbeitgeberverbände und Gewerkschaften ließen sich seit den 1980er-Jahren auf die *Dezentralisierung* der Tarifpolitik ein (→ Kap. 4). Die IG Metall akzeptierte im Konflikt um Arbeitszeitreduzierung (35-Stunden-Woche) erstmals die Öffnung von Flächentarifverträgen (Schmidt/Trinczek 1986; Bispinck 2004). Diese

Praxis normalisierte sich in den folgenden Jahren: Flächentarifverträge wurden in verschiedenen Branchen mit Öffnungsklauseln versehen, was vom Kollektivertrag abweichende Regeln auf betrieblicher Ebene erlaubte. Damit weitete sich das Handlungs- und Aufgabenfeld von Betriebsräten erheblich aus, was sie zu aktiven Akteur:innen der Tarifpolitik machte (Schartau 2001; Leminsky 1997; Haipeter 2010). Die Mehrzahl der Betriebsräte stand der Öffnung von Tarifverträgen zunächst skeptisch gegenüber und fürchtete, dass bestehende tarifliche Normen durch die Geschäftsleitung unterlaufen werden (Bispinck 2005). Umgekehrt bewertet das Management den Bedeutungsgewinn betrieblicher Verhandlungen mehrheitlich als positiv (Nienhüser/Hoßfeld 2007). Das ist wenig verwunderlich, denn die Unternehmen reagieren auf Kostendruck und steigende Flexibilitätsanforderungen mit der *Verbetrieblichung* der Arbeitsbeziehungen.

Die langfristigen Folgen der tarifpolitischen Öffnung sind unklar, denn „[d]ie damit beabsichtigte Flexibilisierung des Tarifvertragssystems unterläuft mit noch nicht absehbaren Konsequenzen die bewährte Arbeitsteilung zwischen der tarifpolitischen und der betriebsverfassungsrechtlichen Arena“ (Müller-Jentsch 2014: 523). Haipeter (2011: 32) kommt auf Grundlage der Untersuchung von betrieblichen Ergänzungstarifverträgen und Betriebsvereinbarungen zu der Einschätzung, dass in der Dezentralisierung der Tarifpolitik und wachsenden Verantwortungsübernahme von Betriebsräten vor allem Chancen für die gewerkschaftliche Betriebspolitik bestehen. So würden betriebliche Tarifabweichungen mitverhandelt und ihre Kontrolle sichergestellt, gewerkschaftsnahe bzw. mit ihnen abgestimmte Verhandlungsstrategien von Betriebsräten zunehmen und die Einbindung von Beschäftigten und Gewerkschaftsmitgliedern steigen, was die betriebliche Organisationsmacht letztlich erhöhe. Die Verbetrieblichung drängt den Gewerkschaften zugleich jedoch Handlungsstrategien auf, die sich von sektoralen zu einzelbetrieblichen Ansätzen verschieben, was eine einseitige Ausrichtung an betriebswirtschaftlichen Lösungen befördern kann (Bahnmüller 2010). Die Einzelinteressen von Belegschaften und ihren Betriebsräten drohen breitere Klassenorientierungen zu überlagern.

In Arbeitsfeldern mit hohem wissensbasiertem Anteil, insbesondere im Bereich bestimmter Industrieberufe und hochqualifizierter Dienstleistungen, wird die betriebliche Mitbestimmung durch *partizipative Beteiligungsformen* ergänzt (Kamp 1999), die einzelne Beschäftigte –

etwa durch Gruppenarbeit oder Projektteams – in Entscheidungsstrukturen einbinden. Hierarchische Kontrollformen werden aufgeweicht und eigenverantwortliche Arbeitsweisen eingefordert, während gleichzeitig individualisierte Verhandlungsstrategien der Beschäftigten an Gewicht gewinnen. Die betriebliche Mitbestimmung findet „ihre Ergänzung nach unten" (Müller-Jentsch 2007: 102) und wird durch die direkte Beteiligung der einzelnen Beschäftigten erweitert. Befürchtet wurde anfänglich, dass die direkte Partizipation – die dem Bedürfnis vieler Beschäftigter entsprach – die Bedeutung der kollektiven Interessenvertretung durch Betriebsräte untergraben könnte. Doch die Mehrheit der Betriebsräte hat sich mit partizipativen Beteiligungsformen arrangiert und diverse Betriebsvereinbarungen etwa zur Regelung von Gruppenarbeiten auf den Weg gebracht (Kamp 1999), die seit der Erweiterung des BetrVG 2001 unter die Mitbestimmungsrechte fällt. Gleichwohl gewinnen vor allem in kleineren und mittleren Betrieben des Dienstleistungssektors Formen der Interessenvertretung an Bedeutung, die weder Verbindungen zu Gewerkschaften noch zu Gremien der Betriebsverfassung aufweisen und in der Regel auf informeller Ebene verbleiben (Artus et al. 2006). Im hochqualifizierten Dienstleistungsberuf, in dem Beschäftigte über ausgeprägte individuelle Markt- und Verhandlungsmacht verfügen, setzen sich etwa Beteiligungsformen wie Mitarbeiter:innenausschüsse, Teamsprecher:innen oder Runde Tische durch. Sie bilden unverbindliche Informations- und Beteiligungsformen, die rechtlich nicht abgesicherte Vertretungsorgane darstellen (Hauser-Ditz et al. 2008: 71ff.).

Vor dem Hintergrund des Strukturwandels industrieller Beziehungen hat sich zunehmend ein Bild des Betriebsrats als *Co-Management* durchgesetzt. Was darunter genau zu verstehen ist, wurde breit diskutiert. Einerseits wurden Betriebsräte als Co-Management und starke Vertretungsgremien verstanden, die belastbare Koalitionen mit der Geschäftsleitung bilden, in neue Handlungsfelder wirken können und sich weitreichenden Einfluss sichern (Müller-Jentsch/Seitz 1998). Eine ausgeprägte Partizipation der Beschäftigten und die kollektive Ermittlung ihrer Interessen ist damit jedoch nicht gemeint, vielmehr handeln Co-Management-Betriebsräte als Intermediäre, die sich ihre Agenda eigenständig setzen (Müller-Jentsch 1995). In einem anderen Verständnis des Co-Managements machen Betriebsräte deutliche Zugeständnisse an die Geschäftsleitung, konzentrieren sich auf Beschäftigungssicherung und helfen bei der Konfliktmoderation, ohne die Reichweite der Mitbestimmung auszudehnen (Kotthoff 1995). Diese „defensiven Interpretationen des Co-Managements“ (Haipeter 2019: 45) haben sich mit der wachsenden Bedeutung der Standortsicherung vor dem Hintergrund globaler Konkurrenz durchgesetzt. Schließlich wird das Co-Management in einem engeren Verständnis auf betriebliche Standortpolitik bezogen, wenn Betriebsräte Bündnisse mit der Unternehmensleitung zur Beschäftigungssicherung eingehen, die in der Regel mit weitreichenden Zugeständnissen an das Management zur Abwendung betriebsbedingter Kündigungen verbunden sind. Gemeinsam ist allen Auslegungen des Begriffs des Co-Managements, dass ihnen eine Verschiebung des Verantwortungs- und Aufgabenbereichs des Gremiums zugrunde liegt, der über die im BetrVG definierte Zusammenarbeit hinausgeht, Tendenzen zu Professionalisierung der Mitbestimmungsorgane verstärkt und den Betriebsrat zum Akteur managementnaher Entscheidungsprozesse macht.

Britta Rheder (2003) analysiert in ihrer Studie zu betrieblichen Bündnissen in deutschen Großunternehmen vier Typen von Standortsicherungsvereinbarungen, die in den 90er-Jahren zum Tragen kamen: Lohnsenkende Investitionsvereinbarungen (die Kostensenkungen der eingesetzten Arbeit bzw. Einkommenskonzessionen durch Investitionszusagen „kompensierten“), lohnsenkende Beschäftigungsvereinbarungen (die Einkommensverluste mit Beschäftigungsgarantien verbanden), produktivitätsfördernde Investitionsvereinbarungen (für die Beschäftigte Mehrarbeit, Arbeitszeitflexibilisierung und leistungsorientierte Bezahlung hinnahmen) sowie arbeitsumverteilende Beschäftigungsvereinbarungen (in denen das abnehmende Arbeitsvolumen zwischen den Beschäftigten neu verteilt wird, um Arbeitsplätze zu sichern). Die standortpolitischen Konzessionen wurden von Betriebsräten und Gewerkschaften in der Regel akzeptiert oder aktiv an ihnen mitgewirkt, insbesondere wenn die Beschäftigten sie als notwendig erachteten und unterstützen (Kotthoff 1998; Rheder 2003: 206ff.). Das bedeutet auch, dass durch das Co-Management „die Betriebspartner enger zusammengerückt sind, ihre Konflikte unter Vermeidung von Konfrontation austragen und das Betriebs- bzw. Unternehmenswohl in klassenübergreifender Allianz gegen Angriffe von außen verteidigen“ (Höpner 2004: 372). Wie Rheder (2006) betont, tragen derartige Standortvereinbarungen als alleinige Legitimation des Betriebsratshandeln jedoch immer weniger und führen mitunter zu vermehrten Spannungen zwischen Belegschaft und Betriebsräten.

5.7 Erosionsprozesse der Mitbestimmung und gewerkschaftlichen Betriebspolitik

In einem breiteren gesellschaftstheoretischen Zusammenhang lässt sich die veränderte Rolle von Betriebsräten in den Wandel des Kapitalismus einordnen, in dem sie einer in wachsendem Maße marktgetriebenen Arbeitswelt um schwindende Einflussmöglichkeiten ringen. Wenn sich politische und wirtschaftliche Rahmenbedingungen verändern, verschieben sich die Kräfteverhältnisse zwischen Kapital und Arbeit, was sich auch auf den Grad der Regulation von Arbeitsbeziehungen auswirkt. Damit wandeln sich die Handlungsrahmen von Betriebsräten, ihr Verhältnis zur gewerkschaftlichen Betriebspolitik und die Bedingungen von (betrieblicher) Organisations- und Tarifpolitik. Vor dem Hintergrund von strukturellen, arbeitsorganisatorischen und kulturellen Veränderungen seit spätestens den 1990er-Jahren, dem Rückgang der Tarifbindung und der Individualisierung von Lebensentwürfen wird das duale System der Interessenvertretung vor unübersehbare Herausforderungen gestellt.

5.7.1 Probleme gewerkschaftsnaher Mitbestimmung

Der Eindruck von Deutschland als Land der betrieblichen Mitbestimmung scheint zunehmend unangebracht, denn trotz einer vergleichsweise robusten Betriebsverfassung, besteht heutzutage eine gravierende Mitbestimmungslücke, die sich darin zeigt, dass nur etwa zehn Prozent der Betriebe mit mehr als fünf Beschäftigten einen Betriebsrat haben. Im Jahr 2024 wurden insgesamt 45 Prozent der Beschäftigten in Deutschland durch Betriebs- oder Personalräte vertreten. Bei privatwirtschaftlichen Betrieben mit mindestens fünf Beschäftigten lag der Anteil bei 37 Prozent, während er im öffentlichen Dienst bei 95 Prozent lag. In Westdeutschland waren Betriebsräte mit 38 Prozent stärker präsent als in Ostdeutschland, wo sie bei 31 Prozent liegen. Die Wahrscheinlichkeit einer betrieblichen Interessenvertretung ist bei großen Unternehmen deutlich höher als bei mittleren und kleinen

Unternehmen. Besonders niedrig ist die Vertretung durch Betriebsräte u. a. im Bau- und Gasgewerbe (9 Prozent), der Land- und Forstwirtschaft (15 Prozent) und im Einzelhandel (17 Prozent). Im Bereich Produktionsgüter (27 Prozent), Erziehung und Unterricht (34 Prozent), Bergbau, Energie und Wasserversorgung (36 Prozent) sowie Öffentliche Verwaltung (68 Prozent) ist betriebliche Mitbestimmung weiterhin verbreiteter (IAB-Betriebspanel 2024). Im Jahr 1996 lag der Anteil der Beschäftigten in Betrieben mit Betriebsrat noch bei 51 Prozent (West) bzw. 43 Prozent (Ost) und zeigt seitdem einen rückläufigen Trend (Ellguth/Kohaut 2022), wobei sich die Zahlen auf niedrigem Niveau zu konsolidieren scheinen und Ostdeutschland in den letzten Jahren leicht nachgezogen hat.

Die Betriebsratswahlen 2022 fanden in Anbetracht der Corona-Pandemie und einer neuen Wahlordnung infolge des Betriebsrätemodernisierungsgesetzes statt. Mit 71,5 Prozent (2018: 76,0 Prozent) war die durchschnittliche Wahlbeteiligung weiterhin hoch. Dabei ist sie in größeren Betrieben geringer als in kleineren (WSI Betriebs- und Personalrätebefragung 2022). Durchschnittlich 37,9 Prozent der Gewählten sind neu im Betriebsrat, 8,3 Prozent aller Betriebsräte waren Neugründungen (Misterek 2022). Der Frauenanteil in Betriebsratsgremien liegt bei 39,8 Prozent (bei Personalräten: 49,9 Prozent), wobei die Anteile bei der Führung geringer sind, insbesondere bei der Funktion des Vorsitzes. Der Anteil von Betriebsratsmitgliedern mit Migrationshintergrund bleibt mit 11 Prozent bzw. 4,4 Prozent in Betriebs- und Personalräten im Verhältnis zur Belegschaftszusammensetzung unterrepräsentiert (WSI Betriebs- und Personalrätebefragung 2022). Hier konnte an anderer Stelle gezeigt werden, dass ein hoher gewerkschaftlicher Organisationsgrad der Belegschaft deutlichen Einfluss darauf hat, diese Repräsentationslücke zu schließen (Behrens et al. 2023). Insgesamt ist der Anteil gewerkschaftlich organisierter Betriebsratsmitglieder allerdings rückläufig, er fiel seit 2002 von 75,1 Prozent auf 72,2 Prozent im Jahr 2011 (Greifenstein et al. 2011). Das bedeutet, dass jedes vierte Betriebsratsmitglied kein Mitglied einer DGB-Gewerkschaft mehr ist.

Schon seit Jahren ist die langsame, aber stetige Zunahme von „Unorganisierten“ in Betriebsratsgremien und die Wahlbeteiligung unabhängiger Listen in Konkurrenz zu gewerkschaftsnahen Listen zu verzeichnen. Bereits Mitte der 1990er-Jahre war zu beobachten, dass die damals neue Generation an Betriebsräten zwar die Bildungs- und Beratungsangebote der Gewerkschaften in Anspruch nahmen, sich selbst aber immer weniger als aktive Gewerkschafter:innen im Betrieb verstanden (Rudolph/Wassermann 1996: 192f.). Wie Ingrid Artus und Silke Röbenack (2021) zeigen, verändert sich die Praxis von Betriebsräten, wenn sie keine oder kaum Kontakte zu Gewerkschaften besitzen. Die gewerkschaftsfernen Betriebsräte folgen einer anderen „interessenpolitische[n] Positionierung" und verstehen sich weniger als „Instanz zur Formierung und Repräsentation eines kollektiven Belegschaftsinteresses", das sie „gegen den Willen der Geschäftsleitung durchzusetzen versuchen" (ebd.: 487f.). Festzustellen ist demnach eine „weitgehende Beschränkung der Aushandlungsmodi auf Kooperation und Konsens und die kategorische Vermeidung von Konflikten" und eine Praxis, die „nie die kollektive Mobilisierung der Belegschaft" (ebd.: 488) einschließt. Indem sich gewerkschaftsunabhängige Betriebsräte, insbesondere im Angestelltenbereich hochqualifizierter Arbeit, vermehrt Informationen und Beratungsangebote außerhalb der Gewerkschaftsstrukturen suchen, wird die funktionale Differenzierung im dualen System industrieller Beziehungen zugespitzt und letztlich die Gewerkschaften von der betrieblichen Arena abgeschnitten, was mittelfristig ihre Mobilisierungsfähigkeit und Durchsetzungskraft gefährdet (ebd.).

Nicht zuletzt lässt sich in den letzten Jahren eine Zunahme faschistischer, rechter und rechtspopulistischer Positionen im betrieblichen Kontext ausmachen (als Überblick u. a. Kohlrausch/Höcker 2020). Eine prominente These lautet, dass die empfundene Ohnmacht gegenüber den als ungerecht angesehenen Verteilungsverhältnissen dazu führe, dass Lohnabhängige verstärkt Auseinandersetzungen zwischen oben und unten in Konflikte zwischen innen und außen umdefinieren, was exklusive Solidarität befördere, an die rechte Parteien und Organisationen anknüpfen können (Dörre et al. 2018). So verwandele sich „alltägliche Sozialkritik in eine Legitimation für die Ausgrenzung Fremder, vermeintlich Leistungsunwilliger, kulturell angeblich nicht integrierbarer Gruppen" (Dörre 2020: 21). Dass rechte Einstellungen vor Gewerkschaftsmitgliedern keinen Halt machen (Zeuner et al. 2007) oder sogar besonders virulent sind (Küpper et al. 2019), ist dabei schon länger bekannt. Dies dürfte aber auch mit der sozialstrukturellen Zusammensetzung von Gewerkschaften in Verbindung stehen (Hilmer et al. 2017). Allerdings hat diese Entwicklung mit dem Aufstieg der AfD, die vor allem von selbstdefinierten Arbeiter:innen gewählt wird, eine neue Qualität erhalten.

Der rechte und AfD-nahe Verein Zentrum (bis 2022 Zentrum Automobil), der sich 2009 im Stuttgarter Werk der Daimler AG gegründet hat und mit seinen Kandidat:innen zu Betriebsratswahlen antrat, ist ein Ausdruck davon[30]. Inhaltlich fokussieren sich rechte Akteur:innen im Betrieb einerseits auf die Abgrenzung zu den DGB-Gewerkschaften, den sie eine Entfremdung von der Basis (bzw. den „Normalbürgern"), Korruption und Co-Management unterstellen. Andererseits wird eine äußere Gefahr in Gestalt von Migrant:innen und Geflüchteten konstruiert, vor welcher der soziale Raum des Betriebes und Arbeitsstandards geschützt werden müssten (Schroeder et al. 2019). Bemerkenswert ist, dass sie mit der Kritik am Co-Management „mehr oder weniger direkt kritische Positionen aus der Gewerkschaftslinken" (ebd.: 187) aufnehmen, während der Korruptions- und Co-Managementvorwurf vor allem auf die korporatistische Interessenvertretung zielt, die Gewerkschaftsfunktionäre und gewerkschaftliche Betriebsräte zur (betrieblichen) Elite zählt (Sauer/Detje 2019: 165). Als anschlussfähig für nationalistische Standortrhetorik erweist sich auch die – oftmals von Gewerkschaften und Betriebsräten mitgetragene – Standortlogik zur Stärkung der Wettbewerbsfähigkeit deutscher Betriebe (Sauer et al. 2018: 22).

Die Wahlerfolge rechter Listen wie Zentrum fallen noch überschaubar aus, bundesweit erlangte Zentrum Automobil 2018 von über 50.000 Mandaten in der Metall- und Elektroindustrie nur 19. Bei den Betriebsratswahlen 2022 konnte Zentrum im Daimler-Werk Untertürkheim mit 15,8 Prozent (sieben Betriebsräte) zwar das bislang beste Ergebnis erzielen, insgesamt aber nicht weiter zulegen bzw. hat Mandate sogar wieder verloren (IG Metall 2022). Derzeit ist das vermutlich größere Problem als rechte Betriebsratslisten, dass sich vereinzelt, aber in wachsendem Maße bei gewerkschaftlich Aktiven oder DGB-nahen Betriebsräten eine Ethnisierung der sozialen Frage und die Übernahme rechter Narrative erkennen lässt. Dagegen haben Gewerkschaften trotz ihrer mehrheitlich klaren Positionierungen als Gesamtorganisationen – wie der Rest der Gesellschaft – bislang noch keine kohärenten Strategien gefunden.

30 Ein Vergleich zwischen sechs EU-Ländern bietet die Studie „Recht Akteure im Betrieb" (Seongcheol et al. 2022). Dort findet sich auch ein Überblick über die „Arbeitnehmerpolitik" der AfD und die Entwicklungsgeschichte des Zentrum Automobil.

5.7.2 Sozialstruktureller Wandel und Offensive des Managements

Für die rückläufige Reichweite der Mitbestimmung werden verschiedene Ursachen ausgemacht, die sich gegenseitig überlappen und verstärken. Die Deindustrialisierung in westlichen Gesellschaften, führt zur Erschütterung der Mitbestimmung, die historisch in den großen Industriebetrieben verankert war. Im wachsenden Dienstleistungssektor konnten Gewerkschaften und Mitbestimmungsstrukturen nie in demselben Maße Fuß fassen. Durch Globalisierungsprozesse gerieten Unternehmen und Staaten verstärkt in internationale Konkurrenz, was den ökonomischen Druck erhöhte, Kosten zu senken und betriebliche Prozesse zu flexibilisieren, wodurch sich auch der Verhandlungsspielraum von Betriebsräten verringere (Streeck 2013). Die wachsende Macht des (globalen) Kapitals dränge Betriebsräte dazu, kooperative Strategien zu wählen, da konfrontative Ansätze unter Bedingungen der Standortkonkurrenz, Flexibilisierung und Deregulierung seltener als erfolgreich wahrgenommen und oftmals auch von den Belegschaften nicht gewollt wurden (Kotthoff 1998).

Vor allem der neoliberale oder marktradikale Umbau von Wirtschaft und Gesellschaft seit den 1980er-Jahren gilt als ursächlich für die Erosion der Mitbestimmung. Die wirtschaftspolitische Liberalisierung sollte Unternehmen die Anpassung an globale Wettbewerbsbedingungen erleichtern und hat Arbeitsmärkte und Beschäftigungsverhältnisse dereguliert und flexibler gemacht, was zur Schwächung institutionalisierter Mitbestimmung führte, die zunehmend als Hindernis für die Wettbewerbsfähigkeit von Unternehmen begriffen wurde. Somit lässt sich die Abnahme der Interessenvertretung von Beschäftigten durch Betriebsräte zumindest in Teilen auf den Strukturwandel der Arbeitsgesellschaft zurückführen. Begleitet wurden diese Prozesse von einer wachsenden Individualisierung und Entsolidarisierung innerhalb der Gesellschaft, in denen klassische Arbeiter:innenidentitäten und kollektive Interessenartikulation an Bedeutung verloren (Beck 1986; Sennet 2007). Ihren Platz nehmen individuelle Lebens- und Karriereplanung ein, die sich in individualisierten Bewältigungsstrategien am Arbeitsplatz zeigten.

Auch Oliver Nachtwey und Ulrich Brinkmann (2017) verorten die Erosion der Mitbestimmung im tiefgreifenden strukturellen Wandel der Arbeitsgesellschaft, der insbesondere durch eine globalisierte Ökonomie, neoliberalen Restrukturierungen und postfordisische Arbeitsorganisation gekennzeichnet ist. Durch die Flexibilisierung, Deregulierung und Dezentralisierung der Ökonomie, welche die fordistische Wirtschaftsstruktur mit ihren vergleichsweise stabilen und stark institutionalisierten Arbeitsbeziehungen beerbt hat, verschieben sich die Rahmenbedingungen der Mitbestimmung. Relativ homogene Belegschaften wurden durch einen wachsenden Anteil an atypischen und unsicheren Beschäftigungsformen im selben Unternehmen aufgebrochen, die zunehmend in Stamm- und Randbelegschaft auseinanderfallen, was die kollektive Handlungsmacht der Beschäftigten schwächt und Betriebsräten und Vertrauensleuten erschwert, die gesamte Belegschaft zu vertreten. Beschäftigte an den prekären Rändern der Unternehmen sind in der Regel schwächer organisiert als Stammbelegschaften und bringen sich weniger in Mitbestimmungsstrukturen ein, da ihre Position im Unternehmen temporär und besonders unsicher ist. Die Folge ist auch die Untergrabung des Solidaritätsprinzips, da es Betriebsräten zunehmend schwerfällt, die kollektive Interessenvertretung zu gewährleisten, was ihre Wirksamkeit untergräbt.

Die Veränderung von Betriebsratsarbeit unter Bedingungen der Prekarisierung von Arbeit hat auch Ingrid Artus (2007, 2008) untersucht. Sie kommt zu dem Ergebnis, dass atypische und prekäre Beschäftigungsformen wie Leiharbeit, befristete Verträge oder Werkverträge die kollektive Interessenvertretung durch Betriebsräte erschwert. Da die institutionalisierte Mitbestimmung und ihre gesetzliche Rahmung in Deutschland traditionell auf dem Modell des „Normalarbeitsverhältnisses" beruht, hat sie Schwierigkeiten mit fragmentierten Belegschaften, die weniger homogen sind und in verschiedene Teilgruppen mit unterschiedlichen Interessen und Ansprüchen zerfallen. Betriebsräte stehen vor dem Problem für Leiharbeiter:innen oder befristete Beschäftigte, die bis zur Reform des Betriebsverfassungsgesetzes 2001 sogar von der betrieblichen Mitbestimmung ausgeschlossen waren, pragmatische Lösungen zu erarbeiten, um der Spaltung in Stammbelegschaften und prekarisierte Randbelegschaften entgegenzuwirken. Diese Erweiterung der strategischen Handlungsfelder kann auch zu Spannungen innerhalb des Betriebsrats selbst führen, der zwischen den spezifischen Interessen unterschiedlicher Beschäftigtengruppen vermitteln muss.

Hohe Durchsetzungs- und Gestaltungsmacht haben Mitbestimmung und gewerkschaftliche Betriebspolitik weiterhin in der „ersten Welt“ des Arbeitsmarktes, wo Tarifverträge und Betriebsratsstrukturen üblich sind und sich gegenseitig ergänzen. In der „zweiten Welt“ fehlt die eine oder andere Form der Regulierung von Arbeitskraft, während in der „dritten Welt“ der Arbeitsbeziehungen mitbestimmungsfreie Zonen existieren, die weder über Tarifverträge noch Betriebsräte verfügen (Schroeder 2016). In der „dritten Welt“ der Arbeitsbeziehungen nehmen zugleich Konflikte um die Etablierung von Betriebsräten zu, die von der Kapitalseite offenbar zunehmend als Eingriff in ihre unternehmerische Freiheit gewertet werden, auf die sie mit offensiven Gegenstrategien reagieren. Vor allem in inhabergeführten Unternehmen herrscht vielfach Ablehnung gegenüber der Einrichtung von Betriebsräten. Es dominiert das Herr-im-Haus-Prinzip, das mit dem patriarchalischen Führungsstil von Firmenchefs einhergeht, dem Mitbestimmung der Beschäftigten als störend gilt (Behrens/Dribbusch 2014: 147). An dem Versandhändler Amazon, dem Elektroautohersteller Tesla oder Plattformlieferdiensten wie Lieferando – um nur die Beispiele mit breiterer öffentlicher Wahrnehmung zu nennen – wird deutlich, dass auch Großunternehmen mit gewerkschaftsfeindlichen Strategien auf interessenpolitische Mobilisierung der Beschäftigten reagieren (u. a. Apicella 2021; Ewen 2023).

Behrens/Dribbusch (2024) kommen in einer Studie für das Wirtschafts- und Sozialwissenschaftliche Institut (WSI) nach der Befragung von Vertreter:innen aus unterschiedlichen Gewerkschaften zu der Einschätzung, dass jede fünfte Betriebsratsgründung in Deutschland behindert wird. Obwohl deren Gründung juristisch durch das Betriebsverfassungsgesetz geschützt ist, kommt es insbesondere in inhabergeführten und mittelständischen Unternehmen mit 50–100 Beschäftigten zu Störungen. Bei 45 Prozent der behinderten Neugründungen blieb die Betriebsratswahl letztlich aus. Die Kündigung von (gewerkschaftlichen) Kandidat:innen von Betriebsratswahlen mitmilfe von spezialisierten Anwaltskanzleien oder die gezielte Unterstützung von unternehmensnahen Kandidat:innen gehören dabei zum Repertoire des Union Busting (Rügemer/Wigand 2014; Hertwig et al. 2021). Um den (teilweise illegalen) Strategien der Unternehmen erfolgreich zu begegnen, kommt es auf die betrieblichen Mobilisierungsprozessen für Betriebsratsgründungen an, deren jeweiliger Charakter wiederum stark mit der sozialen Zusammensetzung und (potenziellen) Spaltungslinien der Belegschaft, identifikationsfähigen Kerngruppen, der Haltung des Managements sowie der Unterstützung durch Gewerkschaften zusammenhängt (Artus et al. 2016). Laut der Studie von Behrens/Dribbusch (2024) arrangieren sich Unternehmen in der Regel über die Zeit mit neugegründeten Betriebsräten und es kommt nur noch selten zur Behinderung von Wahlen.

5.8 Fazit

Die Mitbestimmung und gewerkschaftliche Betriebspolitik in Deutschland ist historisch gewachsen und hat in ihrer Genese eine zentrale Rolle bei der Regulierung der betrieblichen Arbeitsbeziehungen gespielt. Sie stellt einen Mechanismus dar, den strukturellen Interessengegensatz zwischen Kapital und Arbeit auf betrieblicher Ebene in institutionalisierte Formen der Zusammenarbeit und Verhandlung zu überführen, weshalb es trotz des grundlegenden Klassenkonflikts nicht zwangsläufig zu offenen Auseinandersetzungen kommt. Das ermöglicht beiden Seiten zu kooperieren und aufkommende Konflikte innerhalb des vorgegebenen rechtlichen Rahmens des Betriebsverfassungsgesetzes auszutragen. Die Unternehmensmitbestimmung in Aufsichtsräten stellt ergänzend eine rechtlich abgesicherte Teilhabe von Beschäftigten an unternehmerischen Entscheidungen in börsennotierten Unternehmen dar, wobei der reale Einfluss von Gewerkschaften und Betriebsräten auf Unternehmensstrategien, ökonomische Ziele, Investitionsverhalten und Arbeitspolitik strittig ist.

Gewerkschaften und Betriebsräten stehen in einer engen, aber durchaus ambivalenten Beziehung. Betriebsräte sind formal unabhängig, agieren im rechtlichen Rahmen des Betriebsverfassungsgesetzes, was sie als „Grenzinstitution" zwischen Belegschafts-, Gewerkschafts- und Unternehmensinteressen positioniert. Diese Grenzstellung macht ihre Rolle insbesondere im Konfliktfall widersprüchlich, da sie einerseits Interessenvertretung der Beschäftigten sind, andererseits durch rechtliche und betriebswirtschaftliche Zwänge in ihrem Handeln eingeschränkt sind. Die Mitbestimmung befindet sich dabei seit Jahrzehnten im permanenten Wandel: Die Zunahme von Unternehmensnetzwerken beschränkte deren realen Wirkungsgrad, die Dezentralisierung der Tarifpolitik durch Öffnungsklauseln in Kollektivverträgen übertrugen betrieblichen Akteur:innen weitreichende Verantwortung (was auch dem Interesse der Unternehmen entsprach, die Arbeitsbeziehungen in wachsendem Maße zu verbetrieblichen), partizipative Beteiligungsformen der Beschäftigten rückten zunehmend an die Stelle von institutionalisierten und rechtlich abgesicherten Mitbestimmungsstrukturen. Damit zeigen sich in der Praxis zahlreiche Vermischungen der Konfliktarenen des dualen Systems: Betriebsräte übernehmen vermehrt Aufgaben, die früher ausschließlich tariflich geregelt waren, wodurch sich die Grenzen der gewerkschaftlichen und betrieblichen Interessenvertretung verschieben. Auch betriebliche Verhandlungen, etwa in Form von Betriebsvereinbarungen, werden immer bedeutsamer. Dabei ließ sich in den letzten Jahrzehnten vielerorts eine wachsende Konsensorientierung der Mitbestimmungsgremien erkennen, die nur noch in Ausnahmefällen zur offensiveren Konfliktführung mit der Geschäftsleitung bereit waren. Andererseits sind Betriebsräte keine homogenen Gebilde und folgen verschiedenen – und bisweilen widersprüchlichen – Interaktionsmustern und Handlungsstrategien, die zwischen Konsens, Kooperation und Konflikt pendeln und sich ökonomischen und betrieblichen Rahmenbedingungen anpassen. Dass für das duale System der deutschen industriellen Beziehungen übliche symbiotische Verhältnis zwischen Gewerkschaften und Betriebsräten wird heutzutage vor allem durch Schulungen, Beratung und organisatorische Unterstützung aufrechterhalten. Diese Beziehung ist jedoch weniger stabil als in der Vergangenheit: Betriebsräte ohne oder nur mit geringer Gewerkschaftsanbindung nehmen zu, was die betriebliche Handlungsfähigkeit von Gewerkschaften langfristig schwächt.

Durch den Wandel industrieller Beziehungen, die Restrukturierung von Produktionsprozessen sowie die Ausdifferenzierung von Arbeitsformen haben sich die Bedingungen für betriebliche Mitbestimmung und gewerkschaftliche Aktivitäten im Betrieb verschoben und wurden wenigstens in Teilen geschwächt. Es zeigt sich, dass die etablierten Strukturen und Interaktionsmuster angesichts der Herausforderungen des sozialstrukturellen Wandels und neuer Managementstrategien erheblich unter Druck geraten, wie nicht zuletzt die rückläufige Reichweite der Mitbestimmung eindrücklich verdeutlicht. Dieser Rückgang hängt einerseits mit der Krise der Gewerkschaften zusammen, die durch Mitgliederschwund und politische Angriffe geschwächt sind und die Arbeit von Betriebsräten nicht immer unterstützen und fördern können. Andererseits ist sie mit einem Strukturwandel der Arbeitsgesellschaft verbunden, auf den die Gewerkschaften nur begrenzt Einfluss haben. Vor dem Hintergrund von Globalisierungsprozessen, dem wachsenden tertiären Sektor sowie der Deregulierung, Flexibilisierung und Prekarisierung von Arbeit verändern sich Rollenverständnisse und Handlungsweisen von Betriebsräten. Demnach erhöht sich der Druck auf Betriebsräte, zwischen den Interessen der Beschäftigten und vermehrten Forderungen der Unternehmen nach Flexibilisierung und Kostenreduktion zu vermitteln. Unternehmen nutzen die (potenzielle) Möglichkeit der Standortverlagerung als Druckmittel, um Löhne und Arbeitsstandards zu senken oder etablierte Beschäftigungsstrukturen aufzubrechen. Betriebsräte werden durch die Sorge vor Arbeitsplatzverlusten der Beschäftigten erpressbar gemacht, was ihre Position insgesamt schwächt und sie zum Co-Management verleitet, das ihnen zwar erhebliche Konzessionen abverlangt, aber wenigstens gewissen Einfluss sichert. Wie Höpner resümiert (2004: 370), lässt sich der Entwicklungspfad, dem die Mitbestimmung gefolgt ist, mit „produktivitätsorientiertem Co-Management, Konsensorientierung, Professionalisierung und zunehmender Entfernung von außerhalb der Unternehmen angesiedelten Gewerkschaftsinteressen beschreiben“.

Strategien der Gewerkschaften, wie sie sich in Ansätzen der ausgeweiteter Mitgliederpartizipation und des Organizing zeigen, versuchen dem Reichweitenverlust der Mitbestimmung entgegenzuwirken und die gewerkschaftlichen Strukturen in den Betrieben wieder auszubauen. Derartige Projekte müssen sich oftmals mit eingeschränkten Mitteln arrangieren und treffen – wohl auch wegen ihres personellen und zeitlichen Aufwands – innerhalb des hauptamtlichen Gewerkschaftsapparats nicht nur auf Gegenliebe. Die verbliebenen institutionellen Kanäle der Interessenpolitik zu bespielen, wird dem langwierigen Aufbau von (neuen) Organisationsstrukturen im Betrieb teilweise vorgezogen. Doch in Anbetracht von aggressiveren Unternehmensstrategien, wie sie sich im zunehmenden Union Busting drastisch zeigen, wird den Gewerkschaften mittelfristig wohl nichts anderes übrigbleiben, als Ressourcen für offensive und konfliktorientierte Betriebspolitik freizumachen, um ihre Organisationsmacht auf betrieblicher Ebene zu erhalten oder wiederherzustellen.

6 Internationale Gewerkschaftspolitik

6.1 Einleitung

Im 21. Jahrhundert sind Arbeit und Wirtschaft prinzipiell (auch) globale Phänomene. Dies schließt auch das politische Engagement von Gewerkschaften mit ein. Dass sowohl Arbeits- als auch Produktmärkte einen zunehmend grenzüberschreitenden Charakter annehmen, schafft für die Gewerkschaften neue Abstimmungsbedarfe sowohl im nationalen als auch im internationalen Rahmen. Die fortschreitende Integration weit voneinander entfernter Wirtschaftsräume in den Weltmarkt – etwa in Form billiger Arbeit, angeboten durch die indische oder chinesische Arbeiter:innenklasse – verschärft den Preiskampf um die Ware Arbeitskraft.

Das wichtigste Ziel gewerkschaftlicher Politik besteht vor diesem Hintergrund darin, Druck auf lokale Sozialstandards abzufedern, den die Kapitalseite durch den intensivierten Wettbewerb mit Lohnabhängigen aus und in anderen Ländern erzeugt. Während die Option, Produktion zu verlagern oder lokale Arbeits- und Beschäftigungsbedingungen durch das gezielte Anwerben von Wanderarbeiter:innen zu unterschreiten, den Handlungsspielraum für die Kapitalseite erweitert, bieten komplexe grenzüberschreitende Wertschöpfungsketten aber auch Ansatzpunkte für gewerkschaftlichen Widerstand.

Der Globalisierung von Arbeit und Erwerb sind Gewerkschaften vor allem seit den 1970er-Jahren durch eine strategische Entwicklung ihrer Vertretungsstrukturen begegnet. Indem sie nationale Organisationen – sei es im Rahmen grenzüberschreitender Konzernnetzwerke oder Eurobetriebsräte, internationalen Dachverbänden oder breit angelegten Bündnissen und Initiativen wie der ‚Clean Clothes Campaign' – miteinander in Verbindung setzen, zielen Gewerkschaften auf eine Internationalisierung der Vertretungsarbeit (siehe Platzer/Müller 2009).

Im Spiegel der sozialwissenschaftlichen Auseinandersetzung werden entsprechende Initiativen ebenfalls vor allem seit den 1970er-Jahren reflektiert (siehe Piehl 1975). Die für die gewerkschaftlichen Akteure relevanten Veränderungen inner- und außerhalb des nationalstaatlichen Rahmens sind seitdem zu einem Gegenstand von zentralem Interesse geworden. „Im Kern", resümiert Koch-Baumgarten (2006: 206), „geht es um die Gestaltungsmacht und Steuerungskapazität politischer Akteure, um die Möglichkeiten der kollektiven Regelsetzung in einer entgrenzten Ökonomie."

In einem ersten Abschnitt stellen wir die Internationalisierung von Arbeit und Wirtschaft als Megatrend sozialen Wandels im 20. und 21. Jahrhundert vor. Der nächste Abschnitt behandelt die Muster gewerkschaftspolitischer Reaktion auf diese Entwicklungen. Drei verschiedene Typen der Gewerkschaftsforschung werden im folgenden Abschnitt vorgestellt, worauf im nächsten Abschnitt die Transnationalisierung der Gewerkschaften folgt Unterschiedliche Instrumente internationaler Gewerkschaftspolitik werden im nächsten Abschnitt vorgestellt. Der folgende Abschnitt behandelt die Bedeutung der Gewerkschaftspolitik im Prozess der europäischen Integration. Möglichkeiten und Grenzen der Gewerkschaftspolitik sowie die Perspektive auf eine Netzwerktextur internationaler Arbeitspolitik stellen die nächsten Abschnitte vor, bevor ein abschließendes Fazit die Befunde mit Blick auf perspektivische Fragen zusammenfasst.

6.2 Die Internationalisierung von Arbeit und Wirtschaft als Rahmenhandlung der Gewerkschaftspolitik

Einem sehr allgemeinen Verständnis zufolge bezeichnet der Begriff der Globalisierung eine zunehmende Interdependenz von Ereignissen an weit voneinander entfernten Orten im weltumspannenden Maßstab (vgl. Giddens 1990: 64). Dies hat im Laufe der letzten Jahre über das Feld der Sozialwissenschaft zu einer weithin geteilten Einsicht geführt: „Im Hinblick auf Kommunikation, Transport und Produktion ist die heutige

Gesellschaft eine globale Gesellschaft bzw. eine Weltgesellschaft“ (Faist 2022: 15; siehe auch Beck 2007; Pries 2008).

Zur Globalisierung der Wirtschaft – also der Erstellung und Verteilung von Leistung und Gütern – finden sich im Bestand der klassischen Politischen Ökonomie zwei – je nach Perspektive konkurrierende oder komplementäre – Erklärungen. In seinem 1776 erschienen Text zum ‚Wohlstand der Nationen‘ identifizierte der schottische Moralphilosoph und Ökonom Adam Smith die Arbeitsteilung als wichtigster Motor wirtschaftlichen Fortschritts. Am Beispiel der Stecknadelmanufaktur legte Smith dar, wie die Gliederung des Produktionsprozesses in immer kleinere Schritte die Effektivität spezialisierter Fertigungssequenzen steigert. Während ein einzelner, unerfahrener Arbeiter allein nicht einmal im Stande sei, zwanzig Stecknadeln pro Tag zu fertigen, berichtet Smith (1978: 10) von seinen Erlebnissen bei der Besichtigung einer Stecknadelmanufaktur:

> „Ich selbst habe eine kleine Manufaktur dieser Art gesehen, in der nur zehn Leute beschäftigt waren, so dass einige von ihnen zwei oder drei solcher Arbeiten übernehmen mussten. Obwohl sie nun sehr arm und nur recht und schlecht mit dem benötigten Werkzeug ausgerüstet waren [...], waren die 10 Arbeiter imstande, täglich etwa 48.000 Nadeln herzustellen.“

Von der räumlichen Größe der Märkte für Arbeit und Güter leitet sich damit für Smith auch ab, wie weitläufig und komplex und damit auch effektivitätssteigernd die Arbeitsteilung sein kann. Je mehr Teilnehmer:innen an einem Markt beteiligt sind, so der Gedankengang des Schotten, desto komplexer und ergiebiger auch die Rollenverteilung in der Produktion. Die Globalisierung der Wirtschaft stellt damit für Smith ein Resultat des Strebens nach immer effektiveren Modi der Arbeitsteilung dar.

Eine alternative Herleitung der Globalisierungsdynamik als Strukturmerkmal des modernen Kapitalismus findet sich in einem anderen Text – dem ‚Manifest der Kommunistischen Partei‘, verfasst von Karl Marx und Friedrich Engels. In ihrer klassischen Schrift beschreiben die beiden, wie der Wettbewerb zwischen den kapitalistischen Unternehmen diese zur ständiger Anpassung und Rationalisierung ihrer Geschäftsstrategien bringt. Aus dieser Konkurrenzbeziehung leiten die beiden eine Expansionsdynamik ab, die das Kapital zwingt, immer neue Märkte – sowohl für den Einkauf von Arbeit und für die Produktion notwendiger Rohstoffe als auch für den Absatz der eigenen Güter und Leistungen – zu erschließen. Diese Konkurrenzdynamik, so schildern die beiden (MEW II: 821) in einer häufig zitierten Passage, „jagt die Bourgeoisie über die ganze Erdkugel. Überall muss sie sich einnisten, überall anbauen, überall Verbindungen herstellen."

Die Erweiterung des räumlichen Rahmens wirtschaftlichen Handelns ergibt sich damit – anders als bei Smith – nicht etwa aus der Möglichkeit, Arbeit effektiver organisieren zu können. Wenn Kapitalisten es versäumen, die Produktion und den Absatz im internationalen Maßstab zu arrangieren, müssen sie damit rechnen, von konkurrierenden Kapitalisten vom Markt verdrängt zu werden, weil diese mehr und günstiger produzieren und damit aufgrund des höheren Absatzes auch geringere Gewinnspannen erzielen müssen, um mittelfristig profitabel zu bleiben.

Die Globalisierung kam dabei, wie dies Hirsch und Wissel (2020: 292) bemerken, „nicht äußerlich über die Nationalstaaten, sondern wurde von diesen aktiv vorangetrieben." Beispiele für die tragende Rolle nationaler Politik bei der Etablierung grenzüberschreitender Beziehungen und Institutionen finden sich in der Geschichte zahlreich. Sie reichen von der International Labour Organization (Maul 2020) über die Kommunistische Internationale (Studer 2020) bis hin zu den Institutionen des Bretton Woods-Systems, die mit dem Freihandel auch die Hegemonie der Vereinigten Staaten im Weltsystem gewährleisten sollten. Auch die Europäische Union lässt sich in ihrer Struktur als integrierter Wirtschaftsraum aber auch in Form ihres politischen Mehrebenensystems als ein nationalstaatlich getragenes Globalisierungsprojekt verstehen (siehe Streeck 2021).

Vor allem seit den 1970er-Jahren hat die Globalisierung die Logiken der Produktion und Unternehmensführung radikal verändert. Während die grenzüberschreitende Konfiguration des Kapitals bereits im Fordismus weit fortgeschritten war, hat die Internationalisierung der Arbeits- und Produktmärkte im Laufe der letzten Jahrzehnte einen neuen Charakter angenommen. Die Gründe hierfür liegen in der Aufwertung der internationalen Finanzmärkte für die individuellen Daseinsvorsorge (etwa in Form von Renten- und Investitionsfonds; siehe Krippner 2005), der Einführung effektiver Transport- und Kommunikationstechnologien, sowie der Durchsetzung neoliberaler Politikelemente in der (De-)Regulierung internationaler Handelsströme und Arbeitsmärkte (Bieler/Lindberg 2010).

Ihre arbeitspolitischen Implikationen entfaltet die Globalisierung vor allem mit Blick auf die Verbindung vormals separater Wirtschaftsräume durch Transport- und Kommunikationstechnik. Mit Herod (2014: 98) lassen sich Figurationen grenzüberschreitender Wertschöpfung als „Netzwerke verkörperter Arbeit" verstehen, einer Arbeit, so führt er (ebd.) aus, die mehr oder weniger an konkreten Orten verwurzelt ist, die wiederum „mehr oder weniger mit anderen Orten räumlich verknüpft sind." Während Lohnabhängige (und womöglich auch ihre Familien) an konkreten Orten verwurzelt sind, von denen sie sich – etwa bedingt qua Staatsangehörigkeit, Kaufkraft oder begrenzten Fremdsprachenkenntnissen – nur schwer lösen können, bietet sich dem Kapital, zumindest einer weit verbreiteten Auffassung zufolge, die Möglichkeit, Produktion zu verlagern, indem es neue Arbeitsmärkte an anderen Orten erschließt (wir erinnern uns an die von Marx und Engels unterstellte Globalisierungsdynamik). Für Koch-Baumgarten (2006: 209) folgt aus dieser grundsätzlichen Konstellation eine „globalisierungsbedingte strukturelle Machtasymmetrie zwischen Kapital und Arbeit, die sich aus der Möglichkeit der Standortverlagerung ergibt."

Sichtbar werden entsprechende Dynamiken etwa, wenn Unternehmen, deren Stammsitze in hochregulierten Wirtschaftsräumen angesiedelt sind, Investitionen im Ausland tätigen. Hier kommt es häufig vor, dass für die Niederlassungen jenseits der Stammlandgrenzen Länder ausgewählt werden, deren Arbeits- und Sozialstandards die am Sitz der Zentrale gültigen weit unterschreiten (Lillie 2010). Diesbezüglich erkennt Streeck (1999: 116) eine „bemerkenswerte Asymmetrie zwischen den Klassen." Während Kapitalakteure ihre auf nationaler Ebene erlernte und bewährte Strategien in den globalen Rahmen übertragen können, hängt internationale Gewerkschaftsmacht von der Etablierung kollektiver Handlungsfähigkeit in internationalem Maßstab ab. Damit überträgt sich Logik des internationalen Wettbewerbs auch in die arbeitspolitischen Reaktionen von Gewerkschaften und Betriebsräten. Dass Lohnabhängige durch Verlagerungsdrohungen in (vermeintliche) Konkurrenz zu anderen Lohnabhängigen gebracht werden, bedingt und erhöht für deren Interessenorganisationen den Druck, gegenüber dem Kapital in Konzessionen bei Arbeits- und Sozialstandards einzuwilligen (vgl. Hyman 2011).

Über der betrieblichen Ebene, auf der unterschiedliche Unternehmen, aber auch Werke desselben Konzerns miteinander um das günstigste Arbeitsangebot konkurrieren, können sich entsprechende Wettbewerbsdynamiken auch auf die Ebene der Politik übertragen. Dass die Unternehmen von Land zu Land unter unterschiedlichen Bedingungen operieren können, setzt mit den Beschäftigten vor Ort auch die lokalen, regionalen, nationalen oder sogar makroregionalen Regierungen und Verwaltungen unter Handlungsdruck. „Gewerkschaft und Staat“, so beschreibt Rüb (2009: 108) die Konstellation internationaler Arbeitsmärkte, „geraten gegenüber den international mobilen Unternehmen in eine strukturelle Defensivposition, mit entsprechenden Folgen für das im jeweiligen System der nationalen Arbeitsbeziehungen institutionalisierte Kompromissgleichgewicht.“ So lassen sich arbeitsmarktpolitische Programme wie das ‚Bündnis für Arbeit‘ oder die ‚Agenda 2010‘ genauso als Ausdruck neoliberaler Standortpolitik verstehen wie die Austeritätspolitik, die die Troika den Krisenländer zum Zweck der Rettung des Euro zwangsverordnete.

Wie Meteling (2016: 210) in ihrer Untersuchung der ‚Standort‘-Semantik in Veröffentlichungen des Sachverständigenrates für Wirtschaftsfragen gezeigt hat, folgen entsprechende Symboliken nicht nur aus ‚objektiven‘ Wettbewerbsdynamiken, sondern unterliegen gleichzeitig einem kulturellen Konstruktionscharakter. Dass etwa die EU-Kommission als Teil der Lissabon-Strategie verlauten ließ, die EU bis zum Jahr 2010 zum „wettbewerbsfähigsten und dynamischsten wissensbasierten Wirtschaftsraum der Welt“ zu entwickeln, lässt sich als Anrufung einer Wirtschaftsgemeinschaft jenseits von Klassengegensätzen und nationalen Besonderheiten verstehen

Aufseiten der Unternehmen hat der Wunsch, entsprechenden Druck effektiv ausüben zu können, vor allem seit den 1970er-Jahren zu umfassenden Restrukturierungen ihrer Wertschöpfungsnetzwerke geführt. Fusionen unterschiedlicher Unternehmen oder das Outsourcing bestimmter Unternehmensteile, das gezielte Anheuern von Subunternehmen (etwa in der Kantine oder der Werkslogistik), transnationale Leiharbeit oder der Zukauf von bestimmten Leistungen per Werkvertrag sind nur einige der zahlreichen Varianten flexibilisierter Unternehmensführung unter Bedingungen wirtschaftlicher Globalisierung (siehe Brinkmann 2011).

Einen weiteren Ausdruck findet die Verdichtung grenzüberschreitender Relationen durch Transport- und Kommunikationstechnologien schließlich in der stetigen Zunahme internationaler Migration (vgl. Castels et al. 2020). So stieg der Anteil internationaler Migrant:innen an der Gesamtbevölkerung von 2,5 Prozent (1960) auf 2,9 Prozent (1990) und 3,6 Prozent (2020). In absoluten Zahlen entspricht diese Entwicklung einem Anstieg von 75 auf 153 und schließlich über 280 Millionen (vgl. IOM 2022).

Mit Blick auf die Entwicklungen am Arbeitsmarkt können Wanderungsprozesse unterschiedliche Effekte haben. Indem sie einerseits Nachfragespitzen bedienen oder sogar mittel- und langfristig entstehende Bedarfe abdecken, können Migrationsbewegungen äußerst produktive wirtschaftliche Effekte entfalten (Favell 2014). Gleichzeitig stellt die gezielte Anwerbung von Wanderarbeiter:innen eine Kapitalstrategie dar, die so alt ist wie der Kapitalismus selbst. So berichtet bereits Karl Marx (1962 [1870]: 388), dass „die englische Bourgeoisie das irische Elend nicht nur ausnutzt, um durch die erzwungene Einwanderung der armen Iren die Lage der Arbeiterklasse in England zu verschlechtern, sondern sie hat überdies das Proletariat in zwei feindliche Lager gespalten."

Indem englische Kapitalisten irische Arbeitskräfte auf englischem Territorium anwerben, so Marx, unterschreiten sie das vor Ort übliche Lohnniveau. Die folgen entsprechender Beschäftigungspraktiken beschreibt mit Max Weber (1984 [1892]: 103) ein weiterer Klassiker sozialwissenschaftlichen Denkens:

> „Vor allem aber führt diese Entwickelung zur Beseitigung der ständigen einheimischen Arbeiterschaft. Immer wieder und überall fand sich, daß in rapide zunehmendem Maße fremde Arbeitskräfte von niedriger Lebenshaltung herangezogen werden. [...] Der Grund der Heranziehung der Wanderarbeiter auch da, wo einheimische Arbeiter zu haben wären, ist teilweise – aber nur teilweise – in absolut niedrigeren Löhnen, die ihnen gezahlt werden, begründet, allgemein aber, abgesehen von der größeren Fügsamkeit der prekär gestellten Fremden, darin, daß eine Ausnutzung der Arbeitskraft im Sommer möglich ist, ohne die Notwendigkeit, auch im Winter für die Leute zu sorgen und namentlich ohne Übernahme der verwaltungsrechtlichen und sonstigen Verpflichtungen, welche einheimischen Arbeitern gegenüber bestehen."

Webers Schilderung stellt nun keineswegs eine historische Besonderheit dar, sondern beschreibt die Erwerbsverhältnisse in migrationsintensiven Branchen – wie etwa der deutschen Fleisch- und Spargelwirtschaft (vgl. Sebastian/Seeliger 2022) – im überzeitlichen Maßstab.

Während Gewerkschaften als „(formal) allen Arbeitenden gegenüber offen Massenorganisationen“ (Carstensen et al. 2022: 9) der Gesamtheit der Lohnabhängigen – ob mit oder ohne Migrationsgeschichte – offen stehen, widerstreiten in der gewerkschaftspolitischen Praxis häufig der Anspruch, die ganze (nationale) Klasse zu vertreten mit der Angst vor Unterbietungskonkurrenz. Gleichzeitig, und dies fällt in der Auseinandersetzung mit dem Verhältnis von Gewerkschaften und Migrant:innen oft unter den Tisch, haben diese die arbeitspolitische Praxis von Interessenorganisationen in ihrer Geschichte häufig entscheidend beeinflusst (siehe hierzu etwa Bojadzijev 2008).[31]

6.3 Muster gewerkschaftlicher Reaktionen auf die Internationalisierung

Als zwei zentrale Momente wirtschaftlicher Globalisierung haben die Restrukturierung von Wertschöpfungsketten sowie die Mobilität der Arbeitskräfte einen im kapitalistischen Wirtschaftssystem grundsätzlich veranlagten Wettbewerb angeheizt. Indem beide Entwicklungen die Arbeits-, Beschäftigungs- und Partizipationsbedingungen an weit entfernten Orten in engeren Bezug zueinander bringen, tragen beide Entwicklungen dazu bei, die politische Strukturierung von Erwerbsarbeit dem lokalen Kontext zu entheben.

Für die Gewerkschaften ergibt sich hieraus die Notwendigkeit, auf die Herausforderungen zu reagieren, die sie unter diesen Umständen an sich gerichtet sehen. Von einer gezielten Stärkung oder sogar Abschottung der nationalen Systeme – etwa durch Handelsbarrieren oder strikte Regularien, die den Arbeitseinsatz begrenzen – können entsprechende Initiativen auch auf die Etablierung transnationaler Institutionen – wie etwa der eines europäischen Mindestlohns (→ Kap. 6.6) reichen. Gewerkschaften können die neu entstehenden Probleme ignorieren, oder ihnen – bei praktischer Verhaltensstarre – lediglich rhetorisch entsprechen (siehe Seeliger 2021). Sie können etablierte Kanäle nutzen und lobbypolitische Traditionen pflegen oder sich offensiv in

31 So ist im Jahr 2022 die Betriebsratsvorsitzende eines bekannten Wolfsburger Automobilherstellers die Enkelin eines italienischen Gastarbeiters und der erste Bevollmächtigte der lokalen Gewerkschaft ist ein gebürtiger Brasilianer.

neue Organizing-Projekte oder sogar internationalistisch-revolutionäre Projekte stürzen.

Bevor wir uns den konkreten Ausprägungen dieser verschiedenen Formen gewerkschaftspolitischer Praxis zuwenden, wollen wir im Folgenden kurz eine typische sozialwissenschaftlicher Forschungsperspektiven vorstellen. Verstehen wir Gewerkschaften als Interessenorganisationen, die nach innen teilweise demokratische Resonanzräume und politische Orientierung bieten und nach außen Interessen vertreten, lassen sich im Spiegel sozialwissenschaftlicher Forschung drei charakteristische Arten von Sichtweisen unterscheiden.

6.3.1 Drei Typen internationaler Gewerkschaftsforschung

Die Internationalisierung von Vergesellschaftung untersuchen Arbeiten aus dem Feld der Sozialwissenschaft seit ihrer Entstehung im 19. Jahrhundert. Anschließend an Pries und Seeliger (2012) lassen sich hierbei drei Perspektiven unterscheiden. Als erstes geht es hierbei um den internationalen Vergleich. Indem Studien systematisch die Unterschiede zwischen nationalen Gewerkschaften untersuchen, lassen sich nationale Spezifika genauso herausarbeiten wie Übereinstimmungen und allgemeine Merkmale (siehe hierzu auch die Beiträge in Borchert und Lessenich (2012)).

Eine international vergleichende Methodologie liegt Erkenntnissen im Feld der Industrial-Relations- und Gewerkschaftsforschung insofern zugrunde, als Befunde über einen Wirtschaftsraum ihre Bedeutung erst in Relation zu Einsichten über ähnliche Fälle gewinnen (vgl. Frege/Kelly 2004). Vergleichende Forschung wird hier vor allem innerhalb von vier Dimensionen betrieben (siehe Gumbrell-McCormick/Hyman 2013: 6). Eine erste wesentliche Vergleichskategorie stellen hier Mitgliedschaftszahlen und Organisationsgrad dar (siehe Ebbinghaus/Visser 2000). Eine zweite Gruppe von Studien untersucht die politischen Orientierungen und das Selbstverständnis von Gewerkschaften als Massen- oder Klientelorganisation (siehe Seeliger 2012). Ein dritter zentraler Bezugspunkt vergleichender Untersuchungen stellt die Frage nach der (Möglichkeit einer) demokratischen Steuerung dar (Voss/Sherman 2000). Und eine vierte Vergleichsperspektive fokussiert schließlich Unterschiede und Parallelen in der Wahl und Anwendung der Mittel in der politischen Auseinandersetzung sowie deren Outcomes (Hyman 2001). Für die Untersuchung internationaler Gewerkschaftspolitik sind vergleichende Untersuchungen nicht zuletzt deswegen von essenzieller Bedeutung, weil erst die komparative Perspektive Aufschluss über die Breite des Spektrums politökonomischer Heterogenität gibt, die unterschiedliche nationale Organisationen bei der Etablierung gemeinsamer politischer Zielsetzungen voneinander trennt (vgl. Seeliger 2017).[32]

Eine zweite Perspektive hebt ebenfalls auf nationale (oder auch makroregionale) Unterschiede zwischen bestimmten Ländern ab, zieht hierbei aber gleichzeitig deren Verhältnis untereinander in Betracht. Es handelt sich hier um Untersuchungen, die inspiriert sind durch die Weltsystemtheorie Immanuel Wallersteins (2011). Das Weltsystem versteht dieser als Nexus von Herrschaftsbeziehungen, die sich aus politischer und ökonomischer Macht der Kernländer im Globalen Norden über die Peripherieländer im Globalen Süden speisen (für eine Anwendung auf den Raum der EU siehe Nölke/Vliegenthart 2012). Eine entsprechende Perspektive hat in der Auseinandersetzung mit gewerkschaftspolitischen Fragen prominent Beverly Silver (2005) etabliert. In ihrer historischen Untersuchung gelingt es ihr, zu zeigen, wie Produktionsverlagerungen zwischen Kern- und Peripherieländern zur Entstehung und Organisierung nationaler Arbeiter:innenklassen im Globalen Süden führten. Hatte die Aussicht auf billige Arbeitskraft erst einmal Investitionen in die peripheren Wirtschaftsräume geleitet, entstanden dort starke Interessenorganisationen, die höhere Löhne und auch eine Verbesserung der Arbeits- und Sozialstandards durchsetzen konnten. Wie sich etwa in der südafrikanischen Automobilindustrie der 1980er-Jahre zeigte, trugen entsprechende Organisierungsprozesse

32 Ein grundlegendes Problem internationaler vergleichender Forschung ist die interne Heterogenität nationalstaatlicher Räume. Gewerkschaftliche Präsenz und Aktivitäten unterscheiden sich nach Region und Sektor teilweise stärker als zwischen unterschiedlichen Ländern. Ein rein internationales Vergleichsdesign würde solche Binnendifferenzierungen aber nicht ausreichend in Betracht ziehen können.

mittelfristig auch zur Demokratisierung vormals autoritärer Regime bei (vgl. Seeliger 2019).

Eine dritte Perspektive schließlich fokussiert mit den grenzüberschreitenden Verbindungen die transnationale Dimension der Gewerkschaftspolitik. Während gewerkschaftliche Repräsentationsarbeit im Rahmen des Nationalstaates im Wesentlichen in drei Dimensionen – der Betriebs- und Unternehmens- (1), der sektoralen (2) und der nationalen (3) Ebene – stattfindet, stellt sich transnationale Gewerkschaftsarbeit ungleich komplexer dar. Mit Lévesque (2013: 265ff.) lassen sich diesbezüglich vier Strukturmerkmale unterscheiden: Transnationale Gewerkschaftspolitik ist *erstens* räumlich jenseits nationalstaatlicher Rahmungen fragmentiert. Während nationale Organisationen wie die IG Metall zwar ebenfalls Interessen bündeln müssen, die von der Baden-Württembergischen Automobilindustrie über das thüringische Handwerk bis zu den durch den Bezirk Küste in Norddeutschland organisierten Werften reichen, stellt sich diese Diversität entlang transnationaler Wertschöpfungsketten Rahmen noch wesentlich ausgeprägter dar (siehe Butollo 2022). *Zweitens* ist jedoch auch transnationale Gewerkschaftspolitik lokal verwurzelt – und dies nicht nur im Rahmen von Arbeits- und Produktmärkten, sondern auch privaten in Haushalten und Gemeinden (Seeliger 2012) sowie im Verhältnis zum Staat (Furaker/Selden 2013). Aus der Gleichzeitigkeit der Fragmentierung und vielfachen lokalen Verwurzelung folgt *drittens* sein spezifischer Mehrebenencharakter. Transnationale Gewerkschaftspolitik reicht von der lokalen über die regionale bis zur nationalen Ebene und darüber hinaus – etwa in den Rahmen europäischer Betriebsräte (vgl. Hauser-Ditz et al. 2010) oder der europäischen und internationalen Dachverbände (siehe hierzu Müller/Platzer 2009). Einen Effekt dieser heterogenen Konstellation stellt *viertens* der umkämpfte Charakter internationaler Gewerkschaftspolitik dar. Die Vielzahl verschiedener Akteure mit divergierenden Interessen, Ressourcen und Weltbildern bedingt einen hohen Abstimmungsbedarf und ein beträchtliches Konfliktpotenzial für die beteiligten Akteure. Ein weiterer wesentlicher Unterschied zwischen nationalen und internationalen Kampagnen, besteht darin, dass im grenzüberschreitenden Maßstab seit einigen Jahren vermehrt auch soziale Bewegungen und Nicht-Regierungs-Organisationen an Prozessen politischer Mobilisierung beteiligt sind (siehe Egels-Zandén 2009).

6.3.2 Die Global Union Federations

Die Geschichte der Arbeiter:innenbewegung ist wie die Geschichte der Gesellschaft insgesamt auch eine der graduellen Internationalisierungsentwicklungen. In einem der wichtigsten Texte der Global Labor History[33] unterscheidet der Amsterdamer Historiker Marcel van der Linden (2017: 301) verschiedene Entwicklungsstadien. Anschließend an ihre Entstehung bis zur Mitte des 19. Jahrhundert entsteht ein sub-nationaler Internationalismus heraus, der bestimmte lokale Initiativen miteinander verbindet. So stellt etwa die 1864 von Karl Marx und anderen ins Leben gerufene Internationale Arbeiterassoziation einen der ersten grenzüberschreitenden Zusammenschlüsse nationaler Interessenorganisationen dar. Anschließend an eine Übergangsphase von 1870 bis 1890 manifestiert sich grenzüberschreitende Strukturen zwischen nationalen politischen Akteuren wie (meist sozialistisch orientierten) Parteien und Gewerkschaften, die einerseits die Macht im Staat ergreifen, andererseits aber auch mit Organisationen aus anderen Ländern kooperieren wollten. Mit Beginn des 20. Jahrhundert verdichtete sich über Konferenzen, Entsendungen und eine wechselseitige Wahrnehmung und Identifikation graduell eine „branchenübergreifende Gewerkschaftsinternationale“ (Clairmont/Henning 2022: 26).

Eine neue Qualität gewann die internationale Zusammenarbeit nationaler Gewerkschaftsorganisationen ab den 1960er-Jahren, aufbauend auf institutionellen Strukturen, die ihren Ursprung bereits zu Beginn des 19. Jahrhunderts fanden. Im Jahr 1901 gründeten nationale Gewerkschaften aus Belgien, Dänemark, Deutschland, England, Finnland und Norwegen den internationalen Gewerkschaftsbund.

Nach dem Ende des Zweiten Weltkriegs ging er in den neu gegründeten Weltgewerkschaftsbund über. Konflikte zwischen den geopolitischen Blöcken übertrugen sich hier jedoch in Auseinandersetzung unter den Mitgliedsgewerkschaften. Vor diesem Hintergrund spaltete sich

33 Das relativ neue Feld einer globalen Geschichtsschreibung der Arbeit strebt – in Anlehnung an die Global History (vgl. Osterhammel 2014) – das Ziel einer umfassenden Rekonstruktion der politischen Strukturierung von Erwerbsarbeit an, deren Fokus nicht allein auf den hoch regulierten Kapitalismen des Globalen Nordens liegt. Ein zentrales Anliegen dieser Forschungsrichtung stellt die Entwicklung eines neuen Klassenbegriffes dar, der ein breites Spektrum an Arbeitenden auch im informellen Sektor oder im privaten Care-Bereich umfasst (siehe auch Eckert 2017).

1949 der Internationale Bund Freier Gewerkschaften ab. Unter Beteiligung neun weiterer Organisationen entstand aus ihm im Jahr 2006 mit dem Internationalen Gewerkschaftsbund der aktuell international umfassendste Verband.

Während nationale Gewerkschaften häufig in Dachverbänden zusammengeschlossen sind, die ihre Interessen auf der nationalen Ebene vertreten, sind internationale Verbände in der Folge Dachverbände, die wiederum aus nationalen Dachverbänden bestehen. Diese existieren im internationalen Rahmen einmal als Branchendachverbände, als makroregionale Dachverbände und schließlich als ein umfassender Dachverband – dem internationalen Gewerkschaftsbund (Englisch: International Trade Union Confederation). Organisationen dieser Art, deren Mitglieder ebenfalls Organisationen sind, bezeichnen Ahrne und Brunsson (2008) als Metaorganisationen. Diese Organisationen haben häufig mit besonders großen Abstimmungsproblemen zu kämpfen. Gleichzeitig ermöglichen sie auch eine sehr weitreichende Koordination organisationaler Aktivitäten. Die Schwierigkeit demokratischer Steuerung von Metaorganisationen entspricht der unter demokratietheoretischen Aspekten häufig problematischen Dynamik politischer Mehrebenensysteme (Scharpf 2012).

Die folgende Tabelle gibt einen Überblick über die internationalen Dachverbände.

europäische Dachverbände Gewerkschaften				
Name	**Mitglieder**	**Gründungsjahr**	**integrierte Föderationen**	**vertretene Branchen**
Internationale Allianz für Kunst und Unterhaltung (International Arts and Entertainment Alliance, IAEA)	-	1997	-	Schauspieler (in Filmen, TV, Theater und Live-Performance), Musiker und allgemein Medien, Unterhaltung und Künste
Bau- und Holzarbeiter Internationale (Building and Wood Workers' International BHI/BWI)	12. Mio.	2005	351	Bauwesen, Holzarbeit, Försterei, Handel

europäische Dachverbände Gewerkschaften				
Name	**Mitglieder**	**Gründungsjahr**	**integrierte Föderationen**	**vertretene Branchen**
Globale Gewerkschaft Lebensmittel, Landwirtschaft, Hotels und mehr (International Union of Food, Agricultural, Hotel, Restaurant, Catering, Tobacco and Allied Workers' Associations, IUF)	10 Mio.	2000	407	Agrarwirtschaft, Nahrungsmittel, Tabak und Tourismus
Internationale Journalistenföderation (International Federation of Journalists, IFJ)	320.000	1994	72	Journalismus (TV, Radio, Media, Online)
IndustriALL Global Union	50 Mio.	2012	-	Luft- und Raumfahrt, Automobil, Basismetalle, Chemie/Pharma und Biowissenschaften, Energie, Glas/Zement/Keramik und verwandte Industrien, Elektronik, Maschinenbau, Bergbau, Zellstoff und Papier, Gummi, Bekleidung und Textilien
Internationaler Gewerkschaftsverband für den Öffentlichen Dienst (Public Services International, PSI)	3 Mio.	1907	700	Gesundheits- und Sozialdienste (Krankenhäuser, Kinderbetreuung, kommunale Gesundheitsdienste, Sozialarbeit und Pflegeheime), Kommunal- und Regionalverwaltung (Feuerwehr, Abfallsammler usw.), nationale und europäische Verwaltung (Personal im Gefängnisdienst, Steuereintreiber usw.) und Versorgungsunternehmen (Arbeiter in den Sektoren Strom, Gas, Wasser und Abfall)
Internationale Transportarbeiter-Föderation (International Transport Workers' Federation, ETF)	20 Mio.	1898	700	Zivilluftfahrt, Hafenarbeiter, Fischerei, Binnenschifffahrt, Logistik, Seeverkehr, Eisenbahn, Straßenverkehr, Tourismus, öffentlicher Nahverkehr

europäische Dachverbände Gewerkschaften				
Name	**Mitglieder**	**Gründungsjahr**	**integrierte Föderationen**	**vertretene Branchen**
Education International (EI)	32 Mio.	1993	383	Lehrer und anderes Bildungspersonal in: Grundschulbildung, Sekundarbildung, Berufsbildung, Hochschulbildung und Forschung
UNI Global Union für Dienstleistungsgewerkschaften	20 Mio.	2000	900	Pflege, Reinigung und Sicherheit, Handel, Finanzen, Spiele, Grafik und Verpackung, Haare und Beauty, ICT und zugehörige Dienstleistungen, Medien und Unterhaltung, Post und Logistik, Zeitarbeiter, Tourismus
International Trade Union Confederation	200 Mio.		332	Zusammenschluss von internationalen Gewerkschaftsbünden wie dem DGB. Spezialisierung auf die Rechte von Arbeiter:innen.

Tabelle 1: Die globalen Gewerkschaftsverbände (eigene Darstellung, Herbst 2022)

Die hauptsächliche Vertretungsarbeit der globalen Gewerkschaftsverbände lässt sich in drei Bereiche gliedern (vgl. Cotton/Gumbrell-McCormick 2012: 5). Zum einen ist dies die Unterstützung ihrer Mitgliedsgewerkschaften bei der Bewältigung konkreter Probleme in ihren Ländern. Vor allem Gewerkschaften, die lediglich über schwache Machtressourcen verfügen, sind Adressaten solcher Unterstützungsleistungen. Zweitens erfüllen internationale Verbände eine Koordinatorenrolle, indem sie zwischen Mitlgliedsverbänden vermitteln und deren (oder eigene) Interessen gegenüber internationalen Organisationen, Regierungsinstanzen oder multinationalen Konzernen vertreten. Schließlich leisten sie einen Beitrag zur politischen Bildung ihrer Mitglieder und anderer Interessierter und prägen die öffentliche Debatte und Kultur.

Wie Gumbrell-McCormick (2013: 184) in ihrem ausgezeichneten Text zum Thema darlegt, folgt die Ordnung internationaler Gewerkschaftsorganisationen einem Muster, das bereits vor über hundert Jahren angelegt worden war. Ihre Struktur, so die Autorin, folgt einem Muster, das sich Stück für Stück im Zeitverlauf entwickelt hat – ähnlich wie ein altes Haus, das zwar noch von seinem alten Fundament getragen wird, durch zahlreiche Renovierungen und Anbauten aber nicht mehr dem Haus gleicht, als es gebaut worden ist.

6.4 Transnationalisierung der Gewerkschaftspolitik – Eine Forschungsperspektive

Die Globalisierung der Wirtschaft hat sich – vor allem unter neoliberalen Vorzeichen – als „Erzfeindin der Gewerkschaften" (Evans 2010: 354) erwiesen. Unter arbeitsmarktpolitischen Aspekten hat sie die Verhandlungsmacht des Kapitals gestärkt, indem sie das Angebot an Arbeitskräften erhöht und damit die Konkurrenz unter den Lohnabhängigen angeheizt hat. Gleichzeitig stellt es sich für die Gewerkschaften unter Globalisierungsbedingungen als schwieriger dar, Beschäftigte aus unterschiedlichen Erdteilen in denselben arbeitspolitischen Zusammenhängen zu organisieren, weil diese oftmals keinerlei kulturelle Bezugsrahmen teilen. Gemeinsame Visionen oder sogar Utopien zu organisieren, fällt schwer, wenn sich die alltäglichen Erfahrungsräume der Subjekte nur wenig überschneiden. Und schließlich fällt auch die politische Ordnungsbildung im grenzüberschreitenden Maßstab schwerer als im nationalen Rahmen, der in der Regel staatlich reglementiert und kontrolliert wird.

Um diesen Problemen zu begegnen, haben Gewerkschaften in den letzten Jahrzehnten große Anstrengungen erbracht. Grundsätzlich lassen sich sechs verschiedene Formen der Wirksamkeit unterscheiden, die transnationale Gewerkschaftspolitik entfaltet. Indem sie darauf abzielt, Wettbewerb zwischen den Lohnabhängigen in verschiedenen nationalen Wirtschaftsräumen zu verhindern (oder zumindest abzumildern) trägt sie zum Schutz nationaler Arbeits- und Beschäftigungsstandards bei. Analog zur nationalen Rolle in den Tarifverhandlungen lässt sich diese Wirkungsweise mit Streeck (2005) auch als ‚Kartellfunktion' beschreiben. Indem transnationale Gewerkschaftsorganisationen – etwa auf Ebene der Europäischen Union oder gegenüber den Vereinten Nationen oder dem Internationalen Währungsfonds lobbypolitischen Einfluss nehmen, übernehmen sie zweitens die Rolle internationaler politischer Repräsentantinnen. Über den Aufruf von Demonstrationen – wie z. B. 2005 und 2006 gegen die sogenannte ‚Bolkestein-Richtlinie' (vgl. Gajewska 2009) – tragen sie drittens zur grenzüberschreitenden Mobilisierung im Bereich der Arbeitspolitik bei. Wie das Beispiel der Solidarität von Gewerkschaften mit den Südafrikanischen Schwarzen und Coloureds unter der Apartheid zeigt, können Gewerkschaften eine entsprechende Rolle viertens auch in Bezug auf breitere gesellschaftspolitische Themenstellungen einnehmen. Die grenzüberschreitende Koordinierung von Initiativen wie der Clean Clothes Campaign in Zusammenarbeit mit zivilgesellschaftlichen Organisationen beschreibt fünftens ein weiteres Tätigkeitsfeld von Gewerkschaftspolitik. Sechstens stellt die gewerkschaftliche Bildungsarbeit mit Blick auf internationale Zusammenhänge und Themenkomplexe sowie die Vermittlung internationalistischer Identifikationsangebote einen sechsten Wirkungsbereich dar.

Transnationale gewerkschaftliche Kooperation markiert im Spiegel der Forschung einen Oberbegriff, der viele unterschiedliche Initiativen zusammenfasst (siehe Bernaciak 2011). Ein zentrales Motiv stellt in diesem Zusammenhang die Frage nach der Möglichkeit transnationaler Solidarität als Grundlage gemeinsamen politischen Handelns. Als Leitwert der Arbeiter:innenbewegung hat es die wechselseitige Identifikation von Lohnabhängigen untereinander sowie zwischen ihren Interessenorganisationen ermöglicht, die eigenen Bedürfnisse in politische Forderungen zu überführen und diese effektiv in der Gesellschaft zu vertreten. In der Herausbildung moderner Nationalstaaten kam den Gewerkschaften damit eine Schlüsselrolle zu, weil sie durch die Aggregation der individuellen Privatinteressen ihrer Mitglieder einen Beitrag zur politischen Ordnung von Wirtschaft und Gesellschaft leisteten (vgl. Durkheim 1992; siehe auch → Kap. 3).

Die Bedeutung von Solidarität im transnationalen Rahmen lässt sich gegenwärtig in keiner entsprechend kohärenten Rückschau illustrieren. So finden sich zwar eindrucksvolle Beispiele, die von den Tagen der Brigade XI im spanischen Bürgerkrieg über die Weiterung kalifornischer Docker, Schiffe aus dem Südafrika der Apartheid zu entladen bis zu den Demonstrationen gegen die Eurorettungspolitik der Troika reichen. Anders als die im nationalen Rahmen institutionalisierten Solidaritätsbeziehungen finden sich im grenzüberschreitenden Rahmen – von einigen Ausnahmen abgesehen – vor allen Dingen Versuche, entsprechende solidarische Praktiken hervorzubringen und, womöglich, auf Dauer zu stellen – eine Konstellation, die der Soziologe Lowell Turner (2005) auch als ‚Structure before Action' beschrieben hat (siehe hierzu auch Seeliger 2021). „Transnationale Solidarität", so schließen Bormann und Jungehülsing (2014: 24), „bedeutet also primär, neue Beziehungen zwischen Lohnabhängigen an unterschiedlichen Orten zu schaffen, und ist in- sofern eine ‚kreative Praxis', die aktiv geteilte Werte und Identifikationen zwischen den Akteuren erst herstellt."

Bei der „sozialen Konstruktion grenzüberschreitender Solidarität" (Seeliger 2018) stellt sich mit Mückenberger (2011: 19) ein grundsätzliches Problem aus der Frage, „wie Solidarität hergestellt werden kann, wenn sie nicht von einer vorgegebenen sozioökonomischen Lage zumindest nahegelegt wird." Während gleichartige Lebensbedingungen wechselseitige Identifikation und mittelbar auch die Etablierung geteilter politischer Ziele nahelegen kann, wie dies etwa E. P. Thompson (1987) für die Entstehung der englischen Arbeiter dargelegt hat, erfordern grenzüberschreitende Solidarbeziehungen die Überbrückung politökonomischer Heterogenität zwischen unterschiedlichen lokalen Sozialräumen.

Neben der Überbrückung von Unterschiedlichkeit ökonomischer, kultureller oder politischer Bedingungen folgt für die Gewerkschaften ein noch größeres Problem aus den Wettbewerbsbeziehungen des internationalen Arbeitsmarktes. Die Konkurrenz zwischen den verschiedenen Standorten eines Konzernnetzwerks bringt die lokalen Vertretungen in eine Dilemmasituation: Wenn sie sich weigern, gegenüber dem Management Konzessionen bei den Arbeits- und Beschäftigungsstandards zu machen, riskieren Interessenvertretungen eine Verlagerung lokaler Fertigungskapazitäten. Entscheiden sie sich jedoch dafür, ihre Kolleg:innen an den anderen Standorten zu unterbieten, gelingt es ihnen vielleicht, Beschäftigung an ihrem eigenen Standort zu sichern. Gleichzeitig gestaltet sich eine graduelle Verbesserung der lokalen Arbeits- und Beschäftigungsbedingungen auf diese Weise schwierig.

Ein weiteres Problem folgt daraus, dass die Herausbildung transnationaler Solidarität keineswegs als Automatismus erfolgt, sondern eine komplexe Konstruktionsleistung erfordert. Dass Beschäftigte an verschiedenen Standorten eine koordinierte Verteidigung oder Erhöhung der Arbeitsstandards durchsetzen, ist, wie Fichter et al. (2011: 75) darlegen, in zweierlei Hinsicht voraussetzungsreich: Zum einen „müssen die Arbeitnehmer/innen, die höhere Standards erkämpft haben, sich solidarisch gegenüber den Standorten mit schlechteren Arbeitsbedingungen verhalten, d. h. etwa, dass Kernbelegschaften ablehnen, von der Peripherie zu profitieren" (ebd.). Zum anderen „müssen aber auch die Arbeitnehmer/innen, die unter schlechteren Bedingungen arbeiten, eine Unterbietung zum Beschäftigungserhalt vermeiden" (ebd. 75f.).

Für die politische Praxis einer transnationalen Gewerkschaftspolitik stellt sich – genauso wie für ihre sozialwissenschaftliche Reflexion – damit die Frage „wie eine Interessenaggregation international organisiert sein muss, die die Bedingungen für eine solche transnationale Solidarität über verschiedene Ebenen hinweg schaffen kann" (ebd.). Wie vor allem seit den 1990er-Jahren eine stetig wachsende Menge von Untersuchungen nachweisen, ist transnationale Solidarität als Resultat konkreter Handlungen und Auseinandersetzungen zu verstehen. Bevor wir uns die Möglichkeiten und Grenzen entsprechender Initiativen im Spiegel der Forschung ansehen, wollen wir im Folgenden eine Reihe konkreter Maßnahmen und Instrumente transnationaler Gewerkschaftspolitik vorstellen.

6.5 Maßnahmen und Instrumente internationaler Gewerkschaftspolitik

Protagonisten des Standortwettbewerbs und damit auch Kontrahenten der Gewerkschaften sind in der transnationalen Arbeitspolitik die multinationalen Unternehmen. Bereits vor fast einem halben Jahrhundert hat diese Konstellation Ernst Piehl in einem Sonderheft der Politischen Vierteljahresschrift auf den Punkt gebracht: „Die zentral geführten MNK [Multinationalen Konzerne, Anm. der Verf.]", so Piehl (1975: 165), „können mit ihren Manipulationsmöglichkeiten, vor allem mit dem Mittel, Produktion von einem Land in ein anderes zu verlagern bzw. damit zu drohen, die Arbeiterschaft gegeneinander ausspielen."

Gleichzeitig, und hierin besteht eine wesentliche Erkenntnis der letzten anderthalb Jahrzehnte (vgl. etwa die Beiträge in Ludwig et al. 2020), erhöht die zunehmende transnationale Strukturierung von Wertschöpfungsketten auch deren Anfälligkeit für Streikaktionen. Ein eng getakteter Verlauf in der Just-in-Time-Produktion – etwa im Maschinenbau oder der Automobilindustrie – lässt sich durch die Nichtverfügbarkeit bestimmter Bauteile zum richtigen Zeitpunkt empfindlich stören. Die Komplexität internationaler Produktionsnetzwerke ist also nicht nur für die Beschäftigten, sondern auch die Kapitalseite potenziell ein Risiko dar.

Versuche der Regulierung von Arbeit im Rahmen multinationaler Unternehmen reichen zurück bis in die 1950er-Jahre des letzten Jahrhunderts. So stellte der Europäische Metallausschuss – eine Vorgängerorganisation des Europäischen Metallgewerkschaftsbundes und später IndustriALL Europe – im Oktober 1963 einen Philips-Konzernausschuss zusammen, der die Belange der Beschäftigten im Konzern im grenzüberschreitenden Maßstab vertreten sollte. Um die Arbeits- und Beschäftigungsbedingungen an den Heimat- und Auslandsstandorten beeinflussen zu können, diskutierte zeitgleich die US-amerikanische Union of Automobile Workers (UAW) die Einrichtung von Weltkonzernräten. Auf der Automobilkonferenz des Internationalen Metallarbeiterbundes – der damaligen Dachorganisation der Metall- und Elektroindustrie – wurde 1964 die Gründung zweier Welträte für Ford und General Motors beschlossen (vgl. Rüb 2000). Die UAW reagierte damit auf die zunehmende Etablierung ausländischer Fertigungsstätten im internationalen Produktionsnetzwerk der Konzerne.[34]

Die ersten dieser internationalen Konzernnetzwerke konnten jenseits ihres experimentellen Piloncharakters keine nennenswerten Regulierungseffekte entfalten. Auf der Lernkurve, die die Entwicklung eines routinierten und selbstbewussten Umgangs nationaler Organisationen mit den Herausforderungen der Globalisierung beschreibt, markieren diese frühen Versuche den vorderen Bereich eines langsamen Anstiegs. Auch heute sind – abgesehen von einigen aus den Unternehmen selbst heraus unterhaltenen Netzwerken wie dem Volkswagen Weltkonzernbetriebsrat – nur wenige kontinuierlich und effektiv arbeitende Vertretungsinstanzen im Rahmen multinationaler Konzerne aktiv (siehe Müller/Platzer/Rüb 2004).

34 Wie Karl-Heinz Mihr (2001) in seiner autobiografischen Schilderung beschreibt, finden sich ähnliche Internationalisierungsinitiativen auch im Umfeld des deutschen Volkswagenkonzerns, dessen Interessenvertreter in den 1970er-Jahren gemeinsam mit der Wolfsburger IG Metall explorative Reisen an die Auslandsstandorte in den USA und Brasilien unternehmen (vgl. auch Heiland/Seeliger 2023).

Für ihre allgemeine Wirkungsweise erfüllen transnationale Konzernnetzwerke mit Platzer und Müller (2009: 744) vier Funktionen. Regelmäßige Netzwerktreffen dienen erstens dem gegenseitigen Austausch und zweitens der gezielten Weiterqualifizierung der beteiligten Vertreter:innen. Drittens sollen sie auch den Repräsentant:innen peripherer Konzernstandorte ein Forum bieten, sich und ihre Anliegen ihren Kolleg:innen und der Konzernleitung mitzuteilen. Viertens nutzen die Interessenvertretungen die Netzwerke zur Koordination von Informations-, Protest- oder Solidaritätsaktionen im grenzüberschreitenden Rahmen. Eine wesentliche Begrenzung ihres Einflusses folgt für diese Organe aus ihrer Angewiesenheit auf die Finanzierung ihrer Aktivitäten durch die Konzernleitungen, deren Interesse an einer effektiven Vertretungsarbeit im grenzüberschreitenden Maßstab sich in der Regel jedoch in Grenzen hält.

Seit den 1990er-Jahren erfährt das Feld transnationaler Aktivitäten im Umfeld multinationaler Konzerne in der Gewerkschaftspolitik eine konstante Aufwertung. Neben der fortschreitenden Internationalisierung von Unternehmensaktivitäten ist diese Aufwertung auch mit der neuen Rolle europäischer Betriebsräte verbunden. Als ein weiterer Baustein einer internationalen Labor Governance (Meardi/Marginson 2012) werden seit einigen Jahren Maßnahmen unter dem Oberbegriff einer ‚Corporate Social Responsibility' (Hiß 2006) diskutiert. Im Rahmen freiwilliger Selbstverpflichtungen legen Unternehmen hier Regeln fest, die Arbeits- und Erwerbsverhältnisse in den Betrieben regulieren sollen. Während die realen Effekte aufgrund einer allgemeinen Intransparenz entlang der grenzüberschreitenden Wertschöpfungsketten oft nicht gut zu überprüfen sind (vgl. Wells 2009), so bieten entsprechende Regelungen für die Gewerkschaften doch zumindest einen argumentativen Bezugspunkt und eine Grundlage für politische Kritik an den Beschäftigungspraktiken.

Eine weitere Komponente dieser neuen Regulierungsform bilden Initiativen, die auf eine Zertifizierung bestimmter Produkte abzielen. Indem sie Verbraucher:innen über die (angeblichen) Beschäftigungsverhältnisse entlang der Wertschöpfungskette bestimmter Produkte in Kenntnis setzen, sollen bestimmte Siegel und Zertifikate den Druck auf Unternehmen erhöhen, die von ihnen verantworteten Arbeitsbedingungen zu verbessern und ökologische Nachhaltigkeit im Produktionsprozess zu gewährleisten. Entsprechende Initiativen werden oft in

Kooperation nationaler und internationaler Gewerkschaften und den Organisationen sozialer Bewegungen getragen. Den sozialen Kontext entsprechender Initiativen haben Forscher:innen auch als ‚transnational advocacy networks' bezeichnet (vgl. Keck/Sikking 2002; siehe auch Said 2007).

Der zunehmende Einfluss multinationaler Unternehmen auf die arbeitspolitischen Praktiken nationaler Wirtschaftsräume (vgl. Bartlett/Ghoshall 1989; Dörrenbächer/Geppert 2011) hat seit den 1970er-Jahren eine Reihe unmittelbar gewerkschaftlich getragener Initiativen hervorgerufen (siehe Stevis 2010). Die Herausforderung für die Gewerkschaften besteht hierbei darin, lange internationale Wertschöpfungsketten bis auf die betriebliche Ebene als Ort, auf dem gearbeitet wird, hinzuregulieren (Varga 2020: 216).

Ein wichtiges Instrument dieser unternehmensbezogenen Aktivitäten stellen Internationale Rahmenvereinbarungen (kurz: IFAs) dar. Solche zwischen einer unternehmensbezogenen Interessenvertretung der Beschäftigten (sei es ein Betriebsrat oder ein Betriebsgewerkschaft), einem internationalen Gewerkschaftsverband sowie der Unternehmensleitung geschlossenen Vereinbarungen dienen dazu, bestimmte Mindeststandards und Verhaltenscodices für die Arbeit und Beschäftigung im Konzern festzuschreiben (Hessler 2014).

Der Großteil der in Kraft befindlichen IFAs umfasst mit den fünf Kernarbeitsnormen der International Labour Organization – dem Recht auf Kollektivverhandlungen, dem Verbot von Zwangs- und Kinderarbeit und Diskriminierung und der Gewährleistung von Arbeitsschutz und Arbeitssicherheit – einen Katalog an basalen Ansprüchen an die Gestaltung der eigenen Erwerbstätigkeit (siehe Maul 2020). Während damit also eine arbeitspolitische Grundlage geschaffen ist, bleiben die auf diese Weise eingeklagten Rechte weit hinter den Arbeits-, Beschäftigungs- und Partizipationsstandards der regulierten Kapitalismen des Globalen Nordens zurück.

Anders als freiwillige Corporate Social Responsibility-Projekte oder Initiativen, die auf Zertifizierung bestimmter Produkte zielen (siehe hierzu etwa Said 2007 oder Hiß 2006adressieren die Gewerkschaften mit den Rahmenvereinbarungen eine näher am betrieblichen Arbeitsprozess angesiedelte Ebene. Indem die internationalen Verbände die multinationalen Unternehmen zum Abschluss einer Rahmenvereinbarung bewegen, bringen sie diese dazu, sie als Verhandlungspartnerinnen anzuerkennen. Nachdem die Unternehmen sich dem geschlossenen Verhandlungssystem der Nationalstaaten entzogen hatten, gelingt es den Gewerkschaften mithilfe der IFAs, die jeweiligen Unternehmensleitungen im grenzüberschreitenden Maßstab zu adressieren. Gleichzeitig, und hierin besteht ein wesentlicher Schwachpunkt internationaler Rahmenvereinbarungen, stellen diese lediglich freiwillige Regulierungen dar. Gegenüber gesetzlich verfassten Regelungen erkennen Müller und Platzer (2009: 719) in ihnen daher lediglich eine ‚second best strategy'.

Aufgrund der Freiwilligkeit des Abschlusses hängt die Effektivität einer Rahmenvereinbarung davon ab, inwiefern die Gewerkschaften in der Lage sind, ihre Umsetzung zu überprüfen. In der Ermangelung einer gesetzlichen Grundlage müssen sie das Monitoring selbst oder mithilfe hierzu angeheuerter Auditing-Organisationen unternehmen. Eine besondere Schwierigkeit ergibt sich hier im Zusammenhang mit der Ausdehnung der IFA-Inhalte auf die Betriebe der Zuliefererunternehmen. Während ein Großteil der aktuell gültigen Rahmenvereinbarungen vorsieht, die Regulierung auf die unteren Glieder der Wertschöpfungskette auszudehnen, bringen entsprechende Verpflichtungen einen weiteren großen Monitoring-Aufwand mit sich (Platzer/Müller 2009: 727).

6.6 Gewerkschaftspolitik im Prozess der europäischen Integration

Die Frage nach der Einigung Europas beschäftigt die Sozialwissenschaft seit ihrer Entstehung. Bereits gegen Ende des 19. Jahrhunderts schrieb Émile Durkheim, „dass sich über die europäischen Völker hinweg in spontaner Bewegung eine europäische Gesellschaft zu bilden beginnt, die jetzt schon ein Gefühl ihrer selbst hat und sich selbst zu organisieren beginnt." (Durkheim 1992: 476). Die Frage, ob und gegebenenfalls auch wie sich aus den regionalen und nationalen Sozialräumen im Prozess der Einigung eine europäische Gesellschaft entwickelt, haben seitdem zahlreiche Studien untersucht (siehe hierzu exemplarisch Lahusen 2019 und Vobruba/Preunkert 2015).

Die Frage nach der Verdichtung wirtschaftlicher Beziehungen unter den Ländern hat seit dem Ende des Zweiten Weltkriegs im Zentrum der Auseinandersetzung mit dem Integrationsprozess gestanden. So befasst sich der klassische Text ‚The Uniting of Europe' von Ernst Haas (1958) mit dem Verhältnis der Interessenorganisationen von Kapital und Arbeit in der Herausbildung der Europäischen Gemeinschaft für Kohle und Stahl. Die graduelle Verlagerung politischer Kompetenzen von der nationalen auf die Ebene der EU würde, so seine frühe Antizipation, mit der Zeit eine wachsende europäische Orientierung unter den Kapitalverbänden und Gewerkschaften bewirken (vgl. Seikel 2022: 1).[35] Obwohl diese Entwicklung wohl (zumindest) weniger eindeutig verlaufen ist, als Haas dies vorausgesagt hatte, stellt sich die Frage, „wie sich die europäische Integration auf die gesellschaftlichen Kräfteverhältnisse zwischen Kapital und Arbeit auswirkt" (ebd.). Dieser wollen wir im Folgenden unter Bezug auf die gewerkschaftspolitische Praxis im Mehrebenensystem europäischer Arbeitsbeziehungen (March/Sisson 2004) nachgehen.

Die europäische Integration stellt als Sequenz gesellschaftlicher Entwicklung im 21. Jahrhundert eines der zentralen und wichtigsten Projekte dar. Hier klärt sich, inwiefern und unter welchen Bedingungen politische Ordnungsbildung jenseits des nationalen Rahmens praktisch möglich ist. Nominell bestimmt die Präambel des Vertrags über die Arbeitsweise der EU den Zweck der europäischen Integration als Einigung der europäischen Völker „in ever closer Union". Informiert durch die Erfahrungen des Zweiten Weltkriegs schöpfend folgte diese Festlegung originär einem dem sicherheits- und wirtschaftspolitischen Motiv. Mit der Europäischen Gemeinschaft für Kohle und Stahl gründeten Belgien, Frankreich, Italien, die Niederlande, Luxemburg und die Bundesrepublik eine Freihandelszone für die Montanindustrie, aus der mit der Unterzeichnung der Römischen Verträge im März 1957 die Europäischen Wirtschaftsgemeinschaft entstand. Die Abschaffung der letzten Binnenzölle (1968) sowie die Etablierung des Europäischen

35 Der als Neofunktionalismus in der Forschung zum Themenkomplex bekannte Ansatz trägt seinen Namen nicht zu Unrecht. Einmal in Gang gesetzt übertragen sich Integrationsentwicklungen quasi automatisch von einem Politikfeld ins nächste. Es ist daher auch nicht verwunderlich, dass sich im Forschungsfeld häufig (krypto-)normative Argumentationsmuster finden, die eine supranationale Regulierung von Arbeitsmärkten gegenüber einer nationalen zu bevorzugen scheinen (→ Kap. 6.7.2.).

Wechselkursverbunds (1972) und des Europäischen Währungssystems (1979) wirkten als weitere Maßnahmen der ökonomischen Einigung. Wenig später erweiterte der sukzessive Anschluss von Dänemark, Großbritannien und Irland (1973) sowie Griechenland, Portugal und Spanien (1981) die Mitgliederbasis des Staatenbundes. Das Schengener Abkommen (1985) sah weiterhin den Abbau innereuropäischer Grenzen vor.

Die Einrichtung des Europaparlaments mit den ersten Wahlen 1979 sowie die sukzessive Verabschiedung der Social Charter (1961) ließen die europäische Integration weiterhin als Prozess der Verdichtung bürokratischer Einrichtungen (Behörden, Verwaltungseinheiten, Kooperationen) administrativer Programme (Schulungen, Kooperationen, Kommunikationsplattformen, Förderlinien) und rechtlicher Elemente zu einer Textur institutioneller Bezugselemente verlaufen (vgl. Lahusen 2019). Als Bündel politischer und sozialer Rechte wird 1992 in Artikel 17 EGV im Maastrichter Vertrag die Unionsbürgerschaft eingeführt. Für die Bürger:innen der EU gewährleistet sie das Recht auf Bewegungsfreiheit innerhalb des EU-Territoriums, ein Anrecht auf Gleichbehandlung bei Arbeits- und Wohnungssuche und Sozialleistungen sowie das Wahlrecht bei Kommunal- und Europawahlen im Wohnsitzland.

Mit dem Maastrichter Vertrag aus dem Jahr 1992 erreichte die europäische Integration eine neue Qualität. Neben einer gemeinsamen Außen- und Sicherheitspolitik und der Zusammenarbeit in innenpolitischen Angelegenheiten sieht das Abkommen die Schaffung eines europäischen Binnenmarktes aufgrund von vier konstitutiven Freiheiten vor: So ist es den Mitgliedstaaten verboten, den freien Verkehr von Waren (1), Dienstleistungen (2), Kapital (3) und Personen (4) zu beschränken. Mit der Einführung des Euro als (1999 in Form elektronischer Buchungen und 2002 als Bargeld) und den nachfolgenden Maßnahmen (Fiskalpakt, Europäischer Stabilitätsmechanismus, Six-Pack) durchlief die ökonomische Einigung der EU weitere signifikante Entwicklungsschritte. Ihre konkrete Bedeutung gewannen diese im Zuge verschiedener Erweiterungsrunden. Nach der Wiedervereinigung traten mit Österreich, Finnland und Schweden und schließlich in drei weiteren Runden Estland, Lettland, Litauen, Polen, Tschechien, die Slowakei, Ungarn, Slowenien, Malta und die Republik Zypern im Jahr 2004, Rumänien und Bulgarien im Jahr 2007 sowie Kroatien im Jahr 2013 der EU bei.

In der sozialwissenschaftlichen Forschung wird die europäische Integration vor diesem Hintergrund als Prozess der Erweiterung und Vertiefung beschrieben (vergleiche Höpner/Schäfer 2008). Der europäische Einigungsprozess verläuft aus dieser Perspektive einerseits als sukzessive Etablierung immer neuer europäischer Institutionen und andererseits in der Ausweitung ihrer Kompetenzen gegenüber den Mitgliedstaaten. Zur gleichen Zeit verändern sich aber auch die nationalen Gesellschaften in ihren demografischen, ökonomischen oder auch kulturellen Strukturen.

Als eine „legitimitätssuchende und legitimitätsherausfordernde institutionelle Ordnung" (Bieling/Lerch 2012: 323) lässt sich die EU vor diesem Hintergrund auf unterschiedliche Weise begründen. Während der Idee der Europäischen Union als ‚Friedensprojekt' die Kriege und Genozide der ersten Hälfte des 20. Jahrhunderts als Ausgangspunkt dienen, beziehen sich ökonomische Rahmungen vor allem auf die Erarbeitung komparativer Kostenvorteile. Die europäische Integration stellt aus dieser Perspektive eine wirtschaftliche Win-Win-Situation dar. Getragen werden diese Begründungsmuster durch ein gemeinsames Bekenntnis der europäischen Institutionen zur Bekämpfung sozialer Ungleichheit im Integrationsprozess (Europarat 2010; Kommission 2009).

Eine offene Frage ist gleichzeitig, ob und inwiefern sich diese nominellen Bekenntnisse in eine tragfähige Politiklinie und damit perspektivisch in eine gesellschaftliche Kohäsion und Gleichwertigkeit der Lebensverhältnisse innerhalb der EU übertragen. Unter dem Begriff des ‚Europäischen Sozialmodells' diskutieren Vertreter:innen aus Politik und Wissenschaft seit den 1970er-Jahren die Möglichkeit, die marktschaffende (oder auch „negative", siehe Scharpf 1999) Integration durch koordinierte arbeits- und sozialpolitische Maßnahmen zu komplementieren. Eine entsprechende politische Zielsetzung ist allerdings mit dem Problem konfrontiert, dass Kapitalinteressen (an Liberalisierung) sich im internationalen Maßstab einfacher formulieren und bündeln lassen, als dies gewerkschaftliche Interessen (an Regulierung) tun (siehe auch die Beiträge in Streeck 1999).

Während die Entwicklung der EU von einem Herrschaftsverband zu einem Gemeinwesen auf diese Weise zumindest theoretisch zu verwirklichen wäre, erscheint eine Verwirklichung dieser Idee in der politischen Praxis gegenwärtig als höchst unwahrscheinlich. In der Gesetzgebung erfordert die Etablierung marktregulierender Institutionen im europäischen Recht die Einstimmigkeit der nationalen Regierungen. Aufgrund der politökonomischen Heterogenität unter den Ländern der EU ist eine Einstimmigkeit in den meisten Fragen jedoch nicht oder nur extrem schwer zu realisieren. Vor allem seit den Erweiterungsrunden der Jahre 2004 und 2007 stehen die regulierungsorientierten Parteien und Gewerkschaften vor dem Problem, sich in der Tarif- und Sozialpolitik auf einen kleinsten gemeinsamen Nenner zu einigen (vgl. Seeliger 2017). Während gemeinsame politische Positionen im gemeinsamen Markt einerseits immer schwieriger werden, erscheint ihre Etablierung aufgrund der Diversität der nationalen Rahmenbedingungen für die beteiligten Akteure immer schwieriger.

6.6.1 Was ist das Soziale Europa?

Im Verlauf der letzten 15 Jahre verdichtete sich eine Kritik, der zufolge die europäische Integration vorwiegend als Integration eines gemeinsamen Marktes stattfinde. Prägende politische Ereignisse wie die Rechtsprechung des Europäischen Gerichtshof zu Lasten der nationalen Tarifsysteme (Bücker/Warneck, 2010) oder die makroökonomische Anpassungspolitik zur Stabilisierung der Eurozone (Müller/Schulten 2013) legen nahe, die Einigung Europas als groß angelegtes Projekt zur Kommodifizierung von Arbeit zu deuten (siehe hierzu Streeck 2013).

Entsprechende Risiken anerkennend betont demgegenüber Seikel (2016: 6) die Potenziale für die Etablierung sozial- und tarifpolitischer Institutionen, die der europäische Integrationsprozess für die politische Linke birgt:

> „Durch die Zusammenarbeit auf der europäischen Ebene könnten die Voraussetzungen für transnationale Solidarität geschaffen, der gegenseitige Unterbietungswettbewerb unterbunden, Märkte reguliert und der Vorrang des Politischen und des Demokratischen vor dem Ökonomischen wiederhergestellt werden."

Die Diskussion um die Möglichkeit einer Regulierung der Wirtschaft auf EU-Ebene wird seit den 1970er-Jahren unter dem Begriff des Europäischen Sozialmodells geführt (Pierson/Liebfried 1998; Streeck 1998). Im Laufe der nächsten Jahre setzten die Mitgliedstaaten verschiedene Initiativen – wie etwa das ‚Erste sozialpolitische Aktionsprogramm' oder den ‚Europäischen Fonds für regionale Entwicklung' in Gang, um ihre sozialpolitischen Aktivitäten im europäischen Rahmen auszuweiten (siehe Rhodes 1998, 330).

Maßgeblich geprägt durch den Kommissionsvorsitzenden Jacques Delors dient der Begriff den Gewerkschaften und sozialdemokratisch-sozialistischen Parteien als symbolische Leitorientierung. Sein primärer Sinngehalt, so Hyman (2003: 27), verweise auf das Ziel, „to provide a ›human face‹ to the completion of the single market, and to turn the trade union movements of Europe from potential opponents into reliable allies." Die verteilungspolitische Effektivität dieser Maßnahmen hielt sich in diesen ersten Jahren jedoch in Grenzen. Die Gestaltung der Sozial- und Tarifpolitik blieb im Wesentlichen den nationalen Trägern überlassen und das ‚Soziale Europa' ein in erster Linie symbolpolitisches Projekt. Dieser symbolpolitische Charakter eröffnet den politischen Akteuren die Verwendung des Begriffs als „gleichermaßen analytische Kategorie, ideologisches Konstrukt und Streitgegenstand" (Hyman 2006, 121).

Betrachtet man die Verwendung des Konzeptes eines ‚Sozialen Europas' als politische Kategorie, so lässt sich bei genauerem Hinsehen ein projektives Versprechen oder – mit anderen Worten – eine politische Utopie erkennen, die auf zwei Prämissen beruht – ein europäisches Sozialmodell ist erstens notwendig und zweitens möglich. Mit Aust et al. (2002: 273) stellt das Konzept damit eine „gesellschaftspolitische Zukunftsformel" dar, „ein politisch-ideologisches Konstrukt […], das europäische Gemeinsamkeiten definiert und propagiert, die erst noch zu realisieren wären".

Vom Blickpunkt einer politischen Soziologie lässt sich das ‚Soziale Europa' damit als Framing-Strategie verstehen (Benford/Snow 2003). Die Verwendung des Begriffes dient seinen Protagonisten zur Schaffung eines Bezugsrahmens, der als Projektionsfläche für politische Präferenzen dienen und damit Identifikationsangebote für politische Akteure zurückspiegeln kann (siehe Kiess 2019). Das übergeordnete Ziel stellt mit Schulten (2005: 15) eine Wirtschaftsordnung, „die auf eine Verbindung von ökonomischer Effizienz und (relativer) sozialer Gleichheit zielt."

Die wichtigsten gewerkschaftlichen Protagonisten des Europäischen Sozialmodells sind die europäischen Gewerkschaftsverbände. Ähnlich wie die globalen Gewerkschaftsverbände bestehen auch sie aus nationalen Mitgliedsgewerkschaften und Gewerkschaftsföderationen und sind damit ebenfalls als Meta-Organisationen (Brunsson 2008) zu verstehen. Während zehn Dachverbände die Interessen sektoraler Mitgliedsverbände vertreten, stellt die umfassendste Organisation hier der Europäische Gewerkschaftsbund dar.[36]

europäische Dachverbände Gewerkschaften				
Name	**Mitglieder**	**Gründungsjahr**	**integrierte Gewerkschaften**	**vertretene Branchen**
Europäische Allianz für Kunst und Unterhaltung (European Arts and Entertainment Alliance, EAEA)	60 Mio.	1953	120	Schauspieler (in Filmen, TV, Theater und Live-Performance), Musiker und allgemein Medien, Unterhaltung und Künste
Dachverband europäischer Polizeigewerkschaften (European Confederation of Police, EuroCOP)	230.000	2002	30	Polizei
Europäische Föderation der Bau- und Holzarbeiter (European Federation of Building and Wood Workers, EFBH/EFBWW)	1,5 Mio.		76	Bauwesen, Holzarbeit, Försterei, Handel

36 Ein wesentlicher formaler Unterschied gegenüber den internationalen Gewerkschaftsverbänden ergibt sich aus der Rolle der europäischen Verbände im Europäischen Sozialdialog. Hiermit ist die Einbindung von europäischen Kapital- und Gewerkschaftsverbänden in den Gesetzgebungsprozess gemeint (vgl. Weinert 2009; Falkner 1998). Als politisches System mit eigener Rechtsordnung zielte die Etablierung dieses Verfahrens auf die Stärkung organisierter Interessen im Integrationsprozess. Da es in der Praxis – vor allem aufgrund der Weigerung der Kapitalverbände, aber auch aufgrund heterogener Interessen unter den Mitgliedsorganisationen der Gewerkschaftsverbände – nur zu marginalen Regulierungserfolgen gekommen ist, ist der Europäische Sozialdialog als Instrument arbeitspolitischer Einflussnahme jedoch vernachlässigbar.

europäische Dachverbände Gewerkschaften				
Name	**Mitglieder**	**Gründungsjahr**	**integrierte Gewerkschaften**	**vertretene Branchen**
Europäische Gewerkschaftsföderation für den Landwirtschafts-, Nahrungsmittel- und Tourismussektor (European Federation of Food, Agriculture and Tourism Trade Unions, EFFAT)	25 Mio.	2000	116	Agrarwirtschaft, Nahrungsmittel und Tourismus
Europäische Journalisten-Föderation (European Federation of Journalists, EFJ)	320.000	1994	72	Journalismus (TV, Radio, Medien, Online)
IndustriALL European Trade Union	7 Mio.	2012	180	Luft- und Raumfahrt, Automobil, Basismetalle, Chemie/Pharma und Biowissenschaften, Energie, Glas/Zement/Keramik und verwandte Industrien, Elektronik, Maschinenbau, Bergbau, Zellstoff und Papier, Gummi, Bekleidung und Textilien
Europäischer Gewerkschaftsverband für den öffentlichen Dienst (EGÖD; European Federation of Public Service Unions, EPSU)	8 Mio.		270	Gesundheits- und Sozialdienste (Krankenhäuser, Kinderbetreuung, kommunale Gesundheitsdienste, Sozialarbeit und Pflegeheime), Kommunal- und Regionalverwaltung (Feuerwehr, Abfallsammler usw.), nationale und europäische Verwaltung (Personal im Gefängnisdienst, Steuereintreiber usw.) und Versorgungsunternehmen (Arbeiter:innen in den Sektoren Strom, Gas, Wasser und Abfall)

europäische Dachverbände Gewerkschaften				
Name	**Mitglieder**	**Gründungsjahr**	**integrierte Gewerkschaften**	**vertretene Branchen**
Europäische Transportarbeiter-Föderation (European Transport Workers' Federation, ETF)	5 Mio.	1999	200	Zivilluftfahrt, Hafenarbeiter, Fischerei, Binnenschifffahrt, Logistik, Seeverkehr, Eisenbahn, Straßenverkehr, Tourismus, öffentlicher Nahverkehr
Europäisches Gewerkschaftskomitee für Bildung und Wissenschaft (EGBW; European Trade Union Committee of Education, ETUCE)	11 Mio.	1977	127	Lehrer und anderes Bildungspersonal in: Grundschulbildung, Sekundarbildung, Berufsbildung, Hochschulbildung und Forschung
UNI-EUROPA für Dienstleistungsgewerkschaften	7 Mio.		272	Pflege, Reinigung und Sicherheit, Handel, Finanzen, Spiele, Grafik und Verpackung, Haare und Beauty, ICT und zugehörige Dienstleistungen, Medien und Unterhaltung, Post und Logistik, Zeitarbeiter, Tourismus

Tabelle 2: Die europäischen Gewerkschaften

Als zwischen nationalen und internationalen Organisationen vermittelnde Instanz kommt dem EGB, mit Gajewska (2009: 82) gesprochen, eine „Framing-Funktion“ zu. Indem seine Funktionäre die Deutungsrahmen – wie etwa den des ‚Sozialen Europas‘ – formulieren, koordinieren sie das kollektive politische Handeln der Mitgliedsorganisationen (und damit auch von deren Mitgliedsorganisationen sowie deren Mitgliedern). Dass dies jedoch nicht immer gelingt, ist Ausdruck eines grundlegenden Problems der Dachverbände – sie besitzen gegenüber ihren Mitgliedsgewerkschaften keinerlei Verpflichtungskapazität.

Im Allgemeinen lassen sich die Aufgaben europäischer Gewerkschaftsverbände in drei Kategorien ordnen. Zum einen dienen sie der Koordination von Aktivitäten ihrer nationalen Mitgliedsorganisationen im grenzüberschreitenden Maßstab. Auf EU-Ebene zielen sie weiterhin auf ein Lobbying gegenüber den europäischen Institutionen. Und mit Blick auf die Sozialisation von Lohnabhängigen aber auch die soziale Konstruktion politischer Öffentlichkeit im weiteren Sinne kommt ihnen die Rolle von Gestalterinnen und Impulsgeberinnen zu.

Die Abstimmungsleistungen innerhalb der europäischen Verbände sind im Laufe der letzten Jahrzehnte Gegenstand zahlreicher Untersuchungen gewesen (siehe exemplarisch, Seeliger 2017, Müller/Platzer 2009). Eine weitere Form transnationaler gewerkschaftlicher Kooperation innerhalb der europäischen Union findet sich in Gestalt interregionaler Gewerkschaftsräte. Diese setzen sich aus den Dachverbänden internationaler Teilregionen zusammen. Ihre Aktivitäten umfassen interregionale Themen wie etwa Pendelmigration oder die Regulierung lokaler Wertschöpfungssysteme in transnationalen Wirtschaftsclustern. Hauptsächlich dienen sie hier dem Zweck einer weichen Koordinierung und Information. Das Kerngeschäft der Mitgliedsorganisationen verbleibt hier im nationalen Rahmen. Die Finanzierung dieser Organisationen erfolgt zum Teil aus den Mitteln der Mitgliedsverbände, aber auch mithilfe von Ressourcen aus dem politischen System der EU (siehe hierzu Bähr et al. 2014).

Ein weiteres makroregionales Gremium ist der Council of the Nordic Trade Unions. Der in Stockholm ansässige Rat besteht seit 1972 und bringt die Gewerkschaftsorganisationen aus den Ländern Nordwesteuropas zusammen.[37] Die sorgfältige Abstimmung zwischen den nordischen Gewerkschaften stärkt deren Verhandlungsposition in den europäischen Branchenverbänden, in denen sie oft die gleichen Positionen vertreten und sich gegenseitig unterstützen. Ein Interviewpartner von Seeliger (2017: 196) spricht in diesem Zusammenhang auch von der „Nordic Mafia" – einem ihm zufolge geflügelten Ausdruck im Brüsseler Fachjargon.

37 Wie Furaker und Larsson (2020: 40) betonen, sind diese Beziehungen eher einseitig und bestehen vor allem aus gezielten Unterstützungsleistungen durch die Skandinavier.

6.6.2 Sozialwissenschaftliche (und politische) Einschätzungen der Potenziale einer europäischen Gewerkschaftsbewegung und Bedingungen politökonomischer Heterogenität

Mit der Erweiterung der EU um immer neue Mitgliedstaaten nahmen auch die Unterschiede innerhalb ihres Geltungsbereichs zu. Zwischen Kroatien und Irland oder dem nördlichen Schweden und dem Mezzogiorno Italiens finden sich heute große Variationen in Sprache und Kultur, aber auch mit Blick auf die lokale Wirtschaft. In der Sozialwissenschaft wird das Spektrum der Unterschiede in den Regeln, Routinen aber auch den materiellen Apparaten der Produktionssysteme als „politökonomische Heterogenität" (Höpner/Schäfer 2012) bezeichnet. Arbeitszeit, Produktivität, aber auch rechtliche Regelungen und die lokalen Koordinationsmodi variieren hier von Land zu Land genauso wie die Lohnhöhe oder die Kultur und das Selbstverständnis der Erwerbstätigen und ihrer Interessenorganisationen.

Die aus den politökonomischen Unterschieden resultierenden Gegebenheiten übertragen sich auch ins Feld der Gewerkschaftspolitik. Wie weiter oben ausgeführt, stehen Gewerkschaften in der EU vor dem Problem, dass gemeinsame politische Positionen im Prozess der europäischen Integration einerseits immer dringender benötigt werden. Gleichzeitig sind diese aufgrund der Unterschiede zwischen den Ländern immer schwerer zu entwickeln. Vor allem angesichts der Erweiterungsrunden von 2004 und 2007 haben Kiess und Seeliger (2018) für die Etablierung solcher gemeinsamen Positionen ein *dreifaches Heterogenitätsproblem* identifiziert. Erstens variieren in den Ländern der EU institutionelle Gegebenheiten wie Arbeitsrecht oder nationale Modi der Lohnfindung. Die nationalen Gewerkschaften weisen zweitens Spezifika in Struktur und Umfang auf, die mit spezifischen ideologischen Orientierungen in Wechselwirkung stehen. Im Rahmen der nationalen politischen Systeme verfügen die nationalen Gewerkschaftsbewegungen drittens über unterschiedliche Machtressourcen, wobei Organisationen aus dem Norden und Westen Europas ihren süd- und osteuropäischen Schwestergewerkschaften tendenziell überlegen sind. Gemeinsame politische Positionen im internationalen Maßstab müssen im Rahmen dieser drei Dimensionen entwickelt und abgestimmt werden.

Angesichts der politökonomischen Heterogenität und der weiter oben dargestellten Liberalisierungsentwicklungen stellt die europäische Integration für die Gewerkschaften einen „starting test for union capacities" (Meardi 2012: 156) dar. Sollte es hier gelingen, gemeinsame Positionen im grenzüberschreitenden Maßstab zu entwickeln, würde dies für die Möglichkeit internationalistischer Arbeitspolitik im Allgemeinen sprechen. In der Forschungsliteratur haben Seeliger und Kiess (2018) vier paradigmatische Perspektiven auf diese Frage erkannt.

Vom Blickpunkt der Vergleichenden Politischen Ökonomie fokussiert eine erste Gruppe von Arbeiten Unterschiede gewerkschaftspolitischer Orientierungen je nach nationalem (oder sektoralem) Setting (siehe hierzu etwa Höpner/Schäfer 2012). Die Entwicklung gemeinsamer Positionen im grenzüberschreitenden Maßstab erscheint aus dieser Perspektive nicht zuletzt deswegen als schwierig, weil Arbeiten aus diesem Bereich eher strukturvergleichend als handlungstheoretisch argumentieren. Anstelle von Prozessen politischer Mobilisierungen (siehe etwa Gajewska 2009) fokussieren sie auf die Rigidität institutioneller Gegebenheiten.

Entgegen einer solchen „strukturalistische[n] oder deterministische[n] Sicht", argumentiert Kowalsky (2010: 139), gelte „es festzuhalten, dass europäische Initiativen, die Konflikte hervorrufen, deutliches Politisierungs- und damit Veränderungspotenzial haben." Eine entsprechende Perspektive nehmen Arbeiten aus einem eurozweckoptimistischen Blickwinkel ein. Eine sinn- und identitätsstiftende Annahme folgt für viele Autor:innen zu diesem Forschungsfeld aus der Prämisse, den Gewerkschaften stünde unter Bedingungen von europäischer Integration (und Globalisierung insgesamt) ohnehin nichts anderes offen, als ihre Interessen kollektiv und im internationalen Maßstab zu vertreten. „Die Gewerkschaften", so erklärt mit Ulrich Beck (2000) einer der prominentesten Vertreter dieser Position, „müssen sich transnational neu erfinden." Eine starke, wenn auch eher konzeptionell als empirisch fundierte, Fokussierung auf Fälle geglückter grenzüberschreitender Zusammenarbeit dient hier dazu, die Bedingungen erfolgreicher transnationaler Zusammenarbeit herauszuarbeiten. Eine entsprechend zweckoptimistisch verengte (oder auch: erweiterte) Sicht, kann allerdings zur Überschätzung der internationalistischen Potenziale europäischer Gewerkschaften führen (siehe Seeliger 2021a).

Demgegenüber zielt eine dritte Gruppe von Forschungsbeiträgen auf die gezielte Sichtbarmachung von Defiziten und Dysfunktionen grenzüberschreitender Zusammenarbeit von Gewerkschaften im Prozess der europäischen Integration. Anders als die vergleichenden Beiträge der ersten Gruppe, nehmen euroskeptische Untersuchungen selbst eine handlungstheoretische Perspektive ein. Gängige Befunde verweisen hier auf einen Mangel an basisdemokratischer Partizipation (Koch-Baumgarten 2006: 219; Seeliger/Wagner 2020), eine strukturelle Unterfinanzierung (Martin/Ross 2001) sowie die mangelnde Verpflichtungsfähigkeit der internationalen Verbände gegenüber ihren nationalen Mitgliedsorganisationen (Dribbusch 2014).

Eine vierte paradigmatische Position findet sich schließlich in einer Reihe empirisch fundierter Arbeiten, die Möglichkeiten und Grenzen internationaler Kooperation im Rahmen solider Forschungsdesigns untersuchen. Wichtige konzeptionelle Anregungen aus diesem Bereich zielen auf eine Reinterpretation wirtschaftlicher Internationalisierung als Chance zur gewerkschaftlichen Erneuerung. In diesem Sinne interpretieren Gumbrell-McCormick und Hyman (2013: 193) die Heterogenität zwischen Organisationen aus unterschiedlichen Ländern keineswegs als Chance zur Erweiterung des eigenen Handlungsrepertoires. Dies, so die beiden (ebd.),

> “is most likely when there is a leadership team from diverse backgrounds and with a range of organizational experiences, and is least likely when there is a homogeneous leadership group deeply embedded in bureaucratic routines.”

Die folgenden Abschnitte zeigen, wie die verschiedenen Forschungsperspektiven in Bezug auf die wichtigsten Felder gewerkschaftlicher Zusammenarbeit im Prozess der europäischen Integration angewandt werden.

6.6.3 Initiativen zur europäischen Lohnkoordinierung

Die Schaffung des gemeinsamen Marktes hat den Wettbewerb unter den europäischen Lohnabhängigen intensiviert. Als eine der vier im Maastrichter Vertrag verfassten Freiheiten hat die Niederlassungsfreiheit es Unternehmen erlaubt, sich in den Mitgliedstaaten anzusiedeln. Weiterhin hat die Verlagerung einzelner Fertigungsschritte und Dienstleistungen innerhalb der EU die Transnationalisierung der Wertschöpfungsketten vorangetrieben. Aus einer gewerkschaftlichen Perspektive ergibt sich hieraus der in Abschnitt 2 dargestellte Standortwettbewerb und Lohndruck.

Die politische Auseinandersetzung um die Lohnfindung erfuhr eine weitere Aufwertung im Kontext der Europäischen Wirtschafts- und Währungsunion. Während Staaten mit nationalen Währungen unter Bedingungen anpassbarer Wechselkurse auf inländische Lohn- und Preissteigerungen durch die Abwertung der eigenen Währung über ihre Zentralbanken reagieren konnten, ist diese Möglichkeit im gemeinsamen Währungsraum versperrt. In der Folge müssen sich heterogene Lohnentwicklungen, sofern sie sich auf die Preise auswirken, direkt in Wettbewerbsvorteile bzw. -nachteile übersetzen (vgl. Höpner/Seeliger 2018).

In der Eurokrise erfolgte die Korrektur makroökonomischer Asymmetrien im Wege eines autoritären Supranationalismus. Formiert zur sog. ‚Troika' zwangen die EU-Kommission, der Internationale Währungsfonds sowie die Europäische Zentralbank die nationalen Regierungen der Krisenländer, sozial- und tarifpolitische Standards zu senken (siehe Stützle 2014). Für die Durchsetzung von Klasseninteressen hat die Eurorettungspolitik laut Seikel (2022: 22) einen erschwerenden Einfluss – einmal, weil sie den öffentlichen Sektor unter Druck setzt und zweitens, weil sie einer Technokratisierung der Wirtschaftspolitik mit einer Tendenz zur Austerität Vorschub leistet. Es sind diese marktschaffenden Eingriffe in die nationalen Wirtschaftssysteme, die die europäische Integration für Kritiker im Verlauf der letzten Jahrzehnte als groß angelegte Kommodifizierungsbewegung gegenüber dem Faktor Arbeit (vgl. Deppe 2013), in Gang gehalten durch die „Liberalisierungsmaschine" (Streeck 2013) der Europäischen Union haben erscheinen lassen.

Mit dem Wegfall fester Wechselkurse wuchs gleichzeitig die Bedeutung der Tarifpolitik. Nationale Wettbewerbsfähigkeit hängt nun in erster Linie von den Lohnkosten ab. Für die Gewerkschaften der Exportsektoren, welche in unmittelbarer Konkurrenz mit den Exportsektoren anderer Länder stehen, ergibt sich so ein struktureller Anreiz, möglichst niedrige Lohnabschlüsse herbeizuführen, um so Beschäftigung am Standort zu halten. Dieses Interesse konfligiert mit einem Interesse der vertretenen Lohnabhängigen an hohen Löhnen und guten Arbeitsbedingungen.

Bereits seit den 1990er-Jahren unterhalten die europäischen Gewerkschaften des Metallsektors internationale Initiativen mit dem Ziel, einen entsprechenden Unterbietungswettbewerb zu verhindern. Während die Ambitionen einer grenzüberschreitend koordinierten Lohnpolitik im Falle der IG Metall bereits in die 1970er-Jahre zurückreichen, hat die Einführung des Euro ihre Notwendigkeit einerseits erhöht. Auf der anderen Seite stellt sich eine effektive Koordinierung der Löhne allerdings als noch schwieriger dar als zuvor.

Aufgrund der Bedeutung des deutschen Metallsektors als wichtigstem Exportsegment der europäischen Wirtschaft (Hancké 2013) ergibt sich eine besondere Rolle der IG Metall im Rahmen der Koordinierungsinitiativen. Der Großteil des deutschen Außenhandels mit den Ländern der Euro-Zone geht von der Metall- und Elektroindustrie aus und illustriert den hohen Grad internationaler Konkurrenz in diesem Sektor. Diese Konstellation birgt damit die „Gefahr, dass die europäischen Metallgewerkschaften einen lohnpolitischen Unterbietungswettbewerb in Gang setzten, um die Wettbewerbsfähigkeit ihrer jeweiligen nationalen Industrien zu erhalten bzw. zu verbessern" (Rüb 2009: 269).

Um einen Standortwettbewerb zu verhindern und eine gleichmäßige Lohnentwicklung zu gewährleisten, haben die europäischen Gewerkschaften der Metall- und Elektroindustrie seit den 1990er-Jahren verschiedene Maßnahmen ergriffen. Zum ersten interregionaler Abstimmungsversuch kam es in den 1990er-Jahren zwischen den Organisationen aus Deutschland und den BeNeLux-Ländern. Im Rahmen der Doorn-Initiative strebten diese an, in den jeweiligen Tarifverhandlungen gleiche Ergebnisse zu erzielen. Zu diesem Zweck sollten Lohnerhöhungen immer mindestens dem Zuwachs in Inflation und Produktivität entsprechen (vgl. Gollbach 2005).

Auf Ebene des europäischen Metallgewerkschaftsbundes wurde gegen Ende der 1990er-Jahre ebenfalls eine ähnliche Regel zur Abstimmung der nationalen Tarifverhandlungen eingeführt. Zur Operationalisierung wurde mit der Eucob@n-Datenbank ein System etabliert, in das Tarifabschlüsse der beteiligten Gewerkschaften gemein mit allgemein verfügbaren Informationen über die unterschiedlichen Lohnfindungssysteme eingepflegt wurden (Schulten 2004: 292). Darüber hinaus strebte man die Integration delegierter Repräsentant:innen der Dachverbände in die nationalen oder regionalen Lohnverhandlungen an (Gollbach 2005).

Blickt man auf die politische Praxis, zeigt sich schnell, dass die transnationale Koordinierung der Löhne ein Projekt darstellt, dessen Anforderungen die europäischen Gewerkschaften nicht entsprechen können. Wie Seeliger (2017) am Beispiel der IG Metall und den Tarifabschlüssen im Bereich der Metall- und Elektroindustrie gezeigt hat, weichen die Ergebnisse der Lohnfindung im Zeitraum von 1998 bis 2013 wesentlich von der in der Koordinierungsregel festgelegten Werten ab. Je nachdem ob man die nationale Inflationsrate oder die Zielinflationsrate der EZB zugrunde legt, zeigt sich über den Zeitraum eine Negativabweichung von 2,9 Prozent (nationale Rate) oder 3,3 Prozent (EZB-Rate).

Als Gründe für diese Entwicklung lassen sich unterschiedliche Faktoren anführen. Neben dem Mitgliederverlust der Gewerkschaften, einer abnehmenden Tarifbindung sowie einer zunehmenden Verbreitung von Öffnungsklauseln und atypischen Beschäftigungsformen (siehe hierzu Haipeter 2023) haben andere Autor:innen (siehe etwa Höpner 2021: 270) eine Wettbewerbsorientierung der IG Metall angeführt. Um die nationale Wettbewerbsfähigkeit zu gewährleisten, so Höpner, würden die Organisation ihren Verhandlungsspielraum nicht völlig ausschöpfen, um so die Wettbewerbsfähigkeit ihrer Mitglieder gegenüber ausländischen Exportsektoren zu stärken.

Qualitative Untersuchungen (siehe etwa Seeliger 2021) haben gezeigt, dass IG Metall-Verantwortliche diese Interpretation klar zurückweisen und sich rhetorisch deutlich zum Ziel der Lohnkoordinierung bekennen. Diese Diskrepanz lässt sich einerseits als gezielte Entkoppelung von Reden und Handeln verstehen (vgl. Brunsson 1989). Indem die IG Metall einerseits auf die Interessen ihrer Mitglieder abzielenden Tarifabschlüsse und andererseits internationalistische Bekenntnisse produziert, so die kritische Interpretation, versucht sie, zwei konfligierende Zielgrößen gleichzeitig zu bedienen. Diese Vorgehensweise ist in der Politik, wie dem einen oder der anderen bisweilen aufgefallen dürfte, keine absolute Seltenheit („Niemand hat die Absicht, eine Mauer zu errichten!“).

Auf der anderen Seite – und hierin besteht eine weitere, komplementäre Interpretation – dient das rhetorische Bekenntnis der Vertreter zur Erhaltung politischer Handlungsfähigkeit. Um irgendwann in der Zukunft Löhne koordinieren zu können, so der Gedankengang, muss man zuerst einmal daran glauben, es tun zu können. Was im Showgeschäft auch unter der Formel ‚Fake it ’til you make it‘ läuft, ist auch im politischen Tagesgeschäft gängige Praxis. Denn ohne Optimismus lässt sich für kein politisches Projekt mobilisieren, dessen Verwirklichung erst langfristig stattfinden soll. Erst die Rationalisierung des Scheiterns in der Gegenwart kann die Erreichung eines Zieles in der Zukunft ermöglichen (Seeliger 2021). Der hier kultivierte Handlungsmodus korrespondiert so eng mit der oben skizzierten Forschungsperspektive des Euro-Zweckoptimismus (vgl. Seeliger/Kiess 2018).

6.6.4 Europäische Mitbestimmung

Einen wesentlichen Baustein in der Struktur des Mehrebenensystems von Arbeitsbeziehungen innerhalb der EU ergibt sich aus den Institutionen der Unternehmensmitbestimmung – den Europäischen Betriebsräten und der Europäischen Aktiengesellschaft. Im Jahr 1994 verabschiedete das EU-Parlament die europäische Betriebsratsrichtlinie. Diese gewährt der Interessenvertretung im Rahmen multinationaler Konzerne innerhalb der EU Informations- und Konsultationsansprüche. Verpflichtet, die Einrichtung eines Europäischen Betriebsrates zuzulassen, sind dabei all jene Unternehmen, in denen mindestens 1.000 Beschäftigte arbeiten, von denen mindestens jeweils 150 an Standorten in verschiedenen Mitgliedsländern sind.

Mit Platzer et al. (2011: 14) lassen sich drei „Verhandlungsräume" unterscheiden. Auf der zwischenbetrieblichen Ebene vermitteln Eurobetriebsräte zwischen den Belegschaften verschiedener Niederlassungen sowie – mittelbar – auch den lokalen Managements. Gleichzeitig treffen sich in diesem Rahmen zweitens auch Vertreter:innen nationaler Gewerkschaften. Schließlich ist die Institution des Betriebsrats auch mit der gesetzgeberischen Ebene der Europäischen Union verbunden. Innerhalb dieser drei Räume, so Platzer et al. (ebd.: 14f.) „finden Suchprozesse statt, werden Entscheidungen vorbereitet bzw. bereits reale Festlegungen und Vereinbarungen getroffen."

Bei der grenzüberschreitenden Koordinierung arbeitspolitischen Handelns ergibt sich eine besondere Herausforderung für die Eurobetriebsräte aus der Referenzpflicht der jeweiligen Delegierten gegenüber ihren lokalen Belegschaften. Je nachdem, welche nationalen, d. h. kulturellen, politischen und ökonomischen, Hintergründe die Rahmenbedingungen an den Standorten prägen, kann sich die Interessenkonstellation hier auf unterschiedliche Weise darstellen.

Die empirische Auseinandersetzung mit der Verbreitung und Wirksamkeit von Eurobetriebsräten hat als zentrale Befunde vor allem Vorschläge für Typologien und die Relation verschiedener Kontrollvariablen (wie etwa Stammland, Sektor, Unternehmensgröße oder Gründungsjahr) hervorgebracht (siehe Hauser-Ditz et al. 2010). Im Zeitverlauf zeigt sich hier eine Zunahme der Anzahl von Eurobetriebsräten und damit auch eine Ausweitung des Kreises von ihnen vertretener Beschäftigte (De Spiegelaere/Jagodzinski 2015).

Hinsichtlich ihrer konkreten Wirksamkeit in der Verhinderung von Standortwettbewerb wurden Eurobetriebsräte vor allem in den 1990er-Jahren wenig effektiv eingeschätzt. Als „Neither European, nor Works Councils" moniert Wolfgang Streeck (1997) hier den geringen Einfluss sowie eine enge Fokussierung auf die jeweiligen Stammländer. Anstelle einer europäischen Institution verträten die Betriebsräte lediglich die Interessen der Beschäftigten der Stammwerke.

Der konkrete Einfluss von Eurobetriebsräten ist abhängig von den Machtverhältnissen in den jeweiligen Unternehmen – nicht nur zwischen Kapital- und Lohnabhängigenseite, sondern auch in Bezug auf die Konstellation unter Letzteren. Der konkrete Einfluss eines Eurobetriebsrats hängt aus dieser Sicht also von den Machtverhältnissen innerhalb der Unternehmen ab sowie von der Bereitschaft und Kapazität der jeweiligen Gewerkschaft, diese zu beeinflussen. Mit Blick auf ihre Etablierung bei gleichzeitig eingeschränkter Wirksamkeit folgen wir – ein Vierteljahrhundert nach der Verabschiedung der Richtlinie – Pries (2019: 128) zur Einschätzung des Europäischen Betriebsrats als „an emerging European institution".

Eine komplementäre Institution stellt die Mitbestimmung in der Europäischen Aktiengesellschaft dar. Das Statut der Europäischen Gesellschaft (Societas Europae, SE) ermöglichte es Aktiengesellschaften als erster supranationalen Rechtsform, ihre Unternehmensaktivitäten in verschiedenen EU-Ländern in eine transnational kohärente Verwaltungslinie zu überführen. Als Societas Europae zählen hierbei Gesellschaften, die ein Mindestkapital an 120.000 und Niederlassungen und Hauptsitz innerhalb des europäischen Wirtschaftsraums aufweisen.

Hinsichtlich der Struktur nationaler Aktiengesellschaften und den Modi der Beschäftigtenbeteiligung bestehen zwischen den EU-Mitgliedstaaten „entscheidende Unterschiede" (Rosenbohm 2014: 29). Während Großbritannien, Irland, Spanien und Schweden eine monistische Struktur mit bloß einem Verwaltungsrat und ohne formale Trennung der Leitungs- und Aufsichtsfunktion durch unterschiedliche Gremien aufweisen, findet sich in Deutschland, Österreich, Tschechien und Polen eine dualistische Organstruktur (d. h. Vorstand und Aufsichtsrat).[38]

Unterschiede hinsichtlich der Modi der Beschäftigtenbeteiligung in den Aufsichts- oder Verwaltungsorganen legen eine Gliederung der Mitgliedsländer in drei Gruppen nahe: Zunächst Staaten ohne gesetzliche Bestimmungen zur Unternehmensmitbestimmung (Belgien, Bulgarien, Estland, Italien, Lettland, Litauen, Malta, Rumänien, Großbritannien und Zypern); dann solche, die gesetzliche Bestimmungen zur Beschäftigtenbeteiligung ausschließlich für die Verwaltungs- oder Aufsichtsgremien von staatlichen Unternehmen bzw. privatisierten Staatsunternehmen vorsehen (Griechenland, Irland, Polen, Portugal und Spanien) und schlussendlich diejenigen Staaten, die gesetzliche Bestimmungen auch für Privatunternehmen vorsehen (Dänemark, Deutschland, Finnland, Frankreich, Kroatien, Luxemburg, Niederlande, Österreich, Schweden, Slowakei, Slowenien, Tschechische Republik und Ungarn) (ebd.: 30).

Die Anzahl Europäischer Gesellschaften befindet sich seit Beginn des Jahrtausends in kontinuierlichem Wachstum und lag im Jahr 2017 mit mehreren Hunderttausend Beschäftigten bei 2.827 (ETUI 2017). Der Großteil der Gesellschaften ist in der Bundesrepublik ansässig. Nach einer Neuauflage des Mitbestimmungsgesetzes aus dem Jahre 1976 gilt für deutsche Kapitalgesellschaften mit mindestens 2.000 Beschäftigten die Regelung, dass im Aufsichtsrat bei einer ebenfalls gleichen Verteilung der Sitze zwischen Kapital und Arbeit der von der Kapitalseite gestellte Aufsichtsratsvorsitzende über ein doppeltes Stimmrecht verfügt. Mitbestimmung kann in diesem Fall also nur noch als „im numerischen Sinn paritätisch" (Demirovic 2007: 37) angesehen werden. Schließlich räumen die nach dem Drittelbeteiligungsgesetz von 2004 verfassten Mitbestimmungsrechte den Beschäftigten ein Drittel der Plätze in Aufsichtsräten von Kapitalgesellschaften mit 500 bis 2.000 Beschäftigten ein.

Lose orientiert am deutschen Modell, das Interessenvertreter:innen eine Beteiligung an den Aufsichtsräten „und damit an Einsetzung und Kontrolle der Vorstände" (Streeck/Höpner 2003: 24) einräumt, findet

38 Gesellschaften in Frankreich, Italien, Slowenien und den Niederlanden können zwischen den Modellen wählen.

die Einflussnahme in der Europäischen Aktiengesellschaft ebenfalls auf Vorstandsebene ab. Die genauen Bedingungen zur Beteiligung handeln spezifische Gremien von Kapital- und Lohnabhängigenvertreter:innen aus.

Im Unterschied zum deutschen Mitbestimmungsgesetz existiert keine feste Vorgabe für die Zahl der Beschäftigtenvertreter*innen in den Entscheidungsorganen. Der Richtlinie kommt damit, so Rosenbohm (2014: 53), „ein konservativer statt innovativer Charakter" zu. Unternehmen ohne Mitbestimmungsauflagen können so ihren Status erhalten. Indem Unternehmen ihren Standort verlagern, bietet sich ihnen so die Möglichkeit einer „vorauseilenden Mitbestimmungsflucht" (Höpner/Waclawczyk 2012: 328). Diese wurde jedoch bislang eher selten genutzt (vgl. ebd.).

Wie Nachtwey und Seeliger (2019) herausarbeiten, sind die arbeitspolitischen Folgen der EU-weiten Mitbestimmungsrechte ambivalent. Auf der einen Seite arbeitet einerseits eine größere Zahl an Beschäftigten in europäischen Unternehmen mit rechtlich garantiertem Zugang zu (wie auch immer konkret ausgeprägten) Mitbestimmung. Während dies einerseits eine Ausdehnung der Mitbestimmungsmöglichkeiten bedeutet, fällt die Durchsetzungskraft der Rechte jedoch hinter das deutsche Mitbestimmungsmodell zurück. Eurobetriebsräte haben sich als Interessenorganisationen im Standortwettbewerb als insgesamt nur bedingt effektiv erwiesen. Und auch die Europäischen Aktiengesellschaften eröffnen neben einer räumlichen Ausdehnung auch die Chance einer Vermeidung von Mitbestimmung.

6.6.5 Zur Auseinandersetzung um die Dienstleistungsfreiheit

Ein zentrales Konfliktfeld der Gewerkschaftspolitik stellt die Auseinandersetzung mit der Dienstleistungsfreiheit dar. Neben Personenfreizügigkeit, der Waren- und Kapitalverkehrs- und der Niederlassungsfreiheit stellt diese eines der vier Grundprinzipien der Integration über den gemeinsamen Markt dar. Für stark regulierte Arbeitsmärkte bringt die Anwendung der Dienstleistungsfreiheit andere Konsequenzen mit als für weniger regulierte. Für Unternehmen und deren Beschäftigte entsteht in ersteren der Anreiz, gültige Beschäftigungsstandards zu unterlaufen, um die eigene Wettbewerbsfähigkeit zu erhöhen. Systeme nationaler Arbeitsbeziehungen werden damit für die Kapitalseite hintergehbar, ohne dass sie dabei auch das entsprechende Territorium verlassen müsste (Wagner/Lillie 2014: 4).

Vor diesem Hintergrund entstand vor allem seit der Erweiterungsrunden der Jahre 2004 und 2007 eine Konfliktlinie zwischen den neuen und den alten Mitgliedsländern. Die besondere Konstellation offenbart sich auch im Vergleich mit der Süderweiterung in den 1980er-Jahren. Während das Pro-Kopf-Einkommen von Griechenland und Portugal hier zwei Dritteln des damaligen EU-9-Durchschnitts betrug, lag es bei der ersten Erweiterungsrunde 2004 nur 45 Prozent und 2007 bei Bulgarien und Rumänien nur einem Drittel (Krings 2015: 90). Ein entsprechendes Gefälle in den Arbeits- und Beschäftigungsstandards motiviert Unternehmen, Lohnabhängige aus den mittel- und osteuropäischen Ländern unter Bedingungen anzustellen, die die lokalen Vorgaben unterschreiten (Seeliger 2018a).

Zum tarifpolitischen Konfliktfeld wurde die Dienstleistungsfreiheit zu Beginn der 1990er-Jahre in der Debatte um die Arbeitnehmerentsendung. Der Begriff bezeichnet eine Beschäftigungspraxis, im Rahmen derer der Einsatzort in einem anderen Land liegt als die Niederlassung des beschäftigenden Unternehmens. Das Grundproblem in dieser Auseinandersetzung bezog sich auf das Recht nationaler Regierungen, territoriale Arbeitsstandards festzulegen und durchzusetzen.

Mit der Entsenderichtlinie aus dem Jahr 1996 verabschiedete das EU-Parlament 1996 eine Reihe von Beschäftigungsstandards in den Bereichen Arbeitszeit, Mindestlohn, Urlaubszeiten, Überstundenzuschlag, Leiharbeit, Gesundheits- und Arbeitssicherheitsstandards, Schwangerschaftsschutz und Gleichstellung. Diese Grundregeln sollten am Einsatzort unabhängig von den Bedingungen im Stammland gelten.

Mit Lillie et al. (2014: 321f.) lassen sich vier verbreitete Strategien unterscheiden, mit denen Unternehmensleitungen versuchen, die in der Richtlinie festgelegten Standards zu umgehen: die Verunklarung bürokratischer Strukturen durch den Aufbau komplexer Geflechte von Leiharbeitsfirmen (1), den Bezug auf ausländische Rechtsverhältnisse in der Vertragskonstruktion (2), die Anstellung von Beschäftigten unterhalb ihrer tatsächlichen Qualifikation (3) sowie die gezielte Auslagerung von Tätigkeiten in Länder mit niedrigeren Sozial- und Arbeitsstandards, deren Rechtssituation dann per Entsendung an den Einsatzort übertragen werden soll (4).

Eine Reform der Richtlinie strengte Gewerkschaften und sozialdemokratische Parteien als Reaktion auf eine Reihe von Urteilen des europäischen Gerichtshofes (kurz: EuGh) an (siehe Blanke 2008).[39] Der Fall 'Laval un Partneri vs. the Swedish Construction Workers Union and the Swedish Electrical Workers Unions' (kurz: Laval) dreht sich um einen Streik auf einer schwedischen Baustelle, in dem das beteiligte Bauunternehmen lettische Beschäftigte zu lettischen Standards auf schwedischem Territorium angestellt hatte (siehe Joerges/Rödl 2009). Nachdem die schwedischen Gewerkschaften die Baustelle bestreikt hatten, erklärte der Europäische Gerichtshof die Maßnahmen rückwirkend für unrechtmäßig. Zwar sei es prinzipiell möglich, legal in Streik zu treten, verkündete der EuGH am 18. Dezember 2007. Die Rechtmäßigkeit eines Streikes setze jedoch voraus, dass dieser nicht die Freiheiten des gemeinsamen Marktes verletze. Nationale Standards unterliegen damit im Vergleich dem Prinzip des freien Dienstleistungsverkehrs (vgl. Schulten 2009: 13). Mit dem nationalen Streikrecht stellte der Europäische Gerichtshof damit ein Grundprinzip des Sozialen Rechtsstaats der Nachkriegszeit infrage. Über die „Umdeutung der Binnenmarktfreiheiten zu Beschränkungsverboten“ (Rödl 2013) reinterpretiert der Europäische Gerichtshof den Inhalt der Entsenderichtlinie von Minimal- zu Maximalstandards. Seitdem umgibt die Frage nach der Arbeitnehmerentsendung anhaltende Debatte (siehe hierzu Seeliger/Wagner 2020; Seikel 2020a)

Einen weiteren Meilenstein in der gewerkschaftspolitischen Auseinandersetzung mit der Dienstleistungsfreiheit im Prozess der europäischen Integration stellt der Konflikt um die Richtlinie über Dienstleistungen im Binnenmarkt (2006/123/EG) (kurz: Dienstleistungsrichtlinie) dar. Unter der Leitung des Frits Bolkestein unterbreitete das Generaldirektorat Binnenmarkt und Dienstleistungen im Januar 2004 einen Vorschlag, für eine Regelung der Auslandsbeschäftigung im Rahmen der Dienstleistungsfreiheit. Mit dem Herkunftslandprinzip zielte der Vorschlag auf eine Regelung, welche das Territorialitätsprinzip tariflicher Standards infrage stellte. Indem Unternehmen ausländische Arbeitskräfte zu Standards aus deren Herkunftsländern beschäftigen können

39 Neben dem Laval-Urteil sind dies Fall ‚Rüffert vs. Land Niedersachsen‘ (C-346/06) und der Fall ‚Europäische Kommission vs. Luxembourg‘ (C-319/06).

sollten, hätte der Passus es ihnen ermöglicht, geringere Arbeitsstandards in die institutionellen Rahmen der Zielländer einzuführen.

Eine besondere Brisanz gewann der Vorschlag vor dem Hintergrund der EU-Osterweiterung der Jahre 2004 und 2007. Angesichts einer erhöhten „Migrationsbereitschaft" (Krings 2015: 91) der Lohnabhängigen aus den neuen Mitgliedstaaten sahen die Gewerkschaften aus den alten Mitgliedsländern ihre eigenen Arbeits- und Beschäftigungsstandards in Gefahr. Im Rahmen des Europäischen Gewerkschaftsbundes setzte kurz darauf eine Diskussion über die Forderung nach einer Revision der Richtlinie ein.

Die Angst vor einem Unterbietungswettbewerb ließ die osteuropäischen Wanderarbeiter:innen aus Sicht ihrer Kolleg:innen aus den alten Mitgliedsländern häufig als ein ‚Trojan Horse of liberal globalization' (Meardi 2002) erscheinen. In der Tatsache, dass es den Gewerkschaften trotzdem gelang, eine gemeinsame Gegenposition zu entwickeln, führte schließlich auch dazu, dass es ihnen gelang, das Herkunftslandprinzip aus dem Gesetzesentwurf zu entfernen. Diese erfolgreiche Kampagne stellt mit Arnold (2008: 20) einen „Präzedenzfall gewerkschaftlicher Mobilisierung in Bezug auf ein europäisches Thema" dar (siehe hierzu auch Della Porta und Caiani (2008)).

Dass eine Konfliktlinie zwischen den Gewerkschaften aus den alten und den neuen Mitgliedsländern überwunden und in eine gemeinsame politische Position überführt werden konnte, erscheint auch deswegen als überraschend, weil die polnischen Wanderarbeiter:innen bereits lange im Vorfeld zu Symbolfiguren des Unterbietungswettbewerbs geworden waren.[40] Als am 19. März des Jahres 2005 75.000 Demonstrant:innen in Brüssel die Entfernung des Herkunftslandprinzips forderten, befanden sich unter ihnen zahlreiche Vertreter:innen der Gewerkschaften Mittel- und Osteuropas (siehe Kowalsky 2007: 147). Am Ende dieser groß angelegten Kampagne gelang es einem breiten Bündnis von Gewerkschaften, Parteien der politischen Linken und zivilgesellschaftlichen Organisationen, das Herkunftslandprinzip aus dem Entwurf für die Dienstleistungsrichtlinie zu entfernen.

---

40 Mediale Repräsentationen des ‚Polish Plumber' oder des ‚Polish Bricklayer' bereiteten vor allem im Rahmen der Berichterstattung im Vereinigten Königreich eine integrationskritische Stimmung vor, welche später als wesentliche Voraussetzung für den BREXIT wirksam werden sollte.

Die Bereitschaft der Organisationen aus den neuen Mitgliedsländern entstand aus der Perspektive, durch eine Einwilligung in die Beibehaltung westeuropäischer Standards ähnliche Bedingungen mittelfristig auch in den institutionellen Settings der eigenen Länder erstreiten zu können. Der zentrale Anreiz zur Kooperation war die Perspektive einer graduellen Angleichung. Was der Fokus auf die (vermeintlich) rationale Einsicht in die Notwendigkeit der Vermeidung eines ‚race to the bottom' verdeckt, ist der aufwändige Überzeugungsprozess. Dieser ist geprägt von einer starken Asymmetrie in materiellen Ressourcen und politischer Macht zwischen den Organisationen aus Mittel- und Osteuropa auf der einen und den nordwesteuropäischen Organisationen sowie den europäischen Dachverbänden auf der anderen Seite (siehe hierzu auch Seeliger 2018b).

Die Rekonstruktion der gemeinsamen Position zum Herkunftslandprinzip in der Dienstleistungsrichtlinie zeigt demnach zweierlei: Die Etablierung von politischen Zielen, die eine Regulierung des Arbeitsmarktes im grenzüberschreitenden Rahmen an Maßstäben der nordwesteuropäischen Systeme der Arbeitsbeziehungen vorsehen, ist prinzipiell möglich. Gleichzeitig reproduziert sie die Ungleichheiten unter den Mitgliedsgewerkschaften im EGB, insofern sich die Vertreter der neuen Länder – einerseits aufgrund eines Prinzips der Vermeidung von Unterbietungswettbewerbs und andererseits aufgrund ihrer schwächeren Position – der etablierten Politiklinie angeschlossen haben.

6.6.6 Der europäische Mindestlohn

Die Frage nach einer europäischen Lohnuntergrenze könnte – hinsichtlich der gewerkschaftspolitischen Perspektive – zumindest auf den ersten Blick wenig kontrovers erscheinen. Warum sollte eine Organisation, die qua Definition die Interessen der Lohnabhängigen vertritt etwas gegen die Festlegung einer Lohnuntergrenze haben können? Wie die Debatte um den europäischen Mindestlohn im Verlauf der letzten zwei Jahrzehnte gezeigt hat, stellen sich die Dinge in der politischen Praxis weniger eindeutig dar. Obwohl die Spreizung sozialer Einkommen innerhalb der EU im Verlauf des Integrationsprozesses immer weiter zugenommen hat und die hieraus entstehenden Diskrepanzen in den Einkommens- und Arbeitsverhältnissen den Wettbewerb zwischen den nationalen Wirtschaftsstandorten weiter angefacht hat, ist es den

Gewerkschaften im Rahmen des EGB nicht gelungen, eine gemeinsame politische Linie in der Mindestlohnpolitik zu etablieren (Seeliger 2018).

Die Gründe für diese Abstimmungsschwierigkeiten folgen in erster Linie aus den Unterschieden zwischen den nationalen Systemen der Lohnfindung innerhalb der Union. Einen gesetzlichen Mindestlohn sehen derzeit 21 der 27 Mitgliedsländer vor. Zwischen Bulgarien (zwei Euro) und Luxemburg (12,73 pro Stunde) nimmt die Ausprägung eine Spannweite von zehn Euro an. Vor allen in den Ländern Süd- und Osteuropas reichen die Mindestlöhne oft nicht aus, um die Lebenshaltungskosten zu decken. In Dänemark, Finnland, Italien, Österreich, Schweden und Zypern) sind Mindestlöhne nur auf sektoraler Ebene und hier zumeist nur tarifvertraglich und nicht gesetzlich festgelegt (vgl. Beckmann/Spohr 2022). Abgesehen von Zypern ist in diesen Ländern ein Großteil der dort Beschäftigen von Tarifverträgen abgedeckt.

Die Einrichtung einer EU-weit gültigen Lohnuntergrenze würde damit auf Widerstand stoßen, der aus den Unterschieden zwischen den nationalen Lohnfindungssystemen resultiert. Neben institutionellen Unterschieden in der Festlegung würde sich außerdem die Frage stellen, wie hoch ein solcher europäischer Mindestlohn sein sollte. Aber auch ungeachtet der politökonomischen Heterogenität der nationalen Settings lassen die aktuelle Gesetzgebung die Ausübung lohnpolitischer Kompetenz durch die EU nicht zu. Wie in Artikel 153, Absatz 5 des Lissabon-Vertrages festgelegt ist, bleibt die Festlegung nationaler Modi den entsprechenden Regierungen vorbehalten.[41]

Ungeachtet entsprechender Restriktionen wird die Diskussion um einen europäischen Mindestlohn unter Gewerkschaften und vorwiegend sozialdemokratisch-sozialistischen Parteien Europas seit nunmehr fast zwanzig Jahren immer intensiver geführt (siehe Seeliger 2015). Neben dem Großteil der europäischen Branchenverbände und dem EGB sind hierbei vor allem Gewerkschaften aus dem Osten Europas für die Etablierung einer europäischen Lohnuntergrenze eingetreten. Mit ihren relativ schwachen Tarifsystemen mit geringen Deckungsraten, niedrigen Einkommen in der Bevölkerung, einem hohen Anteil von Niedriglohnarbeit und allgemein wenig durchsetzungsfähigen Interessenorganisationen (Galgozy 2014) bestand das Ziel der Gewerkschaften

41 Eine Modifikation dieser Regelung würde eine Veränderung der Europäischen Verträge per Referendum erfordern.

aus diesen Ländern, die europäische Ebene als Hebel zu nutzen, um ihre nationalen Machtressourcen zu stärken. Ihre Position in der Brüsseler Verhandlungsarena ist hierbei weniger stark als die ihrer nord- und westeuropäischen Schwesterorganisationen. Auch fast zwanzig Jahre nach der Osterweiterung kommt ihnen hier häufig ein Außenseiterstatus zu. Dieser resultiert nicht nur aus der kurzen Zeitspanne ihrer Vertretung, sondern auch aus der geringen Ressourcenausstattung sowie kulturellen Differenzen zwischen den Vertreter:innen aus West und Ost (Klemm et al. 2015), die sich etwa auch in mangelnden Fremdsprachenkenntnissen letzterer äußern.

Demgegenüber haben sich die Gewerkschaften Nordeuropas und hier vor allem die Schweden gegen den Vorschlag einer europäischen Lohnuntergrenze positioniert. Die Gründe für diese Haltung liegen vor allem in der institutionellen Beschaffenheit der skandinavischen Lohnfindungssysteme. Ein hoher Organisationsgrad sichert den Einfluss der Gewerkschaften und eine hohe Deckungsrate macht sie zu souveränen Verhandlungspartnern in der Lohnfindung. Einem allgemeinen Liberalisierungstrend zum Trotz (Svensson 2013) stellt die Nichteinmischung des Staates in die Tarifpolitik stellt aus ihrer Perspektive eine Selbstverständlichkeit und einen unverzichtbaren Bestandteil der nationalen Systeme.

Aus Sicht der skandinavischen Organisationen sprechen damit drei Gründe gegen die Einführung eines europäischen Mindestlohns. Erstens erzielen sie bislang hohe Lohnabschlüsse ohne eine solche Regelung. Zweitens könnte die Einmischung des Staates ihre lohnpolitische Kompetenz gefährden. Drittens befürchtet man den Verlust nationaler Autonomie durch eine Aufwertung der europäischen Ebene.

Ihren programmatischen Ausgangspunkt findet die Debatte um den Europäischen Mindestlohn in einem Treffen europäischer Gewerkschafter in der Schweiz im Jahr 2004. In ihre ‚Thesen für eine europäische Mindestlohnpolitik' (Schulten et al. 2005) formulierten die Teilnehmer:innen das Ziel einer europaweit gültigen Lohnuntergrenze in Höhe von erst 50 und später 60 Prozent der nationalen Medianlöhne. Anders als der spätere Diskussionsverlauf drehte sich dieser Vorschlag nicht um eine gesetzliche Festlegung. In diesem frühen Stadium ging es den Protagonisten vielmehr um ein Framing-Angebot, welches nationale Organisationen gegenüber den jeweiligen Gesetzgebern und Kapitalverbänden nutzen können sollten.

In den folgenden Jahren sollte der Vorschlag an prominenten Stellen der europapolitischen Diskussion der Gewerkschaften auftauchen – so zum Beispiel in den Manifesten zu den EGB-Kongressen in Sevilla und Athen der Jahre 2007 und 2011. Nicht zuletzt angesichts der European Economic Governance und den hieraus folgenden Maßnahmen zur Eurorettung formulierte man Anfang 2012 einen konkreten Policy-Vorschlag auf einer Winter School Anfang in Kopenhagen:

> "The ETUC recommends that where it exists the effective national minimum wage should be at least equal to 50 % of the average wage or 60 % of the median wage. ETUC actively supports its affiliates in their actions to gradually reach this goal, in accordance with their national circumstances. Countries which have already achieved this goal should aim for a more ambitious target" (EGB 2012: 8).

Nach dem dort getroffenen Beschluss sollte diese Forderung anschließend in eine Kampagne überführt werden, in deren Rahmen der EGB und die Mitgliedsgewerkschaften öffentlichkeitswirksam für eine europäische Lohnuntergrenze eintreten sollten.

Gleichzeitig befeuerte der Beschluss eine anhaltende Debatte innerhalb des EGB, die sich um die politische Opportunität einer solchen Forderung drehte. Die Lagerbildung entlang der oben skizzierten Linien führte in den folgenden Jahren zu einer Verhärtung der Fronten. Nachdem die schwedischen Verbände verschiedentlich mit dem Austritt aus dem EGB gedroht und zwischenzeitlich sogar die Zahlung ihrer Mitgliedsbeiträge gestoppt hatten, hat sich die Lage mittlerweile wieder beruhigt. Hierfür verantwortlich sind auch neue Entwicklungen in der Debatte, die auf einen Vorstoß der EU-Kommission zurückgehen.

Im Anschluss an die Konsultation der Europäischen Sozialpartner hat die EU-Kommission eine neue Initiative mit dem Ziel einer Richtlinie zum Mindestlohn ins Leben gerufen. Wie Beckmann und Spohr (2022: 236) berichten, waren diese nicht einig, ob eine neue Regelung verbindliche Mindeststandards für alle Mitgliedstaaten enthalten sollte. Kurz darauf formulierte die Kommission einen eigenständigen Vorschlag zur legislativen Verankerung gesetzlicher Mindestlöhne in den Mitgliedstaaten. Die ‚Richtlinie über angemessene Mindestlöhne in der EU' (Europäische Kommission 2020) sieht vor, die Festlegung von Lohnuntergrenzen in die Hände der Mitgliedstaaten zu legen. Die Berechnung der Höhe soll in Zukunft allerdings nach einem einheitlichen Maßstab erfolgen (50 Prozent der durchschnittlichen Löhne oder 60 Prozent der mittleren Einkommen). Staaten mit einer geringen Tarifbindung (unter 70 Prozent) sollen weiterhin Maßnahmen entwickeln, um die Deckungsrate zu erhöhen (vgl. hierzu Beckmann/Spohr 2022: 236f.).

Ähnlich wie im Bereich der Dienstleistungsfreiheit zeigt sich auch im Feld der europäischen Mindestlohnpolitik unter den nationalen Mitgliedsgewerkschaften des EGB ein Spektrum verschiedener Ansätze. Auf der einen Seite versuchen die Gewerkschaften der neuen Mitgliedsländer, die EU-Ebene als Bezugsrahmen zur Stärkung ihrer nationalen Tarifsysteme zu nutzen. Auch auf Ebene der europäischen Dachverbände findet die Idee einer Beförderung der europäischen Integration durch eine koordinierte Mindestlohnpolitik große Sympathie – wohl auch, weil man sich so eine allgemeine Aufwertung der eigenen politischen Rolle erhofft (siehe Seeliger/Wagner 2020).

Demgegenüber lässt sich mit Wolfgang Streeck (1995: 120) die Position der Skandinavier:innen als „institutioneller Nationalismus" beschreiben, der „soweit wie möglich an den bestehenden nationalen Organisationsformen festhalten, bzw. Internationalisierung nur in dem Maße akzeptieren will, wie sie die Stabilität und Autonomie nationaler Institutionen nicht beeinträchtigt und national definierte Interessen nicht benachteiligt." Dass es den schwedischen Gewerkschaftsvertreter:innen über lange Zeit hinweg gelungen ist, trotz der breiten Zustimmung zahlreicher Mitgliedsorganisationen und einer klaren Tendenz der europäischen Dachverbände, eine Kampagne für einen europäischen Mindestlohn zu verhindern, verdeutlicht deren großen Einfluss auf der europäischen Ebene. Das Europäische Sozialmodell, so lässt sich schließen, erscheint aus dieser Perspektive weiterhin in erster Linie darauf ausgerichtet, die Standards der westeuropäischen Länder zu schützen. Originäre Interessen der Gewerkschaften aus den neuen Mitgliedsländern bleiben unberücksichtigt oder haben sich entsprechend zu ändern.

6.6.7 Zwischenfazit – Gewerkschaften im Prozess der europäischen Integration

Der europäische Integrationsprozess, so lässt sich bis hierhin festhalten, hat für einen Zeitraum eines Dreivierteljahrhunderts den europäischen Frieden bis auf wenige Ausnahmen gesichert. Der räumlichen und substanziellen Ausweitung europäischer Bürgerrechte steht hierbei aber, wie Nachtwey und Seeliger (2019) zeigen, eine graduelle Einschränkung nationaler Handlungskapazitäten im Bereich der Tarif- und Sozialpolitik gegenüber. Gleichzeitig ist der Integrationsprozess historisch betrachtet kein gleichmäßiger. Theorien europäischer Integration beschäftigten sich vielmehr mit einem ‚moving target', oder, anders formuliert, „einem politischen Phänomen, das sich parallel zur wissenschaftlichen Beschreibung und Beobachtung immer wieder verändert und transformiert" (Bieling/Lerch 2012: 9).

Hinsichtlich der Dynamiken und Potenziale europäischer Gewerkschaften im Prozess der europäischen Integration erscheinen drei allgemeine Punkte als wichtig. Erstens lassen sich bei den nationalen Gewerkschaftsorganisationen unterschiedliche Ansätze internationaler Mobilisierung und Kooperation erkennen. Auf der einen Seite vertreten vor allem die mittel- und osteuropäischen Gewerkschaften hier eine tendenziell integrationsfreundliche Haltung. Auf der anderen Seite finden sich unter den Gewerkschaften der nord- und westeuropäischen Staaten Vorbehalte gegenüber einer Übertragung nationaler Politikelemente auf die EU-Ebene. Diese Haltungen lassen sich vor dem Hintergrund der nationalen Rahmenbedingungen erklären. Während die mittel- und osteuropäischen Gewerkschaften die europäische Ebene im Kampf um die Stärkung ihrer nationalen Wohlfahrts- und Tarifsysteme als politischen Bezugsrahmen nutzen wollen, versuchen die skandinavischen Organisationen, Autonomie innerhalb ihrer nationalen Systeme zu erstreiten. Auf der Ebene der europäischen Dachverbände und vor allem im Rahmen des EGB haben sich entsprechende Unterschiede schon früh in eine asymmetrische Konstellation übertragen, in der westeuropäische Interessenvertreter:innen im Sinne von Norbert Elias (1990) als „Etablierte" und ihre mittel- und osteuropäischen Kolleg:innen als „Außenseiter" agieren.

Gegenüber dieser horizontalen Konfliktlinie lässt sich – weniger stark, aber durchaus präsent – eine vertikale Konfliktlinie im Mehrebenensystem der europäischen Gewerkschaftspolitik erkennen. Wie verschiedenen Autor:innen (u. a. Martin/Ross 2001, Seeliger/Wagner 2020) herausgestellt haben, sind Vertreter:innen der europäischen Dachverbände oftmals bestrebt, ihre Kompetenzen auf der EU-Ebene auszudehnen und vertreten dabei ein dezidiert integrationistisches Projekt. Das mag zwar in der Sache begründet sein (oder auch nicht), im Sinne vieler nationaler Mitgliedsverbände ist eine entsprechende Praxis aber nicht und stellt damit unter demokratietheoretischen Aspekten ein Problem dar.

Eine dritte charakteristische Eigenheit der europäischen Gewerkschaftspolitik lässt sich wahlweise als Langzeit- oder auch als mythologische Orientierung verstehen. Mit dem Bezug auf den Interpretationsrahmen des ‚Sozialen Europa' beziehen sich die Befürworter eines Integrationsprojektes auf Basis der Etablierung sozial- und tarifpolitischer Institutionen auf eine politische Ordnung, die nicht existiert. Prinzipiell ist das nicht nur kein Problem, sondern normal, denn politische Projekte verlaufen auf einer Zeitachse und zielen auf die Überbrückung einer Diskrepanz zwischen der aktuellen Situation und einer veränderten Situation zu einem späteren Zeitpunkt.

Prozesse politischer Mobilisierung erfolgen daher als Prozesse kollektiver Antizipation als „imaginierte Zukünfte" (Beckert 2018). Die Beschreibung der Zukunft als Utopie ist in der Geschichte der Arbeiter:innenbewegung ein Standardmotiv („Brüder, zur Sonne zur Freiheit!", „Sie haben eine Welt zu gewinnen!", „Dann steigt aus den Trümmern der alten Gesellschaft die sozialistische Weltrepublik!"). Angesichts der herrschenden Kräfteverhältnisse sowie der zu überbrückenden Spannweite politökonomischer Heterogenität muss jedoch die Frage erlaubt sein, inwiefern das Fernziel eines sozialen Europas nicht auch der Kompensation der eigenen Handlungsunfähigkeit gilt (siehe hierzu Seeliger 2021). Um die Position „einer pro-europäischen Europakritik der Gewerkschaften" (Urban 2015: 311) einnehmen zu können, gälte es diesen Umstand in der Zukunft stärker zu reflektieren.

Die Kapazitäten der Gewerkschaften, im politischen System der Europäischen Union Einfluss zu nehmen, erscheinen in diesem Prozess als uneindeutig. Während sich – etwa wie im Falle der Kampagne gegen die Dienstleistungsrichtlinie – immer wieder historische Punkte finden, an denen sie entscheidende Impulse geben konnten, standen sie anderen Problemen – wie etwa der Austeritätspolitik in der Eurokrise – hilflos gegenüber. Angesichts oftmals optimistischer Einschätzungen zur möglichen Etablierung eines europäischen Sozialmodells, deren Protagonisten die europäischen Verbände darstellen sollen (siehe hierzu etwa Loh/Skupien 2016), muss Vorsicht angemahnt werden. Wer meint, die europäische Arbeiter:innenklasse werde unter der Führung des Europäischen Gewerkschaftsbundes eine koordinierte Tarifpolitik, eine europäische Arbeitslosenversicherung oder sonstige korporatistische Strukturen auf europäischer Ebene erstreiten, wird auf absehbare Zeit enttäuscht werden. Die hier bemühten Elemente mögen im national-keynesianischen Wohlfahrtsstaat der 1970er-Jahre funktioniert haben. Übertragbar auf die EU-Ebene sind sie, nach allem was wir wissen, nicht.

6.7 Möglichkeiten und Grenzen internationaler Gewerkschaftspolitik in der Diskussion

6.7.1 Die Global Labour Studies

Analog zu den vier Sichtweisen auf die Rolle der Gewerkschaften im Prozess der europäischen Integration lassen sich im Feld der internationalen Gewerkschaftsforschung ebenfalls verschiedene paradigmatische Perspektiven finden, die ihre Programmatik aus verschiedenen normativen Quellen und politischen Lagern beziehen. Unter dem Oberbegriff der Global Labor Studies formieren sich seit etwa 15 Jahren Forscher:innen, die gemeinsam eine Agenda zur Erforschung transnationaler Mobilisierung und Strukturbildung verfolgen.

Die empirische Substanz dieser Arbeiten bilden die in den letzten Jahrzehnten zunehmend emergierenden Initiativen zur Regulierung internationaler Arbeitsmärkte (Brookes/McCallum 2017). In ihrer theoretischen und forschungslogischen Ausrichtung teilen viele der Arbeiten aus diesem Bereich ein eindeutiges politisch-normatives Grundmotiv. Und in der geistigen Tradition der Idee allgemeiner Menschenrechte („Alle Menschen werden Brüder!“) und/oder des Proletarischen Internationalismus („Arbeiter aller Länder, vereinigt Euch!“) zielen sie auf den Nachweis internationaler Solidarität.[42]

Ebenfalls im Grenzgebiet von Wirtschaft und Politik agierend, formuliert Marcel van der Linden (2017: 316) zum möglichen Übergang fünf programmatische Thesen zum Übergang der Arbeiter:innenbewegung

42 Mit dem Johannesburger Soziologen Eddie Webster betont eine der zentralen Figuren der Global Labor Studies einen handlungstheoretischen Ausgangspunkt entsprechender Forschungsarbeiten. Anstatt Sachzwänge und (vermeintliche) Bewegungsgesetze zu beschreiben, soll hier die Möglichkeit von Arbeiter:innengegenmacht in internationalen Produktionsnetzwerken herausgearbeitet werden (Webster 2010: 84).

in ein neues Stadium des „transnationalen Internationalismus". Um das politische Subjekt grenzüberschreitender Mobilisierung angemessen erkennen zu können, muss die politische Gewerkschaftsforschung ihre Perspektive von den Kernländern des Globalen Nordens auf den Raum der Peripherie des Globalen Südens ausweiten. Eine zweite Voraussetzung effektiver politischer Mobilisierung erfordert hierbei die Erweiterung des politischen Handlungsrepertoires jenseits der etablierten Felder der Tarifpolitik und der Mitbestimmung. Drittens, so van der Linden (ebd.: 315) weiter, solle die „Doppelstruktur" gewerkschaftlicher Vertretungsarbeit, die nationale und internationale Politik in die Ressorts verschiedener Organisationen fallen ließe einer integrierter Vertretungsstruktur weichen. „Optimal", erklärt der Autor, „wäre wahrscheinlich eine neue, für die ‚neuen' Zielgruppe offene Einheitsstruktur von Internationalen Gewerkschaftssekretariaten." Der vorherrschende „autokratische" Führungsstil solle viertens einer „demokratischen Herangehensweise" weichen, die die Rolle der Mitglieder in der politischen Ausrichtung der neuen Gewerkschaftsorganisationen aufwertet. An die Stelle vorwiegend diplomatisch-repräsentativer Aktivitäten, mit denen die internationalen Gewerkschaftsorganisationen gegenüber Regierungen und internationalen Organisationen auftreten, soll in der Zukunft fünftens eine stärkere Konfliktorientierung treten.

Die Global Labor Studies, dies wird hier ganz deutlich, sind eine politische Wissenschaft, die ihre Programmatik aus der Auseinandersetzung mit den Verwerfungen der neoliberalen Globalisierung bezieht. Theoretisch-epistemologisch teilen sie dieses Anliegen mit dem in Kapitel 3 (Abschnitt 5) vorgestellten Historiker Karl Polanyi. Seiner Theorie der ‚Großen Transformation' folgend lassen sich die Arbeiten in diesem Bereich auch als Einzelstudien zu einem übergeordneten Themenkomplex verstehen – der Frage nach einer Gegenbewegung zur neoliberalen Globalisierung der 1970er-Jahre. An die von Polanyi herausgearbeitete Entwicklungsdynamik der beiden Wellen von Entbettung und Wiedereinbettung der Märkte auf lokaler und nationaler Ebene lässt sich die Globalisierung der Wirtschaft seit den 1970er-Jahren als dritte Welle marktschaffender Entbettung begreifen. Die Kommodifizierung von Arbeit (Standortwettbewerb), Boden oder Natur (Landnahme und Vernutzung) und Geld (Finanzialisierung) rufen in der Folge Gegenkräfte auf den Plan, deren Mobilisierung, Formation und Einflussnahme unter anderem die Global Labor Studies untersuchen wollen (siehe hierzu allgemein Ewen et al. 2023).

Um es in den Worten des Musikjournalismus zu formulieren: Die Adaption von Polanyis Ideen stellt für die Global Labor Studies ein genrebegründendes Moment dar (siehe Webster et al. 2008). In einer umfangreichen Kontroverse im Global Labor Journal diskutieren eine Reihe von Autor:innen Möglichkeiten und Grenzen internationaler Arbeitspolitik vom Blickpunkt der neuen Disziplin (siehe etwa Evans 2010, Casperz 2010). Einigen kritischen Einwänden (siehe etwa Burawoy 2010) zum Trotz fällt die Einschätzung einhellig aus: Polanyis Theorie einer Wiedereinbettung der Märkte zum Schutz der Gesellschaft ist geeignet, um die Emergenz einer Gegenbewegung zur neoliberalen Globalisierung zu untersuchen.

Wie wir bereits an anderer Stelle (siehe Ewen et al. 2023, Seeliger 2019) argumentiert haben, setzt eine entsprechende Adaption des polanyischen Ansatzpunktes eine dreifache Modifikation voraus. Anders als dies in vielen Untersuchungen (implizit) vorausgesetzt wird, erfolgt die Gegenbewegung zur internationalen Entbettung der Märkte keinesfalls als Automatismus. Entsprechend funktionalistisch argumentierenden Darstellungen ist entgegenzusetzen, dass die Geschichte prinzipiell offen ist. Oder, um es mit Streeck zu sagen: „Just because something is needed, it does not mean that it will be delivered" (2009: 144).

Ein zweites Problem, das sich bei der Übertragung von Polanyis Perspektive auf die Gegenwart (und Zukunft) stellt, ist seine genuine Retrospektivität. Indem er einen Zeitraum von etwa 200 Jahren im Rückblick analysiert, kann er auf gesicherten Annahmen zu historischen Verläufen aufbauen. Aus dieser Perspektive erscheinen die analysierten Gegenbewegungen als abgeschlossene Sequenzen mit klaren Konturen. Um eine Gegenbewegung in der Gegenwart zu untersuchen, ist eine entsprechende Perspektive jedoch nicht geeignet – denn die Gegenbewegung ist nicht abgeschlossen, sondern lediglich in Bewegung (wenn überhaupt). Aus handlungstheoretischer Sicht lassen sich Gegenbewegungen daher höchstens als *history in the making* oder Antizipationen im Sinne einer Politik der Erwartung (siehe Beckert 2018) untersuchen (vgl. Seeliger 2019b).

Dieser Umstand verweist uns schließlich auf ein drittes Problem: In Polanyis Arbeiten fehlt eine Theorie klassenpolitischer Mobilisierung. Etwa fünfzehn Jahre vor Edward Palmer Thompsons (1987) epochalem

Werk zur Entstehung der englischen Arbeiterklasse schreibend, zog Polanyi weder die Mikrodynamiken noch die Verfestigung lebensweltlicher Institutionen als Momente politischer Klassenbildung in Betracht. Auch diese Leerstelle wäre durch eine entsprechende Adaption zu schließen.

6.7.2 Defizite internationaler Gewerkschaftspolitik

Demgegenüber sprechen im Spiegel der sozialwissenschaftlichen Untersuchung eine ganze Reihe von Indizien gegen die Möglichkeit der politischen Konstruktion einer transnationalen Gegenbewegung zur globalen Entbettung der Märkte. Prinzipiell lassen sich hier drei Linien des Zweifels an der politischen Durchsetzungsfähigkeit internationaler Gewerkschaftsverbände zusammenfassen. Allgemein lässt sich eine strukturelle Unterfinanzierung der konstatieren. Diesem Problem begegneten die europäischen Verbände, indem sie sich mit der Bitte um Unterstützung an die EU-Kommission gewandt haben. Ihre finanzielle Abhängigkeit hat, wie Martin und Ross (2001) bereits vor über zwei Jahrzehnten herausgearbeitet haben, vor allem im Fall des EGB zu einer engen Orientierung an einer integrationistischen Politiklinie geführt (siehe auch Seeliger/Wagner 2020). Auf der Ebene der Verbände kritisiert Koch-Baumgarten (2006: 219) „Elitenkommunikation, informelle Verfahren, lange Legitimationsketten, ungleiche Partizipationschancen und Einflussmacht für regionale und sektorale“ Mitgliedsorganisationen. Diese spezifische Struktur beschränkt die Demokratiefähigkeit der Verbände weiterhin strukturell (siehe auch Evans 2010). Ihre Finanzierung durch Mittel der Kommission lässt die politische Unabhängigkeit der europäischen Verbände zumindest als fraglich erscheinen. Wie Hyman (2006) weiterhin bemerkt, wird die politische Agenda der internationalen Verbände zum Großteil von Expert:innen formuliert, deren Expertise sich jenseits des gewerkschaftlichen Kerngeschäftes (also vor allem der Tarifpolitik) erstreckt. Ein drittes, entscheidendes, Problem liegt schließlich in der Schwäche der nationalen Mitgliedsorganisationen verbündet, die die internationalen Verbände tragen. Vor allem im Globalen Süden verfügen die Gewerkschaften aufgrund ihrer lokalen Schwäche häufig auch über keine oder geringe transnationale Bündnisfähigkeit. Zurückgehende Mitgliederzahlen und eine abnehmende politische Durchsetzungsfähigkeit auf nationaler Ebene wirken sich damit auch auf die Konstitution der internationalen Meta-Organisationen der Dachverbände aus.

Kontrastiert man die geringe Durchsetzungsfähigkeit der internationalen Gewerkschaftsföderationen gegenüber den europäischen Institutionen und ihre mangelnde Verpflichtungsfähigkeit gegenüber den eigenen Mitgliedsorganisationen mit den konzeptionellen Befunden der Global Labour Studies, so tritt eine deutliche Diskrepanz zutage: Angesichts ihrer realen Schwäche wirkt die Rolle, die die Subdisziplin der internationalen Gewerkschaftsbewegung zuschreibt mit Erwartungen überfrachtet, die diese aufgrund ihrer Schwäche gar nicht erfüllen kann.

Gleichzeitig lässt sich mit Caspersz (2010: 395) ein „unconsicous Bias toward the Positive" im Feld der Global Labour Studies erkennen. Dieser ist vor allem forschungslogisch verfasst. Bei der selbstgestellten Aufgabe, Möglichkeit und Notwendigkeit einer internationalen Gegenbewegung zur neoliberalen Globalisierung der Märkte nachzuweisen, so die Kritik, fokussierten die empirischen Untersuchungen aus dem Forschungsfeld vor allem auf Fälle mit positiven Outcomes. Getreu dem Motto „Mach es wie die Sonnenuhr, zähl die heiteren Stunden nur" würden hier empirische Verläufe betrachtet, die am Ende zu einer erfolgreichen Mobilisierung oder sogar Regulierung geführt haben (siehe auch Seeliger 2018d). Während ein Fokus auf Agency und erfolgreiche Initiativen die Potenziale eines politischen Projektes skizzieren helfen kann, droht eine entsprechende Verengung der Perspektive wiederum deren mögliche Wirksamkeit zu überzeichnen.

Ein zweiter Kritikpunkt ließe sich außerdem entlang der Polanyi-Rezeption formulieren. In der Perspektive der Global Labour Studies erscheint die von Polanyi identifizierte Gegenbewegung (beziehungsweise deren Antizipation) als von internationaler Ebene ausgehende, gleichheitsstiftende Sequenz. Blicken wir hingegen auf die von Polanyi selbst untersuchten Gegenbewegungen, werden mit dem deutschen Faschismus, dem russischen Stalinismus und dem US-amerikanischen New Deal Formen von Gegenbewegung und Wiedereinbettung sichtbar, die erstens auf nationaler Ebene und zweitens – vor allem in den ersten beiden Fällen – nicht gleichheitsstiftend gewirkt haben.

Eine Re-Nationalisierung der Wirtschaft durch nationale Akteure auf nationaler Ebene wird von den politischen Akteuren seit einigen Jahren in zunehmendem Maße erkannt und angestrebt. Was zahlreiche Akteure der Gegenwart – teilweise über politische Lager hinweg – verbindet, ist eine (empfundene) Legitimationskrise internationaler Politik bei gleichzeitigem Kontrollverlust nationalstaatlich verfasster Steuerungsfähigkeit.

6.7.3 "...and we thought nation states were a bad idea!"

Idealistische Konzeptionen internationaler Solidarität, so lässt sich bis hierhin konstatieren, neigen dazu, die reale – das heißt zumindest nationalstaatlich oder sogar national-sektoral segmentierte – Basis für die politische Konstruktion von Klasseninteressen zu vernachlässigen. Aus einer entsprechend verengten Perspektive drohen nicht zustande kommende Figurationen internationaler Solidarität als Resultate falscher Framing-Strategien oder sogar moralische Verfehlungen von Entscheidungsträger:innen zu erscheinen. Obwohl beide Ebenen – die Moral und die Deutungsmacht – wesentliche Bestandteile politischer Ordnungsbildung sind, ist eine anhaltende Rückgebundenheit sozialwissenschaftlichen Denkens an die ordnungsstiftende Kraft des Nationalstaats (beziehungsweise des sektoralen Rahmens und letztlich der Unternehmens- und Betriebsebene) für ein Verständnis arbeitspolitischer Prozesse im Zuge der Globalisierung unerlässlich.

Die Beharrungskräfte, die Streeck (1995: 120) als „institutionellen Nationalismus" derjenigen Gewerkschaften beschreibt, die für die politische Erhaltung ihrer heimischen Settings eintreten, hat der Logue (1980: 10) bereits vor über vier Jahrzehnten beschrieben:

> "The greater the degree of trade union control over its national environment the less likely it is to undertake international activity to achieve its members' goals. Thus we should expect, for example, that trade union success inside the national state in regulating the flow of labor, goods, and capital so as to protect its members and improve their conditions will lead it to reduce its international activities toward these ends. Paradoxically, the stronger the national trade union movement, the less likely it is to be internationalistic."

Wer diesen Umstand nicht in Betracht ziehen kann (oder will), wird – nach allem was wir abschätzen können – im Nachdenken über internationale Arbeitspolitik nicht über die Formulierung gut gemeinter Appelle hinauskommen. Gleichzeitig, und das muss ebenfalls klar sein, bedeutet ein Rückzug der gewerkschaftlichen Vertretungspolitik in die

Trutzburg des Nationalstaats – oder viel eher noch: der Branche, des Unternehmens, des Betriebs oder der Kernbelegschaft größten gemeinsamer Nenners – nicht nur eine Absage an universalistische Werte, allgemein Menschenrechte und weitere gern in Sonntagsreden aufgespannte Bezugsrahmen. Konkret bedeutet der Verzicht auf klassenpolitische Mobilisierung jenseits des Nationalstaats unter Bedingungen fortschreitender Globalisierung die Kapitulation gegenüber einer expansiven Wettbewerbsökonomie, deren Konkurrenzdynamiken sich nur über eine radikale Re-Nationalisierung des Wirtschaftslebens limitieren ließen.

6.8 Arbeitspolitik in einer internationalen Netzwerktextur

Eine weniger radikale, auf die Überbrückung entsprechender Dichotomien hin ausgerichtete Position entwickelt Ludger Pries (2010) mit seiner Theorie internationaler Erwerbsregulierung. Ausgehend von den Grundannahmen einer emergenztheoretischen, relationalen Soziologie entwickelt Pries ein Mehrebenenmodell arbeitspolitischer Regulierung, welches das Zusammenwirken verschiedener Instanzen, Initiativen und Instrumente zur Regelung von Arbeits-, Beschäftigungs- und Partizipationsbedingungen zwischen lokaler, nationaler und weltsystemischer Ebene abbilden und verstehen helfen soll. Ob eine internationale Rahmenvereinbarung effektiv zur Verbesserung der betrieblichen Situation an den Auslandsstandorten eines deutschen Unternehmens beitragen kann, hängt nicht nur davon ab, ob sich der Eurobetriebsrat des Unternehmens für einen wirksamen Monitoring-Prozess stark macht. Stärke und Durchsetzungsfähigkeit der europäischen Vertretung sind häufig Resultate gewerkschaftlicher Unterstützung aus den Ländern, deren Standorte ihre Mitglieder vertreten. Und ob ein Streik von Textilarbeiter:innen in Bangladesch oder Pakistan effektiv ist, lässt sich auch von sozialen Bewegungen in Europa beeinflussen, indem sie potenzielle Käufer:innen in den Fußgängerzonen der Kernländer über die Beschäftigungsbedingungen informieren.

Das Zusammenwirken entsprechender Instanzen, Initiativen und Instrumente modelliert Pries (2010) mit dem Konzept der Netzwerktextur. Mit diesem Begriff hebt er auf den relationalen Charakter der unterschiedlichen Initiativen in ihrer Wechselwirkung ab. Maßnahmen internationaler Arbeitspolitik unabhängig voneinander zu sehen, so folgert Pries (2010: 64) vor diesem Hintergrund anschließend an eine Metapher von Norbert Elias, „gleicht dem Versuch, die Dynamik eines Fußballspiels durch Fixierung auf einen einzelnen Spieler verfolgen zu wollen."

Die Frage, mit welchem Umfang und in welcher Dichte solche Netzwerktextur tatsächlich besteht, ist eine empirische. Ob sich eine entsprechende Struktur „verdichtet, wo sie ihre Schwachpunkte hat und wo sie Zerreißproben standhalten kann, hängt von der Konflikt- und Gestaltungsfähigkeit der beteiligten Akteursgruppen ab" (ebd.: 265). Dass Pries den programmatischen Optimismus der Global Labour Studies teilt, zeigt sich unter anderem daran, dass er mögliche Konflikte und Dysfunktionen innerhalb der Netzwerktextur eher außen vorlässt. So ließe sich etwa die Rückfrage formulieren, inwiefern die Privilegierung von Beschäftigten bei einem Endhersteller in der Automobilindustrie sich negativ auf die Organisationsfähigkeit der nationalen Gewerkschaft auswirken kann, weil ihre Organisationsbasis heterogener wird. Wenn gleichzeitig die betrieblichen Vertretungsorgane Einfluss über die jeweiligen Belegschaften gewinnen, kann dies eine empfindliche Schwächung der nationalen Gewerkschaften nach sich ziehen (vgl. etwa Seeliger 2012).

6.9 Fazit

Zu Beginn der 2020er-Jahre ist internationale Gewerkschaftspolitik kein ganz junges Politikfeld mehr. Indem Gewerkschaften vor allem seit den 1960er-Jahren versucht haben, die Konsequenzen wirtschaftlicher Internationalisierung im grenzüberschreitenden Maßstab abzufedern, konnten sie im Zeitverlauf eine immer dichtere Struktur der Abstimmung und Interessenvertretung etablieren. Gleichzeitig muss festgehalten werden, dass diese Interessenvertretung verglichen mit der Wirksamkeit gewerkschaftlicher Einflussnahme auf nationaler Ebene wenig effektiv ist. Die Gründe hierfür bestehen – allgemein formuliert – in der schwachen Abstimmungsfähigkeit internationaler Streiks und der Schwierigkeit der europäischen Verbände, gemeinsame Positionen ihrer Mitgliedsorganisationen zu entwickeln und diese dann in koordinierte Lobbykampagnen zu überführen. Für die klassenpolitische Auseinandersetzung bedeutet die Globalisierung damit in erster Linie eine Verbesserung der Position des internationalen Kapitals gegenüber den anhaltend vor allem national agierenden Gewerkschaften.

Wie wir in kritischer Auseinandersetzung mit dem Feld der Global Labour Studies argumentiert haben, arbeiten zahlreiche Vertreter:innen eines solchen Ansatzes getrieben von einem politisch begründeten Zweckoptimismus. Ein entsprechender Ansatz ist nicht nur prinzipiell legitim, denn Wissenschaft ist politisch und eine explizite Parteinahme, liegt im Ermessen der Forschenden. Dass die Global Labour Studies ihre Agenda transparent machen, erzeugt nicht nur politische Anschlussfähigkeit, sondern erleichtert auch die wissenschaftstheoretische und -politische Reflexion.

Eine ähnliche Tendenz – jedoch nicht in der theoretisch geleiteten Analyse, sondern in der politischen Praxis – lässt sich unter zahlreichen Vertretern der europäischen Branchenverbände sowie in der Forschungsagenda des Europäischen Gewerkschaftsinstituts an der Schnittstelle von Wissenschaft, Sozial- und Wirtschaftsforschung und Politikberatung verzeichnen. Eine starke Identifikation der Vertreter mit dem Projekt der europäischen Einigung beeinflusst hier deren Haltung im politischen Tagesgeschäft. Diese umkämpfte Internationalisierung und Europäisierung der gewerkschaftlichen Vertretungsarbeit dürfte in den nächsten Jahrzehnten Gegenstand interessanter Konfliktdynamiken im Mehrebenensystem der europäischen Arbeitsbeziehungen sein.

„Arbeitsteilung und Interdependenz“, so wollen wir mit Claus Offe (2019: 125) schließen, „generieren nicht automatisch Solidarität und Vertrauen.“ Die Vorstellung, dass ein europäisches Sozialmodell hilfreich oder sogar notwendig ist, um den Lohnabhängigen Europas ein zumindest auskömmliches Einkommen zu gewährleisten, macht die Etablierung eines solchen nicht zu einer schlichten Frage der Zeit. Ob es gelingt, signifikante Lohnabhängigenmacht jenseits der Nationalstaates zu institutionalisieren – und nochmal: momentan sieht es nicht danach aus –, ergibt sich aus den Kräfteverhältnissen zwischen den Klassen. Die Interessen dieser Klassen, und hierin besteht die gute Nachricht für alle Internationalist:innen, lassen sich nicht „apriori“ (Hirsch/Wissel 2015: 288) aus irgendwelchen Bewegungsgesetzen oder einer – wie auch immer gearteten – Stellung im Produktionsprozess ableiten. Vielmehr ist die Bestimmung dieser Interessen selbst „schon Teil und Ergebnis von Kämpfen“ (ebd.). Welche Rolle die Sozialwissenschaft in diesen Kämpfen spielen will, bleibt den Sozialwissenschaftler:innen überlassen.

7 Gewerkschaften und Digitalisierung

7.1 Einleitung

Digitale Technologien sind fester Bestandteil der Produktions- und Dienstleistungsarbeit. In Fabriken steuern programmierbare Maschinen die Arbeitsabläufe, in Büros werden Computer für Schreib-, Verwaltungs- oder Gestaltungstätigkeiten eingesetzt und ermöglichen die internetbasierte Kommunikation unter Beschäftigten, mit anderen Abteilungen oder anderen Unternehmen. Auch in der Lager- und Logistikbranche, im Service der Gastronomie, bei Essenslieferdiensten und selbst in der Alten- und Krankenpflege ist der Einsatz digitaler Endgeräte mittlerweile Normalität. Gewerkschaften müssen vor diesem Hintergrund auf die digitale Transformation von Arbeit und Wirtschaft reagieren, ihre Handlungsfähigkeit beweisen und eine Interessenpolitik im Sinne der Beschäftigten formulieren, die der Gefahr der verstärkten Kommodifizierung von Arbeitskraft im Zuge der Digitalisierung entgegenwirkt.

Der DGB-Index „Gute Arbeit 2022“ hat auch aus Perspektive der Beschäftigten gezeigt, dass der digitale Wandel ein relevantes Feld ist: 63 Prozent der Befragten gaben an, dass die Digitalisierung ihre Arbeit in sehr hohem oder hohem Maße betrifft. Dabei gilt in der Tendenz: Je höher das Qualifikationsniveau, desto häufiger wird mit digitalen Mitteln gearbeitet. Die Kommunikation über z. B. E-Mails, Smartphones und Soziale Netzwerke nimmt in der Arbeitswelt zu, ebenso softwaregesteuerte Arbeitsabläufe und die Nutzung digitaler Hilfsmittel wie Scanner, Datenbrillen oder Diagnosegeräte, Projektarbeit in virtuellen Teams, Arbeit an computergesteuerten Maschinen sowie der Umgang mit selbstlernenden Programmen (Künstliche Intelligenz). Zugleich geben 40 Prozent der Befragten an, dass die Arbeitsbelastung durch die Digitalisierung größer geworden ist, während 51 Prozent sagen, sie sei gleichgeblieben. Nur 9 Prozent erlebten demnach eine geringere Arbeitsbelastung in Folge der Einführung digitaler Technologien. So habe sich etwa das Arbeitstempo oder die zu bewältigende Arbeitsmenge erhöht, was zugleich als zunehmende Fremdbestimmung in den Arbeitsroutinen angesehen wird. Auch die Überwachung und Kontrolle nehmen 33 Prozent der Befragten als höher wahr, während 61 Prozent sie als unverändert und 6 Prozent als geringer beschreiben. Gleichzeitig geben 45 Prozent an, dass es bei ihnen keine betrieblichen Regelungen gibt, mit denen die Überwachung und Kontrolle von Arbeitsleistung ausgeschlossen wird, bei 21 Prozent existieren derartige Regeln und 34 Prozent wissen es nicht. Nur 26 Prozent der Befragten können wirksam Einfluss auf die Art und Weise des Einsatzes von digitalen Techniken am Arbeitsplatz nehmen. Je geringer der Einfluss auf den Einsatz digitaler Techniken, desto mehr fühlen sich Beschäftigte der Technik ausgeliefert (DGB-Index 2022).

Die Herausforderungen für gewerkschaftliches Handeln sind in der digitalen Transformation enorm. Denn Prozesse der Digitalisierung lassen neue Geschäftsmodelle und Managementstrategien entstehen, verändern die Formen der Arbeitsorganisation und Beziehungen zwischen verschiedenen betrieblichen Akteur:innen und wirken sich auf benötigte Qualifikationen aus. Gleichzeitig wandeln sie Anforderungen an Interessenvertretungen, die Austragungsformen von Arbeitskonflikten und etablierte institutionelle Arrangements (Kuhlmann 2023). Digitale Technologien besitzen das Potenzial, bestimmte Tätigkeiten zu ersetzten, während in anderen Bereichen neuen entstehen, sich Kompetenzen verschieben, andere Arbeitsbelastungen aufkommen und sich ungekannte Möglichkeiten der Überwachung und Leistungsregulierung von Beschäftigten eröffnen. Diesen Strukturwandel der Arbeitswelt müssen Gewerkschaften antizipieren, wollen sie dem digitalen Wandel nicht macht- und strategielos hinterherlaufen. Das folgende Kapitel diskutiert, wie sich die Automatisierung von Arbeit auf Beschäftigungsverhältnisse niederschlägt, welche Auswirkungen neuen Techniken auf die Qualität der Arbeit, innerbetriebliche Hierarchien und benötigte Berufsqualifikationen haben. Wird die Arbeit rationalisiert und engmaschig kontrolliert oder ergeben sich neue, selbstbestimmte Freiräume?

Was passiert mit dem Erfahrungswissen der Beschäftigten in digitalisierten Arbeitswelten? Wie reagieren Interessenorganisationen auf die betrieblichen, arbeitsmarktpolitischen und sozialen Folgen des wachsenden Einsatzes digitaler Technologien, welche Strategien zum Erhalt der Handlungsfähigkeit lassen sich erkennen? Wird gewerkschaftliche Organisationsmacht insgesamt geschwächt oder sogar gestärkt?

In diesem Kapitel werden die Herausforderungen und Strategien von Gewerkschaften im Prozess der Digitalisierung behandelt, wobei sich anfänglich dem grundlegenden Verhältnis von Arbeit und Technik zugewandt wird (2), da der Einsatz neuer Technologien in kapitalistischen Produktionsprozessen mit spezifischen Zusammenhängen verbunden ist, die sich auch in heutigen Digitalisierungsprojekten wiederfinden. Es folgt ein Abschnitt zu den Grundzügen der Digitalisierung und dem durch sie angestoßen Wandel der Arbeitswelt (3), bevor die Herausforderungen und Praxis von Gewerkschaften in den verschiedenen arbeitspolitischen Handlungsfeldern näher betrachtet wird (4). Das Kapitel schließt mit einem kurzen Resümee und der Einordnung der Digitalisierung und ihrer arbeitspolitischen Bearbeitung durch Gewerkschaften (5).

7.2 Technik und Arbeit

Um sich den Auswirkungen der Digitalisierung auf Arbeits- und Beschäftigungsverhältnisse sowie gewerkschaftliches Handlungsvermögen anzunähern, ist es sinnvoll, sich mit dem grundsätzlichen Zusammenhang von Arbeit und Technik zu befassen. Denn der Einsatz neuer Technologien ist ständiger Begleiter moderner Produktions-, Distributions- und Reproduktionsprozesse. Dabei geht es stets um mehr als die Benutzung immer produktiverer „Werkzeuge" im Arbeitsprozess, denn Technisierung lässt sich mit Rammer (1982) als gesellschaftlich-historisches Projekt verstehen, in das ökonomische Interessen, Machtverhältnisse und kulturelle Vorstellungen eingehen. Die Industrie- und Arbeitssoziologie unterscheidet in der Regel drei grobe Ziele, die Unternehmen mit dem Einsatz von Technologien verfolgen und eng mit ihrem ökonomischen Zweck verbunden sind: Die Einsparung menschlicher Arbeitskraft, die Erhöhung der Effektivität der Arbeit und die Ausweitung der Kontrolle über die Arbeitenden und ihre Handlungsroutinen (Pfeiffer 2010: 231).

In dieser Perspektive dienen neuen Technologien also in erster Linie der Rationalisierung von Arbeit. Gleichzeitig geben technische Innovationen Anlass zu neuen Formen der Arbeitsorganisation und bedingen Veränderungen der Berufs-, Branchen- und Beschäftigungsstruktur. So führen neue Technologien häufig dazu, dass sich Machtverhältnisse in den Beziehungen zwischen Management, Beschäftigten und ihren Interessenorganisationen verschieben.

In klassischen Wirtschaftstheorien wurde die Entwicklung von Arbeit und Technik lange Zeit mit gesellschaftlichem Fortschritt und wachsenden Wohlstand gleichgesetzt (Smith 1974 [1789]). Dieser Vorstellung entsprach das Bild einer in zunehmenden Maßen rationalisierten Lebensführung, die die Welt entzaubern und berechenbar machen sollte (Weber 1980 [1921]). Auf der anderen Seite wurde Technik – selbst, wenn am allgemeinen Fortschrittsglauben festgehalten wurde – als „Kriegsmittel des Kapitals" gegen die Arbeitenden interpretiert, wie es Karl Marx im Jahr 1867 tat:

> „Die Maschinerie wirkt jedoch nicht nur als übermächtiger Konkurrent, stets auf dem Sprung, den Lohnarbeiter ‚überflüssig' zu machen. Als ihm feindliche Potenz wird sie laut und tendenziell vom Kapital proklamiert und gehandhabt. Sie wird das machtvollste Kriegsmittel zur Niederschlagung der periodischen Arbeiteraufstände, strikes usw. wider die Autokratie des Kapitals" (Marx 1969: 459).

Da mit der modernen Maschinerie die Arbeit dem Takt des Fabriksystems folgen müsse, bestimmen nicht mehr die Arbeiter:innen durch ihr Wissen und ihre Fertigkeiten die Abläufe, sondern die Maschinen strukturieren die Tätigkeiten und geben die Geschwindigkeit der Arbeit vor. Nach Marx ordnet die Trennung der Arbeitenden von den eigenen Subsistenzmitteln und der nun erforderliche Abschluss eines Arbeitsvertrags die Lohnarbeit nicht nur formell dem Kapitalverhältnis unter. Indem die Arbeitsroutinen an die Logik des kapitalistischen Verwertungsprozesses angepasst werden, komme es zur „reellen Subsumtion" (ebd.: 533) der Arbeitenden unter das Kapital. Die Maschinerie trete im Produktionsprozess neben die Arbeitenden, die sie sich „als lebendiges Anhängsel einverleibt". So befreie „die Maschine den Arbeiter nicht von der Arbeit […], sondern seine Arbeit vom Inhalt" (ebd.: 445f.). Die betriebliche Herrschaft und Kontrolle werde durch die technischen Anforderungen – Zeitvorgaben, Produktionsmethoden und Organisationsweisen – der Maschinerie ergänzt, die somit zur Disziplinierung der Arbeitskräfte beitrage. Die Planung und das Erfahrungswissen der Produzierenden – die Subjektivität im Arbeitsprozess – werde durch die Maschinerie entwertet, indem die Kenntnisse über die Produktion in der Technik objektiviert seien. Die durch Marx beschriebene reelle Subsumtion der Arbeitenden unter das Kapital stellt dabei keinen einmaligen Vorgang dar. Das Kommando über die Arbeit muss in Anbetracht von technischen, ökonomischen und sozialen Strukturveränderungen immer wieder von Neuem hergestellt werden, was in der Regel ein widersprüchlicher und konfliktreicher Prozess ist.

Der Kapitalismus und die Gestalt der Lohnarbeit haben sich seit Marx in vielerlei Hinsicht verändert und unterschiedliche historische Phasen durchlaufen. Doch jedes Unternehmen steht immer wieder von Neuem vor dem bereits erwähnten *Transformationsproblem*. Mit dem Arbeitsvertrag hat es zwar die Arbeitskraft gekauft, nicht aber die Gewissheit, dass diese auch in die gewünschte Arbeitsleistung übersetzt wird. Der besondere Charakter der Ware Arbeitskraft hat nämlich zur Folge, dass der Arbeitsvertrag sich von anderen Arten von Kaufverträgen durch seine Unbestimmtheit unterscheidet. Mit dem Kauf der Arbeitskraft erhält das Unternehmen zwar das Recht zur Nutzung des Arbeitsvermögens für einen bestimmten Zeitraum. Da aber die Arbeitskraft untrennbar mit der Person verbunden ist, hängt deren Nutzung von den individuellen Interessen, dem Willen und der Subjektivität der Beschäftigten ab (Braverman 1977). Anders ausgedrückt: Die Arbeitenden müssen ein Mindestmaß an Leistungsbereitschaft aufbringen, damit sich das (potenzielle) Arbeitsvermögen in tatsächliche Arbeitsleistung umwandelt. Dieses „Problem" kann ein Unternehmen in seinem Sinne nicht zuletzt durch den Einsatz von Technik als Kontroll- und Steuerungsmoment des Arbeitsprozesses und spezifische Formen der Organisation von Arbeit bearbeiten. Technik dient somit nicht allein der Effizienzsteigerung, sondern fungiert als Element betrieblicher Herrschaftsbeziehungen. Weniger „weil Führungskräfte oder Kapitalist:innen ein eigenständiges Herrschaftsinteresse hätten, sondern vielmehr, weil das Transformationsproblem, das der Kapitalismus aus strukturellen Ursachen beständig mit sich führt, einer verwertungsangemessenen Lösung bedarf" (Menz/Seeliger 2024: 39).

Mit der modernen Maschinerie, wie sie Marx beschrieb, verbreiteten sich Ende des 19. und Anfang des 20. Jahrhunderts Ansätze der

„wissenschaftlichen Betriebsführung". Deren prominentestem Vertreter, Frederick W. Taylor, ging es nicht primär um technologische Fragen, sondern um die Organisation der Arbeit und deren effektive Ausnutzung. Auf Basis von Zeit- und Bewegungsstudien wurden Arbeitsaufgaben und Arbeitszeiten normiert, standardisiert und planbar gemacht. Taylor nahm an, dass es für jede Tätigkeit eine optimale Art gebe, sie auszuführen. Sein Konzept verfolgte mehrere Grundsätze: Komplexere Arbeitsabfolgen und vormals handwerkförmige Tätigkeiten wurden auf isolierte und schnell erlernbare Arbeitsschritte reduziert, womit der Arbeitsprozess von den individuellen Fertigkeiten der Arbeitenden gelöst werden sollte. Kopf- und Handarbeit – sprich planende und ausführende Tätigkeiten – wurden strikt getrennt und die Produktion in kleine Einheiten zerlegt. Das Wissen über die Arbeit sollte beim Management monopolisiert sein, um auf dieser Grundlage jede Ausführung des Arbeitsprozesses streng kontrollieren zu können (Taylor (1977 [1913]): 38ff.; Braverman 1977: 73ff.). In Taylors Fokus stand nicht, wie Braverman (1977) kritisch anmerkte, die Erforschung der Arbeit an sich, sondern die Anpassung der Arbeit an die Erfordernisse des Kapitals. Das Ziel der „wissenschaftlichen Betriebsführung" war, die Arbeitsleistung zu steigern und die Macht der Facharbeiter:innen zu brechen. Die Beschäftigten an den Maschinen und Fließbändern waren in weiten Teilen der individuellen Gestaltung ihrer Arbeitsschritte beraubt und ihre Subjektivität galt dem Management als Störfaktor, den es zu kontrollieren oder auszuschalten galt.

Im Fordismus der 1950er bis 1970er-Jahre war die tayloristische Arbeitsorganisation das bestimmende Leitbild der betrieblichen Arbeitsorganisation in der Großindustrie. Zwar fand sie in ihrer Reinform kaum Anwendung, doch zahlreiche Elemente Taylors bestimmten (und bestimmen bisweilen bis heute) die Managementstrategien. In der industriellen Massenproduktion führte die Verbindung von Fließbandarbeit und Taylorismus zur Abwertung menschlicher Arbeit, was die Arbeitsmarktmacht der Beschäftigten zunächst schwächte. Gleichzeitig bedeutete die aufkommende Massenproduktion am Fließband allerdings eine wachsende Nachfrage nach Arbeitskräften. Aufgrund ihrer strategisch günstigen Positionen in Schlüsselsektoren wuchs zudem die Produktionsmacht der Arbeitenden. Wurde ihre Subjektivität auf der einen Seite missachtet, schlug sie auf der anderen Seite in die Institutionalisierung von gewerkschaftlichen und betrieblichen Interessenvertretungsstrukturen um, in denen sich die Lohnabhängigen als kollektiver Akteur zusammenschlossen (Voswinkel 2012: 304ff.). Unter Bedingungen von annähernder Vollbeschäftigung (zumindest der männlichen Erwerbsfähigen) und geringer Arbeitslosigkeit ergaben sich im Fordismus größere verteilungspolitische Spielräume, die Beschäftigte und Gewerkschaften für sich nutzen konnten. In Anbetracht starken Wirtschaftswachstums schienen sich steigende Lohnkosten und hohe Profitraten des Kapitals zeitweise vereinen zu lassen. Zwar gaben die Unternehmen die Preissteigerungen an den Markt weiter, doch die Gewerkschaften reagierten ihrerseits mit neuen Lohnforderungen (Müller-Jentsch 2007: 68). Durch starke sozialpartnerschaftlich ausgerichtete Gewerkschaften wurde die Macht der Lohnabhängigen institutionalisiert und die Beschäftigten konnten ihre politischen und sozialen Rechte – etwa über Mitbestimmung, Tarifpolitik und Sozialstaat – ausbauen. Doch die ökonomische Krise des Fordismus sowie die Abkehr von keynesianistischer Steuerung und expansiver Geld- und Fiskalpolitik des Staates läuteten das Ende des institutionalisierten Klassenkompromisses ein (→ Kap. 2).

Die vorangegangenen Ausführungen beschreiben ein grundsätzlich anderes Verständnis von moderner Technik und Arbeitsorganisation, das sich dem Fortschrittsoptimismus der frühen wirtschafts- und sozialwissenschaftlichen Klassiker verwehrt. Technologie erscheint als soziales und durch gegensätzliche Interessen geprägtes Verhältnis, das durch die Interaktion der Beteiligten einerseits und durch technische Zwänge und Grenzen andererseits geprägt ist (Schmiede 2015: 37ff.). Es geht demnach nicht allein darum, wie Technologien z. B. einzelne Arbeitsschritte verändern, sondern welche Auswirkungen auf die Arbeitsorganisation und die Stellung der jeweiligen Tätigkeit innerhalb der Gesamtorganisation des Unternehmens bestehen. Was zunächst banal klingt, führt zu einem wesentlich umfassenderen Bild davon, wie sich Technik auf Arbeit auswirkt, weil wir so den betrieblichen Kontext miteinbeziehen. Das schließt an die Feststellung an, dass neuen Technologien in der Arbeitswelt für gewöhnlich nicht alleine auftreten, sondern stets umrahmt von spezifischen Managementstrategien sind (Pfeiffer 2010). Dabei sind die asymmetrischen Machtverhältnisse kapitalistischer Gesellschaften in Technologien eingelassen, denn die Interessen und Handlungslogiken der Unternehmen bzw. des Managements bestimmen die Technikentwicklung und in der Regel nicht die der Arbeitenden, die sich mit den Technologien arrangieren müssen.

Im Zusammenspiel mit der betrieblichen Arbeitsorganisation legen sie bestimmte Handlungsroutinen nahe, die sich nur noch schwer hintergehen lassen, selbst wenn sie negative Folgen für die Beschäftigten haben. Und sind technologische Systeme erst einmal implementiert, wird eine spätere Änderung der dadurch vorgegebenen Arbeitsgestaltung schwierig. Neue Technologien können so die Kommodifizierung von Arbeitskraft, betriebliche Herrschaftsverhältnisse und die Entbettung von Märkten verstärken. Zugleich können sie aber auch Auslöser für Gegenbewegungen der (Neu)Regulierung sein, was sie für Gewerkschaften zum relevanten Gegenstand der interessenpolitischen Auseinandersetzung macht.

7.3 Arbeit im digitalisierten Kapitalismus

Die technologischen Veränderungen der Arbeitswelt im letzten Jahrzehnt wurden insbesondere unter dem Sammelbegriff der Digitalisierung diskutiert, der allgemein für computergestützte datenverarbeitende Prozesse verwendet wird. Auf Mikroelektronik basierende Speicher-, Übertragungs- und Verarbeitungstechniken ermöglichen die Umwandlung analoger in digitale Daten, die als Informationen aufbereitet und in bestimmte Funktionen und Anwendungen überführt werden. Die voranschreitende Informatisierung und die zunehmend nach Kennzahlen gestalteten und kalkulierten Prozesse waren schon in früheren Phasen der Rationalisierung von Arbeit relevant (Schmiede et al. 2001). Doch mit dem Einsatz von Computern ab den 1950er- und vor allem seit den 1970er-Jahren entstanden neue Möglichkeiten der Datenerfassung und deren Verarbeitung in nutzbare Informationen (u. a. Baethge/Oberbeck 1986; Kalkowski et al. 2001). Die bedeutendste Innovation der sogenannten „vierten industriellen Revolution“ (Schwab 2016) ist das Internet. Auf Grundlage dieser Basisinfrastruktur vernetzen sich auf Mikroelektronik basierende Geräte miteinander, was der Begriff der Digitalisierung im engeren Sinne umschreibt. Digitalisierung ist dabei keine rein virtuelle Erscheinung, sondern stützt sich auf handfeste technologische Infrastrukturen, die aus Unterseekabeln zwischen Kontinenten, Satelliten, gigantischen Rechenzentren und unzähligen digitalen Endgeräten bestehen (Staab 2020: 904f.). Mit wachsenden Speicherkapazitäten, Prozessor- und Rechenleistungen, vernetzter Sensorik und der internetbasierten Übertragung von Daten hat die digitale Transformation zweifellos eine neue Qualität erhalten. Riesige Tech-Konzerne wie Apple, Microsoft, Alphabet, Meta oder Amazon sind innerhalb weniger Jahre von kleinen Start-ups zu den bedeutendsten Unternehmen unserer Zeit aufgestiegen und stehen emblematisch für den zentralen Stellenwert der neuen Technologien. Die Digitalisierung ist somit ein weiterer „Megatrend", der unsere Gesellschaft in verschiedenen Bereichen prägt.

Die Arbeit an und mit Information ist im Globalen Norden heute gegenüber der landwirtschaftlichen und industriellen Produktion sowie den konsumbezogenen Dienstleistungen die dominante Form der Arbeit. Der Bedeutungszuwachs von Informationen vollzog sich parallel zur Ausdehnung des Dienstleistungssektors und ist Teil eines größeren Strukturwandels der Arbeit in „postindustriellen" Gesellschaften. Manuel Castells (2001) sprach gar von einem „informationellen Kapitalismus", in dem Wissen und Information zu den zentralen Ressourcen von Produktivkraftsteigerungen geworden seien, von denen nicht zuletzt Innovation in der Produktion abhängen würden. Die komplexe Arbeitsteilung und globale Wertschöpfungsketten hätten moderne Informations- und Kommunikationstechnologien und angepasste Formen der Arbeitsorganisation notwendig gemacht, anders wäre das damit verbundene Informationsaufkommen kaum zu verarbeiten gewesen. Die Wissens- oder Informationsarbeit ist dabei von sehr unterschiedlicher Qualität, sie umfasst hochqualifizierte ebenso wie einfache, repetitive Tätigkeit etwa in der Datenpflege. Zugleich bringt sie neue Kommunikationstechnologien und flexibilisierte Organisationsstrukturen der Arbeit hervor. Der digitale Datenverkehr durch das Internet hat diese Prozesse massiv beschleunigt und einen neuen „Informationsraum" (Boes et al. 2020) geschaffen. Die Theorie der *Informatisierung* (Schmiede 1996; Baukrowitz/Boes 1996; Boes et al. 2020) ordnet den Prozess der Digitalisierung in einen breiteren Kontext ein: Den Umstand, dass immer größere Mengen an Daten, Informationen und Wissen – im wahrsten Sinne des Wortes – „verarbeitet" werden müssen. Die Generierung und Nutzung von Informationen stellen den Zusammenhang dar, in dem die Digitalisierung erst ihre gesellschaftliche Bedeutung erhalte. Denn deren Relevanz hat in den vergangenen Jahrhunderten beständig zugenommen und die digitalen Technologien sind daher Ergebnis einer sehr viel längeren Entwicklung, in der Daten erfasst, sortiert und kalkuliert – kurz: in Informationen verwandelt – werden.

Die qualitativen Veränderungen von Arbeit, Wirtschaft und Gesellschaft durch die Digitalisierung versucht die soziologische Forschung unter verschiedenen Epochenbegriffen zu fassen. Während der „Überwachungskapitalismus" (Zuboff 2018) auf Datifizierung, Überwachung und Kontrolle fokussiert, werden unter Schlagworten wie „Plattformkapitalismus" (Srnicek 2018) oder „digitaler Kapitalismus" (ursprünglich Schiller 1999) neue Marktordnungen durch digitale Plattformen (Nachtwey/Staab 2020; Staab 2019) oder die beschleunigte Distribution von Waren (Pfeiffer 2021) in den Mittelpunkt gestellt. Kritisiert wird aber, dass derartige Zuschreibungen auf einem „monolithische[n] Kapitalismusverständnis" basieren, das der Heterogenität der Entwicklung und des Technikeinsatzes nicht gerecht wird und „von der realen Vielfalt kapitalistischer Geschäftsmodelle, Verwertungsstrategien und Wirkungszusammenhänge abstrahiert" (Apitzsch et al. 2022: 15). Zudem wird angemerkt, dass bislang eher eine proto-transformative Situation vorliegt und die digitale Transformation noch keine systemische Qualität besitze, wenngleich sie einen sozialen, technischen und diskursiven Wandel andeute (Pfeiffer et al. 2024). Andere Zugänge – die weniger holistischen Konzepten folgen – betrachten „agile Arbeitsformen" (Boes et al. 2018) oder die „algorithmische Arbeitssteuerung" (Schaupp 2021; Ivanova et al. 2018) mit neuen Kontroll- und Koordinationsformen (Altenried 2017; Schreyer/Schrape 2018) als primäre Dynamiken der digitalen Transformation. Vor allem in Deutschland wurde zudem die Debatte um die „Industrie 4.0" (Kagermann et al. 2011) als Vision für den digitalen Umbau der Produktion prominent geführt. Propagiert wurde die vollständige Verknüpfung von physischer und virtueller Welt und die Echtzeitabstimmung von Arbeitsprozessen zwischen Menschen, Produkten und selbstlernenden Maschinen (Hirsch-Kreinsen 2014). Bei all den Analysen der technologiebedingten Umbrüche besteht die Gefahr, die Digitalisierung als „Scheinsubjekt" (Schadt 2020) zu konstruieren, hinter dem spezifische Akteur:innen, Interessen, Verwertungsstrategien, Arbeitskonflikte und Gestaltungsmöglichkeiten unsichtbar werden.

Doch trotz abweichender Akzentuierungen und vielfältiger Kontroversen besteht in der arbeitssoziologischen Forschung weitgehende Einigkeit über den tiefgreifenden Wandel der Erwerbsarbeit durch digitale Technologien. Mit Hirsch-Kreinsen (2015a) lassen sich drei Wirkungsfelder identifizieren, in denen die Digitalisierung von Arbeit zu folgenreichen Veränderungen führt. Erstens sind *Beschäftigungseffekte* z. B. durch den Wegfall bestimmter Jobs infolge von Automatisierung zu erwarten, zweitens der *Wandel von Tätigkeiten und Qualifikationsanforderungen*, wenn es zur Auf- oder Abwertung durch den Einsatz digitaler Informationsverarbeitung kommt und drittens die *Veränderung der Arbeitsorganisation*, wenn durch digitale Technologien Arbeitsprozesse flexibilisiert, entgrenzt, gesteuert und kontrolliert werden können. Mittlerweile wird jedoch mehrheitlich angenommen, dass der technologische und organisatorische Wandel – abhängig von Wirtschaftssektoren – weniger als Disruption erfolgt, sondern eher kleinschrittig vonstattengeht (Hirsch-Kreinsen 2018) und sich mit dem „spezifischen System der deutschen Arbeitsbeziehungen und der damit verbundenen Konflikthandhabung auf betrieblicher Ebene“ (Kirchner/Matiaske 2019: 126) arrangiert. Denn andere ökonomische oder organisationale Logiken sind weiter wirkmächtig, existierende Formen der Regulierung nicht von einem Tag auf den anderen hinfällig und die Digitalisierung „nur eine Einflussgröße im Wechselspiel der sozialen Kräfte – und nicht immer die wichtigste“ (Apitzsch et al. 2021: 30). Allerdings lässt sich in einzelnen Erwerbsfeldern, insbesondere im Feld der digitalen Arbeit und stark digitalisierten Branchen, die Ausdehnung unsicherer Beschäftigungsverhältnisse beobachten. Tätigkeiten werden in Bereiche der formalen Selbständigkeit verschoben, sind mit geringem Einkommen verbunden, während Marktrisiken auf Arbeitende abgewälzt und Gewerkschaften vor rechtliche und organisatorische Hürden gestellt werden (u. a. Greef et al. 2022; Pongratz 2023). Im Zuge der Digitalisierung verändern sich damit ein weiteres Mal nicht nur angewandte Technologien und die Organisation der Arbeit, sondern oftmals die Beziehungen zwischen Wirtschaftssubjekten, Strukturen von Märkten und etablierten institutionellen Ordnungen.

7.3.1 Technologische Substitution von Arbeitskraft

Die Automatisierung der Produktionsarbeit begleitete von Beginn an das Zukunftsbild der „menschenleeren Fabrik“, die als gesellschaftliche Emanzipation von der Arbeit herbeigesehnt oder als Dystopie gefürchtet wurde. Die früheren „industriellen Revolutionen“ und Ansätze der wissenschaftlichen Betriebsführung nährten Visionen, in denen menschliche Arbeitskraft im Produktionsprozess überflüssig werde (Uhl 2019). Vor diesem Hintergrund wurde seit den 1950er-Jahren in wiederkehrenden Wellen über das Ende oder wenigstens die Krise der Arbeitsgesellschaft diskutiert (Schmiede 2015: 39ff.). Der Industriegesellschaft ginge – nicht zuletzt aufgrund moderner Technologien – „die Arbeit aus“, was eine in Anbetracht der wachsenden Erwerbslosigkeit der 1970er-Jahre innerhalb der Wirtschafts- und Sozialwissenschaften verbreitete Position war. Unabhängig von dieser wohl überzogenen Zukunftsbilder stellt der Einsatz neuer Technologien und die mit ihnen verbundene Automatisierung von Arbeitsabläufen grundsätzlich immer eine Option im Kapitalismus dar, in dem Unternehmen in ständiger Konkurrenz zueinanderstehen.

Als Ausgangspunkt der jüngeren Debatten zur Digitalisierung und ihren Folgen für Arbeitsmärkte kann eine Studie an der Universität Oxford von Carl Frey und Michael Osborne (2013) gelten, in der sie die enorme Freisetzung von Arbeitskräften aufgrund von Automatisierungstendenzen prognostizierten. Die Untersuchung basierte auf den Klassifikationen von 702 Berufen und der jeweiligen Schätzung, wie anfällig diese für Automatisierung sind. Der Studie nach seien 47 Prozent der Jobs auf dem US-amerikanischen Arbeitsmarkt potenziell durch digitale Technologie gefährdet. Insbesondere der Großteil der Büro- und Verwaltungsangestellten, die Mehrzahl der Arbeitenden in Transport- und Logistikberufen sowie Arbeiter:innen in Produktionsberufen würden mit hoher Wahrscheinlichkeit innerhalb der nächsten zehn bis zwanzig Jahre technologisch freigesetzt. Zunächst würden verschiedene Routinetätigkeiten substituiert, mit weiteren Digitalisierungsschüben seien aber auch komplexere, interaktive und kreative Tätigkeiten betroffen (ebd.: 38ff.). Brzeski/Burk (2015) kamen auf Basis deutscher Berufsklassifikationen und mit ähnlicher Berechnungsgrundlage zu dem Ergebnis, dass hierzulande sogar 18 Millionen (59 Prozent) Arbeitsplätze akut automatisierungsgefährdet seien.

Die drastischen Hypothesen von Frey und Osborne läuteten eine neuerliche Debatte über das technologiebedingte Ende der Erwerbsarbeit ein. Doch an den Prozentzahlen der Studien wurden zahlreiche Zweifel laut, vor allem weil die Autoren ganze Berufe mit einzelnen Tätigkeiten gleichsetzten und das Automatisierungspotenzial überschätzt hätten. Betroffen seien in erster Linie bestimmte Bürotätigkeiten sowie geringqualifizierte Hilfsarbeiten. Zudem wurde eingewandt, dass die Automatisierung zunächst nur Tätigkeitsfelder wandele und nicht zwingend verschwinden lasse. Vielmehr seien ökonomische und betriebliche Anpassungsprozesse zu erwarten, die mit neuen Aufgaben innerhalb von Jobs verbunden sein können, was Frey und Osborne in ihrer Analyse vernachlässigen würden (Bonin et al. 2015; Pfeiffer/Suphan 2015). Außerdem entstünden neue Arbeitsplätze in anderen Bereichen – etwa Software- und Technologiebranche – was die gesamtwirtschaftlichen Beschäftigungseffekte weit weniger eindeutig mache (Evangelista et al. 2014; Arntz et al. 2018). Insbesondere das Qualifikationsniveau habe deutlichen Einfluss auf das Risiko von technologiebedingter Freisetzung betroffen zu sein, weshalb Bonin et al. (2015) in Deutschland etwa 12 Prozent der Arbeitsplätze für gefährdet halten. Auch in diesem Szenario sind das in erster Linie einfache industrielle Tätigkeiten.

Die hier skizzierte Debatte hat durch die rasante Verbreitung von Künstlicher Intelligenz (KI) und die durch sie erwarteten Auswirkungen auf Arbeitsmärkte und Qualifikationen zuletzt wieder an Bedeutung gewonnen (Acemoglu 2024; Brynjolfson et al. 2023; Gmyrek 2023). Bilanzieren lässt sich bislang, dass die Frage, ob die Digitalisierung oder auch KI-Systeme Phasen der Prosperität mit Wellen des ökonomischen Aufschwungs begünstigen oder zur Strukturkrise mit hoher Erwerbslosigkeit und steigender sozialer Ungleichheit führen, aus allein technologischer Betrachtungsweise nicht zu beantworten ist. Denn ihre Auswirkungen sind nicht technologisch determiniert, sondern mit ökonomischen Entscheidungen verbunden, wie und ob digitale Technologien eingesetzt werden oder nicht. Als zentral erweist sich auch in diesem Kontext die allgemeine wirtschaftliche Entwicklung, mit der spezifische arbeitspolitische Herausforderungen verbunden sind (Dörre 2018). Letztlich ist der Einsatz von neuen Techniken und Verfahren immer auch ein gesellschaftlich umkämpftes Feld, in dem verschiedene Akteur:innen aktiv sind und interessenpolitische Arrangements aushandeln (Pfeiffer/Suphan 2015).

7.3.2 Wandel von Qualifikationen

Es lässt sich davon ausgehen, dass menschliche Arbeit auch in Zeiten der Digitalisierung zentraler Bestandteil von Produktions- und Dienstleistungssektoren bleibt, sich aber die Anforderungen an die Arbeitskräfte, die Komplexität der zu bewältigenden Aufgaben und die geforderten beruflichen Qualifikationen wandeln. In der arbeitssoziologischen Forschung existiert zwar ein breiter Konsens darüber, dass subjektives Erfahrungswissen von Beschäftigten bis auf Weiteres auch bei automatisierten Produktionsabläufen gefragt bleibt, aber an welchen Stellen im Arbeitsprozess und von welchen Beschäftigten dieses angewandt wird, ist Gegenstand einer Kontroverse. Die Debatte ist eng verzahnt mit Fragen der Qualifikation von Beschäftigten und dem antizipierten Wandel von Tätigkeitsprofilen. Führen hochkomplexe technische Systeme zur Abwertung von menschlicher Arbeit oder erfordert ihre Kontrolle vielmehr hohe Qualifikationen, die eine Aufwertung von Tätigkeiten bedeutet?

Unterschieden werden oftmals verschiedene Szenarien, wie sich digitale Technologien auf Arbeits- und Beschäftigungsverhältnisse (zukünftig) auswirken und die Beziehungen zwischen Technologien und Beschäftigten prägen. Hirsch-Kreinsen (2016) sieht mindestens drei zentrale Zukunftsszenarien in der Diskussion: Im *Upgrading- bzw. Aufwertungsszenario* wird davon ausgegangen, dass einfache Routinetätigkeiten mit geringen Anforderungen technologisch substituiert werden, aber zugleich neue und (hoch)qualifizierte Berufe entstehen und existierende Tätigkeiten um neue Fertigkeiten (etwa das Programmieren komplexer Systeme) erweitert werden. Demnach wachsen die Anforderungen an koordinierendes, situationsadäquates und interaktives Arbeitshandeln mit dem Einsatz digitaler Technologien. In dieser Prognose profitieren vor allem Beschäftigtengruppen, die bereits über höhere Qualifikationen verfügen, während einfache Tätigkeiten eine hohe Entwertungswahrscheinlichkeit besitzen und Arbeitsplätze mit niedrigen Qualifikationsanforderungen und stark repetitiven Arbeitsabläufen durch die Algorithmen intelligenter IT-Systeme ersetzt werden könnten. Das *Polarisierungsszenario* nimmt hingegen an, dass digitalisierte Märkte und Arbeit durchaus neue Güter, Dienstleistungen und Anforderungen an Arbeitskräfte hervorbringen, wobei die Gefahr bestünde, dass sich die Gesellschaft an den oberen und unteren Rändern entzweit. Die Beschäftigten mit mittleren Qualifikationen, etwa ausgebildete Techniker:innen oder andere Facharbeiter:innen, seien von Tendenzen der Dequalifizierung betroffen. Selbst Managementaufgaben könnten wenigstens teilweise durch intelligente Systeme ersetzt werden, wenn z. B. in „smarten Fabriken" die Produktionsanlagen benötigte Teile oder zu verarbeitende Waren selbstständig anfordern. Wahrscheinlich erscheint in diesem Szenario die Polarisierung zwischen Hoch- und Geringqualifizierten auf dem Arbeitsmarkt und auf betrieblicher Ebene (Staab/Prediger 2019), die tendenziell korrespondiert mit autonomiestarken und heteronomen Beschäftigungsverhältnissen (Kirchner et al. 2020). Wie Peter Ittermann (2023) zeigt, kann es entgegen der Annahme aber selbst im Segment der industriellen Einfacharbeit zur Stabilisierung und Aufwertung von Tätigkeiten sowie verbesserten Arbeitssituationen kommen, was von den jeweiligen Einsatzfeldern digitaler Technologien, betrieblicher Digitalisierungslogiken und dem Regulationsgrad der Industrie- und Logistikunternehmen abhänge. Das dritte Szenario fasst Hirsch-Kreinsen (2016) als *Flexibilisierung und Entgrenzung* von Arbeit zusammen. Durch die neuartige Vernetzung von Arbeits- und Wertschöpfungsprozessen treten „temporäre Projektorganisationen und Netzwerke an die Stelle fester, vor allem auch hierarchischer Organisations- und Managementstrukturen“ (ebd.: 13). Zugleich wandeln digitale Technologien Planungs- und Steuerungsmöglichkeiten von Arbeitsprozessen und flexibilisieren sie in zeitlicher, organisatorischer und räumlicher Dimension. Dabei werden die Folgen für Tätigkeiten, Qualität der Arbeit und Qualifikation der Beschäftigten in verschiedenen Untersuchungen höchst unterschiedlich bewertet.

Diverse Studien zum technologischen Wandel der industriellen Produktion zeigen allerdings keine radikale Veränderung von Tätigkeitsprofilen und Qualifizierungsanforderungen. Weder hat es einen drastischen Rückgang der Beschäftigung noch eine weitreichende Abwertung mittleren Qualifikationen gegeben. Die disruptive Veränderung ist – zumindest in den industriellen Sektoren – bislang ausgeblieben (Baethge-Kinsky/Kuhlmann 2023; Baethge-Kinsky 2021). Viele der angenommenen Szenarien erscheinen rückblickend technizistisch konnotiert. Wie schon in früheren Debatten zur Automatisierung sind die Folgen der neuen Technologien für die Arbeitswelt weit weniger eindeutig als mitunter prognostiziert. Die Unsicherheiten in den konkurrierenden Zukunftsszenarien machen deutlich, dass die Digitalisierung zwar Aufgaben automatisieren und standardisieren kann, womit aber nicht abschließend gesagt ist, dass die betroffenen Tätigkeiten und Qualifikationen vollkommen verschwinden oder ob gleichzeitig neue Aufgabenfelder und Handlungsräume für Beschäftigte entstehen. Mit dem technischen Wandel verändern sich aber, wenn auch mehr inkrementell und weniger rasant als angenommen, nicht nur die beruflichen Anforderungen und formalen Qualifikationen, sondern auch Machtpositionen und die soziale Anerkennung von Tätigkeiten innerhalb des Betriebs (Rammert/Schulz-Schaeffer 2020: 668). Das alles sind Gründe, weshalb zum einen die Regulierung beruflicher Bildung auf gesetzlicher und tariflicher Ebene zum zentralen Gegenstand von Gewerkschaftspolitik avanciert und zum anderen Qualifizierungsbedarfe wachsen und deren arbeitspolitische Mitgestaltung zur bedeutenden Kompetenz der betrieblichen Interessenvertretung wird (Böhle/Sauer 2018).

Wie Carls et al. (2020) für verschiedene Branche aufzeigen, haben sich faktisch betriebliche Qualifizierungsmöglichkeiten in den letzten Jahren kaum verändert, was auf „altbekannte Qualifizierungsdefizite" verweise, bei denen „Beschäftigte [...] in der Regel zu spät, zu selektiv oder zu eng qualifiziert" (ebd.: 79) werden. Dieses Defizit der betrieblichen Qualifizierung bestätigen auch Baumhauer/Meyer (2023: 386): „Zwar erkennen sie die Bedarfe, entwickeln aber kaum systematische Strategien und Konzepte. Stattdessen setzen sie auf die Selbstorganisation der Beschäftigten bei der Bewältigung digitalisierungsbezogener Herausforderungen". Dass interessenpolitische Akteur:innen einen Unterschied machen und gelingende Qualifizierungsstrategien begünstigen können, zeigte Hinrichs (2021) in einer Studie für die Hans-Böckler-Stiftung an Fällen, bei denen unter Beteiligung von Beschäftigten und Betriebsräten digitale Lernfabriken und praxisorientierte Pilotprojekte erfolgreich als arbeitsplatznahe Weiterbildungsformate initiiert wurden.

7.3.3 „Industrie 4.0" und Künstliche Intelligenz (KI)

Die Einführung neuer Formen der Datenverarbeitung und Maschinensteuerung stellt für hochtechnisierte Industrien wie im Automobilsektor, der Chemie- und Textilindustrie oder im Maschinenbau nichts Ungewöhnliches dar und sind ständiger Begleiter kapitalistischer Produktionsprozesse. Ob die Digitalisierung hier einen grundlegenden Wandel der Produktion ins Werk setzt oder altbekannten Rationalisierungsstrategien folgt, wird seit langem diskutiert (u. a. Pfeiffer/Suphan 2020; Nies 2021). Die debattenprägende Vision der „Industrie 4.0" legt letzteres zumindest nahe: Im Zentrum stehen hier die Verknüpfung von Datenebenen mit realen Fabrikabläufen durch Robotik, mobile Geräte, körpernahe Wearables und Assistenzsysteme, Big-Data-Analysen sowie neue Formen der Zusammenarbeit durch Clouds und virtuelle Teams (Pfeiffer/Huchler 2018). Zuletzt hat sich der Diskurs allerdings zunehmend in Richtung selbstlernender Systeme und Künstlicher Intelligenz verschoben, die mit der alltäglichen Nutzung von ChatGPT und Co. auch einer breiteren Öffentlichkeit bewusst wurde.

Da es sich bei KI um selbstlernende Systeme handelt, wird in ihr das Potenzial gesehen, sich noch umfassender auf Arbeit auszuwirken als die automatisierten und vernetzten Technologien bisher. Norbert Huchler (2023) entdeckt in der Funktionsweise und Anwendung von KI eine Parallelität zur indirekten Steuerung von Arbeit, die nicht über Fachwissen funktioniere, sondern auf Wahrscheinlichkeiten, Versuchen und Irrtümern programmierter und selbstlernender Technik beruhe. Dies bedeute auch eine Externalisierung vom unternehmerischen Risiko zunächst an die KI-Systeme und letztlich an die Beschäftigten, die unter unsicheren Bedingungen sicherstellen müssen, ob die generierten Ergebnisse zutreffend sind. Bislang zeigt sich auf Ebene der Beschäftigten allerdings, dass diese weniger besorgt oder verängstigt in Anbetracht der KI-Entwicklung sind als angenommen werden könnte, sich aber Mitsprache und Beteiligung über KI wünschen (Pfeiffer 2024).

In der „Industrie 4.0“ organisieren sich die Wertschöpfungsketten im Prinzip selbst, fordern die für Aufträge benötigten Materialien an, verarbeiten sie automatisiert, um sie schließlich selbstständig an die Kund:innen auszuliefern. Die Voraussetzung ist, dass alle Werkstücke mit RFID-Chips ausgestattet sind, die alle nötigen Informationen zu weiteren Verarbeitungsschritten enthalten und mit Robotern, anderen Maschinen und Fahrzeugen kommunizieren können – sprich digital vernetzt sind. Das betrifft sowohl die stofflichen wie die planenden Arbeitsprozesse, die durch intelligente IT-Systeme gesteuert werden sollen. Die selbstlernenden Systeme können sich – so zumindest die Vision der „Industrie 4.0“ – an Kund:innenwünsche, veränderte Marktlagen oder Lieferketten flexibel anpassen: „Generelles Ziel dieser Konzeption ist es, wachsende Flexibilitätsanforderungen der Absatzmärkte, eine zunehmende Individualisierung der Produkte, kürzer werdende Produktlebenszyklen sowie eine steigende Komplexität der Prozessabläufe und Produkte automatisierungstechnologisch zu bewältigen“ (Hirsch-Kreinsen 2014: 421).

Empirisch zeigt sich jedoch, dass Umfang, Verläufe und Auswirkungen der Technisierung branchenspezifisch unterschiedlich ausfallen und ihre Einführung in der Regel von weiteren betrieblichen Rationalisierungsstrategien umrahmt ist (Pfeiffer 2010: 231ff.). Zudem sind sie von sozialen Aushandlungsprozessen begleitet, die in der Analyse nicht unberücksichtigt bleiben sollten. Der Druck der Digitalisierung auf Verwertungsmodelle und Unternehmensstrukturen ist zwar durchaus real, stellt aber für kapitalistische Unternehmen – die ständig unter Konkurrenzverhältnissen agieren – nichts prinzipiell Neues dar. Aber bis auf Weiteres bleibt die „Industrie 4.0" ein Leitbild, das keine betrieblichen Realitäten abbilden, sondern als Agenda Setting bzw. wirkmächtiges Diskursphänomen (Pfeiffer 2015; Hirsch-Kreinsen 2016) gesamtwirtschaftliche und betriebliche Erwartungen weckt. Nach Pfeiffer und Huchler (2018: 169) handelt es sich um „soziale Praktiken der diskursiven Konstruktion von Zukunft – aber zum Zwecke der Gestaltung von Gegenwart". Ob die Innovationserwartungen zukünftig eintreten, ist zwar weiterhin ungewiss, doch schon heute stützt sich die Bewertung von Unternehmen auf Kapitalmärkten u. a. auf deren Digitalisierungsversprechen (Faust 2022), was Investitionsentscheidungen, Managementstrategien und letztlich interessenpolitische Mobilisierungen beeinflusst.

7.3.4 Algorithmische Steuerung und Kontrolle

Vor allem der seit den 1990er-Jahren expandierende Bereich der Dienstleistungen – etwa der Einzelhandel, Transport und Logistik, Pflege- und Reinigungssektor – galt lange Zeit als schwer technisierbar. Menschliche Arbeitskraft galt in diesen Bereichen als schwer zu ersetzen, denn Arbeitsprozesse finden an verschiedenen Orten statt und sind oftmals auf soziale Interaktion angewiesen. Das Produktivitätswachstum fiel im Dienstleistungssektor relativ gering aus, was eine Erklärung für das niedrige Lohnniveau im Feld der einfachen Dienstleistungsarbeit liefern kann (Nachtwey/Staab 2016: 27; Baumol 2012). Doch durch die Verbreitung mobiler und vernetzter Endgeräte lässt sich ein Wandel erkennen und insbesondere in beschäftigungsintensiven Sektoren wird in wachsendem Maße auf digitale Kontroll- und Steuerungssysteme gesetzt. Sie stellen eine Methode dar, die – im Anschluss an das oben beschriebene Transformationsproblem – Überwachung und Kontrolle der Arbeitenden auszuweiten und die Arbeitsleistung zu erhöhen. Aufgabenbereiche des unteren Managements werden digital automatisiert und die Steuerung und Kontrolle der Arbeit intensiviert (Heiland 2018). So wird versucht, das Arbeitshandeln und die Selbstorganisation der Beschäftigten direkt an die Steuerungsziele des Unternehmens zu koppeln, was sich als Zuspitzung betrieblicher Herrschaft interpretieren lässt (Raffetseder et al. 2017). Dabei wirken allerdings auch Formen der „indirekten Kontrolle", denn an digitalen Arbeitsplätzen lassen sich vielfach widersprüchliche Momente der Aktivierung und Einschränkung von Subjektivität beobachten (Menz/Nies 2024).

Die Basis der digitalen Arbeitssteuerung sind Algorithmen, die den Beschäftigten bestimmte Handlungsabfolgen ausgeben und menschliche Arbeit auf Grundlage von aufgezeichneten Daten ordnet, optimiert und bewertet (Lee et al. 2015). Die digitale Kontrolle bedeutet nicht nur eine Informationsasymmetrie, sie erfasst die individuellen Leistungen und macht sie vergleichbar, was potenziell die innerbetriebliche Konkurrenz zwischen Arbeitskräften steigert. Die Algorithmen sind also keineswegs neutral, sie verstärken in diesem Kontext die Kommodifizierung von Arbeitskraft. Denn sie folgen zuvor definierten Mustern, in denen sich spezifische gesellschaftliche Interessen ausdrücken. Im Anschluss an Marx lässt sich die Digitalisierung so als Reorganisation des konstanten Kapitals verstehen, welches durch Mikroelektronik, Datenverarbeitung und wachsende Speichermöglichkeiten einen stofflichen Wandel erfahren hat (Barthel/Rottenbach 2017: 252). Dabei scheinen die programmierten Algorithmen immer mehr zum zentralen Produktionsmittel des digitalisierten Kapitalismus zu werden. Und wie andere Technologien vor ihnen, bleiben sie (auch) Herrschaftsmittel über die Arbeit und besitzen das Potenzial, die Machtasymmetrien kapitalistischer Gesellschaften zu verschärfen.

Digitale Technologien dienen in diesem Fall nicht primär dem Ziel, menschliche Arbeit zu ersetzen. Simon Schaupp (2021: 27ff.) beschreibt wie Algorithmen zur Arbeitssteuerung als Investitionsmöglichkeit in immaterielles Kapital zunehmend attraktiv wurden – durchaus als Alternative zur klassischen Automatisierung von schweren Maschinen und anderen technischen Anlagen. Darin könnte nach Schaupp sogar das größere Potenzial digitaler Technologien liegen, als in der Substituierung von Arbeit durch Automatisierung. Denn die algorithmische Arbeitssteuerung, bei der Beschäftigte ihre Arbeitsanweisungen von Computern (zumeist mobilen Endgeräten) erhalten und von diesen kontrolliert werden, stellt eine effektive Form der digitalen Rationalisierung von Arbeit dar, die flexibler und kostengünstiger ist, als kapitalintensive automatisierte Großmaschinen.

Ein viel diskutiertes Beispiel ist das Lager- und Logistiksystem des Online-Versandhandels Amazon. Als Kern der Steuerung und Überwachung der Arbeit in Amazons Lagern stehen die Handscanner und Computer-Terminals der Mitarbeitenden. Die Scanner dienen nicht nur der Leistungserfassung, sondern auch der technischen Prozesskontrolle. Jeder Arbeitsschritt wird den Arbeitenden im Detail vorgegeben, inklusive der schnellsten Routen durch die Regale in den riesigen Lagerhallen. Für eigenständige Arbeitsgestaltung oder abweichendes Verhalten ist in dem technischen System kaum Platz. Befürchtet wird eine ständige Intensivierung der Arbeit, weil der Leistungsdruck durch die (potenzielle) Kontrolle durch das Management steigt. Mit den durch die Handscanner generierten Daten lassen sich individualisierte Leistungsprofile erstellen und die jeweilige Leistung kann mit der von Kolleg:innen verglichen werden (Apicella 2021: 55ff.; Barthel 2023; Nachtwey/Staab 2016: 27ff.). Nach eingeleiteten Verfahren von Datenschutzbeauftragten gewann Amazon 2023 den Rechtsstreit und das Verwaltungsgericht Hannover entschied, dass die Leistungskontrolle rechtmäßig sei (Knödler 2023).

Unter anderem Nachtwey und Staab (2015, 2016) haben derartige minutiöse Arbeitsorganisation als „digitalen Taylorismus" charakterisiert, weil durch die direkte algorithmische Arbeitssteuerung das Erfahrungswissen der Beschäftigten abgewertet werde und die Kontrollmacht des Managements wachse. Durch die (Re)standardisierung und Entwertung der Arbeit sinken die Einstiegshürden in einfache Dienstleistungsarbeiten und unter Umständen das Lohnniveau. Auch Boes et al. (2020: 317) sprechen von „Taylorismus 2.0", da alles, was im digitalen Informationsraum bzw. an computerbasierten Geräten geschieht, die an ihn gekoppelt sind, unzählige Daten hinterlässt, die aufgezeichnet, verglichen und ausgewertet werden können. Für Unternehmen bietet sich potenziell die Möglichkeit, die Arbeitsabläufe streng zu überwachen und zu steuern. Sozusagen eine perfektionierte Variante der „wissenschaftlichen Betriebsführung" von Taylor, in der die Daten nicht mehr in aufwendigen Studien erfasst, sondern durch die Beschäftigten selbstständig in der täglichen Arbeit generiert werden. Kritisch eingewandt wird allerdings, dass algorithmisches Management nicht gleichbedeutend mit unmittelbarer Kontrolle der Arbeitsleistung ist, insgesamt die Leistungsfähigkeit im Kontext der sonstigen Arbeitsorganisation überschätzt und Gestaltungsmöglichkeiten unterschätzt werden (Butollo et al. 2024). In Anlehnung an Michel Foucaults „Überwachen und Strafen“ (1993 [1975]) wird jedoch auch ein „digitales Panoptikum“ befürchtet, indem sich nicht nur die direkte, sondern auch indirekte Kontrolle verstärkt, da vor allem ein Gefühl der ständigen Beobachtung vermittelt wird, das Beschäftigte disziplinieren und zur „freiwilligen“ Leistungsoptimierung bewegen kann.

Mit Nies (2021) lässt sich gegen die Verallgemeinerung der These des „digitalen Taylorismus“ allerdings einwenden, dass Technik aus unterschiedlichen Gründen eingesetzt wird, die verstanden werden müssen, um zu einer angemessenen Bewertung des Technikeinsatzes zu kommen. So lässt sich zwischen arbeitskraftbezogener und systemischer Rationalisierung unterscheiden (ebd.: 489f.). Während sich erstere auf die Umwandlung von gekaufter Arbeitskraft in tatsächliche Arbeitsleistung bezieht, zielt zweitere auf Prozessoptimierung ab, was beim Einsatz digitaler Technologien in vielen Wirtschaftssektoren von zentraler Bedeutung sei. Die digitalen Technologien zielen im Fall der systematischen Rationalisierung nicht unmittelbar auf die Kontrolle der Arbeitskraft, sondern sollen sie unterstützen, Probleme und Fehler zu erkennen und zu beheben, wobei weiterhin ihr kreatives Erfahrungswissen und problemlösende Kompetenzen gefragt sind. Die Reorganisation von Arbeitsprozessen kann sich aber auch hier auf Handlungsspielräume der Beschäftigten auswirken. Doch der Zweck des Einsatzes digitaler Technologien lässt sich nicht von vornherein ableiten, sondern kann nur aus der spezifischen Nutzung innerhalb eines bestimmten Verwertungskontextes verstanden werden.

7.3.5 Plattformarbeit

Die sogenannte Plattformökonomie wird mitunter als das wirkliche Neue der Digitalisierung verstanden (Nachtwey/Staab 2020), weil sie etablierte Arbeitsbeziehungen grundlegend wandelt. „Plattformarbeit“ ist zunächst ein Oberbegriff für Crowdworking und weitere digital vermittelte Arbeitsformen. Durch digitale Plattformen können Arbeitsschritte aus dem betrieblichen Rahmen an eine externe Masse an Arbeitskräften (crowd) ausgelagert werden. Dabei lassen sich die Plattformen als „soziotechnische Intermediäre“ (Langley/Leyshon 2017) verstehen, die mehrseitig zwischen verschiedenen Marktteilnehmer:innen vermitteln. Ihre Dienstleistung besteht darin, dass sie die Arbeitskraft organisieren, auf die andere zugreifen können. Digitalen Plattformen kreieren damit eigene Marktplätze, auf denen sie Zugänge von Kund:innen und die Bedingungen der Leistungserbringung diktieren (Dolata 2015; Staab 2019). Insofern sind sie mehr als nur Vermittlungsinstanz, denn in der Regel sind sie Vertragspartner:innen der Arbeitenden und nicht die auftraggebenden Unternehmen. Auch den Arbeitsprozess gestalten sie – je nach Plattform in unterschiedlichem Maße – aktiv mit, indem sie über die App die Tätigkeiten organisieren und kontrollieren. Die Plattformen strukturieren die Abläufe, koordinieren die Aufgabenverteilung, regeln die Vergütung und setzen teilweise Sanktions- und Anreizmechanismen (z. B. über Ratings und Online-Bewertungssysteme) (Gerber 2019; Schreyer/Schrape 2018; Kellogg et al. 2020). Plattformen lassen sich somit als Hybride zwischen Organisation und Markt (Kirchner 2019) verstehen, was sie von klassischen Dienstleistungsunternehmen unterscheidet.

All das verändert den Zugriff auf Arbeitskräfte radikal und bricht mit den Vorstellungen eines Normalarbeitsverhältnisses. Colin Crouch (2019) betrachtet daher die Verschiebung der Machtverhältnisse von Arbeitenden zu Unternehmen als Kernelement der arbeitsvermittelnden Plattformen. Indem kollektive Schutzmechanismen der betrieblichen Arbeit abgebaut und Arbeitskräfte individuell den Marktschwankungen überlassen werden, erhöhe sich ihr Risiko der Prekarität deutlich. Nachtwey und Staab (2015: 79ff.) erkennen hierin sogar das Entstehen eines neuen Typus von Arbeitskraft, den sie für ein wesentliches Kennzeichen des digitalen Kapitalismus halten: Die Kontingenzarbeitskraft. Die digital vermittelten Arbeitskräfte werden demnach als freie Marktakteure zwar zeitweise und punktuell in Arbeitsprozesse von anderen integriert, sind aber losgelöst aus Sicherheiten und Verpflichtungen der Unternehmen, die sich aus festen Arbeitsverträgen ergeben (wie z. B. die Sozialversicherung). Als formal Selbständige sind sie institutionell entbunden, tragen das volle Marktrisiko und sind ständig darauf angewiesen, dass sich Nachfrage und Angebot treffen, um weiter Einkommen zu erzielen. Der Preis ihrer Arbeitskraft hängt von der Konkurrenz auf den Plattformen ab, wo es – zumindest bei der virtuellen Crowdwork – aufgrund eines potenziell globalen Arbeitsmarkts zu einem Unterbietungswettbewerb kommen kann. Plattformen sind damit Profiteure und Treiber eines Wandels der Arbeitsgesellschaft, der mit der zunehmenden Erosion von Arbeitsbeziehungen verbunden ist und hinter historisch erkämpfte Arbeitsstandards zurückfällt.

Demnach erweist sich das Erwerbsfeld der Plattformarbeit als vergleichsweise unreguliert, wenngleich ein „enormer Bedarf an Interessenvertretung in Anbetracht von Macht und Kontrolle der Plattformunternehmen, mit intransparenten automatisierten Steuerungsverfahren und unter prekären Marktbedingungen" (Pongratz 2023: 362) gesehen wird. Die soziale Sicherung von Plattformselbstständigen wird damit – auch wenn es sich formell um kein Feld der abhängigen Beschäftigung handelt – zur Aufgabe gewerkschaftlicher Interessenpolitik. Einen Wunsch nach Interessenzusammenschlüssen, die sich für deren Arbeitsbedingungen einsetzen, formulieren auch Plattformarbeitende selbst (Topal et al. 2024), wenngleich viele ihre Tätigkeiten – insbesondere, wenn sie Nebenjob sind – als Stärkung ihrer Autonomie ansehen und die Möglichkeiten des Zuverdienstes schätzen. In der Literatur werden dafür verschiedene Erklärungsansätze angeführt, die im Wesentlichen um normative oder ideologische Arten der Einbindungen der Arbeitenden kreisen. Valles und Schor (2024) argumentieren hingegen, dass die Vorzüge vor allem für Plattformarbeitenden aus der Mittelklasse gelten, die sichere Positionen in anderen Bereichen haben und die Plattformarbeit zusätzlich ausüben, um Zugänge zu beruflichen Vorteilen zu erhalten, die ihnen in der konventionellen Wirtschaft womöglich vorenthalten sind, weshalb sie die Jobs als Bestätigung empfinden. Davon müssten die Erfahrungen der Plattformarbeiter:innen deutlich unterschieden werden, die sich in untergeordneten Klassenpositionen befinden und häufig in Fahrdienstleistungen, Lebensmitteleinkauf oder Essenslieferungen anzutreffen sind.

Wenn sich feste Koppelungen zwischen Unternehmen und Produkt, Arbeitskraft und Unternehmen sowie Arbeit und Betriebsstätte auflösen und durch digitale Steuerungssysteme ersetzt werden (Kirchner/Beyer 2016), verändert sich der institutionelle Rahmen zur Regulierung von Erwerbsarbeit grundlegend. Das deutsche Modell der Arbeitsbeziehungen, das den Betrieb als „räumlich, ökonomisch-rechtlich und sozial verortete Form der Organisation" (Greef et al. 2020: 212) betrachtet, in dem interessenpolitische Akteur:innen in Verhandlungen und Abkommen regulativ eingreifen, wird unterminiert (Haipeter/Hoose 2019; Keller 2020). Befinden sich die Arbeitenden in formeller Selbstständigkeit und nicht in abhängiger Beschäftigung, stehen sie außerhalb des arbeitsrechtlichen Rahmens und sind den Kräften des Marktes relativ schutzlos ausgeliefert. Damit bewegen sie sich vorwiegend außerhalb der sozialen Sicherungssysteme und verfügen über keine Sicherheiten betrieblicher Arbeit. Ihnen fehlen die institutionellen Möglichkeiten – durch Betriebsräte oder Tarifverträge – Einfluss auf ihre Arbeitsbedingungen zu nehmen, da die Regeln der Mitbestimmung rechtlich für sie nicht gelten. Während die Mehrheit der Plattformunternehmen ihre Arbeitskräfte als Selbstständige bzw. Freelancer betrachtet, hat sich das Modell der „schlanken und digitalen Unternehmen“ in den letzten Jahren teilweise wieder gewandelt und einzelne Plattformen – vorwiegend im Bereich der Essenlieferdienste – gingen zu Anstellungsverhältnissen ihrer Kurier:innen über (Legantke 2024; Beyer/Legantke 2025).

Gesamtgesellschaftlich handelt es sich bei Plattformarbeit bislang um ein quantitativ begrenztes Phänomen, wenngleich die EU-Kommission im Jahr 2022 von 28 Millionen Plattformarbeitenden in Europa ausging und prognostizierte, dass die Zahl bis 2025 auf rund 43 Millionen wachse. Das vorausgesagte Wachstum dieser Arbeitsformen und ihr qualitatives Potenzial, der relative Sicherheiten abhängiger Beschäftigung und betrieblicher Arbeit durch einen Prozess der Vermarktlichung oder Verwettbewerblichung abzulösen, unterstreicht den Bedarf an staatlich-regulativen Eingriffen in die Plattformökonomie. Die Verabschiedung der EU-Richtlinie zur Plattformarbeit 2024 soll Arbeitsrechte, Regeln für algorithmisches Management und Datenschutz verbessern. Dazu gehört die Annahme, dass grundsätzlich ein Beschäftigungsverhältnis vermutet wird, wenn Kontrolle und Weisung im Arbeitsprozess durch die Plattformen erfolgen, wobei die exakten Kriterien durch die Mitgliedstaaten festgelegt werden. Angesicht des großen Ermessensspielraums in der nationalen Implementierung wird es nicht zuletzt auf die gewerkschaftlichen Interessenvertretungen ankommen, die Grundlagen der EU-Richtlinie zu nutzen, um die effektive Anwendung im Sinne der Arbeitenden zu gewährleisten (Rainone/Aloisi 2024). Um hochgradig fragmentierte Plattformarbeitende für ihre Interessen zu mobilisieren, sind Gewerkschaften vor Probleme gestellt, die ihnen ein hohes Maß an strategisch-organisatorischer Anpassungsfähigkeit abverlangen. Bestehende Vertretungslücken an den prekären Rändern der digitalisierten Ökonomie werden heute vereinzelt durch selbstorganisierte Arbeiter:innenkollektive gefüllt, die sich „spiegelbildlich zur Welt der Tech-Start-ups" verhalten und flexibel, medienwirksam und jenseits institutioneller Arrangements agieren (Ewen et al. 2022: 253; Niebler 2023). Sie folgen einem interessenpolitischen Pragmatismus, der die DGB-Gewerkschaften mit ihrer organisatorischen Behäbigkeit herausfordern kann, stellen aber zugleich wichtige Anknüpfungspunkte für den Aufbau gewerkschaftlicher Organisationsmacht in dem Feld dar.

7.4 Gewerkschaften und digitalisierte Arbeitswelten

Technologische Umbrüche in der Produktions- und Dienstleistungsarbeit sind für Gewerkschaften keineswegs neu, sie begleiten die Arbeiter:innenbewegung und ihre Organisationen seit ihren Anfängen. Mit ihnen verändern sich die konkreten Arbeitsprozesse und zugleich die Klassenzusammensetzung der Lohnabhängigen, die qualifikatorischen Anforderungen an die Arbeit und die Bedingungen gewerkschaftlicher Organisierung. Die skizzierten Umrisse der Digitalisierung und der wissenschaftlichen Debatten um sie verdeutlichen, dass pauschale Aussagen zu den Auswirkungen auf Arbeitsorganisation, Beschäftigungsverhältnisse und Handlungsfähigkeit am Arbeitsplatz nur begrenzt möglich sind. Es konnte aber gezeigt werden, dass die digitale Transformation das Potenzial besitzt, Formen der Unternehmens- und Arbeitsorganisation, Tätigkeitsprofile und Qualifikationsanforderungen sowie betriebliche Steuerungs- und Kontrollmöglichkeiten grundlegend zu wandeln, was zum einen die Arbeitsbeziehungen und zum anderen die Machtressourcen von Beschäftigten und Gewerkschaften berührt.

Sie stehen vor der Herausforderung, die Funktion von Technologien im Zusammenwirken mit der betrieblichen Arbeitsorganisation zu verstehen, um Optionen und Grenzen der Gestaltung des Technologieeinsatzes realistisch einschätzen zu können. Andernfalls „können sie nicht Gegenstand einer proaktiven, arbeitspolitischen Gestaltung werden – sondern allenfalls Anlass geben für nachgelagerte arbeitspolitische Folgeneinhegung" (Pfeiffer 2019: 240). Von Digitalisierungsvorhaben sind sie dabei gleich doppelt betroffen: Sie müssen zum einen die möglichen Regelungsinhalte digitaler Systeme in den Konfliktarenen bestimmen, und zum anderen die veränderten Machtressourcen und Bedingungen ihrer eigenen Handlungsfähigkeit vor diesem Hintergrund antizipieren.

Wie bereits verdeutlicht, folgen die Auswirkungen der Digitalisierung auf Erwerbsarbeit nicht logisch aus der technologischen Innovation der vernetzten Informationssysteme. Die Digitalisierung als Prozess ist in soziale Strukturen eingebettet (Wajcman 2015; Rammert/Schulz-Schaeffer 2020), in denen bestehende Macht- und Herrschaftsverhältnisse ebenso eine Rolle spielen wie Interessenkonflikte. Neue Technologien sind insofern ein umkämpftes Feld und wie sie angewandt werden Ergebnis der arbeitspolitischen und gesellschaftlichen Auseinandersetzungen um ihre Einführung und Nutzung. Gewerkschaften begreifen die Einführung neuer Technologien dabei vielfach als Gestaltungsaufgabe, bei der unter Berücksichtigung von Machtressourcen und Kräfteverhältnissen gesellschaftlich sinnvolle Lösungen angestrebt werden (Matuschek 2016: 33f.). Sie sind unter diesen Bedingungen bemüht, ihren Einfluss auf die Gestaltung des Arbeits- und Beschäftigungsverhältnisses über Tarifverträge und betriebliche Mitbestimmung zu erhalten, um vor allem Beschäftigungssicherheit sowie Arbeits- und Gesundheitsschutz zu gewährleisten.

Dafür lassen sich mehrere Ebenen unterscheiden, auf denen Gewerkschaften strategische Orientierungen entwickeln müssen, um sich den Anforderungen einer digitalisierten Ökonomie und Arbeitswelt anzupassen. In einer idealtypischen Darstellung, die nicht immer trennscharf ist, aber hier als Heuristik dienen soll, vollzieht sich die digitale Transformation in mindestens vier Dimensionen: einer diskursiven, politischen, wirtschaftlichen und technologischen (Ewen/Nies/Seeliger 2022: 13ff.). Diese vier Dimensionen werden im Folgenden auf Möglichkeiten ihrer interessenpolitischen Ausrichtung hin befragt, um anschließend gewerkschaftliche Handlungsfelder näher zu bestimmen.

Diskursive Dimension: Wie über Digitalisierung gesprochen wird und welche Zukunftsszenarien mit ihr verbunden werden, beeinflusst die Handlungsräume der involvierten Akteur:innen. Wie Pfeiffer/Huchler (2018) anmerken, handelt es sich etwa bei der Industrie 4.0 um ein Leitbild, das keine betriebliche Realität abbildet, sondern vielmehr ein Diskursphänomen darstellt. Diese diskursive Dimension der Digitalisierung besitzt jedoch reale Wirkmächtigkeit, da sie die Kommunikation verschiedener Akteur:innen prägt und deren Erwartungen an die Zukunft strukturiert. Deutschmann (2002: 82) spricht im Zusammenhang von Mythen, die um neue Technologien entstehen und bestimmte Entwicklungen als unausweichlich erscheinen lassen. So beeinflussen Technologieversprechen die Managementstrategien, Investitionsentscheidungen, staatliche Wirtschaftspolitik sowie arbeitspolitische Forderungen und können die Neujustierung von Macht- und Herrschaftsverhältnisse legitimieren.

Politische Dimension: Die Digitalisierung ist ein umkämpftes Feld, indem einerseits die massive (politische) Förderung als standortpolitisches Projekt zur Verbesserung der Wettbewerbsbedingungen wirkt und andererseits durch Beschäftigte und Interessenorganisationen um Einfluss auf Digitalisierungsprozesse gerungen wird. Die DGB-Gewerkschaften setzten in der Regel auf die – mal mehr, mal weniger sozialpartnerschaftliche – Mitgestaltung. Verhandelt werden in der politischen Dimension institutionelle und regulative Rahmenbedingungen, die „vom Wettbewerbs- und Steuerrecht über Arbeitsschutzgesetzgebung, Arbeitsrecht oder Berufsbildungsregularien bis hin zur Mitbestimmungs- und Betriebsverfassungsgesetzgebung reichen" (Kuhlmann 2023: 334). Das regulatorische Setting der Arbeitsbeziehungen definiert letztlich den Rahmen der Aushandlung. Es beeinflusst im Wesentlichen die Möglichkeiten und Grenzen der Technologienutzung, zwischen Betriebsräten und Gewerkschaften auf der einen und Management und Arbeitgeberverbänden auf der anderen Seite.

Wirtschaftliche Dimension: Betriebliche Umstrukturierungen im Zuge der Digitalisierung sind eng mit Rationalisierungsstrategien verbunden, die auf ökonomische Zwecke der Unternehmen verweisen. Nicht allein die technologischen Möglichkeiten bestimmen in welchem Maß die Digitalisierung die Arbeitswelt verändert, sondern Unternehmen entscheiden unter dem Druck der ökonomischen Verhältnisse über deren Implementierung. Die Digitalisierungsstrategien von Unternehmen ordnen sich somit in breitere Betriebs- und Managementstrategien sowie arbeitspolitische Leitbilder ein, die wiederum von Wettbewerbssituationen, zwischenbetrieblichen Beziehungen, internen Bilanzen und dem Preis der Ware Arbeitskraft beeinflusst sind (Nies 2021; Pfeiffer 2021). Wie Arbeits-, Produktions- und Distributionsprozesse umgestaltet werden, betrifft somit immer auch den ökonomischen Konflikt zwischen Kapital und Arbeit.

Technologische Dimension: Die Beschaffenheit der jeweiligen Technologien und digitalen Systeme lässt sich hierunter ebenso verstehen wie ihre „sozial konstruierte und kulturell vermittelte Herstellung und Anwendung" (Brödner 2019: 71). Die stoffliche Seite digitaler Technologien, die sich in verschiedenen Sektoren und Arbeitsbereichen unterscheidet, bestimmt die Möglichkeiten von Entwicklungsdynamiken und Arbeitswirkungen. Der (potenzielle) Technikeinsatz in der industriellen Produktion ist ein anderer als bei interaktiven Dienstleistungstätigkeiten. Durch die „je spezifischen stofflich-arbeitsinhaltlichen und ökonomischen Bedingungen, betrieblichen Strategien und Technologieerwartungen, Aneignungs- und Aushandlungsprozessen übersetzen sich technologische Potenziale in konkrete technisch-organisatorische Lösungen und Anwendungen“ (Kuhlmann/Rüb 2020: 23).

7.4.1 Arbeitspolitische Handlungsfelder

Alle vier Dimensionen der Digitalisierung wirken sich erheblich auf die Arbeitsbeziehungen aus, also auf die Regelungen und Beziehungen zwischen den verschiedenen Akteur:innen im Verhältnis von Kapital und Arbeit. Für Gewerkschaften resultieren daraus spezifische Handlungsbedarfe, die sämtliche interessenpolitischen Konfliktarenen (Müller-Jentsch 1997) berühren. Simon Schaupp (2021a: 67ff.) differenziert drei unterschiedliche Arenen der arbeitspolitischen Aushandlung von digitalen Technologien: Die institutionellen Rahmenbedingungen sind Gegenstand der *Regulationsarena*, in der Dialogformate zwischen Wirtschaft, Politik, Wissenschaft und Gewerkschaften zum arbeitspolitischen Agendasetting ebenso eine Rolle spielen wie erste Tarifverträge, die Digitalisierungsfragen regeln. Auch Initiativen zu gesetzlichen und arbeitsrechtlichen Regelungen können auf dieser Ebene verortet werden. Der konkrete betriebliche Technikeinsatz wird in der *Implementierungsarena* verhandelt, wenn um Restrukturierung von Arbeitsprozessen und die Anwendung von digitalen Kontroll- und Steuerungssystemen innerbetrieblich gerungen wird. Hier nehmen Betriebsräte, Vertrauensleute, aber auch Partizipations- und Weiterbildungsformate von Management oder Gewerkschaft eine herausragende Rolle ein. Die Konflikte um die tatsächliche Anwendung eingeführter Technologien durch die Beschäftigten werden in der *Aneignungsarena* ausgetragen. Denn dass Technologien so benutzt werden, wie durch die Geschäftsleitung intendiert, ist keineswegs ausgemacht. Um sie herum entsteht immer wieder widerständige Praktiken der Arbeitenden, die zu eigenwilliger Techniknutzung bzw. -verweigerung führen können.

Dimension der Digitalisierung	Merkmale	primäre interessenpolitische Konfliktarena	Strategien der Gewerkschaften
diskursiv	strukturiert Kommunikation, Zukunftserwartungen und Strategien	Regulations-, Implementierungs- und Aneignungsarena	Dialogformate, Öffentlichkeitsarbeit, Lobbying
politisch	standortpoltisches Projekt, rechtliche Rahmenbedingungen	Regulationsarena	Korporatismus für gestaltungsorientierte Technologiepolitik, Einfluss auf Gesetzgebungsverfahren (z. B. EU-Plattformrichtlinie), Anpassung von Arbeitsschutz, Arbeitsrecht, Berufsbildungsregularien, BetrVG, Digitalisierungstarifverträge
wirtschaftlich	Rationalisierung von Arbeitsprozessen, Wettbewerbsfähigkeit	Implementierungs- und Aneignungsarena	Ausdehnung der Mitbestimmung auf KI und Algorithmen, Weiterqualifikation, Betriebsvereinbarungen, Partizipations- und Weiterbildungsformate
technologisch	konkrete technisch-organisatorische Anwendung	Aneignungsarena	Partizipationsformate für Beschäftigte, Analyse von Konflikten, Mobilisierungsfähigkeit und (neue) strukturelle Machtressourcen

Tabelle 3: Dimension der Digitalisierung der Arbeitswelt und ihr Bezug zu Konfliktarenen und interessenpolitischen Strategien

Für Gewerkschaften und betriebliche Akteur:innen ergeben sich aus den genannten Feldern Handlungsbedarfe, die sich im Wesentlichen den verschiedenen interessenpolitischen Konfliktarenen zuordnen lassen. Für den Wandel der Arbeitsbeziehungen sind nach Pfeiffer (2019: 241) drei Dimensionen besonders bedeutend: Die Entscheidung über den Einsatz neuer Technologie, ihre Gestaltung in den konkreten Arbeitsprozessen und Folgeeffekte ihrer alltäglichen Nutzung. Inwiefern digitale Technologien zu steigenden Arbeitsbelastungen führen, hängt wie gezeigt nicht allein von der Beschaffenheit der Technik ab, sondern ist aufs Engste mit Management- und Organisationskonzepten der Betriebe sowie wirkungsvollen oder verstellten Mitbestimmungsmöglichkeiten verbunden (Carls et al. 2023). Demnach kommt es auf die Beschäftigten und interessenpolitischen Akteur:innen an, sich in die Gestaltung von Digitalisierungsprozessen einzuklinken und einen „technologischen Determinismus“ zu hinterfragen.

Dabei sind Gewerkschaften und Betriebsräte mit dem Problem konfrontiert, dass sie oft nicht mächtig genug sind, um ihre Interessen effizient bei der Gestaltung von Digitalisierungsprozessen durchzusetzen. Gerade weil gewerkschaftliche Organisationsmacht in vielen Bereichen schwindet, Arbeitskräfte institutionell entbettet und etablierte Arbeitsbeziehungen unterminiert werden, handelt es sich häufig um höchst asymmetrische Verhandlungen zwischen Betriebsräten, Gewerkschaften und Management. Und in einigen Bereichen, die besonders durch digitale Technologien geprägt sind, wie z. B. die Plattformökonomie oder Tech-Branche, haben Gewerkschaften und Mitbestimmungsstrukturen teilweise nie richtig Fuß gefasst und werden von den Unternehmen oftmals nicht als Verhandlungspartner angesehen.

Ein viel beachteter Ansatz zur Entwicklung der notwendigen Expertise war das intergewerkschaftliche Projekt „Arbeit 2020 in NRW“ von IG Metall, IG BCE, NGG und DGB Nordrhein-Westfalen, in dem der Umgang mit Digitalisierung, interessenpolitische Strategien und konkrete Praxisschritte diskutiert wurden. Erkennbar waren in dem Projekt auch neuere Handlungsansätze der Interessenorganisationen, die eine stärkere Partizipation der gewerkschaftlichen Basis vorsahen. So waren die Aktivierung von Betriebsräten, die Beteiligung von Beschäftigten und die Orientierung an Mitgliedern und betrieblicher Organisationsmacht elementarer Teil der Strategiebildung (Haipeter 2019; Haipeter/Schilling 2023).

Da die Veränderungen durch digitale Technologien annähernd alle arbeitspolitischen Felder berühren – dort insbesondere die Qualifizierung, den Arbeitsschutz, die Arbeitsgestaltung, den Datenschutz und Entgeltregelungen (Gerst 2023: 402) – versuchen Gewerkschaften in sämtlichen Konfliktarenen in die digitale Transformation einzugreifen und – unter sehr unterschiedlichen Voraussetzungen – die Interessen von Beschäftigten in den verschiedenen Bereichen zu vertreten.

7.4.1.1 Regulationsarena

Als Mitglieder- und Interessenorganisationen nehmen Gewerkschaften Einfluss auf die Verkaufsbedingungen der Ware Arbeitskraft, ökonomische Entwicklungspfade, politische Entscheidungsfindungen und institutionelle Rahmungen. Digitalisierungsfragen werden in der Regulationsarena durch gesellschaftliche und mediale Diskurse über die Zukunft und Gestaltung der Arbeitswelt, Initiativen zur gesetzlichen Regulation sowie eine inhaltlich erweiterte Tarifpolitik verhandelt.

Auf bundesweiter und regionaler Ebene wurden dafür in den vergangenen Jahren verschiedene *Dialogformate* zwischen Politik, Wirtschaft, Gewerkschaften und Wissenschaft initiiert, die ökonomische und arbeitspolitische Erwartungen debattierten und Zukunftsszenarien diskursiv aufbereiten. Zu nennen sind insbesondere die „Plattform Industrie 4.0“, aus deren Untergruppen das Grün- und Weißbuch Arbeiten 4.0 entstanden ist, die den öffentlichen Diskurs erheblich prägten. In den Dialogprozessen haben das BMWi und BMAS auf politischer Ebene versucht, das Leitbild der „Industrie 4.0“ zum Bezugspunkt verschiedener gesellschaftlicher Gruppen zu machen und sie so frühzeitig in die politische Entscheidungsfindung eingebunden. Die Digitalisierung wird dabei in erster Linie als standortpolitisches Projekt verstanden, das der Steigerung der Wettbewerbsfähigkeit dient. In diesem korporatistischen Projekt zwischen Staat, Kapital und Arbeit verfolgen Gewerkschaften eine gestaltungsorientierte Technologiepolitik, „bei der die technologische Entwicklung als zwangsläufig vorausgesetzt wird und es dann darum geht, diese so zu beeinflussen, dass sie möglichst beschäftigtenfreundlich ist“ (Schaupp 2021a: 99). Wie Müller und Ruiner (2022) zeigen, orientieren Gewerkschaften innerhalb der Dialogprozesse vor allem auf die Humanisierung der Arbeitswelt, die Ausweitung „guter Arbeit“ und eine Stärkung der Mitbestimmung. Arbeitgeberverbände wollen dem gegenüber im Windschatten der Digitalisierung insbesondere die weitere Dezentralisierung der Tariflandschaft erreichen. Wegen dieser weiterhin gegensätzlichen Interessenkonstellation, so resümieren die Autor:innen, kann das Leitbild der „Industrie 4.0“ trotz der geschaffenen Beteiligungsformate bislang nicht als sozialpartnerschaftliches Konsensprojekt betrachtet werden. Ähnliches deutet sich auch in Bezug auf neuere Debatten um KI am Arbeitsplatz an, wo es Gewerkschaften zwar ebenfalls gelungen ist, sich in Beteiligungsformate zu reklamieren und ihre Positionen zu platzieren. Doch das Spannungsfeld zwischen der deutschen Wettbewerbsfähigkeit in dem Feld der künstlichen Intelligenz, wie sie weite Teile der Politik und Wirtschaft fordern, und einer menschzentrierten KI-Gestaltung im Sinne der Beschäftigten, bleibt weiterhin bestehen und konflikthaft (Krzywdzinski et al. 2022).

Auf Ebene der *Gesetzgebung* haben Gewerkschaften zwar keine direkte Gestaltungsmacht, durch ihren Einbezug in politische Entscheidungsprozesse besitzen sie diese aber zumindest indirekt. Sowohl Einzelgewerkschaften, der DGB und EGB sowie Branchenverbände greifen in die gesetzliche Rahmensetzung ein. So positionieren sich DGB-Gewerkschaften etwa zur geplanten KI-Verordnung der Europäischen Union, um ihre Einstufung als hochriskante Anwendung zu erreichen, was eine verschärfte Regulierung zur Folge hätte. Zudem sind Gewerkschaften an der Kommission Arbeitsschutz und Normung (KAN) beteiligt, die die Vereinbarkeit von Normierungsvorhaben mit dem deutschen Arbeitsrecht prüft, womit sie – unterhalb des Gesetzes – Einfluss auf die konkrete Technikanwendung nehmen (Gerst 2023: 403). Darüber hinaus wirkten Gewerkschaften auf die Weiterentwicklung des Betriebsverfassungsgesetzes hin, das im Juni 2021 überarbeitet wurde. Mit dem Betriebsrätemodernisierungsgesetz wurde der § 80 Abs. 3 ergänzt, der die Mitbestimmung von Betriebsräten beim Einsatz von Künstlicher Intelligenz (KI) stärkt.[43]

In den vergangenen Jahren sind Digitalisierungsfolgen zudem Gegenstand gewerkschaftlicher *Tarifpolitik* geworden. Werden in Tarifverträgen vorwiegend Lohnhöhen und Rahmenregelungen des Beschäftigungsverhältnisses fixiert (→ Kap. 4), stellt sich vor dem Hintergrund der ausdifferenzierten Digitalisierungspfade und uneindeutigen Nutzung digitaler Technologien im betrieblichen Kontext, die Frage, was Tarifverträge überhaupt regeln können. Wie Dittmar et al. (2023) beschreiben, gehören mit Bezug auf Digitalisierungsfragen klassische tarifpolitische Felder wie Qualifizierung und Beschäftigungssicherheit zu den Regelungsinhalten, aber auch neuere Phänomene wie mobiles Arbeiten sowie Übereinkünfte zur Zusammenarbeit zwischen Betriebs- und Tarifparteien (ebd.: 37). Damit werden neben dem Arbeitsplatzerhalt auch Themen wie Umschulungen und Weiterqualifikationen sowie

43 Da viele (digitalisierungsbedingte) Probleme der Mitbestimmung weiterbestehen, wird innerhalb der Gewerkschaften eine Debatte um ein grundlegend modernisiertes Betriebsverfassungsrecht geführt. Ein vom DGB veröffentlichter Gesetzesentwurf zielt u. a. auf die Konkretisierung der Informations- und Beteiligungsrechte sowie die Ausweitung der Mitbestimmung auf die Planung, Gestaltung und Änderung von Arbeitsplätzen und deren Umgebung sowie auf die Arbeitsorganisation selbst (Allgaier et al. 2022).

Fragen des Gesundheits- und Arbeitsschutzes adressiert, die vor allem mit Blick auf die psychische Gesundheit behandelt werden. Die tarifvertragliche Gestaltung der Digitalisierung variiert dabei deutlich zwischen den verschiedenen Branchen.

Ein expliziter Digitalisierungstarifvertrag existiert seit 2016 mit dem „Tarifvertrag zur Zukunft der Arbeit im Rahmen der Digitalisierung" (kurz: Tarifvertrag Arbeit 4.0) bei der Deutschen Bahn und den Busgesellschaften der DB Regio AG. Im „Tarifvertrag Arbeit 4.0" sollen mögliche Produktivitätsgewinne durch die Digitalisierung zur Finanzierung arbeitspolitischer Maßnahmen eingesetzt werden. Der Digitalisierungstarifvertrag definiert auch Anspruch auf und Pflicht zu Weiterqualifikationen, sollten betriebliche Digitalisierungsprozesse dies erforderlich machen (ebd.: 41). Neben der EVG hat ver.di zusammen mit dem dbb Beamtenbund im Jahr 2021 – mitverhandelnd für GdP, IG BAU und GEW – einen Digitalisierungstarifvertrag mit dem Bund geschlossen (ebd.: 32). Auch der „Tarifvertrag Zukunft" bei der Container-Terminal- und Logistik-Gruppe Eurogate soll die Beschäftigungssicherheit garantieren, schließt (befristet) betriebsbedingte Kündigungen aus und regelt Abfindungen im Fall von technologiebedingten Entlassungen, Qualifizierungsbedarfe und Arbeitszeitmodelle (Brandl 2020). Mit H&M wurde im Herbst 2022 ein erster Digitalisierungsvertrag im Handel für die rund 14.300 Beschäftigten geschlossen, der u. a. die Beteiligungsrechte des Gesamtbetriebsrates erweitert und ein Digitalisierungsbeirat aus Gewerkschafts- und Unternehmensvertreter:innen vorsieht (Quinto 2024). In der Metall-, Elektro- und Chemieindustrie werden Fragen der Digitalisierung bislang nicht in expliziten Digitalisierungstarifverträgen geregelt, sondern sind Bestandteil verschiedener Tarifverträge, die auch Reglungen zu weiteren Transformationsprozessen in den Branchen beinhalten (Dittmar et al. 2023: 23). Der Tarifvertrag „Zukunft, Wettbewerbsfähigkeit und Beschäftigungssicherung" zwischen IG Metall und Metall- und Elektroindustrie von 2021 enthält Bestimmungen für einen Prozess aus verpflichtenden Gesprächen zwischen betrieblichen Akteur:innen zur Zukunftssicherung des Betriebs, der in einem sogenannten Zukunftsvertrag münden kann, um Krisensituation zu vermeiden (Gerst 2023: 404). In vielen anderen Branchen wie dem weiten Teilen des Handels, der Informations- und Kommunikationstechnologie, der Hafenlogistik und den Sozialversicherungen finden sich Regelungen zur Digitalisierung in Haustarifverträgen wieder (Dittmar et al. 2023:

54). Auch bei Banken und Versicherungen werden Teilaspekte des Einsatzes digitaler Technologien tarifpolitisch geregelt. In vielen anderen Bereichen der Arbeitswelt finden sich tarifvertragliche Regelungen auf Unternehmensebene, nicht aber als Flächentarifvertrag (ebd.: 79f.).

Die tarifpolitischen Regelungen betreffen in vielen Branchen auch die veränderte Arbeitsorganisation und damit insbesondere die wirtschaftlichen und technologischen Dimensionen der Digitalisierung. Exemplarisch stehen hierfür Tarifverträge zum mobilen Arbeiten, die in verschiedenen Bereichen geschlossen wurden oder deren Regelung Bestandteil von umfänglicheren Digitalisierungstarifverträgen ist. Sie definieren Rahmenregelungen zur Gestaltung mobiler Arbeit auf betrieblicher Ebene, wobei die Tarifparteien häufig davon ausgehen, dass eine einheitliche Regelung auf flächentarifvertraglicher Ebene nicht realistisch sei, da sich Bedingungen in den einzelnen Unternehmen zu stark unterscheiden. Damit kommt es letztlich wieder auf die Gestaltungs- und Durchsetzungsfähigkeit der betrieblichen Akteur:innen an (ebd.: 81ff.). Generell steht „[d]em gewerkschaftlichen Interesse, per Tarifvertrag zu regeln […] oftmals ein arbeitgeberseitiges Interesse an betrieblichen Regelungen gegenüber.“ (Dittmar et al. 2023: 60).

Letztlich hängt die Durchsetzungsfähigkeit von Gewerkschaften in der tariflichen Regelung von Digitalisierungsfragen eng mit ihrer allgemeinen Stärke, der tarifpolitischen Geschichte in den Branchen und den etablierten Interaktionsmustern zwischen den Tarifparteien zusammen. Das verweist auf die Grundprobleme gewerkschaftlichen Handelns in der Tarifpolitik, das für effektive Streiks bzw. deren Androhung – und damit letztlich auch Verhandlungsstärke im institutionellen Rahmen – auf viele Mitglieder und koordinierende Autorität über diese angewiesen ist. Die tarifpolitische Ausdifferenzierung der Branchen schlägt sich erwartungsgemäß auch in Regelungen zur Digitalisierung nieder. Denn während in der „ersten Welt der Arbeitsbeziehungen“ (Schröder 2016), mit intakten Tarifverträgen und Gewerkschaftsstrukturen, entsprechende Vereinbarungen durchgesetzt werden können, stehen Gewerkschaften in vielen Dienstleistungs-, Logistik- oder Pflegesektoren – und nicht zuletzt in einigen IT-nahen Branchen – vor erheblichen Herausforderungen eine gewerkschaftliche Basis aufzubauen und überhaupt Tarifverträge als Option der Regulation auf die Agenda zu setzen.

In der Plattformökonomie – als Experimentierfeld neuer Arbeitsbeziehungen – sehen sich Interessenorganisationen mit dem Problem konfrontiert, dass sich Plattformen mehrheitlich als Intermediäre zwischen externen Arbeitskräften und beauftragenden Unternehmen oder Privatpersonen verstehen. Daher stellt sich die Frage nach dem Beschäftigtenstatus und der Betriebszugehörigkeit der Plattformarbeitenden, wovon maßgeblich abhängt, ob tarifvertragliche Regelungen rechtlich zulässig sind. Aber auch dort, wo es sich eindeutig um abhängige Beschäftigungsverhältnisse handelt, fordert die Plattformlogik und das algorithmische Management die Organisationsfähigkeit von Gewerkschaften heraus. Seit 2023 läuft der erste und bisher einzige Tarifkonflikt in der Plattformökonomie in Deutschland. Doch beim marktführenden Plattform-Essenslieferdienst steht die Gewerkschaft NGG vor massiven Schwierigkeiten, denn „[d]ie räumliche, organisatorische und soziale Ausdifferenzierung der Arbeitenden untergräbt die Möglichkeiten von Organisierungsprozessen, kollektiver Interessenartikulation und wirkungsvollen Streiks“ (Ewen 2023: 301). Sichtbar wird in dem Tarifkonflikt allerdings auch, dass Gewerkschaften zunehmend in Tarifauseinandersetzungen mit konfliktorientierten Strategien experimentieren und mit dem Konzept der „bedingungsgebundenen Tarifpolitik“ (Thiel 2022) versuchen neue und digitalisierte Branchen zu erschließen.

7.4.1.2 Implementierungsarena

Die Herausforderungen der Digitalisierung werden in weiten Teilen in den Betrieben verhandelt. Denn dort wird nicht nur die Einhaltung gesetzlicher und tariflicher Regeln überwacht, sondern in den Betrieben lässt sich die Digitalisierung über die rechtlichen Mindeststandards hinaus mitgestaltet. Anders als auf der Regulierungsebene, in der Gewerkschaften die zentralen interessenpolitischen Akteur:innen sind, nehmen auf betrieblicher Ebene vor allem Betriebsräte diese Funktion ein. Im deutschen System der industriellen Beziehungen kommt ihnen die Aufgabe zu, die Umsetzung von Neuerungen am Arbeitsplatz oder in der Arbeitsorganisation mitzugestalten und die Interessen der Beschäftigten zur Geltung zu bringen. Dafür verfügen sie über Informations-, Beteiligungs- und Mitbestimmungsrechte, die sich ebenfalls im Feld der Digitalisierung als wirkungsvoll erweisen können. Betriebsräte und Gewerkschaften sind zwar formal unabhängig, aber ein wechselseitiges

Unterstützungsverhältnis ist im dualen Mitbestimmungssystem üblich (→ Kap. 5).

Das *Betriebsverfassungs- und Arbeitsschutzgesetz* sowie Betriebssicherheits- und Datenschutzgrundverordnung räumen auf betrieblicher Ebene umfassende Mitbestimmungsrechte für den Einsatz digitaler Technologien ein. Das betrifft Fragen des Datenschutzes ebenso wie die Mitbestimmung nach § 87 Abs. 1 Nr. 6 BetrVG, der die Einführung und Anwendung neuer Technologien zur Leistungs- und Verhaltenskontrolle regelt. Die Mitbestimmungsmöglichkeiten von Betriebsräten beim Einsatz von Künstlicher Intelligenz (KI) wurden jüngst durch den § 80 Abs. 3 im bereits erwähnten Betriebsrätemodernisierungsgesetz von 2021 verbessert, der das Hinzuziehen von Sachverständigen durch den Betriebsrat bei der Einführung oder Anwendung von KI erleichtert, um diese besser beurteilen zu können.

Die Beteiligung von Betriebsräten an der Gestaltung von Digitalisierungsprozessen wird in der Regel durch *Betriebsvereinbarungen* gesichert. Als Vertrag zwischen Betriebsrat und Unternehmen können sie prinzipiell verbindliche Normen in der Anwendung von Technologien definieren, sofern sich diese etwa zur Verhaltens- oder Leistungskontrolle der Beschäftigten einsetzen lassen. Die Vereinbarungen können auch Interessenausgleiche zum Gegenstand haben, die nicht unmittelbar mit der Techniknutzung zusammenhängen. Erfolgreich konnten Betriebsräte ihre Mitbestimmungsrechte etwa zur Einschränkung der Leistungskontrolle von Wearables und digitalen Assistenzsystemen nutzen (Falkenberg 2021; Krzywdzinski et al. 2022). Wie Matuschek/Kleemann (2018) zeigen, stellt der technisch-organisatorische Wandel durch die Digitalisierung die Betriebsratsgremien jedoch vor Probleme dieses arbeitspolitische Instrument einzusetzen. Denn die Folgeabschätzungen von Digitalisierungsprozessen erscheinen als überkomplexe Aufgabe, wofür auf Seiten der betrieblichen Akteur:innen oftmals „ein unzureichender Wissensstand über die einzuführenden Technologien und ihre möglichen Auswirkungen auf den Arbeitsprozess“ (ebd.: 230) besteht. Im betrieblichen Kontext ist das Wissen über Digitalisierungsprozesse und ihre (potenziellen) Folgen dezentral verteilt und nicht ohne weiteres zugänglich. Von daher könne auch Betriebsvereinbarungen „kaum eindeutige substanzielle Normen definieren“, sie müssen vielmehr „prozeduralen Charakter haben und die Mitbestimmungsakteure in die betrieblichen Prozesse einbinden“ (Haipeter 2019: 47).

Verstärkt werden die Probleme der Regelsetzung durch Betriebsvereinbarungen aufgrund von Informationspolitiken des Managements, die Wissenshierarchien ausnutzen, langfristige Zielsetzungen hinter digitalisierten Systemen nicht transparent machen und Betriebsräte erst kurz vor ihrer Einführung einbeziehen.

Die *Beteiligung von Beschäftigten* an betrieblichen Digitalisierungsprozessen ist weiterhin eher die Ausnahme und die Möglichkeiten der direkten Partizipation werden in der Forschung oftmals gering eingeschätzt (u. a. Kuhlmann/Voskamp 2019; Butollo et al. 2018; Mayer-Ahuja 2020). Nach Kutlu et al. (2023: 62) werden insbesondere „temporäre, wenig institutionalisierte, rechtlich schwach kodifizierte und selektive Beteiligungsofferten seitens des Managements für Beschäftigte geschaffen“, in denen sie „ihre fachlichen Kompetenzen und Erfahrungswissen einbringen, um auf diese Weise Entscheidungen und Planungsprozesse zu verbessern“. In effizienzorientierte Partizipationsformaten kommt es so zwar durchaus zur Beteiligung von Beschäftigten, die aber vorwiegend an den Erfordernissen der Kapitalseite orientiert ist. Die Beschäftigten können innerhalb des gesteckten Rahmens partizipieren, spielen aber vor allem eine Rolle als aktivierte Subjekte im betrieblichen Rationalisierungsprozess. Konflikte zwischen Management und Betriebsräten um die eingesetzten Beteiligungsformate konnten in den von ihnen untersuchten Fallbetrieben mehrheitlich nicht festgestellt werden, wobei auch keine arbeitspolitischen Impulse neben der allgemeinen Beschäftigungssicherheit von Betriebsräten ausgingen. Das Handlungsmuster der Betriebsräte war vor allem reaktiv und obwohl sie umfassend informiert seien, nehmen sie keine aktive Rolle in der Gestaltung von Digitalisierungsprozessen ein (siehe auch Bahnmüller et al. 2023). Gleichwohl gelänge es Betriebsräten und Gewerkschaften teilweise die effizienzorientierten Partizipationsformen im Aushandlungsprozess um arbeitsorientierte Inhalte zu erweitern. Die temporären Beteiligungsformate der Beschäftigten durch das Managements können durch Betriebsräte zudem rechtlich abgesichert werden (Kutlu et al. 2023: 68ff.). Zu den Hauptgründen warum sich Betriebs- und Personalräte im Dienstleistungssektor nicht stärker in KI- und Digitalisierungsfragen einbringen, gehören nach Zanker et al. (2019: 31) fehlende Zeit, andere Prioritätensetzung in Mitbestimmungsgremien, mangelndes Interesse des Managements sowie fehlende Kenntnisse über Innovationsmanagement.

Trotz der rechtlich eindeutigen Lage, die prinzipiell die Gestaltbarkeit des Einsatzes von digitalen Technologien im Unternehmen ermöglicht, ist dieses Unterfangen für Betriebsräte also voraussetzungsvoll. Sie verfügen zwar einerseits über einen kenntnisreichen Einblick in die Arbeitsprozesse in Produktions- oder Dienstleistungsbetrieben, müssen sich aber anderseits mit einer wachsenden Komplexität der betrieblich zu regelnden Gegenstände auseinandersetzen. Deshalb hängen die Chancen zur Gestaltung der digitalen Transformation maßgeblich von den Ressourcen ab, die Betriebsräte für derartige Aufgaben mobilisieren können (Rego et al. 2021). Die Fähigkeit des Mitbestimmungsgremiums, betriebliche Macht aufzubauen, steht wiederum in engem Zusammenhang mit der ökonomischen Wettbewerbssituation des Unternehmens auf der einen und Konzepten, Arbeitsweisen und Zielsetzungen des Betriebsrats auf der anderen Seite (Niehaus/Katzan 2020: 50f.). Um Digitalisierungsvorhaben effektiv mitzugestalten, ist auch die „geronnene Macht“ der Betriebsräte aus vergangenen Konflikten mit dem Management entscheidend und ob es der Interessenvertretung gelungen ist, frühere betriebliche Auseinandersetzungen für sich zu entscheiden. Denn wie ausgeprägt die Partizipation an Digitalisierungsprozessen durch Betriebsräte und Beschäftigte ausfällt, hängt „stark von den vorhandenen betrieblichen Partizipationskulturen ab“ (Apitzsch et al. 2021: 27).

Die oftmals übliche Praxis der stellvertretenden Interessenpolitik, die eine geringe Beteiligung der Belegschaften an Zielbestimmungen der arbeitspolitischen Gestaltung zur Grundlage hat, erweist sich bei der Bewältigung der komplexen Herausforderungen und Aufgaben vielfach als hinderlich. Erfolgreich handelten Betriebsräte nach Rego (2022) und Rüb et al. (2021) in der Digitalisierung vor allem dort, wo ressourcen- und organisationsstarke Mitbestimmungsgremien auf die intensive Beteiligung der Beschäftigten setzten. Hier kommt gewerkschaftlichen Aktivierungsprojekten große Bedeutung zu, in denen Betriebsräte Methoden entwickeln können, wie sie zusammen mit Beschäftigten in betrieblichen Transformationen interessenpolitisch wirkmächtig werden. Im bereits erwähnten Projekt „Arbeiten 2020 in NRW“ standen genuine Felder betrieblicher Mitbestimmung, wie der Erhalt von Arbeitsplätzen (und Standorten), veränderte Arbeitsbedingungen (Belastungen, Arbeitsintensivierung oder Gesundheitsschutz) sowie Aus- und Weiterbildung, im Mittelpunkt. Das betriebspolitische Projekt der Gewerkschaften IG Metall, IG BCE Nordrhein, NGG sowie dem DGB NRW verfolgte das Ziel, die Kompetenzen von betrieblicher Interessenvertretung bei der Gestaltung von Digitalisierungsvorhaben zu erweitern. Durch Workshops, Betriebslandkarten und betriebliche Vereinbarungen sollten betriebliche Akteur:innen unterstützt werden, selbst Kompetenzen im Umgang mit digitalen Technologien aufzubauen, Möglichkeiten der Einbeziehung von Expert:innen kennenzulernen und eigenständig betriebsspezifische Strategien zu entwickeln (Haipeter 2019: 126; Niewerth et al. 2022). Derartige Aktivierungsprojekte stehen allerdings immer „unter dem Vorbehalt knapper Ressourcen und damit in Konkurrenz zu anderen Aktivitäten", bieten jedoch gleichzeitig die Chance „das Zusammenspiel von Betriebsräten und Gewerkschaften" zu verbessern, da letztere „nicht mehr nur reaktiv auf Anfragen und Unterstützungsbedarfe der Betriebsräte" (Haipeter/Schilling 2023: 399f.) reagieren. Die Gewerkschaft bringt so ihr Wissen (und das von Expert:innen) zur Regulierung von Digitalisierungsprojekten in die betrieblichen Konflikte ein und verstärkt damit ihre Verbindungen zu Betriebsratsstrukturen, die wiederum von den externen Schulungsangeboten und Kompetenzen profitieren.

Zugleich sind auch die betriebspolitischen Auseinandersetzungen um Digitalisierung von *Diskursen* geprägt. Sie bieten Deutungsrahmen, auf die sich interessenpolitische Akteur:innen beziehen, um ihre Handlungen zu begründen. Kuhlmann/Rüb (2020) zeigen auf Basis von neun Fallstudien aus Industrie und Dienstleistung, wie betriebliche Akteur:innen auf unterschiedliche Diskurse zurückgreifen und zugleich eigene diskursive Strategien im Feld verfolgen. Diskurse strukturieren dabei Einstellungsmuster, Problemstellungen, Erwartungen und Kräfteverhältnisse in betrieblichen Aushandlungsprozessen. Die beiden Autoren identifizieren zwei dominante Achsen des Diskurses um die Digitalisierung: Eine Achse von Wettbewerbsfähigkeit und Regulierung sowie eine von Chancen und Risiken für Arbeits- und Beschäftigungsbedingungen. In den von ihnen untersuchten Betrieben dominierte der Wettbewerbsdiskurs die Aushandlungsprozesse um digitale Technologien, der weitgehend auch von Betriebsräten und Gewerkschaften zum Zweck der Standort- und Beschäftigungssicherheit anerkannt wurde. Das gilt vor allem für Betriebe „in denen die Konzernleitung die Definitionsmacht hat, über die Wettbewerbsfähigkeit und damit den Fortbestand der Konzernbetriebe zu bestimmen" (ebd.: 36). Der managementseitige

Diskurs thematisiere Digitalisierung ganz überwiegend als Chance und Bedingung für Wettbewerbsfähigkeit. Betriebliche Regulierung von Digitalisierungsprozessen zur Sicherung von Arbeitsschutz oder Mitbestimmungs- und Kontrollrechten wird demnach vor dem Hintergrund des ausgeprägten Wettbewerbsdiskurs betrachtet. Betriebsräte geraten argumentativ teils in die Defensive, da sie mit regulativen Maßnahmen nicht den Markterfolg des Betriebes blockieren wollen. Gleichwohl betonen Kuhlmann und Rüb, dass der Wettbewerbsdiskurs auch von Betriebsräten aufgenommen und gewendet werden kann, um die Interessen von Beschäftigten durchzusetzen, etwa wenn es um den Ausbau von Mitgestaltungs- und Qualifizierungsmöglichkeiten geht. Gewerkschaften und Betriebsräte erlangen ihre Handlungsfähigkeit vor allem dann, wenn Regulierungsdiskurse „durch die Durchsetzung förderlicher Rechte unterfüttert werden und auf dieser Basis die gesamte Bandbreite der beiden Diskursachsen zum Thema wird“ (ebd.: 37). Allerdings handelt es sich um einen schmalen Grat, wenn sie zur Sicherung von Wettbewerbsfähigkeit betriebliche Digitalisierungsprozesse mit vorantreiben, da diese schnell mit einem Deregulierungsdiskurs zusammenfallen können, der wiederum Mitbestimmungsstrukturen gefährdet (ebd.: 23).

Letztlich setzt die betriebliche Regulierung von Digitalisierungsfragen allerdings immer voraus, dass Betriebsräte als handlungsfähiges Gremium überhaupt existieren. Wie schwierig deren Etablierung z. B. in der Plattformarbeit ist, zeigen die Fälle des oben bereits erwähnten Plattform-Essenslieferdienstes, bei dem in zahlreichen Städten Betriebsräte nur im massiven Konflikt durchgesetzt werden konnten. Wenn der Betrieb als sozialer Ort, an dem auch um die Regulation der konkreten Arbeitsbedingungen gerungen wird, nicht vorhanden ist, finden sich zunächst kaum Anknüpfungspunkte für Aushandlungsprozesse zwischen Betriebsräten und Management. Die Vereinzelung im Arbeitsprozess, algorithmische Arbeitssteuerung und die Informations- und Kommunikationsstrukturen des Unternehmens bringen für Mitbestimmungsstrukturen organisationale Probleme mit sich, die zudem Fragen bezüglich der Regulation der betrieblichen Arbeitsbeziehungen aufwerfen (Heiland/Brinkmann 2020; Ewen 2022). Als noch problematischer erscheint, wenn Tätigkeiten in die Schein- bzw. Solo-Selbstständigkeit verschoben werden und die rechtlich abgesicherten Mitbestimmungsmöglichkeiten des derzeitigen BetrVG nicht mehr greifen. Gleichzeitig hat sich gezeigt, dass sich selbst in der lange weitgehend mitbestimmungenfreien Startup-Branche neue Betriebsräte gründen lassen. Allein in Berlin konnten Beschäftigte in den letzten fünf Jahren, zumeist begleitet durch die selbstorganisierte Tech Workers Coalition (TWC), in 29 Unternehmen betriebliche Mitbestimmungsstrukturen durchsetzen. Damit werden heute fast 20.000 Tech-Beschäftigte durch einen Betriebsrat vertreten, für die zuvor keine Mitbestimmung galt (Weidmann 2026).

7.4.1.3 Aneignungsarena

Die Aneignungsarena beschreibt den Bereich, indem sich Beschäftigte im täglichen Umgang und im Kontext ihrer sonstigen Arbeitsroutinen mit digitalen Technologien arrangieren müssen. Auf dieser betrieblichen Ebene kommt mikropolitischen Konflikten (u. a. Neuberger 1995; Mintzberg 1983) – den informellen oder individuellen Widerständen am Arbeitsplatz – zentrale Bedeutung zu. Beschäftigte kämpfen in „kleinen" Auseinandersetzungen um die Ausgestaltung von (digitalisierten) Arbeitsumgebungen und formen durch ihr soziales Handeln den Arbeits- und auch Digitalisierungsprozess mit. Die Aneignungsarena wird im Folgenden nur knapp behandelt, da die alltäglichen Formen des Arbeitskonflikts zwar durchaus bedeutungsvoll, aber (zunächst) höchstens indirekt mit gewerkschaftlicher Praxis verknüpft sind.

Vor dem Hintergrund der Entbettung von Märkten, immer weniger institutionalisierten Arbeitsbeziehungen und ihrer schwindenden normativen Hegemonie erlangen Formen mikropolitischer Kämpfe zusätzliche Relevanz. Die strukturellen Veränderungen von Arbeitsmärkten, Beschäftigungsverhältnissen und Managementstrategien machen nicht-normierten Widerstand wahrscheinlicher, da vermittelte Formen der Konfliktregulation vielfach verstellt sind und Beschäftigte durch individuelle Praktiken versuchen, ihre Handlungsfähigkeit am Arbeitsplatz zurückzugewinnen (Schmalz et al. 2015; Heiden 2015). Als informeller Widerstand lässt sich dabei „ein intentionales, nicht institutionalisiertes Handeln von Beschäftigten" verstehen, „das sich gegen Vorgesetzte oder die Organisationsziele richtet" und sich „nicht primär auf die Institutionen der industriellen Beziehungen wie Gewerkschaften oder Betriebsräte stützt" (Heiland/Schaupp 2023: 9). Die widerständigen Praktiken reichen von kleinen Regelverletzungen über Bummelei und Dienst nach Vorschrift bis zur gezielten Sabotage von Arbeitsabläufen. Sie sind mehrheitlich individuelle Handlungen, werden zuweilen aber auch kollektiv praktiziert.

Im Zusammenhang mit digitalen Technologien und der sie begleitenden Rationalisierungsstrategien spielen informelle Praktiken eine wichtige Rolle im alltäglichen Arrangement der Beschäftigten mit sich verändernden Arbeitsumgebungen. Zum einen verlangt es die Bewältigung von auftretenden (technischen) Problemen in der digitalisierten Arbeit, improvisierend, und das heißt teilweise regelabweichend zu handeln, um in bestimmten Situationen den Arbeitsprozess aufrecht zu erhalten. Zum anderen eignen sich Beschäftigte digitale Technologien an, setzen sie anders als vom Management vorgesehen ein oder nutzen sie für eigene Zwecke (Schaupp 2021: 189ff.). Derartiges abweichendes Verhalten am Arbeitsplatz ist nicht prinzipiell gegen die betriebliche Herrschaft gerichtet; sie kann als „brauchbare Illegalität" (Luhmann 1995 [1964]: 304ff.; Kühl 2020) sogar zum besseren Funktionieren der betrieblichen Organisation beitragen, verweist aber zugleich auf grundsätzliche Widersprüche im Arbeitsprozess.

Auch wenn die kontextspezifische und bisweilen widerständige Aneignung digitaler Technologien durch die Beschäftigten erst einmal im „vorgewerkschaftlichen Raum" und mehrheitlich individuell geschieht, sind sie auch für (institutionalisierte) Interessenpolitik bedeutend. Einerseits lassen sich in ihnen konflikthaltige Themen aus dem betrieblichen Alltag aufspüren, die Betriebsräte und Gewerkschaften aufgreifen und zu mobilisierungsfähigen Inhalten machen können. Andererseits zeigen sich in den alltäglichen Mikrowiderständen die Konturen der Primärmacht von Beschäftigten und damit Anknüpfungspunkte für Streiks und andere kollektive Arbeitskämpfe, die sich unter Umständen durch Interessenorganisation verallgemeinern lassen. Das setzt partizipative Gewerkschaftsarbeit voraus, die jenseits routinierter Tarifrunden an konkreten Konflikten am Arbeitsplatz ansetzt und die Erfahrungen und alltäglichen Aneignungsprozesse der Beschäftigten zum Ausgangspunkt nimmt. Wie sich mikropolitische Praktiken in zunehmend institutionelle Formen der Interessenvertretung überführen lassen, konnte u. a. im Feld der plattformvermittelten Essenslieferdienste beobachtet werden, wo die eigenwillige Nutzung von Chatgruppen der Plattformen, die kreative Nutzung der App und selbstorganisierte Netzwerke der Kurier:innen die Voraussetzung für Arbeitskämpfe und die Gründung von Betriebsräten waren (Heiland/Brinkmann 2020; Ewen 2022, 2023). Der informelle Widerstand oder Aneignungspraktiken der Beschäftigten lassen sich so als ein „Reservoir von Mikro-Mobilisierungen (McAdam, 1988).“ verstehen, „die als Grundlage und Sprungbrett für die Bildung von breiteren Artikulationen gegen schlechte Arbeitsbedingungen und für kollektive Aktionen dienen“ (Thompson/Ackroyd 2023: 74) können.

7.5 Fazit

Datafizierung, intelligente Maschinen und Anwendungen, algorithmische Steuerungssysteme und digital vermittelte Arbeitsformen wandeln grundlegende Ordnungsmuster der Beziehungen zwischen Kapital und Arbeit. All das hat unweigerlich Auswirkungen auf Beschäftigungsverhältnisse, Arbeitsbedingungen, die Reichweite tariflicher Regelungen, Mitbestimmungsstrukturen sowie den Aufbau gewerkschaftlicher Organisationsmacht. Dabei ist die Digitalisierung kein technologischer Determinismus, sondern stets eingebettet in gesellschaftliche und betriebliche Machtverhältnisse, Interessenkonflikte und Aushandlungsprozesse, welche die konkreten Entwicklungen am Arbeitsplatz prägen.

Nach mehr als zehn Jahren wirtschafts- und sozialwissenschaftlicher Debatte über das Phänomen der Digitalisierung lässt sich die frühe Annahme Hirsch-Kreinsens (2015b) bestätigen: Ein einheitlicher Trend der digitalen Transformation ist kaum auszumachen; vielmehr vollzieht sich der Wandel von Arbeit – wie bereits bei früheren Einführungen neuer Technologien – im kontinuierlichen Prozess. Allerdings zeichnen sich Konturen ab, die bedeutende Tendenzen markieren: Die technologiebedingte Freisetzung von Arbeitskraft ist dabei nur eine Facette. Maßgeblich erscheint ebenso, wie sich die Qualität und Organisation der Arbeit verändert. Denn digitale Technologien werden primär zur Rationalisierung eingesetzt, um die Effizienz zu steigern und die Kontrolle und Steuerung von Arbeitsprozessen zu erhöhen. Seit Marx wird sichtbar, dass technologischer Fortschritt im Kapitalismus stets auch das Herrschafts- und Kontrollinteresse der Kapitalseite widerspiegelt. Während Unternehmen Technologie vor allem nach ökonomischen Kriterien einsetzen, bekommen Beschäftigte oft nur die „Nebenwirkungen“ wie Arbeitsverdichtung, gesteigerte Überwachung und eingeschränkte Handlungsspielräume zu spüren.

Welche Tendenzen des Technikeinsatzes überwiegen, differenziert sich deutlich zwischen verschiedenen Branchen, weshalb die spezifischen Ausprägungen digitaler Technologien und die arbeitspolitischen Folgen häufig nur im Einzelfall zu bestimmen sind. Auf der einen Seite werden zunehmende Überwachung, Dequalifizierung und die Polarisierung von Beschäftigungsbedingungen befürchtet. Auf der anderen Seite stehen Erwartungen wie die Aufwertung von Tätigkeiten, neu entstehende Gestaltungsspielräume und erhöhte Arbeitsqualität (Apitzsch et al. 2021: 9f.). Automatisierung betrifft (noch) vorrangig Routinetätigkeiten und Geringqualifizierte, während hochqualifizierte Tätigkeiten oftmals eher aufgewertet werden. Ob Szenarien der Polarisierung des Arbeitsmarktes die Zukunft prägen oder eher die Flexibilisierung und Entgrenzung von Arbeit die wesentliche Tendenz der Digitalisierung bleibt, wird sich erst noch zeigen. Die großflächige Disruption ist bislang ausgeblieben und es lässt sich mehr eine inkrementelle Veränderung beobachten, die eine schrittweise Anpassung von Unternehmen an neue Bedingungen und digitale Potenziale andeutet. Schlagworte wie „Industrie 4.0“ sind in diesem Kontext eher ein Diskurs- und Erwartungsrahmen, der technologische Innovationen in den Kontext der eigenen Wettbewerbsfähigkeit stellt. Die Vision, durch selbstlernende Systeme und intelligente Vernetzung Produktion selbstorganisiert zu gestalten, bleibt vor allem ein Konzept, das der betrieblichen Wirklichkeit nicht entspricht. Andererseits stellen digitale Steuerungssysteme, wie sie im Online-Versandhandel oder der Logistikbranche eingesetzt werden, schon heute Möglichkeiten dar, Arbeit zu standardisieren, detailliert zu erfassen und vergleichbar zu machen. Das Risiko besteht in der Entwertung subjektiven Erfahrungswissens, einer gesteigerten Überwachung und der Eroberung neuer Kontrollmöglichkeiten durch das Management. Diese Formen der Kontrolle fördern die Kommodifizierung der Arbeitskraft und reduzieren die selbstbestimmte Handlungsfähigkeit der Beschäftigten.

Nicht zuletzt fordern neue Geschäftsmodelle und veränderte Zugriffe auf Arbeitskraft bestehende Arbeitsbeziehungen heraus, wenn zum Beispiel räumliche Bindungen an Betriebsstätten aufgelöst und durch digitale Kontrollkonzepte ersetzt oder Tätigkeiten über Plattformen an formell Selbstständige ausgelagert werden. Beschäftigte in diesem Erwerbsfeld sind häufig in prekären Positionen, abhängig von der kurzfristigen Nachfrage nach ihrer Arbeitskraft und ohne soziale Sicherheiten der betrieblich organisierten Lohnarbeit. Gewerkschaften brauchen daher neue Strategien und Koalitionen, um die Interessen dieser „kontingenten Arbeitskräfte" zu vertreten, Scheinselbstständigkeiten zurückzudrängen und die Betriebsverfassung auf neue Erwerbsformen auszuweiten. Sie stehen also vor der Schwierigkeit, die verbrieften und erkämpften Rechte und Ansprüche von Arbeitenden im digitalisierten Kapitalismus zu verteidigen. Denn die sich verschärfende Kommodifizierung und Kontrolle von Arbeitskraft durch algorithmische Systeme, KI und plattformbasierte Erwerbsformen untergraben die traditionellen Voraussetzungen institutionalisierter Lohnabhängigenmacht. Die Herausforderungen liegen darin, die kollektiv verhandelten Rechte auf die digitalisierten Arbeitsverhältnisse zu übertragen, rezuformulieren und zu formalisierten Rechten und Arbeitsbeziehungen weiterzuentwickeln. Politische Einflussnahme, Tarifautonomie und betriebliche Mitbestimmung können dabei Instrumente sein, um Arbeits- und Lebensbedingungen in der digitalen Transformation neu zu konfigurieren.

Die Aufgabe von Gewerkschaften besteht darin, ihre Handlungsfähigkeit in einem komplexen Gefüge aus Veränderungen zu bewahren bzw. auszubauen. Sie sind gefragt in den diskursiven, wirtschaftlichen, politischen und technologischen Dimensionen der Digitalisierung interessenpolitisch zu agieren und die Anliegen der Beschäftigten auf verschiedenen Ebenen – in der Regulations-, Implementierungs- und Aneignungsarena – zur Geltung zu bringen. Die Debatten, Deutungen und Zukunftserwartungen der Digitalisierung beeinflussen Unternehmensstrategien und -entscheidungen und ihre regulative Rahmung, weshalb Gewerkschaften in verschiedenen Dialogformaten frühzeitig versucht haben sich diskursiv in Stellung zu bringen. Politisch haben sie mit korporatistischen Strategien zwischen Wirtschaft, Staat und Interessenorganisationen reagiert und versucht auf gesetzlicher und regulativer Ebene einzugreifen, um arbeitsrechtliche Standards an neue Technologien anzupassen und der Verschärfung von Machtasymmetrien entgegenzuwirken. Gleichzeitig haben sie Einfluss auf Gesetzgebungsverfahren genommen, wie z. B. die EU-Richtlinie zu Plattformarbeit, die deutlichere Kriterien für selbstständige und abhängige Beschäftigung in dem Feld definiert. Auch erste Tarifverträge mit expliziten Digitalisierungsbezug haben Gewerkschaften verhandelt, um den Einsatz digitaler Technologien zu regulieren. Auf betrieblicher Ebene ist es wenigstens vereinzelt gelungen, die Mitbestimmung auf Fragen des Datenschutzes, der algorithmischen Kontrolle oder des Einsatzes von KI anzuwenden und die Autonomie von Beschäftigten in Arbeitsprozessen zu verteidigen. Gewerkschaften konnten u. a. durch Aktivierungsprojekte zur Kompetenzentwicklung von Betriebsräten beitragen, sich teilweise in Digitalisierungsprozesse reklamieren und durch Partizipations- und Weiterbildungsformate die Belegschaften in die Implementierung neuer Technologien einbeziehen. Betriebsräte konnten zudem im Rahmen des BetrVG, durch das neue Betriebsrätemodernisierungsgesetz und Betriebsvereinbarungen in Digitalisierungsvorhaben eingreifen und Einfluss auf die konkrete Technikausgestaltung nehmen. Schließlich können sie – auch wenn dies bislang eher partiell geschieht – an Erfahrungen der Anwendung digitaler Technologien und Aneignungsprozesse der Beschäftigten anknüpfen, die Grundlage für interessenpolitische Mobilisierungen bilden können.

Neben der Frage der inner- und überbetrieblichen Regulation und Gestaltung droht die digitale Transformation deutliche Auswirkungen auf die Markt-, Produktions-, Organisations- und institutionelle Macht (Wright 2000; Silver 2005; Schmalz/Dörre 2014) der Beschäftigten und Gewerkschaften zu haben. Die Marktmacht steht durch die mögliche Abwertung von Qualifikationen und die verschärfte Konkurrenz zwischen Kern- und Randbelegschaften unter Druck, die durch teilweise Loslösung von Standorten und die datengestützte Vernetzung von Betriebseinheiten und Arbeitsprozessen ermöglicht wird. Für die Produktionsmacht deutet sich ein ambivalentes Bild an: Auf der einen Seite beschränken sich die Handlungsräume und Möglichkeiten der Arbeitenden in umfassend vernetzten, automatisierten und kontrollierten Arbeitsumgebungen. Auf der anderen Seite sind einzelne Gruppen in diesem Feld strategisch günstig positioniert und die Effekte von Störungen, Unterbrechungen und Streiks in hochintegrierten Arbeitsabläufen besonders drastisch. Das verleiht bestimmten Beschäftigten – vielleicht analog zur fordistisch-tayloristischen Produktion – potenziell große Macht, die teilweise über die eigenen Arbeitsabläufe und Betriebsgrenzen hinausreicht. Dass daraus Produktionsmacht erwächst, setzt allerdings voraus, dass ein gemeinsamer Arbeitsort überhaupt noch existiert und der Eingriff in den Arbeitsprozess möglich ist. Auch die Herausbildung als Kollektivakteur:in, sprich der Aufbau von gewerkschaftlicher Organisationsmacht, wird durch ausdifferenzierte und qualifikatorisch polarisierte Belegschaften, algorithmische Kontrolle und Überwachung sowie mangelnde Kommunikationsmöglichkeiten am Arbeitsplatz tendenziell erschwert.

Gleichzeitig setzen einige Industriebetriebe in der digitalen Transformation gezielt auf die Beteiligung von Betriebsräten und Gewerkschaften. Die Managementstrategie der frühzeitigen Einbindung interessenpolitischer Akteur:innen nimmt die betrieblichen Erfahrungen aus vergangenen Automatisierungsprojekten auf, die auch daran scheiterten, dass Beschäftigte nicht eingebunden waren, ihnen benötigte Qualifikationen fehlten oder sie die Einführung neuer Technologien im Arbeitsalltag blockierten (Schmiede 2015). Allerdings scheinen Gewerkschaften, Betriebsräte und Management sich unter Bedingungen der (globalen) Marktkonkurrenz in einigen Betrieben und Branchen einig zu sein, dass Beteiligungsformate und Wettbewerbsfähigkeit im Zweifel vor umfassende Regulierungsvorhaben gehen. Butollo und Engel (2015: 38) bescheinigten der Debatte rund um die „Industrie 4.0“ daher schon früh einen „sozialpartnerschaftlich geprägten Futurismus“, der den Blick auf grundlegende gesellschaftliche Alternativen verstelle und ideologisch im Paradigma des Fordismus verhaftet bleibe, in dem Wachstum und materieller Wohlstand als dominierende gesellschaftspolitische Ziele galten. Bei allen bemerkenswerten gewerkschaftlichen Initiativen der vergangenen Jahre bleibt die interessenpolitische Perspektive in vielen Fällen vor allem die Anpassung der Beschäftigten an die Erfordernisse der Unternehmen und nicht umgekehrt, womit sich die Beziehung zwischen Menschen und Technik ein weiteres Mal im Sinne der Kapitalseite aufzulösen droht.

Standort- und wettbewerbsorientierte Positionen, die ökonomische „Sachzwänge“ akzeptieren, innerhalb normativ legitimierter Modelle argumentieren und auf anerkannte Formen der Konfliktregulation zurückgreifen, dominieren gewerkschaftliche Strategien im Umgang mit Transformationsprozessen wie der Digitalisierung. Doch die zumeist reaktive Arbeitspolitik sozialpartnerschaftlicher Gewerkschaften, welche die Sicherung von Arbeits- und Lebensbedingungen mit technischem Fortschritt und Wachstum verbindet und auf die kooperative Bearbeitung des digitalen Wandels durch die Akteur:innen von Kapital und Arbeit setzt, stößt zunehmend an ihre Grenzen (Ewen et al. 2023: 223f.). Die Digitalisierung könnte schließlich – trotz aller Partizipationsformate zwischen Wirtschaft, Politik und Gewerkschaften in den letzten Jahren – auch die institutionelle Macht von Gewerkschaften schwächen, wenn sie etablierte Arbeitsbeziehungen weiter aushöhlt und sich etwa durch die Verlagerung von Arbeit in die (Schein)Selbstständigkeit den üblichen Regulationsformen entzieht. Wie in anderen Transformationsfeldern erhalten die primären Machtquellen der Gewerkschaften, ihre strukturelle und organisatorische Macht, (wieder) erhöhte Relevanz. Denn es zeichnen sich größere Abweichungen von Mustern der „intermediären Organisation" ab, die Gewerkschaften in intakten Mitbestimmungsstrukturen und institutionalisierten Arbeitsbeziehungen für gewöhnlich einnehmen. Stattdessen sind, insbesondere in den stark digitalisierten Branchen, Impulse für gewerkschaftliche Erneuerung zu bemerken, die organisatorische und tarifpolitische Erschließung oder eine aktivierende und konfliktorientierte Betriebspolitik, gezieltes Organizing und Social-Movement-Unionism als Voraussetzung ansehen, um die Interessen von Beschäftigten in der digitalen Transformation effektiv durchzusetzen.

8 Gewerkschaften in der sozialökologischen Transformation

8.1 Einleitung

Der menschengemachte Klimawandel beeinflusst die Lebensbedingungen von Menschen und Tieren im globalen Maßstab. In Form von Überschwemmungen, Hitzewellen und Dürreperioden, einem zunehmenden Artensterben und einer steigenden Meeresoberfläche verengt der Klimawandel die ökologische Nische der menschlichen Gesellschaft. Eine Abwendung oder zumindest Reduktion der Folgen des Klimawandels würde eine grundlegende Veränderung der zeitgenössischen Wirtschaftsweise erfordern. Eine „umfassende Neuausrichtung" (Lösch/Hausstein 2021: 135) der modernen Lebensweise wäre erforderlich.

Aus klimatologischer Perspektive liegt die Ursache der globalen Erwärmung im CO_2-Ausstoß. Die stoffliche Grundlage der globalen Ökonomie stellt die Nutzung fossiler Brennstoffe dar. Fossil werden diese Stoffe deshalb genannt, weil sie als tierische oder pflanzliche Biomasse in Gestein eingeschlossen und dort über viele Jahrtausende hinweg zu Erdöl, Erdgas oder Kohle wurden (vgl. Tittor 2023: 80). Bei der Verbrennung dieser Rohstoffe zum Zweck der Energiegewinnung treten große Mengen an CO_2 aus, welche wiederum den Klimawandel beschleunigen. Das Aufhalten oder Verlangsamen der Klimaveränderung müsste daher über die Reduktion der Nutzung fossiler Energieträger erfolgen.

Angesichts der Tiefe, in die die Nutzung fossiler Brennstoffe ins globale Wirtschaftssystem eingeschrieben ist, würde eine Dekarbonisierung der Ökonomie, die die Nutzung fossiler Brennstoffe auf ein erträgliches Maß reduziert, eine grundlegende Veränderung der Weltökonomie erfordern. Ein entsprechender Umbau müsste alle Regionen der Welt betreffen und würde voraussichtlich über mehrere Generationen hinweg erfolgen.

Angesichts der historischen wie logistischen Tragweite entsprechender Veränderungsprozesse hat im Laufe der letzten Jahrzehnte der Begriff der sozialökologischen Transformation Einzug in den fachlichen und alltäglichen Sprachgebrauch gehalten. Ein solcher Transformationsprozess zeichnet sich, so Wieser et al. (2022), durch zwei zentrale Eigenschaften aus – ihre Unsicherheit und ihre Wertevielfalt. Unsicher sind sie, weil zu ihrem Gelingen ein erheblicher Koordinationsaufwand zu erbringen ist, dessen Komplexität in der Gegenwart praktisch unmöglich abzusehen ist. Und die Diskrepanzen zwischen den Deutungsmustern und Interessen, die die beteiligten Akteure an den Tag legen, bedingt eine Vielfalt von Werten, die für die Protagonist:innen des Wandels handlungsleitend sind. „Kaum ein anderer Wandlungsprozess", so schließen Mau et al. (2023: 62), „macht so massive Veränderungen eingespielter Verteilungskompromisse notwendig, berührt so stark die unmittelbaren Lebensumstände und erzwingt damit die Aufgabe liebgewonnener Besitzstände."

Mit Blick auf die politische Konstellation, im Rahmen derer eine Transformation zu erfolgen hätte, lassen sich grundsätzlich zwei Verständnisse unterscheiden. Ein weiter Transformationsbegriff – im Sinne Karl Polanyis (vgl. Kap. 3, Abschnitt 5) – würde hier die Veränderungen im makrosozialen Maßstab und ohne bestimmte Vorannahmen darüber rahmen, in welche Richtung genau die sich abzeichnenden Veränderungen verlaufen würden. Während die Menschheit einerseits ihre Existenzgrundlage zerstören könnte, wäre sie gleichzeitig in der Lage, ihren Fortbestand durch eine Reform ihrer Wirtschaftsweise zu gewährleisten. Ein zweites engeres Begriffsverständnis bezieht sich auf die konkrete Konstellation, innerhalb derer die Transformation zwischen konkreten politischen Akteuren ausgehandelt wird. Wie sich im Spiegel der vorzustellenden Literatur zeigen wird, ist ein solches Transformationsverständnis oftmals suggestiv dahingehend aufgeladen, dass als implizites oder explizites Ziel eine erfolgreiche Bewältigung der Problemlage über eine Dekarbonisierung der Ökonomie vorausgesetzt wird.

Anschließend an eine grundsätzliche Darstellung des Verhältnisses von Klima und Gesellschaft behandeln die folgenden Abschnitte die sozialökologische Transformation im Verhältnis zum kapitalistischen

Wirtschaftssystem und die Klimaziele als Wegmarken entsprechender Veränderungsambitionen. Theoretische und arbeitspolitische Perspektiven auf die sozialökologische Transformation folgen in den nächsten Abschnitten. Der nächste Abschnitt fasst Untersuchungen zu Einstellungen unter Lohnabhängigen und Gewerkschafter:innen zur sozialökologischen Transformation zusammen, bevor der folgende Abschnitt einen Überblick über gewerkschaftliches Handeln zum Thema in spezifischen Branchen gibt. Ein abschließendes Fazit fasst die Befunde mit Blick auf die sich hieraus ergebenden politischen Perspektiven zusammen.

8.2 Das Klima in der Geschichte

Die Erde, auf der wir leben, ist viereinhalb Milliarden Jahre alt und hat in dieser Zeit eine Reihe klimatischer Zustände durchlaufen. Die sozialen und politökonomischen Rahmenbedingungen, die die globale Erwärmung der letzten und kommenden Jahrzehnte hervorgebracht haben, bestehen hingegen erst seit ungefähr 500 Jahren. Zum einen handelt es sich hierbei um das seit dem 16. Jahrhundert entstandene kapitalistische Weltsystem. Und zum anderen geht es hierbei um die Industrialisierung der Ökonomie, die vor allem seit dem 19. Jahrhundert einen Anstieg des Verbrauchs fossiler Brennstoffe bewirkt. Brand (2018: 486) bezeichnet diesen zeitlichen Zusammenhang daher auch als Übergang „vom hölzernen zum fossilen Zeitalter“. Gemeinsam mit der Urbanisierung und Verstädterung und einem allgemeinen Bevölkerungswachstum bei allgemein steigendem Wohlstand bereitet die Herausbildung der großen Industrie damit den Boden für die stetig steigende CO_2-Konzentration in der Atmosphäre.

Für das politökonomische Setting des deutschen Kapitalismus konstatiert Goes (2024: 71) vor diesem Hintergrund einen „fossilen Kernkomplex“. Im Verlauf der wirtschaftlichen Entwicklung seit dem 18. Jahrhundert bildete sich hier ein Konglomerat zentraler Wirtschaftssektoren heraus, deren Branchen-, Produktions-, Vertriebs- und Konsumstrukturen die deutsche Ökonomie bis heute prägen. Philipp Staab (2025: 33) identifiziert daher die Lebenswelt als „Quelle politischer Legitimationsprobleme“ einer Dekarbonisierung der Ökonomie.

Um Sektoren wie die Automobilbranche, den Maschinenbau, die Chemie- oder auch die Metall- und Elektro-Industrie bildete sich ein

System heraus, welches von Politökonom:innen auch als „diversifizierte Qualitätsproduktion“ bezeichnet wurde (Sorge 2023). Gleichzeitig, so Goes weiter, wirkte das Wirtschaftsmodell als „in hohem Maß klimaschädlich“ (Goes 2024: 71) – und dies nicht nur im deutschen Rahmen:

> „Bereits der lange Boom des Nachkriegskapitalismus, der in Westeuropa, Japan und Nordamerika zu beobachten war, war enorm ressourcenintensiv. 1890 wurden weltweit 10 Millionen Tonnen Kohle verbraucht, 1940 waren es 294 Millionen, in den 1970er Jahren dann rund 2,5 Milliarden (darunter auch der Verbrauch der realsozialistischen Industriegesellschaften) (Bellamy Foster 1999: 19).“

Auch nach dem Zweiten Weltkrieg stieg der jährliche Ausstoß von CO_2 innerhalb Westdeutschlands signifikant, so dass 1960 bereits 56 Prozent mehr CO_2 emittiert wurde als 1950 und 1970 nochmal 20 Prozent mehr als 1960 (vgl. ebd.).

Nicht zuletzt vor diesem Hintergrund veröffentlichte Anfang der 1970er-Jahre der ‚Club of Rome‘ seinen Bericht zu den ‚Grenzen des Wachstums‘. Die parallel aufs politische Parkett tretende Umweltbewegung manifestierte sich parteipolitisch im Rahmen der Grünen. Zu dieser Zeit begann auch die Auseinandersetzung mit umweltspezifischen Themen im Umfeld der deutschen Gewerkschaften (Krull 2022: 61). Dem zunehmend ökologisch bewussten Zeitgeist der 1970er-Jahre entstammt auch der Begriff der Energiewende, welcher auf einen Ersatz von fossilen Brennstoffen und Atomkraft durch regenerative Formen der Energiegewinnung wie Wind-, Solar- oder Wasserkraft abhebt.

Während die deutsche Ökologiebewegung seit dieser Zeit ein Dasein von untergeordneter politischer Bedeutung gefristet hat, konnte ihr parlamentarischer Arm in Form der Partei ‚Bündnis 90/Die Grünen‘ zahlreiche Wahlerfolge erringen und sogar über mehrere Legislaturperioden hinweg Teile der Bundesregierung stellen. Während sich aus dem Umfeld der Partei seit der Jahrtausendwende zwar ein grün-liberales Projekt entwickeln konnte, welches den Umschwung auf neue Formen der Energiegewinnung mit durch die Verwirklichung kapitalistischer Wachstumsambitionen erreichen wollte, lässt sich dieses Projekt Mitte der 2020er-Jahre als mittelfristig wenig erfolgreich charakterisieren (vgl. Seeliger 2024).

8.3 Sozialökologische Transformation und kapitalistische Dynamik

Die kapitalistische Wirtschaftsordnung ist von Grund auf mit einer zwanghaften Wachstumstendenz angelegt. Diese Wachstumsdynamik hat verschiedene Ursachen. Einerseits zwingt die Konkurrenz der Einzelkapitale diese zu einer stetigen Steigerung von Innovationskraft und Produktivität. Weiterhin ist auch der soziale Frieden unter den Mitgliedern kapitalistischer Gesellschaften in der Moderne von einer stetigen Steigerung des Lebensstandards in Form des Verbraucher-Niveaus abhängig. Seine „Legitimationsprobleme" (Habermas 1973) löst der europäische Nachkriegskapitalismus Zeit seines Lebens – zumindest dem Selbstverständnis gemäß – mit einem stetigen Wachstum der Wirtschaft, deren Ergebnisse dann in stetig wachsendem Maße unter den sie Erwirtschaftenden verteilt werden.

Die Gegensätze, Konflikte und Verwerfungen eines solchen Wirtschaftsmodells betonen vor allem marxistische Ansätze. So benennt etwa Rosa Luxemburg die spezifisch kapitalistische Expansionsdynamik bereits zu Beginn des 20. Jahrhunderts als „Landnahme", im Zuge derer das kapitalistische Wirtschaftssystem immer neue Bereiche des nicht marktlich koordinierten Wirtschaftslebens integriert (vgl. etwa Lutz 1984 oder Harvey 2007). „Diese gefräßige und expansive Produktionsweise", so Goes (2024: 69), „ist der sozialökonomische Ursachenkomplex, der dazu führt, dass wir zu viele klimaschädliche Gase freisetzen, insbesondere CO_2."

Aus Sicht der Unternehmen stellt sich die Problematik des Klimawandels in unterschiedlicher Weise dar. Während eine kurzfristige Gewinnorientierung Fragen nach der materiellen Lebensgrundlage unseres Wirtschaftsmodells nicht priorisiert, müssen auch sie anerkennen, dass eine anhaltende Akkumulation von Kapital ein Mindestmaß an relativ stabilen Umweltbedingungen voraussetzt. Doch auch über so eine betriebswirtschaftlich beschränkte Perspektive hinaus sind Unternehmen – zumindest theoretisch – in der Lage, ihren Beitrag zur Vernutzung der Umwelt mit Blick auf die gesellschaftlichen Folgewirkungen in Betracht zu ziehen.

Auf Seiten der Beschäftigten oder auch der lohnabhängigen Klasse lässt sich ebenfalls ein allgemeines Interesse an einer – zumindest einigermaßen – intakten Umwelt unterstellen. Das Überlebensinteresse der

Menschen erfordert den Erhalt der allgemeinen Reproduktionsfähigkeit und damit auch ein Mindestmaß an nutzbarer Natur als Lebensgrundlage. Dies wiederum bedeutet, dass die Natur im Wirtschaftsprozess nicht vollkommen vernutzt werden darf.

Auf der anderen Seite hängen viele Arbeitsplätze von eben jener Naturvernutzung ab, deren Übertreibung wiederum eine Gefährdung der allgemeinen Lebensgrundlage bedeuten würde. Es sind daher zahlreiche Beschäftigte in einer Art Zwickmühle, als dass sie an Arbeitsplätzen tätig sind, die zur Zerstörung eben jener Natur beitragen, welche sie wiederum zur Reproduktion ihrer Arbeitskraft (oder einfacher formuliert: zum Überleben) benötigen. Diesen Umstand bringt auch Hans-Jürgen Urban (2025: 315) auf den Punkt:

> „Im Zeitalter des ‚Kapitalozän' […], in dem die grenzenlose Kapitalakkumulation die Grenzen planetarischer Leistungsfähigkeit zu überschreiten droht, verschränken sich für die abhängig Arbeitenden die sozialen Risiken der Lohnarbeitsexistenz mit dem Risiko der kapitalistischen Naturzerstörung."

Das Modell des „fossilen Wohlfahrtskapitalismus" (Urban 2023: 46) gewährleistete eine wirtschaftliche Wachstumsdynamik, welche es den Gewerkschaften und den sozialdemokratisch-sozialistischen Parteien ermöglichte, Massenkaufkraft über hohe Löhne und eine umverteilende Sozialpolitik zu gewährleisten. Wie Urban (ebd.: 52) herausarbeitet, hat die lohnabhängige Klasse „viel von ihrer Schaffens- und Lebenskraft in dieses Modell investiert". Entsprechende Auseinandersetzungen und Traditionen haben sich auf diese Weise ins kollektive Bewusstsein eingeschrieben und prägen das Verhältnis der deutschen Lohnabhängigen zum fossilen Wohlfahrtskapitalismus in einer tiefenkulturellen Verankerung.

Im Prozess der Industrialisierung verfestigte sich in der modernen Gesellschaft zur gleichen Zeit ein Selbstverständnis, welches die menschliche Existenz in Abgrenzung zur Natur interpretierte. Ein allgemeiner Fortschrittsglaube ließ die natürlichen Grundlagen als prinzipiell beherrschbar und damit als Ressourcen kapitalistischen Wirtschaftens erscheinen. Naturkatastrophen erschienen hier, wenn nicht als undenkbar, so doch zumindest als hochgradig unwahrscheinlich. Die Wachstumsdynamik kapitalistischer Gesellschaften begründete so Ambitionen nach individuellem Aufstieg und Kapitalakkumulation relativ losgelöst von den stofflichen Grundlagen, welche als gegeben vorausgesetzt werden konnten.

Ein wesentliches Strukturmerkmal der kapitalistischen Gesellschaft ist die soziale Ungleichheit, durch welche sich ihre Sozialstruktur auszeichnet. Diskrepanzen in der Verteilung von Status, Einkommen und Vermögen prägen die Lebenswirklichkeit im Kapitalismus über alle Bevölkerungssegmente hinweg. Indem die Klimakrise eine Gesellschaft trifft, welche sich von vornherein durch eine Ungleichheitsordnung auszeichnet, wirkt sie sich auf die verschiedenen sozialen Sphären in unterschiedlicher Weise aus.

Wie Goes (2024: 13) herausarbeitet, sind Ungleichheiten zwischen den sozialen Klassen mit Blick auf den Klimawandel in verschiedenerlei Hinsicht von Bedeutung. So betrifft erstens die globale Erwärmung die Menschen in unterschiedlicher Weise, insofern sie an unterschiedlichen Orten auf dem Globus mit unterschiedlichen Zugängen zu Technologie leben. Neben solchen Unterschieden in der Betroffenheit finden sich zweitens unterschiedliche Formen der Verantwortung für den Klimawandel. Während Unternehmen Produktionsentscheidungen treffen, deren Produkte und Fertigungsprozesse einen hohen CO_2-Ausstoß mit sich bringen, haben einkommensstarke Personen tendenziell einen größeren ökologischen Fußabdruck als einkommensschwache Personen. Auch zwischen den Bevölkerungen des Globalen Nordens und des Globalen Südens bestehen signifikante Diskrepanzen mit Blick auf den individuellen CO_2-Ausstoß.

Schließlich finden sich auch wesentliche Unterschiede zwischen den sozialen Klassen, wenn man die zukünftige gesellschaftliche Entwicklung im Lichte des Klimawandels antizipiert. So werden etwa der Anstieg des Meeresspiegels oder die Ausweitung von Wüstenregionen den Planeten in weitreichendem Maßstab unbewohnbar machen. Gleichzeitig werden andere Teile der Erde eine erhöhte Fruchtbarkeit erfahren, so dass dort neue Möglichkeiten der Agrarwirtschaft entstehen. Aber auch im Falle einer gelingenden Reduktion des CO_2-Ausstoßes im Wege einer Dekarbonisierung der Ökonomie zeichnen sich aufgrund des hierfür notwendigen wirtschaftlichen Strukturwandels verschiedene mögliche Veränderungen ab, die sich vor allem auf die Einkommens- und Erwerbschancen der Bevölkerung beziehen.

Als wichtigste ökonomische Profiteure des fossilen Wohlfahrtskapitalismus können die Anteilseigner der Unternehmen aus den Schlüsselindustrien gelten. Volkswagen, Rheinmetall, Siemens und Bosch, aber auch Montanindustrien wie ThyssenKrupp oder Chemieunternehmen wie Bayer oder BASF zeichnen sich durch eine von hohen CO_2-Emissionen geprägte Wirtschaftsweise aus. Wie Schulz und Trappmann (2023: 7) herausarbeiten, sind in der deutschen Ökonomie die Unternehmen des Energiesektors und des Industriesektors verantwortlich für 31 Prozent der gesamten Treibhausgasemissionen, während die Unternehmen der Industrie mit 24 Prozent zu Buche schlagen. Entsprechend sind auch die Beschäftigten dieser Branchen abhängiger von der fossil-kapitalistischen Ökonomie als etwa die Angestellten des öffentlichen Dienstes. Die anhaltende Krise der Energiepolitik vor dem Hintergrund der geopolitischen Blockbildung im Weltsystem stellt damit ein grundlegendes Problem des deutschen Industrialismus dar. So üben nicht nur CO_2-Reduktion, sondern auch Energiepreise Druck auf das nationale Wirtschaftsmodell aus.

Während also diejenigen Lebensformen, die eine vergleichsweise geringe CO_2-Bilanz aufweisen, eher am unteren Ende der sozialen Strata zu finden sind, stehen anerkannte und privilegierte soziale Positionen durch eine hohe CO_2-Emission hervor. Auch kann eine transformationsbezogene Klimapolitik soziale Ungleichheiten weiter verschärfen, etwa wenn – wie Graf et al. (2023: 6) bemerken – energetische Sanierungen eine Steigerung der Mieten nach sich ziehen. Vor diesem Hintergrund erscheint die politische Bearbeitung der sozialökologischen Transformation ohne Frage als relevanter Gegenstand gewerkschaftlicher Interessenpolitik. Die Umverteilung von Einkommen und Vermögen ist, wie Eversberg et al. (2024: 175) betonen, der „Dreh- und Angelpunkt" der sozialökologischen Transformation.

8.4 Klimaziele als politischer Maßstab sozialökologischer Transformation

Einen wesentlichen Bezugspunkt für die klimapolitische Debatte im deutschen Rahmen ist der Bericht des Wissenschaftlichen Beirats der Bundesregierung, der im Jahr 2011 unter dem Titel ‚Welt im Wandel: Gesellschaftsvertrag für eine Große Transformation' erschien (Wissenschaftlicher Beirat der Bundesregierung Globale Umweltveränderungen 2011). Einen weiteren Meilenstein für die internationale klimapolitische Auseinandersetzung stellen die im September 2017 von den Vereinten Nationen verabschiedeten siebzehn ‚Sustainable Development Goals' dar.[44] „Die Energiewende", so resümieren Brand und Brad (2019: 279), „schien unaufhaltsam und der Begriff der sozial-ökologischen Transformation wurde immer schillernder."

Bereits im Jahr 1992 hatte die Konferenz der Vereinten Nationen über Umwelt und Entwicklung in Rio de Janeiro ein „Leitbild nachhaltiger Entwicklung" (Brand 2020: 9) etabliert. Dieses sollte fünf Jahre später im Kyoto-Protokoll im Rahmen völkerrechtlich verbindlicher Zielgrößen der Emissionsreduktion verfestigt werden. Die beteiligten Staaten verpflichteten sich hier, ihren CO_2-Ausstoß zwischen 1990 und 2012 um ca. fünf Prozent zu reduzieren. Angesichts der Nicht-Beteiligung von Ländern mit hohen Emissionsraten wie den USA und China sollte das Pariser Klimaabkommen Abhilfe schaffen, indem es die Emissionsreduktion im Rahmen freiwilliger Selbstverpflichtungen festschrieb. Als Ziel der Reduktionsmaßnahmen wird im Pariser Abkommen eine Reduktion der globalen Erwärmung auf nicht mehr als 1,5 Grad genannt. Eine Radikalisierung der Nachhaltigkeits- und Klimadebatte hat außerdem das Engagement von Gruppen wie ‚Fridays for Future' oder ‚Die letzte Generation' bewirkt. Indem diese öffentlichkeitswirksame Aktionen durchführen, reichern sie mögliche kulturelle Grundlagen einer veränderten Klimapolitik an.

Im Rahmen der Europäischen Union findet sich mit Blick auf die Reduktion des CO_2-Ausstoßes eine Selbstverpflichtung, die Emissionen klimaschädlicher Stoffe bis zum Jahr 2050 auf null zu senken. In Deutschland soll diese Reduktion sogar bereits bis zum Jahr 2045 stattfinden. Es versteht sich von selbst, dass entsprechende Veränderungen eine grundlegende Neustrukturierung der Wirtschaft vor allem im Bereich ihrer Schlüsselindustrien erfordern würden. Sowohl mit Blick auf die Veränderungen der Wertschöpfungsprozesse, als auch hinsichtlich der

44 Aus Sicht von Klaus Dörre stellen diese Ziele einen besonders wichtigen Bezugsrahmen für die Klimapolitik dar, weil „Konstruktionen von Gemeinwohl und Gemeinsinn in der Gegenwart nicht mehr zurückfallen" (Dörre 2021: 100) dürften. Da die Ziele „global und universell ausgerichtet", „integrationistisch angelegt" und „zentrale Inhalte einer neuen, weltweiten Rechtfertigungsordnung" seien, würden sie es ermöglichen, alles Wirtschaftsgeschehen „im Sinne von Nachhaltigkeit Erreichte am eigentlich Nötigen und Wünschbaren zu messen" (ebd.: 102).

verteilungspolitischen Implikationen und Erfordernisse können die angestrebten Ziele als sehr ambitioniert verstanden werden.

Hinsichtlich des Wachstumszwangs kapitalistischer Gesellschaften und den ökologischen Grenzen wirtschaftlichen Wachstums befinden sich zeitgenössische Ökonomien in einem Dilemma: Während soziale Wohlfahrt an eine expandierende Wirtschaft gebunden ist, deren wachsende Erträge man dann umverteilen könnte, bedingen die hiermit unweigerlich verbundenen Schadstoffemissionen eine Vernutzung der planetaren Lebensgrundlage. Stagniert der Ausstoß von Schadstoffen auf seinem aktuellen Stand, würde sich die Temperatur in den nächsten achtzig Jahren um 1,3 Grad erhöhen (Beckert 2024: 10). Der weltweite Ausstoß von Treibhausgasen befand sich mit knapp 37 Milliarden Tonnen CO_2-Äquivalenten im Jahr 2023 auf seinem historischen Höchststand (Degens/Neckel 2024: 9). Im Laufe der letzten fünf Jahrzehnte hat sich der jährliche Ausstoß an Kohlendioxid allerdings nicht reduziert, sondern verdreifacht (ebd.: 9). Und in sechs Jahren wird bei gleichbleibendem Ausstoß die Erwärmung nicht mehr auf die im Pariser Abkommen festgelegten 1,5 Grad zu begrenzen sein.

Die Idee einer Versöhnung der gewinnorientierten Wirtschaftsweise mit den Prinzipien der Nachhaltigkeit kursiert seit einigen Jahrzehnten unter dem Begriff des grünen Kapitalismus. Hinter diesem Begriff steckt, mit Degens und Neckel (2024: 7), die Ambition, „die ökologische Krise durch technische Innovationen und marktwirtschaftliche Instrumente in den Griff zu bekommen." Wirtschaftswachstum, Fertigung und Konsum sollten so verträglich mit den Notwendigkeiten von Klimaschutz und der Eindämmung globaler Erwärmung gestaltet werden. Drei zentrale Elemente wirtschaftlicher Ordnungsbildung, so Degens und Neckel (ebd.) weiter, sollen es dem grünen Kapitalismus ermöglichen, Gewinnstreben und Naturschonung gleichermaßen zu gewährleisten. So sollen ökologische Kosten erstens eingepreist und von den Verursachern getragen, anstatt der Allgemeinheit angerechnet zu werden. Kapitalistische Innovationsdynamik sollte geleitet vom Streben nach Profit die Entwicklung klimaschonender Produktionstechniken und Produkte ermöglichen. Und drittens soll das Finanzsystem Investitionen in nachhaltige statt fossile Produkte nahelegen. Eine solche Privatisierung der Reaktion auf die ökologische Krise erscheint theoretisch denkbar, praktisch stehen ihr aber zahlreiche Beharrungseffekte und Dynamiken entgegen. Inwiefern man bei der Restrukturierung der Ökonomie auf das Interesse privater Entrepreneure und Verbraucher setzen kann, darf zumindest bezweifelt werden.

Vor diesem Hintergrund gewinnen Konzepte eines ‚Green New Deal' an Bedeutung, die gegenüber dem Streben nach privaten Interessen eine tragende Rolle des Staates bei einer ökologischen Neugestaltung der Wirtschaft nahelegen. Anstatt das Kapital und die Verbraucher:innen durch ökonomische Anreize zu nachhaltigen Investitionsentscheidungen zu motivieren, zielen Ansätze eines ‚Green New Deal' auf politische Lösungen des Zielkonfliktes zwischen Kapitalismus und Natur, indem sie ökologische Orientierung mit Zielgrößen von Umverteilung und sozialer Sicherung kombinieren. Von linkssozialdemokratischen bis hin zu ökosozialistischen Positionen (vgl. Goes 2024: 41) finden sich hier Ansätze, die traditionelle verteilungspolitische Positionen mit ökologischen Perspektiven verbinden.

Unter arbeitspolitischen und gewerkschaftlichen Aspekten erscheint der ‚Green New Deal' als ambitioniertes, aber unter bestimmten Aspekten auch realistisches Projekt, weil er Befürchtungen und erwerbsbezogene Ängste, die Lohnabhängige mit einer Neuordnung der Wirtschaft verbinden, durch verteilungs- und arbeitsmarktpolitische Maßnahmen ernst nimmt. Während klimapolitische Initiativen – wie etwa ‚Ende Gelände' im Lausitzer Braunkohle-Revier – nicht unbedingt mit Verständnis für die Erwerbsinteressen der in den fossilen Branchen beschäftigten vorgegangen sind, erscheint eine solche Herangehensweise angesichts des komplexen Verhältnisses von Klassen- und Klimapolitik deutlich geboten.

8.5 Theoretische Perspektiven auf die sozialökologische Transformation

Wie eingangs erläutert, ist der Begriff der Transformation sowohl fach-, als auch alltagssprachlich nicht klar definiert. Während er grundsätzlich zwar Prozesse weitreichender Veränderungen bezeichnet, ist dabei – zumindest in der allgemeinen Formulierung – nicht klar, worin diese Veränderungen genau bestehen, welchen Zeitrahmen sie umfassen und ob sie geordnet, gesteuert oder chaotisch verlaufen. Im vorliegenden Buch begreifen wir die Transformation der Rahmenbedingungen gewerkschaftlichen Handelns im 21. Jahrhundert als Zusammenwirken dreier

Stränge sozialen Wandels – der Globalisierung, der Digitalisierung und der (angestrebten) Dekarbonisierung der Ökonomie. Im Forschungs- und Politikfeld der Gewerkschaftspolitik wird die Dekarbonisierung der Ökonomie auch als sozialökologische Transformation bezeichnet. Wenn also im Folgenden von der Transformation die Rede sein wird, beziehen wir uns damit auf eben jene Anstrengungen, die die Reduktion des CO_2-Ausstoßes in der Ökonomie zum Gegenstand haben.

Als zentrale Felder der Transformation werden im Spiegel der Forschungsliteratur „insbesondere der Umbau der Energie-, Verkehrs-, Produktions- und Agrarsysteme“ (Lindner et al. 2021: 11) verstanden. Während ein weiter Transformationsbegriff hierbei auf die Umgestaltung der Gesellschaft umfassender Bezugsrahmen abzielt, richtet sich ein enger Transformationsbegriff auf die konkreten politischen Aushandlungen, die eine entsprechend umfassende Entwicklung schrittweise bewirken sollen.

Jenseits des skizzierten Bedeutungskerns erscheint der Begriff dabei, wie Brand (2018: 484) bemerkt, als „kontrovers“: Erstens erscheint unklar, „was transformiert werden soll, auf welche Ebene und welche Verursachungskomplexe sich diese Transformation beziehen soll.“ Hier geht es etwa darum, welche konkreten Produkte und Produktionstechniken verändert oder ersetzt werden sollen. Eine zweite Unklarheit bezieht sich auf die Frage, „wie, mithilfe welcher Ansatzpunkte, Strategien und Akteure diese Transformation bewirkt werden soll.“ Im Sinne der oben skizzierten Ansätze wäre hier etwa zu klären, inwiefern Marktprozesse oder politische Steuerung den Wandel bewirken sollen. Und schließlich bleibt offen, „welche Zielvorstellungen und Visionen damit verfolgt werden.“ Geht es etwa nur um eine Reduktion des CO_2-Ausstoßes oder wird auch eine Einfriedung der ökonomischen Folgen für die Beschäftigten der betroffenen Industrien vorgesehen? Bei der Deckung dieser Klärungsbedarfe wird der Begriff der Transformation, wie Rohracher (2022: 69) bemerkt, „selbst zu einem politischen Terrain.“

Aus der in diesem Buch eingenommenen Perspektive auf die Gewerkschaftspolitik erscheint es uns als sinnvoll, als Akteur im Transformationsprozess ein Augenmerk auf den Staat zu legen. Die Transformation wäre aus dieser Sicht nicht nur ein Aggregat einzelner Entscheidungen in Marktprozessen, sondern Gegenstand umfassender politischer Steuerung im Zuge derer der Staat eine aktive Rolle einnimmt. In diesem Sinne lassen sich mit Butzlaff (2019: 191) drei Ebenen unterscheiden, auf denen eine Transformation politisch angestrebt würde: die Ebene eines (demokratischen) Staates, „von dem erwartet wird, dass er eine sozial-ökologische Transformation zur zentralen Räson macht." Zweitens gälte das Interesse denjenigen „soziale[n] Bewegungen und Initiativen, die einen gesellschaftlichen Wandel von der Alltags- und Lebenswelt der Bürger*innen aus organisieren wollen" (ebd.). Und schließlich ruhte der Fokus auf dem „Individuum, welches als Konsument*in verantwortlich sein soll, über Marktmechanismen alternative Produktionsweisen durchzusetzen" (ebd.).

Eine solche Forschungsperspektive wäre so in der Lage, die Mehrebenendynamiken zu erfassen, in deren Zusammenwirken sich eine Veränderung des Wirtschaftsgeschehens mit dem Ziel einer Reduktion der CO_2-Emissionen verwirklichen ließe. Es ist anzumerken, dass eine solche Rede und Konzeption von der Transformation immer schon insofern suggestiv ist, als sie eine Transformation ankündigt, die bislang noch gar nicht – oder zumindest nicht vollumfänglich – stattfindet. Auf diesen Umstand wird weiter unten noch genauer einzugehen sein. Entsprechend der Perspektiven auf die Umsetzbarkeit einer sozialökologischen Transformation zum Zweck des CO_2-Ausstoßes lassen sich im Forschungsstand idealtypisch zwei Ansätze unterscheiden – ein optimistischer, dessen Vertreter:innen Möglichkeit und Notwendigkeit einer Transformation gleichermaßen begründen wollen, und ein pessimistischer, der die Umsetzbarkeit grundsätzlich in Zweifel zieht. Beide werden im Folgenden vorgestellt.

8.5.1 Optimistische Ansätze

Optimistische Perspektiven auf die sozialökologische Transformation sind häufig getragen vom politischen Wunsch entsprechender Veränderungen. Die „Große Transformation" erscheint hier als eine Art „menschheitsgeschichtlicher Umbruch" (Parodi 2021: 32), im Zuge dessen die Gesellschaft einen schädlichen Entwicklungspfad verlassen soll. „In der Diskussion über die sozial-ökologische Transformation", konstatieren Brand und Brad (2019: 279), bestehe „Konsens darin, dass die bestehenden Gesellschaften sich grundlegend verändern müssen."

Entsprechend unterscheidet Parodi im Forschungsfeld zwei Stränge – eine klassische „Transformationsforschung", welche sich – im Sinne Polanyis – mit weitreichenden Veränderungen von Gesellschaften und/

oder politischen Systemen beschäftigt. Hierunter, so führt er (ebd.: 22) aus, werde „eine multi- und interdisziplinäre Forschung verstanden, die Erkenntnisse über (gelingende) Transformationsprozesse hervorbringt, also Wissen für eine Große Transformation erzeugt“. Neben abstraktem „Systemwissen“ gehe es hier vor allem um die Generierung von Handlungswissen, welches zu klären helfen soll, auf welche Weise eine Große Transformation gelingen könne. Ein zweiter Forschungsstrang reüssiert gleichzeitig unter dem Begriff der „transformativen Forschung“. Diese, so Parodi (ebd.) weiter, „greift ein und gestaltet gesellschaftliche Transformationsprozesse direkt mit.“ Ihr Ziel besteht in der Leistung praktischer Beiträge nachhaltiger Entwicklung (wobei hier – wie deutlich bemerkbar – häufig unklar bleibt, worin diese genau bestehen könnten).

Eine ähnliche programmatische Kartografierung leisten Brand und Brad (2019: 282), indem sie erläutern, wie eine kritische Transformationsperspektive zwei Analyseebenen verbindet. Zum einen brauche es hier eine „systematische Analyse herrschender Entwicklungen“, die in der Produktions- und Lebensweise begründet liegenden Rigiditäten identifiziert, die den sozialen Wandel verlangsamen oder blockieren. Zweitens gehe es aber auch darum, subjektive Sichtweisen in Betracht zu ziehen, die sich aus konkreten Auseinandersetzungen ergeben. Die Transformation wird hier „im Sinne einer Umgestaltung gesellschaftlicher Verhältnisse“ untersucht, d. h. mit eindeutiger Parteinahme für die Seite der sozialökologischen Transformierer:innen.

Wie Hans-Jürgen Urban (2025: 317) herausarbeitet, wären in eine erfolgversprechende Mobilisierung für eine sozialökologische Transformation eine Reihe verschiedener Akteure einzubinden. Angesichts der Bedeutung rechtlicher Rahmenbedingungen und finanzieller Ressourcen erscheint es als unabdingbar die Akteure der staatlichen Legislative und Exekutive in das Projekt einzubinden, so dass diese entsprechende Gesetze auf den Weg bringen und Haushalte bereitstellen können. Aus der Zivilgesellschaft wären weiterhin Akteure einzubinden, welche im Rahmen regionaler Transformationsräte den betrieblichen Transformationsprozess legitimieren und politisch organisieren sollten. Dieser Rückhalt in der Zivilgesellschaft ist auch deswegen von zentraler Bedeutung, weil ohne ihn den Eigentümerinteressen der Aktionäre nur schwer entgegenzuwirken wäre. Schließlich, so Urban, kommt auch der Transformationsforschung selbst eine tragende Bedeutung in diesem Prozess zu. Geleitet durch einen „hinreichenden Drang zu den Praxisproblemen der Transformation“ (ebd.: 318) soll eine solche Forschung dazu beitragen, evidenzbasiertes Wissen für die zentralen Transformationskonflikte zur Verfügung zu stellen und „Transformationsakteure über Restriktionen und Optionen zu informieren.“

Ein entsprechend engagiertes Konzept der parteiischen Transformationsforschung stellt die Perspektive der ‚Just Transition‘ dar. Ausgangspunkt ist die Annahme, dass es die Lohnabhängigen sind, „die aufgrund ihrer Position in der Gesellschaft ein gemeinsames Interesse an einer Überwindung des Kapitalismus entwickeln und diese letztlich auch durchsetzen können“ (Wagner et al. 2025: 135). Wie Wang und Lo (2021: 28) darlegen, reicht das Konzept in der Praxis sozialer Bewegungen bis in die frühen 1970er-Jahre zurück, während es im wissenschaftlichen Kontext erst im Laufe der 2000er auftrat.

Wesentlich geprägt wurde es von Gewerkschaften, die den Einfluss von Umweltpolitik auf die lohnabhängige Klasse reflektierten (vgl. Puyeo/Leining 2023: 2). Ihm zu Grunde liegen hierbei eine Reihe von Zielen und Prinzipien (ebd.):

- Das Ziel einer Ökonomie mit geringem CO_2-Ausstoß.
- Die Berücksichtigung von Erwerbs- und Beschäftigungsinteressen.
- Investitionen in Technologien, die geringe Emissionen bewirken und einen hohen Einsatz menschlicher Arbeit erfordern.
- Langfristige politische Planung.
- Ein Streben nach Verteilungsgerechtigkeit und der Verbesserung von Arbeits- und Beschäftigungsbedingungen im Prozess des Übergangs in eine neue Form der Ökonomie.
- Die Kompensation von Kommunen, zu deren Lasten die Veränderungen gehen.
- Kommunen sollen unabhängig und belastbar werden, indem die Wertschöpfung diversifiziert und alternative Modelle von Eigentum wie zum Beispiel die Verfügung der Gemeinden über Systeme erneuerbarer Energien erprobt werden.
- Verbraucher:innen sollen erschwinglichen Zugang zu nachhaltigen Produkten bekommen.
- Bürgerbeteiligung.
- Initiativen zum Schutz und zur Wiederherstellung der Natur.
- Nationale Grundrechte und Ansprüche indigener Volksgruppen sollen hier grundsätzlich anerkannt werden.

Breite und Anspruch der skizzierten Zielsetzungen zeigen, wie voraussetzungsreich die sozialökologische Transformation in ihren Einzelheiten ist. Eine politische – weil auf Prozesse der Mobilisierung abhebende – Wendung dieser Problemstellung findet sich bei Brand (2014: 273), der folgende programmatische Frage ins Zentrum des Erkenntnisinteresses rückt:

> „Wie werden Beschäftigte und Gewerkschaften, soziale Bewegungen und kritische Umweltverbände sowie progressive Unternehmer und kritische Wissenschaftlerinnen zu handelnden Akteuren und gleichzeitig eingebunden in ein plurales linkes Projekt und damit zu Akteuren einer ‚Mosaik-Linken'?"

Jenseits appellativer Forderungen in Bezug auf das, was eine Gesellschaft, die das gute Leben in einer dekarbonisierten Ökonomie ermöglichen soll, alles benötigt, erscheint eine solche auf reale Bündnispolitiken abhebende Perspektive grundsätzlich als weiterführend. Indem er die Durchsetzungsfähigkeit politischer Akteure erheben will, deren Zusammenwirken im Kontext der real existierenden Kräfteverhältnisse eine Veränderung bewirken könnte, eröffnet ein solcher Zugang ein Verständnis realer politischer Prozesse jenseits normativer Erwägungen. Über die tatsächliche Realisierbarkeit entsprechender politischer Projekte ist damit aber freilich noch nichts gesagt.

8.5.2 Pessimistische Ansätze

Gegenüber den optimistischen Ansätzen, die Möglichkeit und Notwendigkeit einer Dekarbonisierung der Ökonomie unter Berücksichtigung sozialer Zielgrößen begründen wollen, beziehen sich skeptische Positionen auf soziale Blockaden, die eine solche Entwicklung verhindern könnten. Angesichts einer realen Entwicklung, im Zuge derer die Kipppunkte des Klimawandels – etwa beim Auftauen der Permafrostböden – lange überschritten sind, politische Zusammenkünfte zum Klimathema keine belastbaren Regelungen erarbeiten, und die sozioökonomische Entwicklung keinerlei Massenkaufkraft schafft, welche für die Umsetzung des Klimaschutzes im Rahmen des Marktes notwendig wäre, erscheint die sozialökologische Transformation aus dieser Perspektive bestenfalls als ein hehres Ziel, dessen Erreichung allerdings nicht realistisch ist.

Eine besonders interessante Position entwickelt in diesem Zusammenhang Ingolfur Blühdorn. Als politische Kraft hinter dem Anliegen der sozialökologischen Transformation identifiziert Blühdorn das sog. ‚Ökologisch-emanzipatorische Projekt'. Vertreter:innen dieses Projektes, so Blühdorn (2024: 29), „fragen aus einer Perspektive normativer Gewissheit und im festen Glauben an ihre Gestaltungs- und Steuerungsfähigkeit: ‚Wie wollen wir leben?' ‚In was für einer Welt wollen wir leben?'"

Als konstitutive Elemente des ökoemanzipatorischen Projekts identifiziert Blühdorn (ebd.: 25) die folgenden Aspekte: Eine Kritik der Beherrschung von Mensch und Natur (1) geht einher mit einer allgemeinen Forderung nach Selbstbestimmung und Herrschaftskritik gemäß eines Ideals der Autonomie von Mensch und Natur (2) sowie die Anerkennung universeller Rechte beider (3). Eine Wertschätzung von Vielfalt gegenüber den Prinzipien der Standardisierung und Normierung (4) wirkt hier zusammen mit dem Glauben an moralische Freiheit und Verantwortung (5) mit einem Vertrauen auf Rationalität und Vernunft (6) sowie eine Einsicht in unverhandelbare ökologische Imperative (7). Dem Denksystem zugrunde liegt weiterhin eine Vorstellung allgemeiner Steuerungsfähigkeit der Gesellschaft (8) sowie ein Grundvertrauen in Initiativen demokratischer Selbstregierung der Menschen (9) sowie eine Idealvorstellung von Mündigkeit (10). Langfristigkeit und Vorsorge sind die leitenden Gestaltungsprinzipien (11), Aufklärung und Bildung sind die Mittel politischer Kommunikation (12) und die Ausweitung demokratischer Partizipation (13) stellt aus dieser Perspektive einen Selbstzweck dar. Sinnstiftend sind für die Protagonist:innen des ökologisch-emanzipatorischen Projekts schließlich ein Selbstverständnis als Avantgarde einer ökologisch, militärisch und sozial befriedeten neuen Gesellschaft (14) sowie eine kosmopolitische Perspektive auf globale Zusammenhänge (15).

In starkem Kontrast zu diesem ambitionierten Projekt und dem avantgardistischen Selbstverständnis seiner Protagonist:innen steckt das sozialökologische Transformationsprojekt, so Blühdorn (2024: 72) weiter, „in mehrfacher Hinsicht fundamental in einer Falle." Eine Kumulation sozialer und politischer Krisen schränkt den Einfluss der Politik ein und bedingt eine problemorientierte Gegenwartsfixierung, welche langfristige Steuerung stark erschwert (1). Eine Restrukturierung der Wirtschaft im Sinne einer Dekarbonisierung würde weiterhin starke

Einschränkungen im Konsum und der Lebensqualität großer Bevölkerungsteile erfordern (2). Diese Einschränkungen liefen jedoch zeitgenössischen Idealen von Selbstverwirklichung entgegen und wären daher politisch schwer vermittelbar. Unter neoliberalen Bedingungen erscheinen entsprechende Einschränkungen als Einmischung in die Freiheit des Privatlebens. Jahrzehnte neoliberaler Politik haben die soziale Ungleichheit auch im Rahmen der Sozialkapitalismen des globalen Nordens so stark erhöht, dass die realen Kosten einer Restrukturierung der Wirtschaft auf Seiten der Verbraucher:innen nicht zu tragen wären (3). Weiterhin würden die Potenziale partizipativer Politik von den Befürworter:innen des ökologisch-emanzipatorischen Projektes systematisch überschätzt (4). Gleichzeitig sei der neoliberale Staat aber von sich aus nicht mehr in der Lage, entsprechend weitreichende Veränderungen selbständig einzuleiten und durchzusetzen (5). Generell würden die Protagonist:innen des ökologisch-emanzipatorischen Projekts ihre Überzeugungskraft und Durchsetzungsfähigkeit überschätzen (6). Und schließlich sei im Lichte der geopolitischen Verschiebungen im Weltsystem ohnehin bald mit einer Verschiebung der politischen Salienzen zu rechnen, die die Bedeutung der sozialökologischen Transformation massiv reduzieren würde.

Während die gesellschaftlichen Rahmenbedingungen für eine Umgestaltung hin zu einer dekarbonisierten Leistungserstellung und Güterverteilung nicht gegeben seien, kompensiere die Gesellschaft ihr Scheitern auf diesem Gebiet im Wege sogenannter „simulativer Politik“ (Blühdorn 2013). Während solche Politik einerseits das stolze Selbstverständnis der bewusst lebenden, demokratischen, mündigen, kosmopolitischen, usw. usf. Citoyennes auf einer symbolischen Ebene bedient, bleibt sie – angesichts der realen Kräfteverhältnisse – praktisch weitgehend folgenlos.

Die Ideologiekritik, die hier zum Tragen kommt, ist weitreichend und schließt grundsätzlich auch die oben vorgestellten Ansätze mit ein, die eine optimistische Perspektive auf die Machbarkeit einer sozialökologischen Transformation etablieren. Indem wissenschaftliche Beiträge die Möglichkeit grundlegender Veränderungen im Sinne einer Verbesserung der sozialen und ökologischen Bedingungen betonen, tragen sie aus dieser Perspektive potenziell auch zur Rationalisierung einer gesellschaftlichen Konstellation bei, in der entsprechende Ambitionen aufgrund herrschender Kräfteverhältnisse und mit ihnen verbundener

Beharrungseffekte von vornherein zum Scheitern verurteilt sind. Wir werden auf diese Frage am Ende des Kapitels zurückkommen.

8.6 Arbeitspolitische Perspektiven auf die sozialökologische Transformation

Betrachtet man die Geschichte der sozialwissenschaftlichen Auseinandersetzung mit Fragen der Ökologie, stellt man fest, dass vor allem zu Beginn eine klassen-, geschweige denn arbeitspolitische Perspektive auf das Geschehen in diesem Bereich praktisch nicht repräsentiert war. Dem klassischen Diktum „Not ist hierarchisch, Smog ist demokratisch", welches Ulrich Beck (1986: 48) in der Risikogesellschaft prägte zufolge, werden soziale Ungleichheiten im Zuge der Verbreitung ökologischer Risiken zunehmend relativiert. Eine entsprechende Leerstelle prägte lange die Auseinandersetzung mit Fragen der Ökologie aus sozialwissenschaftlicher Perspektive.

Einher mit dieser, wie Marxist:innen sagen würden, unmaterialistischen Perspektive auf den Gegenstand geht hier häufig eine gewisse Naivität, die die Diffusion ökologischer Einsichten betrifft. Wie Dörre et al. (2023) proklamieren, beruht ein Grundfehler dieser Perspektive „in der Annahme, bloßes Wissen um ökologische Großgefahren genüge, um Gesellschaften zu Einsicht und Umkehr zu bewegen." Gegenüber einer solchen analytischen Verkürzung macht Klaus Dörre die These stark, dass der traditionelle Klassenkonflikt, durch den sich (industrie-)kapitalistische Gesellschaften auszeichnen, im Zeitalter des Klimawandels graduell in einen Transformationskonflikt wandelt, im Zuge dessen ökologische Themen immer stärker mit der sozialen Frage in Verbindung gebracht werden. Die gesellschaftliche Dilemmasituation beschreibt Dörre hierbei mit dem Motiv einer ökonomisch-ökologischen Zangenkrise. Während ein zurückgehendes Wirtschaftswachstum prinzipiell notwendig ist, um gesellschaftliche Verteilungskonflikte im Rahmen zu halten, wirkt eben dieses Wirtschaftswachstum zersetzend auf die ökologische Lebensgrundlage der Gesellschaft (Dörre 2019).

In einer konzeptionellen Rahmung einer sozialwissenschaftlichen Perspektive auf Transformationskonflikte in der Arbeitswelt kommen für Dörre et al. (2023) drei Punkte zum Tragen. So müssen ökologische und klassenpolitische Aspekte erstens – und ihrer praktischen Verwobenheit zum Trotz – in ihrer jeweiligen Eigenlogik in Betracht gezogen werden. Im Rahmen betrieblicher Sozialordnungen, die das Geschehen des Wertschöpfungsprozesses vor Ort organisieren, werden die Konfliktdynamiken, so die zweite These, vom Konflikt zwischen Eigentümer- und Beschäftigteninteressen bestimmt. Der Verlauf von Transformationskonflikten wird aus dieser Perspektive daher wesentlich durch die beteiligten Interessenorganisationen mitbestimmt. Die dritte These besagt, dass eine dauerhafte Partizipation der Interessenorganisationen im arbeitspolitischen Entscheidungsprozess nur dann gewährleistet ist, wenn Belegschaften dauerhaft in Produktionsentscheidungen eingebunden sind. Auf diese Weise können in Transformationskonflikten Tendenzen und Momente der ökologischen Krise verarbeitet werden:

> „Ökologische Verwerfungen und Reformanstrengungen treffen auf gesellschaftliche Widersprüche, Konfliktpotenziale oder bereits manifeste Konflikte, mit denen sie interagieren“ (Graf et al. 2023: 7).

Als Ausgangspunkt einer gewerkschaftlichen Perspektive kann mit Goes (2024: 93) die Feststellung dienen, dass Menschen als Klassensubjekte in vierfacher Weise in die soziale Ordnung des fossilen Kapitalismus eingebunden sind. In der Rolle von Verbraucher:innen halten wir das Wirtschaftssystem auf der Nachfrageseite am Laufen. Je nachdem, welche Produkte wir kaufen und welche nicht, stärken und schwächen wir unterschiedliche Wirtschaftszweige. Auf diese Weise tragen wir in Bezug auf die sozialökologische Transformation im Rahmen von Alltagsentscheidungen zu unterschiedlichen Entwicklungssequenzen bei. In der Rolle von Lohn-, beziehungsweise Profitanhängigen (ein anderes Wort für Kapitalist:innen) nehmen wir eine Position im System gesellschaftlicher Arbeitsteilung ein. Hiermit verbunden sind etwa Einkünfte, Beschäftigungsbedingungen oder mittel- oder langfristige Perspektiven mit Blick auf die eigene Erwerbsposition. Drittens prägt unser Status als Subjekt oder Objekt von Ausbeutung und Klassenherrschaft individuelle Charakterstrukturen sowie die politische Orientierung von Klassenfragmenten. Und viertens reagieren wir, je nach Position im Klassengefüge, unterschiedlich auf die Effekte der Klimakrise – etwa mit Blick auf die individuelle Kaufkraft oder die Bestandsperspektiven der Wirtschaftszweige, im Rahmen derer wir uns verdingen.

Sowohl mit Blick auf verteilungs- wie ökologiepolitische Mobilisierung im Feld der Arbeitspolitik haben Gewerkschaften und Betriebsräte im Rahmen betrieblicher Sozialordnungen oder branchenspezifischen Auseinandersetzungen in erster Linie die Kapitalseite als Gegenüber. Im „Sturmzentrum" (Dörre et al. 2023) stehen dabei die Beschäftigten aus den produktionsintensiven Branchen wie der Automobil-, der Metall- und Elektro-, der Chemieindustrie oder dem Maschinenbau. Der Kampf für eine sozialökologische Transformation wäre insgesamt mit dem Ziel der Etablierung eines ökologischen Sozialstaats auszufechten (Dörre et al. 2024).

Auf der Mikroebene sozialer Interaktionen bestünden diese Kämpfe vor allem in der Auseinandersetzungen um Lebensstile und Distinktionsstrategien. Hier wäre idealerweise zu zeigen, dass die sozialökologische Transformation insgesamt einen Anstieg der Lebensqualität für alle (oder zumindest die meisten) bedeuten würde. Die Bereitschaft zur Beteiligung an einem solchen Projekt geht jedoch in dem Maße zurück, wie die eigenen Lebensentwürfe hierbei nicht als abgewertet erlebt werden. Auf der Meso-Ebene des Betriebes entscheidet die bürokratische Kontrollmacht darüber, welche Produkte auf welche Weise hergestellt und wie die Arbeit zu diesem Zweck zu organisieren ist. Auch hier ist es von wesentlicher Bedeutung, den Produktionsprozess im Sinne einer Dekarbonisierung der Ökonomie umzugestalten. Schließlich wäre auf der Makroebene im Wege staatlicher Politiken eine Abgabenökonomie einzurichten, die die Kosten der sozialökologischen Transformation in einem ergebnisorientierten Sinne so verteilt, dass eine Umstellung der Ökonomie möglich wird. Als Grundregel kann hier gelten: Je größer der CO_2-Ausstoß, desto höher muss auch der Beitrag zur Finanzierung der Transformation sein. Die Etablierung eines solchen ökologischen Sozialstaats wäre dabei unmittelbar auf die organisierte Lohnabhängigenmacht angewiesen, die Gewerkschaften in diesem Zusammenhang ausüben können.

Die Mobilisierung dieser Form von Lohnabhängigen im Feld der sozialökologischen Transformation ist dabei geknüpft an ein Grundproblem. Vor dem Hintergrund der Vielfalt an Weltbildern und Interessen unter den Akteuren in diesem Feld stellt sich entscheidend die Frage „Wer sind eigentlich wir?" (Beckert 2024: 14):

> „Sie ist deshalb entscheidend, weil Veränderungen handlungsmächtiger und handlungswilliger Akteure bedürfen, die über Ressourcen verfügen, Umgestaltungen durchzusetzen, und zwar in einem umkämpften Feld, bevölkert

> von einer Vielzahl anderer Akteure, die ganz unterschiedliche Interessen und Ziele haben, zu denen vielleicht, vielleicht aber auch nicht der Klimaschutz gehört."

Hierbei ist, wie Wagner et al. (2025: 12) herausstellen, zu beachten, dass „die Entscheidungsgewalt über die materiellen und institutionellen Bedingungen des gesellschaftlichen Lebens [...] ungeheuren Mehrzahl der Menschen heute objektiv vorenthalten" ist. Ein kritisches Bewusstsein allein, dessen Existenz selbst nicht vorausgesetzt werden kann allein wäre hier nicht ausreichend, um eine erfolgreiche politische Mobilisierung zu gewährleisten. Effektives kollektives Handeln würde auch hier eine erfolgreiche Bündnispolitik voraussetzen, die die Beteiligung individueller Akteure in den Gewerkschaften, Betriebsräten und sonstigen sozialen Bewegungen gewährleisten könnte. Aus Sicht von Kalt (2023: 102) stellt sich vor diesem Hintergrund die Frage,

> „wie Gewerkschaften und Klimabewegungen diese Konfliktlinie überwinden können, um gewerkschaftliche und ökologische Kämpfe zu verbinden und Transformationsallianzen aufzubauen, die sich zu gegenhegemonialen Kräften für eine sozial-ökologische Alternative jenseits eines fossilen wie grünen Kapitalismus entwickeln können."

Die Frage nach der Mobilisierbarkeit politischer (allgemein) und gewerkschaftlicher (spezifisch) Interessen im Kontext der sozialökologischen Transformation ist bislang noch weitgehend unerforscht. Eine grundlegende Einsicht aus der Prekarisierungsforschung aufgreifend lässt sich aber voraussetzen, dass eine grundlegende Orientierung an mittelfristigen Zielen für die Akteure eine einigermaßen gesetzte wirtschaftliche Situation in der Gegenwart voraussetzt. Während, wie Bourdieu (2000) am Beispiel der kabylischen Landarbeiter herausgestellt hat, erfordert mittelfristiges Denken ein Mindestmaß an sozialer Sicherung. Insofern lässt sich bis hierhin konstatieren, dass auch ein Umbau der Gesellschaft im Sinne einer sozialökologischen Transformation nur dann möglich erscheint, wenn für die lohnabhängige Klasse ein existenzsicherndes Mindestmaß an sozialen Standards gesichert ist. Vor diesem Hintergrund stellt der folgende Abschnitt die Befunde der sozialwissenschaftlichen Einstellungsforschung mit Blick auf die gewerkschaftspolitische Sicht auf die sozialökologische Transformation vor.

8.7 Einstellungen zur sozialökologischen Transformation

Ein Blick auf die Ebene der Einstellungen zur sozialökologischen Transformation kann uns Auskunft darüber geben, welche Haltungen und Weltbilder die Lohnabhängigen in Prozesse politischer Mobilisierung mitbringen. Auf einer allgemeinen Ebene stellt eine Erhebung des Spiegels fest, dass 56 Prozent der deutschen Lohnabhängigen im technologischen Wandel mehr Risiken als Chancen erkennen (vgl. Dieckmann 2019). Gleichzeitig stellt eine Umfrage von Dörre et al. (2024) fest, dass 84 Prozent der befragten Lohnabhängigen der Ansicht sind, der Klimaschutz ginge in Deutschland allgemein zu langsam voran. 98 Prozent halten hier den Ausbau regenerativer Energien für ein wichtiges politisches Ziel und 75 Prozent vertreten die Ansicht, die Politik solle der Wirtschaft strengere Vorgaben zum Klimaschutz auflegen (Dörre et al. 2024).

Untersuchungen zu den Einstellungen wirtschaftlicher Akteure zur sozialökologischen Transformation liegen bislang in begrenztem Maße vor (für den Fall ökologisch motivierter Entrepreneure siehe etwa Gajewski 2025). Anders als die eingangs angeführten Umfrageergebnisse konstatieren Eversberg et al. (2024: 12), dass sich bei sozialökologischen Themen „[a]n immer mehr Stellen […] die Fronten zu verhärten“ scheinen.

In ihrer auf 4.000 Befragungen beruhenden Untersuchung der Einstellungen zur sozialökologischen Transformation finden Eversberg et al. (2024) drei große Spektren sozialökologischer Mentalitäten in der deutschen Bevölkerung. Verschiedene Erfahrungshintergründe bedingen hier Unterschiede in den Haltungen zur Umweltpolitik sowie der Möglichkeit und Notwendigkeit eines entsprechenden Umbaus der Gesellschaft. Die Anhänger eines „emphatisch-jahenden“ Verständnisses“ finden sich im ökosozialen Spektrum (ebd.:163). Die Transformation der Gesellschaft erscheint ihnen als bewusst erstrebenswert und sie behandeln sie als gemeinschaftlich zu lösende Aufgabe. Neben ökologischen Aspekten spielen für sie auch soziale und basisdemokratische Aspekte eine tragende Rolle in den anstehenden Veränderungen. Angesichts ihrer sozialen Besserstellung erscheint es nachvollziehbar, dass die Angehörigen dieses Spektrums etwaige wirtschaftliche Einbußen weniger zu fürchten scheinen als andere. Im konservativ-steigerungsorientierten Spektrum versammeln sich demgegenüber Personen, deren soziale Position sich vor allem durch materiellen Wohlstand und einer Erwerbsintegration in technische Berufe auszeichnet. Anders als die Ökosozialen hängen die Konservativ-Steigerungsorientierten einem instrumentellen Naturverständnis an. Veränderungen im Produktionssystem erscheinen ihnen nur dann akzeptabel, wenn sie in der Konsequenz keiner Schlechterstellung erfahren. Ein defensiv-reaktives Spektrum beinhaltet schließlich diejenigen, die in die unteren Segmente des Arbeitsmarktes integriert sind. Aus dieser Perspektive erscheint die sozialökologische Transformation als „ein weiterer Punkt in einer langen Liste von Zumutungen“ (ebd.: 165).[45]

Das Verhältnis zwischen den unterschiedlichen Mentalitäten, so Eversberg et al. (ebd.) wird innerhalb von vier Konfliktdimensionen strukturiert. Im Abstraktionskonflikt drehen sich die Auseinandersetzungen und Deutungskämpfe um die Verteilung von „Reichtum, Macht und gesellschaftlichen Einfluss“ (ebd.). Während diese Themen die Grundlagen der Auseinandersetzung konstituieren, wird der Konflikt von den Beteiligten eher abstrakt erlebt, indem sie dort ihr Verhältnis zur Gesamtgesellschaft erfahren. Im Lebensweisekonflikt äußern sich Differenzen in der Konsument:innenrolle sowie in den Interessen am Öffentlich-Allgemeinen (Wohlfahrtsstaat) beziehungsweise Privat-Partikularen (eigenes Vermögen). Der Veränderungskonflikt bezeichnet die Auseinandersetzungen um die Notwendigkeit und Tragweite der im Zuge der Transformation zu bewirkenden Wandlungserscheinungen. Der Externalisierungskonflikt schließlich betrifft die Frage, wen die Fol-

45 Die drei genannten Spektren gliedern sich wiederum in die folgenden zehn Einzelmentalitäten: Die Mentalitäten des Ökosozialen Spektrums umfassen das der progressiven Selbstverwirklichung (10,8 Prozent der Befragten), das der ökosozialen Aktivbürgerlichkeit (6,6 Prozent der Befragten) sowie das der ökosozialen Reduktion (9,0 Prozent der Befragten). Die Mentalitäten des konservativ-steigerungsorientierten Spektrums umfassen das des liberalen Wachstumsoptimismus (10,9 Prozent der Befragten), das des öko-Konservatismus (12,1 Prozent der Befragten) sowie das des harmonistischen Konformismus (13,3 Prozent der Befragten). Die Mentalitäten des defensiv-reaktiven Spektrums umfassen die des instrumentellen Wachstumsindividualismus (7,0 Prozent der Befragten), das der regressiven Veränderungsaversion (6,9 Prozent der Befragten) sowie das der zurückgezogenen Notwendigkeit (12,2 Prozent der Befragten). Ein weiterer, keinem Spektrum klar zuzuordnender Typ ist die Akquieszenz (6,5 Prozent der Befragten) (vgl. ebd.: 91ff.).

gen des Klimawandels sowie die der Transformation betreffen sollten – dieser spielt sich anders als die anderen auch im internationalen Rahmen im Verhältnis von Globalem Norden und Globalem Süden ab.

Ein wichtiger Befund der Studie von Eversberg et al. besteht darin, dass die kulturelle Konfliktdimension die Wahrnehmung des Konfliktgeschehens in Zusammenhang mit der sozialökologischen Transformation weitgehend dominiert. Entsprechend überlagert die Auseinandersetzung um kulturelle Aspekte in der öffentlichen Debatte auch die Forderungen nach Umverteilung und weiteren Maßnahmen wirtschaftlicher Strukturpolitik zum Zweck der Bewältigung der sozialökologischen Transformation.

In ihrer Studie unter Beschäftigten aller deutschen Bundesländer untersuchen Schulz und Trappmann (2023: 51) die Haltungen von Beschäftigten zu Fragen von Nachhaltigkeit und Klimaneutralität – sowohl für den persönlichen Bereich als auch in Bezug zur Politik unter Berücksichtigung arbeitspolitischer Prozesse. Insgesamt fühlen sich 80 Prozent der Beschäftigten gut über den Klimawandel informiert, 73 Prozent zeigen sich sogar besorgt, ca. 50 Prozent sind ängstlich und empört (ebd.: 9). Über die Hälfte nimmt bereits größere Auswirkungen des Klimawandels wahr. Vor diesem Hintergrund erkennt die Mehrheit der Befragten eine Notwendigkeit zu handeln.

Die Auseinandersetzung um klimapolitische Fragen führen die meisten Befragten eher im privaten als im beruflichen Rahmen. Über 80 Prozent diskutieren Probleme aus dem Bereich des Klimawandels regelmäßig mit Mitgliedern ihrer Familie, während dies im Betrieb nur bei knapp 25 Prozent der Fall ist. Weiterbildung und Schulungen zum Klimaschutz finden nur in geringem Umfang statt. 60 Prozent der Befragten hat diesbezüglich keinerlei Maßnahmen durchlaufen. Unter den Gewerkschaftsmitgliedern ist der Anteil der Absolventen entsprechender Maßnahmen allerdings doppelt so hoch. Bezüglich der eigenen Fähigkeiten geben 42 Prozent der Befragten an, über Kapazitäten zu verfügen, die in sog. ‚grünen Sektoren' arbeitsmarktgängig sind. 60 Prozent sind hier auf Weiterbildung angewiesen, 23 Prozent sogar in erheblichem Umfang (ebd.: 12). Gewerkschaftsmitglieder schätzen ihre Fähigkeiten in diesem Zusammenhang wesentlich optimistischer ein. Auch geben Gewerkschaftsmitglieder wesentlich öfter an, dass sie in Unternehmen arbeiten, die Reduktionsmaßnahmen in Bezug auf den CO_2-Ausstoß eingeführt haben. Allgemein zeigen die Befunde eine verbreitete Unsicherheit über die Auswirkungen des Klimawandels sowie für die Bedingungen einer – wie auch immer – sozialökologisch transformierten Ökonomie.

In 40 Interviews mit Lohnabhängigen aus gewerkschaftsnahen Milieus hat Goes Erfahrungen in der Arbeitswelt und allgemeine Einstellungen zu Politik und Gesellschaft vor allem in Bezug auf die sozialökologische Transformation erhoben. Die Befragten waren hierbei in drei Branchen beschäftigt – dem Werkzeug- und Maschinenbau, dem Handel sowie dem Gesundheitswesen (vgl. ebd.: 18). Während die Beschäftigten der Industrie an höher regulierten Arbeitsplätzen arbeiten, die auch Möglichkeiten zur Mitbestimmung bieten und in der Regel besser bezahlt werden, zeichnet sich die Tätigkeit im Gesundheitswesen durch etwas schlechtere Bedingungen auf der einen und eine wirtschaftliche Krisenresistenz auf der anderen Seite aus. Besonders prekäre Arbeits- und Beschäftigungsverhältnisse finden sich schließlich im Einzelhandel.

Aus den Gesprächen erkennt Goes (2024: 159) sechs spezifische Deutungsmuster. Nationalrebellische Nationalist:innen erkennen politische Probleme vor allem in Gestalt der kulturellen Veränderungen, die in der Bundesrepublik durch die Einwanderung entstehen. Sie arbeiten vor allem im Handel. Soziale Gemeinwohldemokrat:innen erkennen das größte Konfliktpotenzial hingegen im Gegensatz von ‚Oben' und ‚Unten', während hier ausgrenzende Deutungen gegenüber Migrant:innen keinerlei Bedeutung haben. Sie finden sich in allen drei Wirtschaftssektoren wieder. Die Gruppe der (enttäuschten) Sozialliberalen nimmt die Gesellschaft ebenfalls im Gegensatz von ‚Oben' und ‚Unten' wahr, während dieser Antagonismus nicht von der gleichen Intensität wie im Falle der sozialen Gemeinwohldemokrat:innen. Sie arbeiten überwiegend in der Industrie. Leistungsorientierte Sozialkonservative formulieren als „sozialen" Anspruch an Beschäftigungsverhältnisse eine anerkennende Bezahlung und einen sorgenden Umgang, wobei diese absolut nicht besonders stark ausgeprägt sein müssen. Sie finden sich vor allem in der Industrie und den Krankenhäusern. Die Ökologie-Zuerst-Bewegten (ebd.: 242) sehen als zentralen Konfliktgegenstand die Zerstörung der Natur im Wirtschaftsprozess. Sie sind vor allem im Gesundheitssektor und im Handel beschäftigt. Exklusiver Sozialpopulismus bezeichnet eine Haltung, die soziale Ungleichheit zwischen ‚Oben' und ‚Unten' sowie gegenüber Migrant:innen gleichermaßen problematisiert. Auch sie arbeiten vorwiegend im Handel.

Ausgehend von der Grundannahme, „dass sich die ökologische Frage zunehmend als Klassenfrage stellen wird“ untersuchen auch Tullius und Wolf (2023) sowie Wolf et al. (2021) Mentalitäten im Prozess des Klimawandels und seiner sozialen Verarbeitung. Den Fokus ihrer Untersuchung richten die beiden Untersuchungen hierbei auf vier ‚Transformationskonstellationen‘ – den Automobilcluster der Region Stuttgart, die Finanz- und Flughafendienstleistungen der Region um Frankfurt am Main, den Ostthüringer Gesundheitssektor sowie die ehemaligen Industrie- und (neuen) Wissensdienstleistungsbranchen im Ruhrgebiet. Für die Transportbeschäftigten gelten hier, so Tullius und Wolf (2023: 70) Leistungsstolz, das Wohlehrgehen der Familie sowie die Sicherung der eigenen Existenz als zentrale Handlungsziele in der Erwerbstätigkeit. Ihre Transformationserfahrungen beziehen sich auf eine erlebte Fragmentierung der Gesellschaft sowie die Prekarisierung der eigenen Existenz – dieses Erleben wird durch die Corona-Pandemie noch weiter zugespitzt. Allgemein stellt sich ihnen ihre Situation als existenzbedrohend dar. Die Produktionsarbeiter:innen im Stuttgarter Autocluster werden ebenfalls durch Leistungsstolz und eine Verpflichtung gegenüber der eigenen Familie zum Arbeiten motiviert. Anders als die Transportbeschäftigten zielt ihr Handeln nicht auf eine bloße Existenzsicherung, sondern auf die Absicherung der gewonnenen Privilegien. Im Zuge der Transformation erkennen sie die Verlagerung von Produktion, Automatisierung und den Umstieg auf E-Mobilität als Risiken. Ihre Interpretation der eigenen Lage lässt sich auch als ‚Verunsicherte Stabilität‘ (ebd.) beschreiben.

8.8 Gewerkschaften in der sozialökologischen Transformation

Die Forschung zur Rolle der Gewerkschaften im Prozess der sozialökologischen Transformation ist derzeit nicht besonders weit entwickelt. Das „politische Mandat in Zeiten der sozial-ökologischen Transformation“ beschreibt Hans-Jürgen Urban (2025: 21) in dreierlei Weise: Zum einen obliege es den Gewerkschaften, durch gezielte Einflussnahme – wie Lobbying, aber auch die Organisation von Demonstrationen und Protesten oder Maßnahmen politischer Bildung – Druck auf die Politik auszuüben, den Wandel der Dekarbonisierung voranzubringen. Eine zweite Aufgabe erkennt er im Hinwirken auf eine Demokratisierung von Betrieb und Gesamtwirtschaft. Nur wenn die Interessen der Beschäftigten zum Ausgangspunkt einer Neuordnung der Ökonomie gemacht würden, so die Überlegung, ließe sich tatsächlich eine nachhaltige Wirtschaftsordnung etablieren. Schließlich benennt er auch konkrete Eingriffe in die stoffliche Transformation der Wertschöpfung als Notwendigkeit für einen Wandel. Die direkte Einflussnahme auf Produktionsentscheidungen durch die Interessenvertretung kann aus dieser Perspektive ebenfalls helfen, den Wandel der Dekarbonisierung zu beschleunigen (vgl. Hopp/Seeliger 2025).

In einem der wenigen empirischen Beiträge zur deutschen Debatte unterscheiden Holzschuh et al. (2020: 139) vier Bereiche von Gewerkschaftspolitik, in denen sich ökologische und soziale Fragen berühren. Erstens sollten Gewerkschaften sich daran beteiligen, den Menschen die Notwendigkeit einer Umgestaltung von Ökonomie und Gesellschaft erklären. Zweitens sollten sie sich politischen Initiativen widersetzen, die darauf abzielen, den Umbau des Produktionssystems mit marktförmigen Mitteln zu bewältigen. Eine dritte Aufgabe besteht darin, aufzuzeigen, dass es vor dem Hintergrund der ökologischen Bedrohung keine Re-Etablierung klassischer Umverteilungspolitik geben sollte, wie sie im fossilen Wohlfahrtskapitalismus üblich gewesen ist. Und viertens sollten sie auf eine Erhebung ökologischer und sozialer Nachhaltigkeitsziele in den Verfassungsrang hinwirken, um sie im Grundgesetz zu verankern.

Diese vier normativen Forderungen mögen angesichts der klimapolitischen Krisensituation als erstrebenswert angesehen werden. Die reale Programmatik der deutschen Gewerkschaften bilden sie jedoch nicht ab (siehe hierzu die umfangreiche Studie von Flemming 2022). Grundsätzlich stellt sich in diesem Zusammenhang das Problem der Eingebundenheit der deutschen Gewerkschaften in das Wachstumsmodell der fordistischen und postfordistischen Ökonomie. Seit dem Ende des Zweiten Weltkriegs wurden hier Wirtschaftswachstum und Exportüberschuss als Leitorientierungen gewerkschaftlichen Handelns etabliert. Eine entsprechend exportistisch-wachstumsorientierte Haltung prägt seitdem das Engagement zahlreicher hauptamtlicher Gewerkschafter:innen.

Eine breitere Konzeption von Gewerkschaftspolitik geht von der Annahme aus, „dass Lohnabhängige sich nicht auf ihre Rolle als Arbeitsplatzbesitzer*innen reduzieren lassen“ (Graf et al. 2023: 8). Eine entsprechende Perspektive findet sich im Feld des ‚Labor Environmentalism‘ (Räthzel et al. 2021). Der Fokus von Arbeiten aus diesem Bereich liegt auf dem Verhältnis zwischen Natur und Gesellschaft auf der einen und dem zwischen (organisierter) Arbeit und Natur auf der anderen Seite. Die ‚Environmental Labour Studies‘, die sich der Untersuchung dieser beiden Verhältnisse verschrieben haben, zeichnen sich mit Räthzel et al. (2021a) durch drei Charakteristika aus: Sie sind interdisziplinär, insofern sie Grenzen zwischen natur- und sozialwissenschaftlichen Fächern bewusst überschreiten, um eine gegenstandsadäquate Perspektive etablieren zu können. Sie sind international, um dem grenzüberschreitenden Charakter des Produktionssystems genauso Rechnung tragen zu können, wie der politischen Konstellation, die es verändern oder sogar überwinden kann. Drittens handelt es sich um eine Form engagierter Forschung, die den Interessen einfacher Lohnabhängiger sowie denen ihrer politischen Repräsentanten dient – zumindest insofern diese gleichermaßen politisch gerahmt auf soziale wie ökologische Fragen ausgerichtet sind. Auf diese Weise sollen die Environmental Labour Studies evidenzbasierte Unterstützungsleistungen für eine sozialökologische Transformation erarbeiten. Die praktische Positionierung in der Ökologiedebatte beleuchten die folgenden vier Abschnitte mit empirischen Schlaglichtern auf die gewerkschaftspolitische Repräsentation in vier Wirtschaftssektoren.

8.8.1 Gewerkschaften in der Stahlindustrie

Treibhausgasemissionen konzentrieren sich im Rahmen der deutschen Ökonomie zum einen im Bereich der Stahlindustrie. Für diesen Wirtschaftszweig entsteht daher ein besonders hoher Transformationsdruck. Die Dekarbonisierung der Stahlindustrie stellt damit für Pflügler et al. (2025: 122) einen der „größten Hebel zur Reduktion von Treibhausgasemissionen“ dar. Gleichzeitig bezieht mit der IG Metall auch die mitglieder- und einflussstärkste Gewerkschaft der deutschen politischen Ökonomie einen Großteil ihrer Organisationsmacht aus dem Feld der Stahlproduktion. Indem hier tarifierte Arbeitsplätze aus einem hoch regulierten Wirtschaftszweig im Prozess der Transformation zur

Disposition gestellt werden, entsteht für die Gewerkschaft ein starker Handlungsdruck.

Das Vorhaben, die deutsche Wirtschaft bis zum Jahr 2045 klimaneutral zu gestalten, würde im Feld der deutschen Stahlindustrie grundlegende Veränderungen erfordern. In Deutschland finden sich Ende des Jahres 2025 in der Stahlproduktion lediglich in vier der acht integrierten Hüttenwerke Maßnahmen zur Dekarbonisierung der Stahlfertigung. Bei der ThyssenkruppSteel Europe AG ist der Bau einer Direktreduktionsanlage sowie eines Elektrolichtbogenofens geplant. Die Salzgitter AG will ihre Hochöfen schrittweise durch Direktreduktionsanlagen ersetzen und außerdem Windenergieanlagen auf dem Konzerngelände errichten. Weiterhin ist eine Direktreduktionsanlage geplant, die variabel mit Wasserstoff und Erdgas betrieben werden kann. Schließlich planen auch die Dillinger Hüttenwerke (Direktreduktionsanlage und Lichtbogenofen) und Saarstahl (Lichtbogenofen) Maßnahmen zum Zweck der Reduktion des CO_2-Ausstoßes.

In Kombination mit der Digitalisierung der Stahlfertigung bedingen diese Entwicklungen für die IG Metall als zuständige Gewerkschaft eine Reihe von Herausforderungen. Neben allgemeinen Anstrengungen zum Abbau von Arbeitsplätzen und dem Versuch von Unternehmensleitungen, Beschäftigung an Zeitarbeitsfirmen oder Ausgründungen zu verschieben fällt hier die Notwendigkeit zur Weiterqualifikation der Beschäftigten. Eine Möglichkeit für Gewerkschaften hier Einfluss zu nehmen, bestünde darin, eine Industriepolitik zu erzwingen, in der die Bezuschussung lokaler Transformationsprojekte durch staatliche Mittel an die Gewährung von Standortsicherungs- und Beschäftigungsgarantien zu knüpfen. Ohne entsprechende arbeitspolitische Maßnahmen würde ein Strukturwandel im Sinne einer Dekarbonisierung ohne soziale Dimension das Risiko mit sich bringen, Abstiegsängste und Deprivationserfahrungen im lokalen Rahmen zu fördern.

8.8.2 Gewerkschaften in der Automobilindustrie

Im Prozess von Globalisierung, Digitalisierung und der angestrebten Dekarbonisierung ist auch die Automobilindustrie einem massiven Transformationsdruck ausgesetzt. Während die räumliche Konfiguration und die technologischen Aspekte der Fertigung im Zuge der Globalisierung und Digitalisierung geprägt werden, richtet sich die Dekarbonisierung einerseits auf den Produktionsprozess, andererseits aber auch auf die Veränderung der Produktstrukturen. So sollen ab dem Jahr 2035 in Deutschland keinerlei Fahrzeuge mit Verbrennungsmotor mehr zugelassen werden.

Durch in diesem Rahmen entstehende Überkapazitäten sollen im Feld der Automobilindustrie in den nächsten Jahren etwa 150.000 der insgesamt 800.000 Arbeitsplätze abgebaut werden, die die Endhersteller und Zulieferbetriebe aktuell umfassen (Candeias 2022: 386). Zusammen mit der Umstellung auf die neue Antriebstechnologie steht die deutsche Automobilwirtschaft damit „vor einem gravierenden Umbruch“ (Schwarz-Kocher/Stieler 2019: 36).

Im Verhältnis der Binnensektoren aus der Automobilindustrie lässt sich erkennen, dass die Endhersteller aus diesem Bereich, Transformationsdruck ans Zuliefersegment weitergeben. Als „zentrale Fragestellung der Zukunft“ erscheint damit für Blöcker (2011, S. 152): „Wie werden Arbeitsplätze gesichert, wie kann Arbeit umverteilt werden und wo können neue Arbeitsplätze entstehen – angesichts einer so großen Heterogenität innerhalb einer Branche?“

Insgesamt vollzieht sich der Umbau der Branche relativ langsam. Dies liegt vor allem daran, dass man aus Gründen der Profitabilität lange Zeit Verbrennermotoren produziert hat – nicht zuletzt, weil China diese in großer Stückzahl abnahm. Die Neuorientierung von China auf das Ziel der Elektromobilität hin erhöht so den Veränderungsdruck auf die deutsche Automobilbranche.

Die Rolle der Gewerkschaften in diesem Umbruchprozess erscheint im Spiegel der Forschung als umstritten. Während von Seiten der IG Metall als für diesen Industriezweig zuständige Organisation eine Reihe programmatischer Stellungnahmen verfügbar sind, ist ihre Rolle in der praktischen Aushandlung Gegenstand einer geringen Anzahl von Untersuchungen (siehe hierzu etwa Hopp/Seeliger 2025). Als Ziel des gewerkschaftspolitischen Engagements benennt Krull (2022: 63) dreierlei Aspekte – die Produktion einzelner Fahrzeuge, die Organisation der Arbeit in den Unternehmensverbünden sowie ein industrie-, umwelt-, verkehrs- und beschäftigungspolitisches Gesamtkonzept, welches die Transformation der Automobilindustrie insgesamt strukturieren könnte. Neben einer Abkehr vom Verbrennungsmotor und der Fertigung von Fahrzeugen für den Individualverkehr würde dies vermutlich die Einschränkung der Verfügungsgewalt der Manager:innen und Anteilseigner:innen über die Produktionsanlagen erfordern.

8.8.3 Gewerkschaftspolitik in der Lausitz

Die Lausitz ist eine Region, die sich innerhalb Deutschlands über die Bundesländer Brandenburg und Sachsen hinweg erstreckt. Im Zuge der Initiativen zur Dekarbonisierung der Ökonomie ist der dort angesiedelte Braunkohleabbau zum Gegenstand von Veränderungsambitionen geworden, die die lokale Politik nun seit einigen Jahren beschäftigen. Die Schaffung von Arbeitsplätzen in Branchen wie erneuerbaren Energien und der Chemieindustrie soll den Wegfall von Stellen im Bereich des Braunkohlebergbaus kompensieren. Weiterhin bedrohen Fachkräftemangel und die Abwanderung junger, hochqualifizierter Frauen die lokale Ökonomie der Region.

Als zentrale Initiative zur Dekarbonisierung kann in dieser Region das Projekt ‚Net Zero Valley Lausitz' gelten. Im Zuge einer staatlichen Initiative sollen laut dem Plan 17 Milliarden Euro an öffentlichen Geldern und rund 20 Milliarden Euro an privaten Investitionen in die Null-Emissions-Technologien in der Lausitz fließen. Die für die lokale Energiewirtschaft zuständige Gewerkschaft IGBCE beteiligt sich daher intensiv an der Diskussion entsprechender industriepolitischer Konzepte. Mit dem Projekt ‚Revierwende' hat auch der deutsche Gewerkschaftsbund ein Projekt initiiert, welches das Ziel verfolgt, den regionalen Strukturwandel in der Lausitz unter sozialen Aspekten zu gestalten.

Eine unter arbeitspolitischen Aspekten bemerkenswerte Situation ergab sich in der Lausitz am Rande von Aktionen der Ökologiebewegungsinitiative ‚Ende Gelände' aus den letzten Jahren. Während die auf Strategien zivilen Ungehorsams setzende Aktionsgruppe ‚Ende Gelände' öffentlichkeitswirksame Aktionen durchführte, in deren Rahmen sie den Braunkohleabbau in der Region stören und auf die klimaschädlichen Folgen aufmerksam machen wollten, kam es gleichzeitig zu Gegenaktionen von Aktivist:innen aus dem Umfeld der IGBCE. Nachdem Mitglieder von ‚Ende Gelände' Zufahrtswege zu einem Kohlekraftwerk blockierten, versammelte sich eine Gruppe von IGBCE-Mitgliedern und lokalen Anwohner:innen um wiederum gegen die Blockade und eine geplante Kraftwerksbesetzung zu protestieren.

Der Konflikt illustriert den Zielkonflikt zwischen ökologischen und sozialen Zielgrößen in der politischen Praxis sehr gut. Während die Gewerkschaft Beschäftigteninteressen schützen und soziale Belange im Kontext des Arbeitsmarkts vertreten will, richtet sich das Engagement der Ökologiebewegten auf die klimafreundliche Gestaltung der Lausitzer Ökonomie. Schnittmengen zwischen den programmatischen Sichtweisen lassen sich hier schwer finden:

> „Exemplarisch wird das Unverständnis oder gar die Feindseligkeit insbesondere zwischen Industriearbeiter*innen und Klimaaktivist*innen sichtbar, wenn Klimaaktivist*innen rufen »Es gibt kein Recht auf Kohlebaggerfahren«, während sich Kohlearbeiter*innen als »Buhmänner der Nation« behandelt fühlen" (Kaiser 2023: 36).

Ein Gegenbeispiel, welches auf die Möglichkeit einer spektrenübergreifenden Bündnispolitik mit der doppelten Zielsetzung einer dekarbonisierten Ökonomie bei gleichzeitiger Berücksichtigung sozialer Belange abzielt, stellt die ‚Wir fahren zusammen'-Kampagne dar, welche gemeinsam von ver.di und Fridays for Future durchgeführt wurde.

8.8.4 Gewerkschaften und Ökologiebewegung – die ‚Wir fahren zusammen'-Kampagne

Zwischen Gewerkschaften und umweltpolitischen Bewegungen existiert ein Modus wechselseitiger Kritik, der in der politischen Praxis immer wieder zum Tragen kommt: Während Gewerkschaften beschuldigt werden, „die Bewältigung ökologischer Probleme nicht sytematisch in ihre Politik zu integrieren", nähmen umweltpolitische Bewegungen „in ihren Forderungen nur wenig Rücksicht auf die Interessen von Beschäftigten" (Flemming 2022: 11). Im Kontext innerlinker Auseinandersetzungen zum Themenkomplex einer Bündnisbildung im Kontext von Klassen- und Klimapolitik gilt die ‚Wir fahren zusammen'-Kampagne vor diesem Hintergrund häufig als eine Art „Leuchtturmprojekt" (Lucht/Liebig 2023: 17). In der Tarifrunde für die Beschäftigten im öffentlichen Personennahverkehr kam es im Jahr 2020 zu einer Reihe gemeinsamer Aktionen der Gewerkschaft ver.di und der umweltpolitischen Bewegung Fridays for Future. Neben den tariflichen Forderungen wurden auch Erwartungen an eine klimafreundliche Strukturpolitik geäußert, die Investitionen in den Personennahverkehr und dessen Infrastruktur vorsehen sollte. Eine Neuauflage erlebte die Initiative vier Jahre später im Jahr 2024.

Ein bundesweiter Tarifvertrag konnte in der 2020er Kampagne zwar nicht durchgesetzt werden. Neben substanziellen Entgelterhöhungen bestand ein prozeduraler Erfolg der Kampagne in der erfolgreichen Unterstützung der Gewerkschafter:innen durch die Klimaaktivist:innen in der Kampagne, die Kundgebungen und Streikposten durch Besuche und Infostände ergänzten.

Entsprechende Interessenkonvergenzen sind in diesem Segment der Verkehrspolitik leichter zu erzielen als anderswo. Im Sinne einer ökologischen Klimapolitik sollen Arbeitsplätze geschaffen und besser gestaltet werden, was sowohl von den Gewerkschaften als auch von den Bewegungsorganisationen als generell erstrebenswert gesehen wird. In ihrer Untersuchung finden Liebig und Lucht (2022: 81) sowohl unter den befragten Klimaaktivist:innen als auch unter den befragten Gewerkschaftsmitgliedern die Einschätzung einer positiven Zusammenarbeit sowie eine optimistische Antizipation zukünftiger Bündnisse. Die Bündelung der Organisations- und Produktionsmacht der Gewerkschaft mit den diskursiven Einflussmöglichkeiten der Ökologiebewegung kann so als Präzedenzfall einer erfolgreichen Kombination klima- und klassenpolitischer Mobilisierung gelten. Inwiefern sich die Tarifpolitik als sowohl eigenständiges als auch zentrales Feld gewerkschaftlichen Einflusses insgesamt für klimapolitische Belange öffnen lässt, ist auf der hier erarbeiteten empirischen Grundlage abschließend nicht zu bestimmen. Die Überführung von Tarif- in Transformationskonflikte hat aber gezeigt, dass sich Lernprozesse zur Entwicklung gemeinsamer politischer Präferenzen im strömungsübergreifenden Maßstab grundsätzlich vollziehen können. Sozialökologische Allianzen sind also zumindest prinzipiell möglich.

8.8.5 Fazit zu den Schlaglichtern auf das Geschehen in den Branchen

Während sich die Gewerkschaften, wie Urban (2025: 313) bemerkt, im Laufe der letzten Jahre eine Positionierung in der Ökologiedebatte erarbeitet haben, fällt die reale Bereitschaft, sich für den Klimaschutz einzusetzen, praktisch tendenziell hinter die hehre Zielsetzung der Environmental Labour Studies zurück. Wie die Kampagne ‚Wir fahren zusammen' gezeigt hat, ist eine simultane Mobilisierung für klassen- und klimapolitische Ziele grundsätzlich nicht ausgeschlossen. Die Situation in der Stahl- und Automobilindustrie sowie im Braunkohlesektor in der Lausitz zeigt dabei gleichzeitig weniger optimistische Bilder. Inwiefern dies Schlüsse auf die politische Rolle der Gewerkschaften im Prozess der sozialökologischen Transformation zulässt, soll im Folgenden das abschließende Fazit erörtern.

8.9 Fazit

Das Projekt der sozialökologischen Transformation stellt mit der industriekapitalistischen Wertschöpfung das Wachstumsmodell der politischen Ökonomien des Globalen Nordens (und auch weiter Teile des Globalen Südens) zur Disposition. Die Zukunft der Welt hängt maßgeblich davon ab, ob es gelingt, die Wirtschaft zu dekarbonisieren. Über 190 Länder haben zu diesem Zweck im Jahr 2015 das Pariser Klimaabkommen unterzeichnet, um den CO_2-Ausstoß in einem Maße zu reduzieren, das die globale Erwärmung auf 1,5 Grad Celsius reduziert.

Die institutionellen Problemlösungskapazitäten der aktuellen Gesellschaft werden in diesen Vorhaben „erkennbar überfordert" (Lessenich 2024: 33). Selbst wenn wir annähmen, dass die Gesellschaft über die politische Steuerungsfähigkeit und die technologischen Möglichkeiten verfügen würde, müssten für eine sozialökologische Transformation in vollem Umfang mehrere Jahrzehnte veranschlagt werden. Gleichzeitig erkennen Autor:innen wie Lessenich (2024: 49), Beckert (2024: 97f.) oder Blühdorn (2024) eine Verlogenheit der Klimadebatte, insofern die Abwesenheit einer tatsächlichen Bereitschaft zur Veränderung mitmilfe einer allgemeinen rhetorischen Aufgeschlossenheit überlagert wird. Die tatsächliche Ambition, Verbraucherverhalten, Erwerbssituation, das Verhältnis von Globalem Norden und Globalem Süden und damit das Produktionssystem insgesamt zu verändern, sei tatsächlich viel geringer als im Rahmen symbolpolitischer Zeremonien zur Schau gestellt.

Tatsächlich lässt sich konstatieren, dass eine Dekarbonisierung der Ökonomie die Schaffung von Massenkaufkraft und eine radikal neu zu gestaltende Industriepolitik zur Voraussetzung hat. Gleichzeitig müsste sie die an Wirtschaftswachstum gebundene Verfahrensweise der Sicherung sozialen Friedens überwinden, die sich in den Nachkriegsjahrzehnten als regulärer Modus des deutschen Industriekapitalismus durchgesetzt hat. Eine Durchsetzung entsprechender Politiklinien müsste eine politische Bewegung bewirken, die es gegenwärtig noch nicht gibt. Gewerkschaften und Betriebsräte könnten zwar prinzipiell als zentrale Akteure einer solchen Bewegung in Erscheinung treten. Dafür fehlt es ihnen momentan wohl aber an Einfluss, Organisationsfähigkeit und womöglich auch politischer Motivation.

Während sozialwissenschaftliche Transformationsdebatten häufig darauf abheben, Notwendigkeit und Möglichkeit einer sozialökologischen Transformation gleichermaßen zu begründen, korrespondieren, so eine gängige Kritik, entsprechende Diagnosen nicht mit der realen Fähigkeit der Gesellschaft, eine entsprechende Veränderung auch herbeizuführen. Diese Konstellation einer „nachhaltigen Nicht-Nachhaltigkeit“ (Blühdorn 2019: 333) überwinden zu helfen, könnte Aufgabe einer Sozialwissenschaft sein, welche „die normativen Grundlagen und stillen Annahmen der von den verschiedensten Seiten mit Objektivitätsanspruch vorgetragenen Problemdiagnosen und der ebenso vielfältigen, mit Effektivitätsanspruch auftretenden Lösungsangebote offen legen“ (ebd.).

Während drittmittelbasierte Forschung oftmals darauf ausgelegt ist, konkrete Lösungsvorschläge für konkrete Probleme zu entwickeln, reproduziert diese häufig eine – zweckoptimistische – Vorstellung, dass diese Probleme überhaupt lösbar sind. Auf diese Weise reproduziert die Sozialwissenschaft immer wieder eine Steuerungsfähigkeitsfiktion, die die realen Kapazitäten der Einflussnahme politischer Akteure auf den sozialen Wandel systematisch überhöht. Die sozialwissenschaftliche Auseinandersetzung mit Fragen der sozialökologischen Transformation wäre gut beraten, eine solche Selbstüberschätzung zu reflektieren und in der Konsequenz zu vermeiden.

Die Möglichkeit, den fossilen durch einen ökologisch sensiblen Wohlfahrtsstaat zu ersetzen, erscheint aus klassen- und gewerkschaftspolitischer Perspektive als eine attraktive Entwicklungsmöglichkeit. Darüber, wie realistisch sie tatsächlich erscheint, ist damit aber noch nichts gesagt. Mit Blick auf die Dekarbonisierung der Ökonomie lassen sich innerhalb der lohnabhängigen Klasse – und damit auch unter den Gewerkschaften – starke Divergenzen erkennen. Je nach Grad der Abhängigkeit bestimmter Wirtschaftssektoren vom Verbrauch fossiler Brennstoffe divergieren auch die Einstellungen der dort Beschäftigten sowie ihrer Interessenvertreter:innen. So erschiene es hier als unerlässlich, Bestands- und Sicherheitsgarantien auszusprechen, die den betreffenden Personen Abstiegsängste nehmen und sozioökonomische Perspektiven aufzeigen.

Weiterhin erschiene es als unabdingbar, die Umgestaltung der Gesellschaft zu beschleunigen. Im Angesicht der rapide voranschreitenden Naturzerstörung bleibt wenig Zeit, den CO_2-Ausstoß zu senken. Hierin liegt eines der größten Probleme eines entsprechenden Umbaus des Produktionssystems. Es soll sich alles möglichst schnell ändern – und das am besten überall und auf demokratische Art und Weise. Die Gewerkschaften könnten sicherlich eine zentrale Rolle in einem solchen Umbauprozess spielen. Ob sie das tatsächlich tun werden, hängt aber von ihrem praktischen Verhalten ab.

Tatsächlich erscheint die Transformation gegenwärtig auch nicht als Transformation, denn tatsächlich wird ja noch nicht viel transformiert. Genau genommen kann man am Anfang einer Transformation auch noch gar nicht sagen, ob wirklich eine Transformation stattfinden wird. Die sozialökologische Transformation erscheint aus dieser Sicht also nicht als Transformation, sondern lediglich als die Antizipation einer solchen. Ob angesichts der kriegswirtschaftlich induzierten Austerität in den nächsten Jahren und Jahrzehnten die für den Umbau der Wirtschaft notwendigen Investitionsmittel verfügbar gemacht werden können, erscheint in der Gegenwart zumindest als fraglich. Eine Voraussetzung für die Gewerkschaften, an der Lösung dieser Probleme mitzuwirken, bestünde darin, „sich den ökologischen Themen nicht nur verbal, sondern real zu öffnen“ (Urban 2023: 40).

9 Gewerkschaften und Demokratie

„Ist die politische Demokratie kompatibel mit der kapitalistischen Produktionsweise oder eine Bedrohung für sie?" Mit seiner programmatischen Frage bringt Walter Korpi (1983: 66) jenes Grundproblem einer an politischen Prozessen interessierten Gewerkschaftsforschung auf den Punkt, das uns auch zum Ende dieses Buches beschäftigt. Die übergeordnete Frage nach dem Beitrag von Gewerkschaften zur „Legitimation, Überlebensfähigkeit und Veränderung einer Gesellschaft" (Alemann 2012: 52) haben wir in den vorangegangenen Kapiteln unter Bezug auf die Globalisierung, Digitalisierung und Dekarbonisierung einer Gesellschaft im Transformationsprozess bearbeitet. Die Rolle der Gewerkschaften in diesem Prozess ist, so wollen wir nun abschließend argumentieren, eng verbunden mit der Frage nach der Möglichkeit einer demokratischen Gestaltung dieser Transformation.

Die sozialwissenschaftliche Auseinandersetzung mit Problemen aus dem Feld der Arbeitspolitik weist mit Blick auf ihre demokratietheoretische Rahmung genauso oft blinde Flecken auf, wie (vor allem liberale) Demokratietheorien keinen Wert auf die Analyse von Erwerbsarbeit legen (vgl. Brinkmann/Nachtwey 2017: 10f.; Heiland et al. 2022). Aber worauf bezieht sich der Begriff der Demokratie genau? Als Form politischer Herrschaft lässt sich die Demokratie „als politische Verfassungsnorm und institutionelles System der politischen Willensbildung" (Böhnisch 2006: 10) unter drei Aspekten begründen. Im Schnittpunkt von „Staatsvolk, Staatsgebiet und Staatsgewalt" (Offe 2019: 245) muss eine Herrschaft des Volkes innerhalb von drei Dimensionen begründet werden – einer republikanischen, einer liberalen und einer sozialen.

Dieser Gliederung des Demokratiebegriffes in drei Dimensionen entsprechen im Spiegel der politischen Philosophie drei Typen von Demokratietheorien. Eine erste Gruppe republikanischer Demokratietheorien richtet sich auf die administrativen und partizipativen Verfahren des Staates und seiner Organisationen. Indem der Staat als Herrschaftsapparat responsiv auf Bürger:innenanliegen reagiert, verdient er seine republikanische Legitimation (vgl. Arendt 2003). Demgegenüber legen liberale Demokratietheorien ein besonderes Augenmerk auf die Wirksamkeit der Bürgerrechte in der alltäglichen Lebenswelt seiner Bürger:innen sowie in der politischen Sphäre (Müller 2017). Aus Sicht liberaler Demokratietheorien besteht der zentrale Eigenwert in der Möglichkeit seiner Bürger:innen zu deren freier Entfaltung. Eine besondere Bedeutung kommt in diesen Theorien der politischen Öffentlichkeit zu. Im Allgemeinen bezeichnet der Begriff des öffentlichen Raumes den allgemein zugänglichen und wahrnehmbaren Bereich des alltäglichen Lebens. Hierzu können Fußgängerzonen und Parkanlagen genauso wie Plakatwände oder Kunstperformances gehören. In der politischen Öffentlichkeit definieren Gesellschaften ihre Probleme und ordnen diese nach Relevanz und Lösbarkeit (vgl. Habermas 1992, Seeliger/Sevignani 2021). Eine dritte Gruppe von Theorien der Demokratie hebt schließlich auf deren soziale Aspekte, also deren verteilungspolitische Dimension ab (siehe hierzu Piketty 2022).

Seit ca. zwei Jahrzehnten und vor allem seit der Finanz- und Wirtschaftskrise der Jahre 2008ff. verweist eine wachsende Zahl von Beiträgen auf die Krisenhaftigkeit kapitalistischer Demokratien. „Regressive Modernisierung“ (Nachtwey 2016), „Autoritärer Kapitalismus“ (Deppe 2013), „Postdemokratie“ (Crouch 2000) sowie die Diagnose einer „Krise des demokratischen Kapitalismus“ (Streeck 2013) oder die „schleichende Revolution des Neoliberalismus“ (Brown 2018) sind nur einige Konzepte aus dem krisendiagnostischen Begriffsrepertoire der kritischen Sozialwissenschaft (siehe Seeliger 2018 sowie die Beiträge in Kiess et al. 2023).

Die Vielgestaltigkeit der konstatierten Krise lässt sich unter Bezug auf die drei Demokratiebegriffe zumindest großteilig abbilden. Als „Demokratieentleerung“ (Frankenberg/Heitmeyer 2022) bezeichnen Kritiker:innen die Tendenz herrschender Politik, die von ihr zu treffenden Maßnahmen der politischen Legitimation zu entziehen. Ein Beispiel hierfür ist etwa die wirtschaftspolitische Entmachtung der nationalen Parlamente in der Eurozone gegenüber der Europäischen Zentralbank oder das Festschreiben der Schuldenbremse in der deutschen Verfassung. Weitere Verfallserscheinungen der Demokratie zeigen sich in dem von Schäfer (2015) festgestellten Rückgang der Wahlbeteiligung von Angehörigen der „Unterklasse“. In einer ähnlichen Argumentationsweise findet auch Elsässer (2018) eine größere Responsivität des Bundestages gegenüber den politischen Anliegen wirtschaftlich Bessergestellter.

Mit Blick auf ihre liberale Dimension zeigen sich Krisensymptome der Demokratie seit geraumer Zeit. Wie Wilhelm Heitmeyer (2010) in seiner Langzeitstudie zu den ‚Deutschen Zuständen‘ festgestellt hat, tritt das Syndrom gruppenbezogener Menschenfeindlichkeit in der Bundesrepublik nicht erst seit seiner parteipolitischen Manifestation in Gestalt der ‚Alternative für Deutschland‘ zu Tage. Autoritarismus – so auch der Tenor der Leipziger Mitte-Studie (Brähler 2016) – ist im wiedervereinigten Deutschland schon seit den 1990er-Jahren ein alltägliches Phänomen. Rassistische Übergriffe sowie homophobe, antisemitische, behindertenfeindliche oder anderweitig minderheitenverachtende Einstellungen und Äußerungen erscheinen als Gradmesser einer Krise der liberalen Demokratie. Ein anderer wichtiger Aspekt dieser Krise zeigt sich in den Dynamiken der politischen Öffentlichkeit. Die Debatte um Filterblasen, Echokammern und eine allgemeine Verbreitung von Hassrede und Ressentiments in sozialen Medien markieren hierbei genauso ein Problem, wie die Eigentumsverhältnisse der jeweiligen Unternehmen. Die Kontrolle politischer Öffentlichkeit – oder ganz plastisch: darüber ob Trump auf Social Media hetzen darf oder nicht – liegt hier nicht bei der Regierung, sondern in den Händen des Tech-Kapitals (Baum/Seeliger 2021).

Mit Blick auf ihre soziale Dimension befindet sich die Demokratie in der Krise, weil die Produkte der kapitalistischen Wirtschaft den Bürger:innen der kapitalistischen Demokratien[46] in immer ungleicherem Maße zukommen. Wie Thomas Piketty (2014) eindrucksvoll gezeigt hat, wachsen die Einkommens- und Wohlstandsdiskrepanzen in den letzten Jahrzehnten weiter an. Während sich zwar die Verteilung zwischen den Nationalstaaten graduell angleicht, nehmen die Diskrepanzen innerhalb der Nationalstaaten stetig weiter zu (Milanovic 2018). Die Corona-Krise hat diese Tendenzen weiter zugespitzt (Butterwegge 2023). Ermöglicht wurden diese Entwicklungen – besonders in den (vormals)

46 Sowie auch denen der nicht-demokratischen Länder des Globalen Nordens und Südens.

koordinierten Kapitalismen im Globalen Norden – durch den graduellen Abbau sozialer Rechte im Zuge der Durchsetzung neoliberaler Politiken.

Das Verhältnis von Gewerkschaften und Demokratie, so sollte auf den vorherigen Seiten sowie unter Bezug auf die Facetten des Demokratiebegriffes deutlich geworden sein, steht im Zentrum ihrer Politik sowie auch deren Untersuchung durch die Sozialwissenschaft. Indem etwa Marx sie als „Kriegsschulen der Arbeiter“ beschrieb, hob er nicht nur ihre Bedeutung im Klassenkampf um die Organisation der Arbeit und die Aufteilung ihrer Resultate hervor. Er betonte gleichzeitig, dass sie als Ort von Arbeiter:innenbildung und lokalen Gemeinschaften bestehen könnten, in denen Lohnabhängige neben Weiterbildungsangeboten oder Rechtshilfe auch ihre Klassenkultur erleben und gestalten *können*.

Wie die Kursivsetzung anzeigen soll, liegt die Betonung hierbei auf können. Schon der ehemalige IG Metall-Vorsitzende Otto Brenner (1966) stellte in den 1960er-Jahren heraus, dass Gewerkschaften – wie auch Staat, Wirtschaft und die Kultur insgesamt – „gesellschaftlichen Veränderungen unterworfen und nur aus diesem fortwährenden Wandel zu begreifen“ sind (Brenner 1966: 14). Das erste Viertel des 21. Jahrhunderts erreicht sein Ende und auch heute scheint die – halbwegs ironisch anmutende Voraussagung Jelle Vissers (2012: 130) zu gelten: „21st century capitalism will be shaken up by banks rather than by trade unions.“

Ob diese Einschätzung zutrifft oder nicht, hängt davon ab, inwiefern es den Gewerkschaften gelingt, ihr politisches Mandat effektiv umzusetzen. Als Organisationen, die die Interessen der lohnabhängigen Klasse in den politischen Prozess einspeisen, lässt sich ihr Einfluss auf die Strukturierung von Wirtschaft und Gesellschaft innerhalb der drei weiter oben modellierten Dimensionen der Demokratie abtragen.

„Die Gefahr der Demokratie und repräsentativer Institutionen“, so beschreibt dies Franz Neumann (1997: 164), „besteht regelmäßig darin, daß sich zwischen dem Volk auf der einen Seite und der Regierung mit ihrer Bürokratie auf der anderen Seite ein Abgrund auftun kann“. Indem Gewerkschaften in den Arbeitsgerichten und Sozialversicherungsbehörden, in den Betriebs- und Personalräten, aber auch in den politischen Parteien ihre Interessen vertreten, üben sie institutionelle Macht aus, die die Herrschaft des Marktes in der Strukturierung von Erwerbsarbeit begrenzt. Vor allem im Angesicht des sich vollziehenden Rechtsrucks erscheint es hier geboten, auf die Bedeutung der Gewerkschaften hinzuweisen, wenn diese die Möglichkeit haben, ein Bindeglied zwischen frustrierten Milieus und dem sozialdemokratisch geprägten Wohlfahrtsstaat darzustellen.

Unter republikanischen Aspekten stellt sich aber auch die Frage nach den internen Dynamiken von Gewerkschaften als politischen Organisationen. Die Prinzipien von Delegation und Repräsentation stehen hier oftmals im Widerspruch zum Ideal von Partizipation und Deliberation (vgl. della Porta 2015: 179). Die Transparenz kollektiver Entscheidungsprozesse und deren Rückbindung an die Position der regulären Mitglieder sind hier Voraussetzung für die politische Legitimation gewerkschaftlichen Handelns: „Denn innergewerkschaftliche Demokratie, orientiert an den Prinzipien der Öffentlichkeit, Rechenschaftspflicht und Abwählbarkeit, ist die beste Bedingung, um auch Demokratie nach außen zu fordern" (Piehl 1975: 169; siehe auch Baccaro et al. 2018). Wenn Gewerkschaften also die Demokratisierung von Wirtschaft und Gesellschaft fordern, sind sie gleichzeitig gut beraten, ihren eigenen Charakter als demokratische Organisationen zu stärken, indem sie interne Räume für Mitgliederbeteiligung schaffen, erhalten und ausweiten.

Mit Blick auf die demokratische Struktur des Staates und die demokratische Form seiner internen Verfahren besteht das wichtigste republikanische Anliegen für die Gewerkschaften zu Beginn des 21. Jahrhunderts im Kampf gegen Technokratie und Austerität. Indem sowohl in Deutschland als auch im Euro-Raum eine Politik der institutionalisierten Knappheit Verfassungsrang bekommen hat, wird die demokratische Handlungsfähigkeit des Staates systematisch eingeschränkt oder sogar verhindert und der aktiven Gestaltung von Wirtschafts- und Sozialpolitik die finanzielle Grundlage entzogen. Gleichzeitig zieht, wie Forschungen zeigen, eine hohe Zahl an Gewerkschaftsmitgliedern eine stärkere Wahlbeteiligung sowie stärkere Unterstützung linker Parteien nach sich (vgl. Baccaro et al. 2018).

Innerhalb der liberalen Dimension der Demokratie besteht die Aufgabe der Gewerkschaften in der Beeinflussung öffentlicher Diskurse und Auseinandersetzungen über Beiträge zu gesellschaftlichen Diskussionen und die Organisation von Angeboten politischer Bildung. Um gesellschaftlichen Wandel zu gestalten (oder auch zu verhindern), ist es nötig, kollektive Lernprozesse über öffentliche Kommunikation und Wissenstransfer zu beeinflussen. Politische Organisationen wie

Gewerkschaften kommt im Zuge entsprechender Dynamiken eine besondere Bedeutung zu. Indem Gewerkschaften als Orte politischer Auseinandersetzung und Diskussionen fungieren, prägen sie die Weltbilder und politischen Präferenzen ihrer Mitglieder.

Man könnte, im Sinne von Thomas Humphrey Marshall (1992), noch weiter gehen und konstatieren, dass Gewerkschaften über Prozesse politischer Bildung und der Aggregation individueller Positionen ihrer Mitglieder helfen, Staatsbürger:innen auch zu Wirtschaftsbürger:innen zu machen, die ihre politischen Rechte nicht nur gegenüber der öffentlichen Verwaltung, sondern auch im Bereich der Ökonomie gelten machen. Eine entsprechende Funktion erfordert eine starke gewerkschaftliche Bedeutung in der politischen Bildung sowie in der Prägung öffentlicher Diskurse. Entsprechend versteht auch Klaus Dörre (2021: 103) das „Ringen um Öffentlichkeit als eine neue Form von Klassenkampf."

Die liberale Demokratie und die politische Öffentlichkeit stellen gleichzeitig eine Grundvoraussetzung für die Möglichkeit klassenpolitischer Mobilisierung dar. Dies gilt sowohl für klassischen Brot-und-Butter-Themen wie das Feld der Lohnfindung und andere Bereiche der Verteilungspolitik. Auch im Kampf gegen den Rechtsruck müssen die Gewerkschaften den Weg über kollektive Mobilisierung im öffentlichen Raum gehen. Dies gilt für Demonstrationen und allgemeine Debatten genauso wie für die Gewährleistung von Bildungsangeboten und die diskursive Auseinandersetzung im Betrieb – auf Betriebsversammlungen wie auch in der Frühstückspause. Aus liberal-demokratischer Perspektive erscheinen Gewerkschaften damit als Sozialisationsagenturen und Teilnehmerinnen an einer demokratischen Öffentlichkeit (vgl. auch Heiland et al. 2022).

Die gewerkschaftliche Hauptaufgabe zielt allerdings, um es einmal mehr mit Otto Brenner (2007: 9) zu sagen, weiterhin auf „die Verwirklichung der sozialen Demokratie." Unter kapitalistischen Bedingungen ist die Kontrolle des Arbeitsmarktes das hauptsächliche Mittel gewerkschaftlichen Handelns, welches auf die Beteiligung ihrer Mitglieder (oder auch: der Klasse) am gesellschaftlichen Wohlstand zielt. Durch die „Begrenzung der innerproletarischen Konkurrenz" (Müller-Jentsch 1982: 410) muss die Gewerkschaft den Preis für die Arbeitskraft in die Höhe treiben und die kollektive Verbesserung der Arbeits- und

Beschäftigungsbedingungen anstreben (oder doch zumindest ihre Verschlechterung verhindern).

Wie der Ökonom Thomas Piketty (2022) herausgearbeitet hat, stellt die zunehmende soziale Ungleichheit ein existenzielles Problem für die politökonomische Konstellation dar, die seit dem Zweiten Weltkrieg als „demokratischer Kapitalismus" (Streeck 2013) bekannt geworden ist. Indem der kapitalistische Staat im Prozess der neoliberalen Globalisierung die stetige Verbesserung der Arbeits- und Lebensbedingungen der Lohnabhängigen nicht länger gewährleisten konnte, verletzte er das wesentliche Begründungsprinzip der kapitalistischen Moderne. Angesichts einer fortschreitenden Landnahme wuchs der Druck auf die Arbeits- und Beschäftigungsverhältnisse nicht nur im Globalen Norden. Eine Folge war die Zunahme von Verteilungsdiskrepanzen zwischen einer kapitalistischen und einer Arbeiter:innenklasse, deren Interessenorganisationen eine effektive Verteilungspolitik zu Gunsten ihrer Mitglieder nicht länger gewährleisten konnten.

Die zunehmende soziale Ungleichheit verringert – zumindest unter demokratischen Gesichtspunkten – die Legitimität der kapitalistischen Ökonomie und befördert autoritäre Tendenzen unter den Lohnabhängigen. Die Schlüsselaufgabe gewerkschaftlichen Handelns wird in der absehbaren Zukunft in der Re-Etablierung verteilungspolitischer Macht liegen. Nur wenn sie hier, im Kerngeschäft ihres politischen Mandats, Erfolge vorweisen können, werden sie die Mitgliederstärke (wieder-)gewinnen, die ihnen auch in anderen politischen Bereichen Erfolgsaussichten eröffnen könnte.

Den Rahmen, innerhalb dessen Gewerkschaften im nicht mehr ganz jungen 21. Jahrhundert ihre Ziele verfolgen, haben wir im vorliegenden Buch als Prozess einer Transformation beschrieben, die sich im Zusammenspiel der Sequenzen der Globalisierung, der Digitalisierung und der angestrebten Dekarbonisierung der Ökonomie vollzieht. In den Theorien der Makrosoziologie des 19. Jahrhunderts, die eine Theorie gesellschaftlicher Modernisierung als Politische Ökonomie betrieb, kommt der Arbeiter:innenbewegung eine zentrale Rolle als Protagonistin sozialen Wandels zu. Sie war das Subjekt sozialen Fortschritts, welcher – in unterschiedlicher Form – Erscheinung fand in den Strömungen der Sozialdemokratie, des Sozialismus und des Kommunismus. Ihr Engagement auf dem „langen Weg zur Gleichheit" ist, mit Thomas Piketty (2022: 22) gesprochen, „die Konsequenz des Aufbegehrens gegen

Ungerechtigkeiten und sozialer Kämpfe, die es möglich gemacht haben, Kräfteverhältnisse zu verändern und Institutionen zu stürzen, über die die von sozialer Ungleichheit profitierenden herrschenden Klassen ihre schützende Hand halten, um sie durch neue, emanzipatorische, für die Mehrheit gerechtere soziale, ökonomische, politische Regeln zu ersetzen."

In den westlichen Ländern ist mit der Durchsetzung des allgemeinen Wahlrechts, der Koalitionsfreiheit für Gewerkschaften sowie der Einführung des Parlamentarismus der Eintritt in die politische Moderne erreicht worden. Die Etablierung und der Ausbau des Wohlfahrtsstaates im 19. und 20. Jahrhundert markierten einen Höchststand des „demokratischen Kapitalismus" (Streeck 2013), der Marktwirtschaft und Kapitalkonzentration an ein Mindestmaß sozialen Ausgleichs knüpfte. Im letzten Viertel des 20. Jahrhunderts gerieten diese Errungenschaften in zunehmendem Maße unter Druck. Die Globalisierung der Ökonomie und der Zusammenbruch der Sowjetunion eröffneten den Weg für die Implementierung zahlreicher neoliberaler Politiken. Internationaler Wettbewerb setzte lokale Gruppen von Lohnabhängigen in Konkurrenz miteinander und die Finanzialisierung der Ökonomie erhöhte die Ausbeutungsdichte und damit den Druck auf die Interessenorganisationen.

Vor diesem Hintergrund etablierte sich seit den 1970er-Jahren in den Kapitalismen des Globalen Nordens eine Massenarbeitslosigkeit auf relativ hohem Niveau, während die sozialen Sicherungssysteme Stück für Stück zurückgebaut wurden. Den Bruch mit dem traditionellen Sozialmodell illustriert wie kein anderes Beispiel die Einführung der Agenda 2010 unter sozialdemokratischer Regierung. Getreu dieser Linie hat die SPD im März 2025 durch das Unterzeichnen des Koalitionsvertrags im Bund mit dem Acht-Stunden-Tag eine der größten arbeitspolitischen Errungenschaften infrage gestellt. Dass proletarische Milieus erodieren und damit auch ihre Bindung an die (ehemalige) Arbeiter:innenpartei verlieren, ist nicht zuletzt vor diesem Hintergrund zu verstehen.

Die Veränderungen im Verhältnis von Staat, Kapital und Arbeit haben wir im vorliegenden Buch mit dem Begriff der Transformation zu fassen versucht. Anschließend an Karl Polanyi, der den Zusammenbruch der Welt des Mittelalters im 19. Jahrhundert und den Aufstieg des Faschismus im 20. Jahrhundert analysierte, haben wir in Relation zur Kommodifizierung und De-Kommodifizierung von Arbeit die Globalisierung, die Digitalisierung und die angestrebte De-Karbonisierung der

Ökonomie als Sequenzen der genannten Transformation analysiert. Da die Transformation – anders als in der Perspektive Polanyi's, der in der Rückschau einen Zeitraum von 150 Jahren analysierte – gegenwärtig keineswegs abgeschlossen, sondern im Gange befindlich ist, lässt sich zurzeit nicht sagen, was genau auf welche Weise transformiert wird. Auch können wir im Moment noch nicht sagen, was bei der Transformation herauskommen wird – nicht zuletzt, weil dies, wie im Buch dargestellt, Gegenstand politischer Auseinandersetzungen ist.

Wie die Soziolog:innen des 19. Jahrhunderts – und hier vor allem Karl Marx und Émile Durkheim – herausgearbeitet haben, stellen sich für die Gesellschaftstheorie in Zeiten sozialen Wandels zwei zentrale Fragen: Welche Konflikte treiben die gesellschaftliche Entwicklung an? Und welche Strukturen halten die Gesellschaft im Prozess der rasanten Veränderungen zusammen? Die Arbeiter:innenbewegung und ihre Interessenorganisationen haben im 19. Jahrhundert eine wichtige Bedeutung in diesen Entwicklungen gehabt. Beziehen wir diese Fragestellungen auf die Dynamiken, die sich aus den von uns fokussierten Strängen sozialen Wandels ergeben, offenbaren sich auch die Herausforderungen, denen sich Gewerkschaften als politische Organisationen stellen müssen.

Während die Globalisierung Staaten, Regionen, Unternehmen sowie deren einzelne Niederlassungen in Wettbewerb setzt, sind Gewerkschaften gezwungen, die Konkurrenz der Beschäftigten zu minimieren, indem sie diese dazu bringen, gemeinsame Positionen zu vertreten. Aufgrund der Unterschiede zwischen verschiedenen Wirtschaftsräumen, die in einem Markt für Arbeit zusammengefasst werden, sind entsprechende Koordinationsleistungen nicht einfach zu erbringen. Um eine Prekarisierung der Arbeit als neoliberales Herrschaftsprojekt zu verhindern oder zumindest einzudämmen, müssen Gewerkschaften die internationale Konkurrenz außer Kraft setzen oder zumindest reduzieren. Ob es gelingen kann, allgemeine Klasseninteressen jenseits nationaler, sektoraler oder unternehmensspezifischer Zugehörigkeiten zu etablieren, erscheint gegenwärtig als fraglich.

Die Digitalisierung der Technik verändert Muster der Arbeitsorganisation in zweierlei Weise: Zum einen erhöht sie die Kontrollierbarkeit des Arbeitseinsatzes durch die Anwendung algorithmischer Steuerungssysteme. Und zum anderen macht sie Arbeitskraft ersetzlich, indem Schritte der Leistungserstellung technologisch substituiert werden. Für die Gewerkschaften ergibt sich hieraus wiederum ein zweifachtes Problem: Zum einen sehen sie sich einer Verdichtung der Arbeit gegenübergestellt. Und während es zum anderen zur Substitution bestimmter Arbeitsschritte oder sogar -plätze kommt, verschieben sich Qualifikationsniveaus und Anforderungsprofile, was wiederum die Unersetzlichkeit spezifischer Arbeitskraftpotenziale reduziert. In der Folge wird auch die lohnpolitische Verhandlungsmacht der Gewerkschaften geschwächt. Gleichzeitig stellen neue Geschäftsmodelle und neue Formen der Arbeitsorganisation die institutionalisierten Arbeitsbeziehungen infrage und schränken die Reichweite der betrieblichen Mitbestimmung ein.

Die angestrebte Dekarbonisierung der Ökonomie stellt die soziale Ordnung ganzer Wirtschaftssegmente zur Disposition. Um die CO_2-intensive Produktion und den Einsatz CO_2-intensiver Produkte perspektivisch reduzieren zu können, müssen etwa die Automobil- oder Maschinenbaubranche einer grundsätzlichen Restrukturierung unterzogen werden. Während die Bewohnbarkeit des Planeten als Folge einer Dekarbonisierung der Ökonomie als grundsätzlich im Interesse der Lohnabhängigen angenommen werden kann, steht dies häufig im Gegensatz zu den unmittelbaren Präferenzen, die sich aus deren Erwerbstätigkeit in den entsprechenden Industrien ergeben. Für die gewerkschaftliche Vertretungspraxis entsteht so ein potenzieller Gegensatz zwischen Verteilungspolitik und Klimaschutz. Wenn ein Wachstumsmodell an CO_2-Emissionen geknüpft ist, steht mit einer Reduktion des Schadstoffausstoßes auch das ökonomische Wachstumsmodell infrage. Ein belastbares Konzept sozialökologischer Transformation lässt sich momentan aus den sozialwissenschaftlichen Fachdebatten nicht ableiten und weder in der Programmatik noch in der Praxis der Gewerkschaftspolitik ist eines zu finden.

In allen drei Sequenzen der Transformation finden sich Auseinandersetzungen, die die Muster der konfligierenden Strukturlogiken ‚Kapitalismus' und ‚Demokratie' widerspiegeln, die das gesellschaftliche Arrangement der Moderne prägen. Während die kapitalistische Logik darauf hinwirkt, den Einsatz von Arbeitskraft und Technologie sowie die (Ver-)Nutzung natürlicher Ressourcen einem Marktmechanismus unterzuordnen, zielt die Logik der Demokratie auf eine politische Organisation von Arbeitseinsatz, Technologie sowie der Nutzung natürlicher Ressourcen. Inwiefern die Zukunft vor diesem Hintergrund eher eine kapitalistische oder eher eine demokratische ist, hängt aus unserer

Perspektive maßgeblich vom Erfolg der gewerkschaftspolitischen Mobilisierung ab.

In diesem Zusammenhang sei ganz klar gesagt, dass der hier zu Grunde gelegte Demokratiebegriff auf ein repräsentatives Verständnis des Konzeptes abhebt. Verstehen wir Demokratie – im Sinne radikaler Demokratietheorien (vgl. Comtesse et al. 2019) – als bottom-up-Dynamik, die auf die Selbstverwirklichung und Selbstverwaltung mündiger und souveräner Individuen abzielt, lassen sich Gewerkschaften aus unserer Sicht lediglich in eingeschränkter Form als demokratische Organisationen verstehen. Indem Gewerkschaften vorgeben, die Interessen einer großen Mitgliederbasis weiträumig zu bündeln, genügen sie einem Ideal repräsentativer Demokratie. Als gegenüber den Interessen einfacher Mitglieder nicht besonders responsive Organisationen ist ihr basisdemokratischer Charakter gleichzeitig wenig ausgeprägt. Eine Demokratisierung der Entscheidungsverfahren in gewerkschaftlichen und betrieblichen Auseinandersetzungen, die demokratischere Gestaltung von Streiks und Streikführung, Prozesse des Organizing, sowie gewerkschaftsinterne Debatten werden von Seiten progressiver Gewerkschaftsaktivist:innen als Erfordernisse gewerkschaftlicher Erneuerung angemahnt (Brinkmann et al. 2012). Ob eine demokratisierende Wirkung der Gewerkschaften auf die Gesellschaft dabei womöglich eine Demokratisierung der Gewerkschaften selbst voraussetzt, könnte eine Frage zukünftiger sozialwissenschaftlicher Auseinandersetzung sein.

Gewerkschaften, das haben wir auf den vorausgegangenen Seiten gelernt, sind Interessenverbände der Lohnarbeiter:innen. Sie unterliegen einem Doppelcharakter, der ihnen einerseits eine Schutz- und andererseits eine Konflikt-Funktion zuschreibt. Nach innen sind sie solidarisch und nach außen üben sie Einfluss aus, der sich im Streik, im Lobbying und in der Beeinflussung politischer Diskurse Bahn bricht. In einem zunehmend krisenanfälligen Wirtschaftssystem vertreten sie die Anliegen der Beschäftigten.

Die Welt der Gewerkschaftspolitik ist groß und bunt. Sie reicht von autoritären Parteigewerkschaften in China bis zu christlich-konservativen Organisationen wie der polnischen Solidarnosc. Von der stark an alten Industrien orientierten und von Männern dominierten IGBCE über die progressivere ver.di bis hin zu linksradikalen Graswurzelorganisationen wie der FAU, die der Sozialpartnerschaft den Kampf von links aus ansagen (wobei es freilich auch weitgehend bleibt).

Was eine Gewerkschaft ist und was sie nicht ist, klärt sich in ihrer politischen Praxis. Schaut man sich den Begriff ‚Gewerkschaft' gemeinsam mit den mit ihm semantisch-assoziativ verknüpften Begriffen (Tarifvertrag, Interessenausgleich, Mitbestimmung, etc.) an, beschleicht mit Sicherheit den einen oder die andere das Gefühl, es handele sich um überkommene, ja geradezu langweilige Angelegenheiten. Mit dem Repertoire der Kritischen Theorie ließen sich diese Begriffe auch als Sprache einer ‚Verwalteten Welt' (Adorno 2001) oder auch „Sprache einer totalen Verwaltung" (Marcuse 2014) kritisieren. Indem die Gewerkschaft den Protest, den Ärger, den Unmut, aber auch den Klassenstolz und die Berufsehre der Beschäftigten bündelt und organisiert, verschwinden diese Attribute der Lohnabhängigen hinter einem administrativ anmutenden Begriff, mit dem junge Menschen gelbe Warnwesten und Handytaschen an ihren Gürteln tragende Angehörige der Boomer-Generation verbinden mögen.

Dass es die Gewerkschaft ist, die die Lohnerhöhung, die Einmalzahlung (schon wieder so ein Wort) vor Weihnachten, den Rechtsbeistand im Falle der Kündigung durch die Betriebsleistung erkämpft und bereitstellt, dass es die Kolleg:innen sind, die man beim IG BAU-Stammtisch kennenlernt, mit denen man in Urlaub fahren, in die Sauna gehen oder ein Fußballspiel besuchen kann, das geht aus dem Begriff nicht hervor. Die deutschen Gewerkschaften haben ein Imageproblem und verstehen erst langsam, ihre politische Kommunikation und Selbstmarketing in Identifikationsangebote zu überführen, die vor allem für jüngere Menschen attraktiv sind. Wenn es gelingen soll, die Gewerkschaften aus der arbeitspolitischen Defensive herauszuholen und in ein Hegemonieprojekt zu integrieren, das einen breiten gesellschaftlichen Konsens repräsentiert, müssen sie ihre Imageprobleme überwinden und ästhetisch ansprechenden Organisationsformen finden. Inwiefern die symbolische Konstruktion der Gewerkschaftssemantik, die Außendarstellung und die Wahrnehmung von Gewerkschaften eine relevante Größe mit Blick auf deren politischen Einfluss sein könnten, wäre ein möglicher Gegenstand kultursoziologischer Auseinandersetzung, wie sie bislang kaum stattfindet.

In einer Welt, die sich – wie mit Blick auf den Transformationsbegriff ausgeführt – im politischen, ökonomischen und kulturellen Umbruch befindet, entstehen Unsicherheiten in der Bevölkerung. Wenn die eigene Erwerbssituation und Lebensführung in ihrem Fortbestand nicht gewährleistet sind, öffnen sich Möglichkeitsräume für autoritäre politische Projekte (vgl. Urban 2024). Wie sich in den demoskopischen Daten der letzten Jahre in zunehmendem Maße offenbart, ist der Erfolg bei der Etablierung einer politischen Gegenstrategie im Spektrum der etablierten Parteien begrenzt.

Unter den gegebenen Umständen stellt sich die Frage, inwiefern die politischen Parteien noch als Zentrum einer Bewegung gegen den Rechtsruck wirken können. Anstelle der Generierung parlamentarischer Mehrheiten könnte sich zum Zweck der Verteidigung demokratischer Rechte der gewerkschaftliche Einfluss in verschiedenen Formen manifestieren. Diese reichen von der Beeinflussung öffentlicher Debatten über die Prägung des Lohnabhängigenbewusstseins im Zusammenhang arbeitspolitischer Öffentlichkeit (Hopp/Seeliger 2025) bis hin zu einer konsequenten Interessenpolitik, wie sie in Form kollektiver Arbeitsniederlegungen oder eines Generalstreiks zu Tage treten könnte. Inwiefern sich derartige Formen arbeitspolitischer Mobilisierung als erstens realistisch und zweitens effektiv erweisen können, muss die sozialwissenschaftliche Auseinandersetzung mit der politischen Rolle der Gewerkschaften klären.

Die politischen Debatten der letzten Jahre sind vor allem im Kontext der Linken geprägt von der Unterscheidung zwischen Identitäts- und Klassenpolitik. Diesen falschen Gegensatz zu reflektieren, könnte Aufgabe zukünftiger Forschung sein. Denn nicht nur wüsste eine Klasse ohne Identität nicht, wer sie ist und was sie wollen könnte (genau genommen könnte es so eine Klasse gar nicht geben). Gleichzeitig ist ein Verständnis der diversen Lebensrealitäten und Weltbilder der sozialstrukturellen Basis der lohnabhängigen Klassen ein Desiderat sozialwissenschaftlicher Auseinandersetzung. Der Beitrag einer intersektional sensiblen Gewerkschaftsforschung muss die Diversität einer Post-Migrationsgesellschaft anerkennen, indem er neben der Notwendigkeit tarifpolitischer Repräsentation in der Lohnfindung auch etwa den Bedarf an einer Asylberatung für geflüchtete Beschäftigte herausarbeitet. Auch die Geschlechterdimension, wie sich in der Frage der Arbeitszeitpolitik oder der Feminisierung von Streiks ausdrückt, wäre hier stark zu berücksichtigen.

Mit Blick auf die Sequenzen sozialen Wandels – namentlich die Globalisierung, die Digitalisierung und die angestrebte Dekarbonisierung der Ökonomie –, deren Zusammenwirken die Transformation ergibt, zeigen sich im Bereich der Gewerkschaftspolitik große Steuerungsambitionen. Angesichts der realen Kräfteverhältnisse sowie deren absehbaren Entwicklungsperspektiven ist davon auszugehen, dass die verheerenden Auswirkungen der Trajektorien aufgrund gewerkschaftlichen Einflusses nicht zu verhindern sein werden. Standortwettbewerb und Lohndruck, Erhöhung der Ausbeutungsdichte und Arbeitsplatzverlust, sowie die metabolischen Risse in den Naturverhältnissen scheinen – zumindest im Wege einer reaktiven Politik, die auf die Korrektur von Marktergebnissen durch verhaltene Streiks und Lobbying abzielt – als schwer bis unmöglich zu verhindern.

Die gewerkschaftspolitische Entwicklung in der neuen Bundesrepublik reflektierte das Forschungsteam um Walther Müller-Jentsch (siehe Bergmann et al. 1975 sowie Brandt et al. 1982) im Laufe der 1970er-Jahre als Übergang von autonomen Organisationen, die Mitgliederinteressen mitunter sogar revolutionär vertreten können, hin zu einer systemstabilisierenden Form, die Müller-Jentsch (1982) selbst als „intermediäre Organisation" beschreibt. Mit der Institutionalisierung des Klassengegensatzes in einem „dualen System der Interessenvertretung" (vgl. Müller-Jentsch 1997) ging die Herausbildung eines gewerkschaftlichen Selbstverständnisses einher, im Rahmen dessen man sich als staats- und wirtschaftstragende Instanz auf Augenhöhe mit den Regierungs- und Kapitalparteien zu sehen lernte.

Die verteilungspolitischen Erfolge dieser Epoche beschränken sich nicht nur auf die Erhöhung der Löhne, sondern auch auf die Erweiterung von Mitbestimmungsrechten und Sozialstandards. Die Beteiligung der Lohnabhängigen am gesellschaftlichen Wohlstand im Modernisierungsprozess kann für die Nachkriegsepoche bis in die 1970er-Jahre hinein als gewerkschaftliche Errungenschaft gelten. Es sind die Erfolge eben dieser Entwicklungsphase, die das Selbstbild der Gewerkschaften und ihrer Funktionär:innen bis heute prägen.

Die sozialkapitalistische Einhegung der Verwertungszwänge des Arbeitsmarktes markiert in diesem Selbstbild die Grenze des Erreichbaren. Gleichzeitig wähnt man sich innerhalb dieser Grenze als relevanter Mitspieler in den Auseinandersetzungen, die in den 2020er-Jahren die Grenzen des keynesianistischen Wohlfahrtsstaates der 1970er, in dem Vollbeschäftigung herrschte und in dessen östlichen Anrainerland ein alternatives Gesellschaftsmodell die nationalen Lohnabhängigen zu indoktrinieren drohte, längst überschreiten. Die etablierten Muster der

Einflussnahme und des Interessenausgleiches sind in der gegenwärtigen Situation andere als in den 1970ern. Gleichzeitig bleibt man auf der Funktionärsebene der deutschen Gewerkschaften dem traditionellen Selbstverständnis vielfach verhaftet.

Nun stellt sich abschließend die Frage, inwiefern sich im Prozess der Transformation die Etablierung umverteilungsfester Arbeitsmarktinstitutionen im internationalen Maßstab, eine effektive Regulierung des Arbeitseinsatzes im digitalisierten Kapitalismus oder eine effektive Dekarbonisierung der Ökonomie innerhalb der bestehenden Kräftekonstellation realisieren lassen. Die Politik einer intermediären Gewerkschaft ist zum allergrößten Teil eine Politik der reaktiven Korrektur von Marktergebnissen durch Tarifpolitik und Lobbying. Die Einflussnahme in den Trajektorien der Globalisierung, Digitalisierung und Dekarbonisierung auf diesem traditionellen Weg verspräche in keinem der genannten Fälle ein Ergebnis, welches den nominellen Zielen (i.e. Regulierung des Arbeitsmarktes, Gestaltung betrieblicher Arbeitsabläufe und ein Schutz der Natur im Interesse der Mitglieder) entsprechen könnten. Wahrscheinlich wird es kein Soziales Europa, geschweige denn eine globale Governance der Erwerbsarbeit, keinen partizipatorischen Technikeinsatz im digitalisierten Kapitalismus und keine CO_2-neutrale Ökonomie geben, die auf Drängen einer intermediären Gewerkschaft im klassischen Sinne herbeigeführt worden sind.

Den gewerkschaftlichen Akteuren sowie deren sozialwissenschaftlich engagierten Beobachter:innen empfehlen wir, sich von der traditionellen Sichtweise zu lösen, in der Gewerkschaften in den relevanten Fragen mit am Tisch sitzen, konsultiert werden und zumeist auch in die entsprechenden Entscheidungen einbezogen sind oder zumindest als Veto-Spieler akzeptiert werden. Die dieser Darstellungen zugrunde liegenden Selbstverständlichkeiten haben im Laufe der vergangenen Jahrzehnte eine sukzessive Erosion erfahren.

Die Aussicht auf einen ausgehenden Sozialkapitalismus (Streeck 2021) eröffnet eine Perspektive, die neben dem offensiven Rückbau des Wohlfahrtsstaats und der Abschaffung sozialer und politischer Rechte andererseits auf eine Wiederaneignung gewerkschaftlichen Sozialeigentums in Form von Tarifverträgen, Mindestlöhnen, Arbeitsschutzgesetzgebungen und Mitbestimmungsinstitutionen abzielt. Was also tun? Als Alternative zur Intermediarität als Selbstzweck oder überkommenem Ideal erscheint es uns geboten, die gewerkschaftliche Erneuerung als klassen- und konfliktorientierte Interessenorganisation zu rahmen.

Diese Beschreibung der politischen Rolle der Gewerkschaften ist in zweierlei Hinsicht erklärungsbedürftig. Die Klassenorientierung bezeichnet eine Überschreitung des auf Mitgliederinteressen im Rahmen der jeweiligen Branche innerhalb der nationalen Grenzen verengten Mandats. Darüber hinaus trägt der Begriff der Klassenorientierung dem Umstand Rechnung, dass die Klasse heute – stärker als noch in den 1970er-Jahren – in vielerlei Hinsicht divers ist. Diese Diversität bricht sich in Form einer Fragmentierung Bahn, welche entlang der Unterscheidung von Kern- und Randbelegschaften, Gig-Worker:innen und sozialversicherungspflichtig Beschäftigten oder – allgemein formuliert – prekär und gesichert Beschäftigten verläuft. Dies gilt einerseits aus wirtschaftlichen Gründen, welche die soziale Teilhabe der verschiedenen Arbeitsmarkt- und Bevölkerungssegmente gewährleisten sollen. Andererseits gilt es aber auch aus politischen Gründen.

Hiermit wären wir beim zweiten Erklärungsbedarf. Die Konfliktorientierung der Gewerkschaften bezieht sich auf den Gegenstandsbereich der Erneuerungs- oder Revitalisierungsdebatte (vgl. Brinkmann et al. 2012). Verteilungspolitische Erfolge erzielen zu können, setzt eine Konflikt- und Streikbereitschaft voraus, die die gegenwärtige übersteigt. Doch auch mit Blick auf die Mitgliedergewinnung und Entwicklung der eigenen politischen Apparate erscheint eine Ausweitung der Konflikthäufigkeit und Intensität insofern als nahezu unumgänglich, als damit neue Mitglieder gewonnen und arbeitspolitische Kampfbereitschaft erprobt werden. Strategische Suchbewegungen – wie etwa eine Erneuerung der Organizing-Initiativen, die Bildung politischer Allianzen mit sozialen Bewegungen oder die Repolitisierung der Vertretungsarbeit im Betrieb – können hier zur Erweiterung des strategischen Repertoires beitragen. Schließlich ist auch mit Blick auf den um sich greifenden Autoritarismus und den Erfolg rechter Parteien eine Steigerung der Konfliktfähigkeit der gewerkschaftlichen Organisationen eine mögliche Antwort. In einem von rechten Parteien regierten Staat wären sie die letzten Interessenorganisationen, denen ein Zugang zur gesellschaftlichen Machtausübung offen stünde.

In der Entstehungsphase dieses Buches hat die Welt sich verändert. Der damalige Bundeskanzler Olaf Scholz trug dieser Veränderung zu Beginn des Ukraine-Kriegs mit dem Begriff der „Zeitenwende“ Rechnung.

Dass nach einer jahrzehntelangen Friedensphase in Europa wieder Krieg geführt wird, verändert die Vorzeichen gewerkschaftlicher Politik genauso wie die Aufwertung militärischer Konflikte im Weltsystem insgesamt. Wird eine Dekarbonisierung der Ökonomie unter Bedingungen geopolitischer Bedrohungsszenarien ihre politische Salienz behalten können? Kann eine Prekarisierung der Arbeits- und Beschäftigungsverhältnisse in den sicherheitsrelevanten Bereichen Rüstung und Logistik anhalten, wenn der Staat auf eine stetige Bereitstellung von Rüstungsgütern angewiesen ist? Werden industrielle Fertigungskapazitäten in Rüstungsfabriken umgewidmet werden? Wird es in einem kriegstüchtigen Rüstungsstaat Wohlfahrtsleistungen geben? Werden Gewerkschaften jenseits der Regulierung des Arbeitsmarktes ein friedenspolitisches Mandat ergreifen? Oder stellen sie sich an die Seite der Aufrüstungsbefürworter:innen? Zur Klärung dieser Fragen haben wir in unserem Buch nicht viel beitragen können. Wir hoffen allerdings, dass die von uns beschriebenen Grundprobleme gewerkschaftlichen Handelns bei einem besseren Verständnis der anstehenden Entwicklungen helfen.

Literaturverzeichnis

Acemoglu, Daron (2024): The Simple Macroeconomics of AI. Working Paper 32487. National Bureau of Economic Research. Cambridge, MA: National Bureau of Economic Research. URL: http://www.nber.org/papers/w32487 (Abruf 26.03.2026).

Adorno, Theodor W. (2001): Minima Moralia – Reflexionen aus dem beschädigten Leben. Berlin: Suhrkamp.

Ahrne, Göran/Brunsson, Nils (2008): Meta-Organizations. Cheltenham: Elgar.

Albert, Michel (1992): Kapitalismus contra Kapitalismus. Frankfurt a.M.: Campus.

Allgaier, A./Bolte, M./Buschmann, R./Däubler, W./Deinert, O./zu Dohna, V./Eder, I./Heilmann, M./Jerchel, K./Klapp, M./Klebe, T./Wenckebach, J. (2022): Betriebliche Mitbestimmung für das 21. Jahrhundert. Gesetzentwurf für ein modernes Betriebsverfassungsgesetz. In: Arbeit und Recht 70 (Sonderausgabe April 2022).

Altenried, Moritz (2017): Die Plattform als Fabrik: Crowdwork, digitaler Taylorismus und die Vervielfältigung der Arbeit. In: PROKLA 47 (187), 175–192.

Andresen, K./Gruber, S./Horstmann, A. (2025): Der Streik für die 35-Stunden-Woche. Aushandlungsprozesse und gewerkschaftliche Strategiefindung. In: WSI-Mitteilungen 78 (1), 6–13.

Apicella, Sabrina (2021): Das Prinzip Amazon. Über den Wandel der Verkaufsarbeit und Streiks im transnationalen Versandhandel. Hamburg: VSA.

Apitzsch, Birgit/Buss, Klaus-Peter/Kuhlmann, Martin/Weißmann, Marliese/Wolf, Harald (2021): Arbeit in und an Digitalisierungen. In: Buss, Klaus-Peter et al. (Hg.): Digitalisierung und Arbeit. Frankfurt a.M./New York: Campus, 9–37.

Arbeitskreis Strategic Unionism (2013): Jenaer Machtressourcenansatz 2.0. In: Schmalz, Stefan/Dörre, Klaus (Hg.): Comeback der Gewerkschaften. Machtressourcen, innovative Praktiken, internationale Perspektiven. Frankfurt a. M./New York: Campus, 345–375.

Arendt, Hannah (2003): Was ist Politik? München: Pieper.
Arnold, Lisa Maria (2008): Die Entstehung der europäischen Dienstleistungsrichtlinie im Spannungsfeld organisierter Interessen. Hertie School of Governance Working Paper 36. Berlin: Hertie School of Governance.
Arntz, Melanie/Gregory, Terry/Zierahn, Ulrich (2018): Digitalisierung und die Zukunft der Arbeit: Makroökonomische Auswirkungen auf Beschäftigung, Arbeitslosigkeit und Löhne von morgen. Mannheim: ZEW.
Artus, Ingrid (2001): Krise des deutschen Tarifsystems. Wiesbaden: Springer VS.
Artus, Ingrid (2025): Tarifautonomie zwischen Institutionalisierung und Klassenkampf. In: Rödl, F./Syrovatka, F. (Hg.): Tarifbürgerschaft. Frankfurt a.M./New York: Campus, 101–127.
Artus, Ingrid/Kraetsch, K./Röbenack, S. (2016): Betriebsratsgründungen. In: WSI-Mitteilungen 69 (3), 183–191.
Artus, Ingrid (2003): Kooperation zwischen Betriebsräten und Gewerkschaften. In: Industrielle Beziehungen 10, 250–272.
Artus, Ingrid (2007): Prekäre Interessenvertretung. In: Industrielle Beziehungen 14 (1), 5–29.
Artus, Ingrid (2008): Prekäre Vergemeinschaftung und verrückte Kämpfe. In: PROKLA 38 (150), 27–48.
Artus, Ingrid/Röbenack, Silke (2021): Betriebsräte ohne Gewerkschaften? In: Industrielle Beziehungen 28 (4), 471–492.
Artus, Ingrid/Böhm, Sabine/Lücking, Stefan/Trinczek, Rainer (Hg.) (2006): Betriebe ohne Betriebsrat. Frankfurt a.M./New York: Campus.
Aulenbacher, B. (2009): Die soziale Frage neu gestellt. In: Castel, R./Dörre, K. (Hg.): Prekarität, Abstieg, Ausgrenzung. Frankfurt a.M./New York: Campus, 65–77.
Aust, Andreas et al. (2002): Konjunktur und Krise des europäischen Sozialmodells. In: Politische Vierteljahreszeitschrift 43 (2), 272–301.
Baccaro, Lucio et al. (Hg.) (2022): Diminishing Returns. New York: Oxford University Press.
Baccaro, Lucio/Benassi, Chiara/Meardi, Guglielmo et al. (2018): Theoretical and empirical links between trade unions and democracy. Cologne: MPIFG.
Baccaro, Lucio/Howell, Chris (2017): Trajectories of Neoliberal Transformation. Cambridge: Cambridge University Press.
Bäcker, Gerhard/Kühn, Hagen (1985): Sozialpolitische Perspektiven. In: Altvater, E. et al.: Arbeit 2000. Hamburg: VSA, 110–130.
Baethge, Martin/Oberbeck, Herbert (1986): Zukunft der Angestellten. Neue Technologien und berufliche Perspektiven in Büro und Verwaltung. Frankfurt a. M./New York: Campus.

Baethge-Kinsky, Volker (2021): Zukunft der Facharbeit in der digitalisierten industriellen Produktion. In: Buss, Klaus-Peter/Kuhlmann, Martin/Weißmann, Marliese/Wolf, Harald/Apitzsch, Birgit (Hrsg.): Digitalisierung und Arbeit. Triebkräfte – Arbeitsfolgen – Regulierung, Frankfurt/New York: Campus, 209–234.

Baethge-Kinsky, V./Kuhlmann, M. (2023): Facharbeit. In: Bohn, R. et al. (Hg.): Lexikon der Arbeits- und Industriesoziologie. Baden-Baden, 157–161.

Baethge-Kinsky, Volker/Kuhlmann, Martin/Tullius, Knut (2018): Technik und Arbeit in der Arbeitssoziologie. In: AIS-Studien 11 (2), 91–106.

Bahnmüller, R. et al. (2023): Mitsprache bei der Digitalisierung. Düsseldorf: Hans-Böckler-Stiftung.

Bahnmüller, Reinhard (1998): Tarifpolitik und Beteiligung. Münster: Westfälisches Dampfboot.

Bahnmüller, Reinhard (2009): Dezentralisierung der Tarifpolitik. In: Bispinck, R./Schulten, T. (Hg.): Zukunft der Tarifautonomie. Hamburg: VSA, 81–113.

Bahnmüller, Reinhard (2010): Dezentralisierung der Tarifpolitik. In: Bispinck, R./Schulten, T. (Hg.): Zukunft der Tarifautonomie. Hamburg: VSA, 81–113.

Bähr, Holger/Albrecht, Maria/Nicklich, Manuel (2014): Interregionale Gewerkschaftsräte. In: Industrielle Beziehungen 21 (3), 300–321.

Barthel, G./Rottenbach, J. (2017): Reelle Subsumtion und Insubordination. In: PROKLA 47 (187), 249–269.

Bartlett, Christopher A./Ghoshal, S. (1989): Managing Across Borders. Cambridge: Harvard Business School.

Baukrowitz, A./Boes, A. (1996): Arbeit in der Informationsgesellschaft. In: Schmiede, R. (Hg.): Virtuelle Arbeitswelten. Berlin, 129–158.

Baum, Markus/Seeliger, Martin (2021): Donald Trumps Twitter-Sperre. In: Seeliger, M./Sevignani, S. (Hg.): Strukturwandel der Öffentlichkeit. Baden-Baden: Nomos, 342–364.

Baumhauer, Maren/Meyer, Rita (2023): Digitalisierung und Qualifizierung. In: WSI-Mitteilungen 76 (5), 383–391.

Bayer, Walter/Hoffmann, Thomas (2015): Gesetzeswidrige Mitbestimmungslücken bei der GmbH. In: GmbH-Rundschau 17/2015.

Beck, Ulrich (1986): Risikogesellschaft. Frankfurt a.M.: Suhrkamp.

Beck, Ulrich (2007): Und jetzt, Herr Beck? In: Geiselberger, H. (Hg.): Und jetzt? Frankfurt a.M.: Suhrkamp, 231–248.

Beck, Ulrich (2007): Was ist Globalisierung? Frankfurt a.M.: Suhrkamp.

Beckert, Jens (1999): Ökonomische Rationalität und Einbettung wirtschaftlichen Handelns. In: Paul, A. T. (Hg.): Ökonomie und Anthropologie. Berlin: Berlin Verlag Arno Spitz, 89–102

Beckert, Jens (2018): Imaginierte Zukunft. Berlin: Suhrkamp.

Beckert, Jens (2024): Verkaufte Zukunft. Berlin: Suhrkamp.

Beckmann, Fabian/Spohr, Florian (2022): Arbeitsmarkt und Arbeitsmarktpolitik. Konstanz: UTB.

Behrens, Martin (2022): Betriebsrat und Aufsichtsrat. In: Industrielle Beziehungen 29 (3/4), 159–185.

Behrens, Martin/Dribbusch, Heiner (2014): Arbeitgebermaßnahmen gegen Betriebsräte. In: WSI-Mitteilungen 67 (2), 140–148.

Behrens, Martin/Brehmer, Wolfram/Pohlmeyer, Merle (2023): Repräsentation von Migrant*innen in Betriebsräten. In: WSI-Mitteilungen 76 (6), 460–469.

Behrens, Martin (2005): Rolle der Betriebsräte bei Gewerkschaftsmitgliedern. In: WSI-Mitteilungen 58, 329–338.

Behrens, Martin/Dribbusch, Heiner (2024): Mitbestimmung bleibt umkämpft. In: WSI-Mitteilungen 77 (6), 467–476.

Benelli, G./Loderer, C./Lys, T. (1987): Labor Participation in Corporate Policy-Making Decisions. In: Journal of Business 60 (4), 553–575.

Benford, R./Snow, D. (2000): Framing Processes and Social Movements. In: Annual Review of Sociology 26, 611–639.

Berger, S./Jäger, W./Kruke, A. (2020): Gewerkschaften in revolutionären Zeiten. Essen: Klartext.

Bergmann, Joachim/Jacobi, Otto/Müller-Jentsch, Walther (1975): Gewerkschaften in der Bundesrepublik. Frankfurt a.M.: EVA.

Bernaciak, Magdalena (2010): East–West European labour transnationalism(s). In: Bieler, A./Lindberg, I. (Hg.): Global Restructuring. London: Routledge, 33–47.

Beyer, J./Legantke, K. (2024): Varieties of Gig Work: Germany's Unique Development in the Platform-based Food Delivery Sector. In: Zeitschrift für Soziologie 54(4), 381–399.

Bieler, Andreas/Lindberg, Ingemar (Hg.): Global Restructuring, Labour and the Challenges for Transnational Solidarity. London: Routledge.

Bieling, Hans-Jürgen et al. (2021): Kapitalismusanalysen: Klassische und neue Konzeptionen der Politischen Ökonomie. Konstanz: UTB.

Bieling, Hans-Jürgen/Lerch, Marika (2012): Theorien der europäischen Integration: Ein Systematisierungsversuch. In: Dies. (Hg.): Theorien der europäischen Integration. Wiesbaden: Springer, 9–31.

Birke, P. (2007): Wilde Streiks im Wirtschaftswunder. Arbeitskämpfe, Gewerkschaften und soziale Bewegungen in der Bundesrepublik und Dänemark. Frankfurt a.M./New York: Campus.

Birke, Peter (2010): Die große Wut und die kleinen Schritte. Gewerkschaftliches Organizing zwischen Protest und Projekt. Berlin/Hamburg: Assoziation A.

Bispinck, Reinhard (2004): Kontrollierte Dezentralisierung der Tarifpolitik. Eine schwierige Balance. In: WSI-Mitteilungen 57 (5), 237–245.

Bispinck, Reinhard (2005): Betriebsräte, Arbeitsbedingungen und Tarifpolitik. In: WSI-Mitteilungen 58 (6), 301–307.

Bispinck, Reinhard (2024): 75 Jahre Tarifvertragsgesetz – Stationen der Tarifpolitik von 1949 bis 2024. Analysen zur Tarifpolitik Bd. 102. Düsseldorf.

Bispinck, Reinhard/Schulten, Thorsten (2006): Perspektiven einer gesamtwirtschaftlich orientierten Lohnpolitik. In: Schäfer, Claus/Seifert, Hartmut (Hg.): Kein bisschen leise: 60 Jahre WSI. Hamburg: VSA, 253–270.

Blanke, Thomas (2008): Die Entscheidungen des EuGH in den Fällen Viking, Laval und Rueffert – Domestizierung des Streikrechts und europaweite Nivellierung der industriellen Beziehungen. Oldenburger Studien zur Europäisierung und zur transnationalen Regulierung Nr. 18/2008. Oldenburg: Carl von Ossietzky Universität/Jean Monnet Centre for Europeanisation and Transnational Regulations.

Blöcker, A. (2011): Ungleichzeitigkeit von Krisen in der globalen Automobilindustrie – die „deutsche" Perspektive. In: Candeias, M./Rilling, R./Röttger, B./Thimmel, S. (Hg.): Globale Ökonomie des Autos. Hamburg: VSA, 151–161.

Blühdorn, Ingolfur (2013): Simulative Demokratie. Berlin: Suhrkamp.

Blühdorn, Ingolfur (2019): Demokratie der Nicht-Nachhaltigkeit. In: Blühdorn, Ingolfur/Butzlaff, Felix/Deflorian, Michael/Hausknost, Daniel/Mock, Mirijam (Hg.): Nachhaltige Nicht-Nachhaltigkeit. Bielefeld: Transcript, 287–328.

Blühdorn, Ingolfur (2024): Unhaltbarkeit. Berlin: Suhrkamp.

Blume, Otto (1964): Normen und Wirklichkeit einer Betriebsverfassung. Tübingen: Mohr.

Blyth, Mark (2013): Austerity: The History of a Dangerous Idea. Oxford: Oxford University Press.

Bock, H. M. (1993): Syndikalismus und Linkskommunismus von 1918 bis 1923. Darmstadt: Wissenschaftliche Buchgesellschaft.

Boes, Andreas/Kämpf, Tobias/Ziegler, Alexander (2020): Arbeit im Informationsraum – Informatisierung als Perspektive für ein soziologisches Verständnis der digitalen Transformation. In: Soziale Welt, Sonderband 23, 307–325.

Boes, Andreas/Kämpf, Tobias/Lühr, Thomas/Ziegler, Alexander (2018): Agilität als Chance für einen neuen Anlauf zum demokratischen Unternehmen? In: Berliner Journal für Soziologie 28, 181–208.

Böhle, F./Sauer, S. (2018): Erfahrungswissen und lernförderliche Arbeit – Neue Herausforderungen und Perspektiven für Arbeit 4.0 und (Weiter-)Bildung. In: Dobischat, R./Käpplinger, B./Molzberger, G./Münk, D. (Hg.): Bildung 2.1 für Arbeit 4.0? Wiesbaden, 241–263.

Böhnisch, Lothar (2006): Politische Soziologie. Eine problemorientierte Einführung. Opladen: Westdeutscher Verlag.

Bojadzijev, Manuela (2008): Die windige Internationale. Rassismus und Kämpfe der Migration. Münster: Westfälisches Dampfboot.

Bonin, Holger/Gregory, Terry/Zierahn, Ulrich (2015): Übertragung der Studie von Frey/Osborne (2013) auf Deutschland. Forschungsbericht 455. Mannheim: BMAS.

Borchert, Jens/Lessenich, Stephan (Hg.) (2012): Der Vergleich in den Sozialwissenschaften. Staat – Kapitalismus – Demokratie. Frankfurt a.M./New York: Campus.

Bormann, Sarah/Jungehülsing, Jenny (2016): Einleitung. In: Bormann, Sarah et al. (Hg.): Last Call for Solidarity. Perspektiven grenzüberschreitenden Handelns von Gewerkschaften. Hamburg: VSA, 15–39.

Bosch, Aida (1997): Vom Interessenkonflikt zur Kultur der Rationalität. Neue Verhandlungen zwischen Management und Betriebsrat. München/Mering

Bremme, Peter/Fürniß, Ulrike/Meinecke, Ulrich (Hg.) (2007): Never work alone. Organizing – ein Zukunftsmodell für Gewerkschaften. Hamburg: VSA.

Bosch, Aida/Ellguth, Peter/Schmidt, Rudi/Trinczek, Rainer (1999): Betriebliches Interessenhandeln. Zur politischen Kultur der Austauschbeziehungen zwischen Management und Betriebsrat in der westdeutschen Industrie. Opladen: Leske & Budrich.

Bosch, Gerhard (2022): Arbeitspolitik in der Transformation. Soziale Härten vermeiden. Berlin: Rosa-Luxemburg-Stiftung.

Bosch, Gerhard/Hüttenhoff, Frederic/Weinkopf, Claudia (2019): Kontrolle von Mindestlöhnen. Wiesbaden: Springer.

Bourdieu, Pierre (2000): Die zwei Gesichter der Arbeit. Konstanz: UVK.

Boyer, R. (1997): After Fordism. London: Palgrave Macmillan.

Brähler, Elmar et al. (2016): Die enthemmte Mitte. Autoritäre und rechtsextreme Einstellungen in Deutschland – Die Leipziger „Mitte"-Studie 2016. Frankfurt a.M.: Otto-Brenner-Stiftung.

Brand, Karl-Werner (2018): Disruptive Transformationen. In: Berliner Journal für Soziologie (3/4), 1–31.
Brand, Karl-Werner (2020): Nachhaltige Entwicklung oder sozial-ökologische Transformation? In: Indes – Zeitschrift für Politik und Gesellschaft 2020 (4), 9–22.
Brand, Ulrich (2014): Transition und Transformation: Sozialökologische Perspektiven. In: Brie, Michael (Hg.): Futuring. Perspektiven der Transformation im Kapitalismus über ihn hinaus. Münster: Westfälisches Dampfboot, 242–280.
Brand, Ulrich/Brad, Alina (2019): Sozial-ökologische Transformation. In: Brunner, Jan/Dobelmann, Anna/Kirst, Sarah/Prause, Louisa (Hg.): Wörterbuch Land- und Rohstoffkonflikte. Bielefeld: Transcript, 279–285.
Brandl, K.-H. (2020): Gewerkschaftliche Strategien bei der Digitalisierung. In: Bader, V./Kaiser, S. (Hg.): Arbeit in der Data Society. Wiesbaden, 59–70.
Brandt, Gerhard/Jacobi, Otto/Müller-Jentsch, Walther (1982): Anpassung an die Krise. Frankfurt a.M./New York: Campus.
Brandt, T./Schulten, T. (2008): Liberalisierung und Privatisierung öffentlicher Dienstleistungen und die Erosion des Flächentarifvertrags. In: WSI-Mitteilungen 61 (10), 570–576.
Braverman, Harry (1977): Die Arbeit im modernen Produktionsprozess. Frankfurt a.M./New York: Campus.
Brenner, Otto (1966): Gewerkschaftliche Dynamik in unserer Zeit. Frankfurt a.M.: Europäische Verlagsanstalt.
Brenner, Otto (2007): Gewerkschaftliche Dynamik in unserer Zeit. Frankfurt a.M.: Europäische Verlagsanstalt.
Briefs, G. (1927): Gewerkschaftswesen und Gewerkschaftspolitik. In: Handwörterbuch der Staatswissenschaften. 4. Aufl., Bd. 4, 1108–1150.
Brinkmann, U./Nachtwey, O. (2013): Postdemokratie und Industrielle Beziehungen im Betrieb. In: Politische Vierteljahresschrift 54 (3), 506–533.
Brinkmann, Ulrich (2011): Die unsichtbare Faust des Marktes. Betriebliche Kontrolle und Koordination im Finanzmarktkapitalismus. Berlin: Sigma.
Brinkmann, Ulrich/Choi, Hae-Lin/Detje, Richard/Dörre, Klaus/Holst, Hajo/Karakayali, Serhat/Schmalstieg, Catharina (2012): Strategic Unionism. Aus der Krise zur Erneuerung? Umrisse eines Forschungsprogramms. Wiesbaden: VS.
Brinkmann, Ulrich/Heiland, Heiner (2021): Rationalisierung statt Rationalität. Betriebliche Öffentlichkeiten zwischen Refeudalisierung und Revitalisierung. In: Seeliger, Martin/Sevignani, Sebastian (Hg.): Ein neuer Strukturwandel der Öffentlichkeit? Baden-Baden: Nomos, 115–136.

Brinkmann, Ulrich/Nachtwey, Oliver (2017): Postdemokratie und Industrial Citizenship. Erosionsprozesse von Demokratie und Mitbestimmung. Basel/Weinheim: Beltz.

Brookes, Marissa/McCallum, Jamie K. (2017): The New Global Labour Studies: A Critical Review. In: Global Labour Journal 8 (3), 201–218.

Brown, Wendy (2018): Die schleichende Revolution. Berlin: Suhrkamp.

Brunner, D. (2022): Erinnerungskultur und Erinnerungspolitik – Der FDGB vor und nach 1990. In: Berger, S./Jäger, W./Teichmann, U. (Hg.): Gewerkschaften im Gedächtnis der Demokratie. Bielefeld: Transcript, 617–632.

Brunsson, Nils (1989): The Organization of Hypocrisy: Talk, Decisions and Actions in Organizations. Hoboken: Wiley.

Brynjolfson, Erik/Li, Danielle/Raymond, Lindsey R. (2023): Gernerative AI at Work. Working Paper 31161. Cambridge, MA: National Bureau of Economic Research. URL: https://www.nber.org/system/files/working_papers/w31161/w31161.pdf (Abruf 23.02.2026).

Brynjolfsson, E./McAfee, A. (2016): The second age: Work, progress and prosperity in a time of brilliant technologies. New York/London.

Brzeski, C./Burk, I. (2015): Die Roboter kommen. Folgen der Automatisierung für den deutschen Arbeitsmarkt. ING-DiBA Economic Research.

Bücker, Andreas/Warneck, Wiebke (Hg.) (2010): Viking – Laval – Rüffert: Consequences and Policy Perspectives. Brüssel: ETUI.

Burawoy, Michael (1979): Manufacturing Consent. Changes in the Labor Process Under Monopoly Capitalism. Chicago: University of Chicago Press.

Burawoy, Michael (2010): From Polanyi to Pollyanna: The False Optimism of Global Labor Studies. In: Global Labour Journal 1 (2), 301–313.

Buschak, W. (1994): Gewerkschaften im Widerstand gegen den Nationalsozialismus 1933 bis 1939. In: Gewerkschaftliche Monatshefte 45 (10), 646–660.

Buschak, W. (2015): Arbeit im kleinsten Zirkel – Gewerkschafterinnen und Gewerkschafter im Widerstand gegen die nationalsozialistische Diktatur. Essen: Klartext.

Butollo, F./Engel, T. (2015): Industrie 4.0 – arbeits- und gesellschaftspolitische Perspektiven. Zwischen Dystopie und Euphorie. In: Z. Zeitschrift marxistische Erneuerung 103, 29–41

Butollo, Florian/Hellbach, L./Wotschack, P. (2024): Algorithmus und Kontrolle: Die Grenzen von „Algorithmischem Management“ als analytischer Kategorie. In: PROKLA 54 (217), 651–664.

Butollo, Florian (2023): Internationale Arbeitsteilung – Von der Hyperglobalisierung zur neuen Blockbildung? In: Seeliger, Martin (Hg.): Strukturwandel der Arbeitsgesellschaft. Basel/Weinheim: Beltz.

Butterwegge, Christoph (2023): Soziale Ungleichheit in der gegenwärtigen Arbeitsgesellschaft. Vom klassischen Industrieproletariat zum Dienstleistungsprekariat. Basel/Weinheim: Beltz Juventa, 83–100

Butzlaff, Felix (2019): Der Verlust des Gestaltungsanspruchs. In: Blühdorn, Ingolfur/Butzlaff, Felix/Deflorian, Michael/Hausknost, Daniel/Mock, Mirijam (Hg.): Nachhaltige Nicht-Nachhaltigkeit. Bielefeld: Transcript, 173–204.

Candeias, M. (2022): ...das braucht unglaublich viel Arbeitskraft! Beschäftigungspotenzial alternativer Produktion als Basis für eine Mobilitätswende. In: Candeias, M./Krull, S. (Hg.): Spurwechsel. Studien zu Mobilitätsindustrien, Beschäftigungspotenzialen und alternativer Produktion. Hamburg: VSA, 385–402.

Carls, K./Gehrken, H./Kuhlmann, M./Splett, B./Thamm, L. (2023): Digitalisierung aus Beschäftigtensicht. In: WSI-Mitteilungen 76 (2), 83–92.

Carstensen, A./Hess, S./Riedner, L./Schwenken, H. (2022): Solidarität – Kooperation – Konflikt. Migrantische Organisierungen und Gewerkschaften in den 1970/80er Jahren. Hamburg: VSA.

Carstensen, Lisa (2022): Solidarität – Kooperation – Konflikt. Migrantische Organisierungen und Gewerkschaften in den 1970er/1980er Jahren. Hamburg: VSA.

Caspersz, Donella (2010): From Pollyanna to the Pollyanna Principle. In: Global Labour Journal 1, 301–313.

Caspersz, Donella (2010): From Pollyanna to the Pollyanna Principle. A Response to Michael Burawoy's "From Polanyi to Pollyanna: The False Optimism of Global Labour Studies". In: Global Labour Journal 1 (3), 393–397.

Castles, Stephen et al. (2006): The Age of Migration. International Population Movements in the Modern World. London: The Guilford Press.

Clairmon, Yves/Henning, Klaus (2022): In Vielfalt geeint. Organisationsgeschichte der europäischen Verbände der Metallgewerkschaften. Essen: Klartext.

Clover, J. (2016): Riot. Strike. Riot: The New Era of Uprisings. New York: Verso.

Comtesse, Dagmar/Flügel-Martinsen, Oliver/Martinsen, Franziska/Nonhoff, Martin (Hg.) (2019): Radikale Demokratietheorie. Berlin: Suhrkamp.

Cotton, E./Gumbrell-McCormick, Rebecca (2012): Global Unions as imperfect multilateral organizations: An international relations perspective. In: Economic and Industrial Democracy 33 (4), 707–728.

Crouch, Colin (2000): Postdemokratie. Frankfurt a.M.: Suhrkamp.
Crouch, Colin (2019): Gig Economy. Prekäre Arbeit im Zeitalter von Uber, Minijobs & Co. Berlin: Suhrkamp.
Däubler, Wolfgang (2010): Gewerkschaftsrechte im Betrieb. Baden-Baden: Nomos Verlagsgesellschaft, 11. Aufl.
De Spiegelaere, S./Jagodzinski, R. (2015): European Works Councils and SE Works Councils in 2015. Facts & Figures. Brussels: ETUI.
Degens, Philipp/Neckel, Sighard (2024): Einleitung: Das Scheitern des grünen Kapitalismus. In: Dies. (Hg.): Das Scheitern des grünen Kapitalismus. Frankfurt a.M./New York: Campus, 7–25.
della Porta, Donatella/Caiani, Manuela (2008): Social Movements and Europeanization. Oxford: Oxford University Press.
della Porta, Donatella (2015): Spreading Protest: Social Movements in Times of Crisis. Colchester: ECPR Press.
Demirović, Alex (2007): Demokratie in der Wirtschaft. Münster: Westfälisches Dampfboot.
Deppe, F. (2012): Gewerkschaften in der großen Transformation: Von den 1970er Jahren bis heute. Eine Einführung. Köln: PapyRossa.
Deppe, F./Fülberth, G./Harrer, H.-J. (1977): Geschichte der deutschen Gewerkschaftsbewegung. Köln: Pahl-Rugenstein.
Deppe, Frank (1975): Thesen zur Mitbestimmungsdiskussion. In: Narr, Wolf-Dieter (Hg.): Politik und Ökonomie – autonome Handlungsmöglichkeiten des politischen Systems. Sonderband der PVS, 391–399.
Deppe, Frank (1981): Einheit und Spaltung der Arbeiterklasse. Marburg: Verlag Arbeiterbewegung und Gesellschaftswissenschaft.
Deppe, Frank (2013): Autoritärer Kapitalismus. Demokratie auf dem Prüfstand. Hamburg: VSA.
Destatis (2025): Tarifbindung 2024 bei 49 %. Pressemitteilung Nr. 109 vom 21. März 2025. URL: https://www.destatis.de/DE/Presse/Pressemitteilungen/2025/03/PD25_109_623.html?templateQueryString=gastgewerbe&templateQueryString=gastgewerbe&templateQueryString=gastgewerbe&templateQueryString=gastgewerbe (Abruf 26.03.2026).
Deutschmann, Christoph (2002): Postindustrielle Industriesoziologie: theoretische Grundlagen, Arbeitsverhältnisse und soziale Identität. Weinheim/München: Juventa.
Dewey, John (1960): The Quest for Certainty: A Study of the Relation of Knowledge and Action. New York: Minton, Balch & Company.

DGB (2022): Report 2022. Ergebnisse des DGB-Index Gute Arbeit 2022. Digitale Transformation – Veränderungen der Arbeit aus Sicht der Beschäftigten

Di Carlo, Donato (2022): Beyond neo-corporatism: State employers and the special-interest politics of public sector wage-setting. In: Journal of European Public Policy 30 (5), 967–994

Dieckmann, Florian (2019): Deutsche haben kaum Angst vor Jobverlust. In: Der Spiegel, 29.10.2019

Dilcher, Oliver (2011): Handbuch bedingungsgebundene Tarifarbeit. Berlin: ver.di

Dilger, Alexander (2003): Economic Effects of Co-Determination. In: Müller-Jentsch, Walther/Weitbrecht, Hansjörg (Hg.): The Changing Contours of German Industrial Relations. München/Mering: Hampp, 119–136.

Dilger, Alexander (2002): Ökonomik betrieblicher Mitbestimmung. Die wirtschaftlichen Folgen von Betriebsräten. München: R. Hampp.

Dingeldey, Irene (2019): Mindestlohn. In: Obinger, Herbert/Schmidt, Manfred G. (Hg.): Handbuch Sozialpolitik. Wiesbaden: Springer VS, 719–738.

Dingeldey, Irene/Becke, Guido/Seeliger, Martin (Hg.) (i. E. 2026): Transformationen der Arbeitsgesellschaft. Basel/Weinheim: Beltz.

Dingeldey, Irene/Seeliger, Martin (2023): Mindestlohn und Transformation. In: Seeliger, Martin (Hg.): Strukturwandel der Arbeitsgesellschaft. Basel/Weinheim: Beltz, 153–171.

Dittmar, Nele/Böhnke, Leonie/Nguyen, Truc (2023): Digitalisierung und Tarifpolitik – Die Digitalisierung der Arbeitswelt und ihre tarifpolitische Gestaltung. Study der Hans-Böckler-Stiftung Nr. 485. Düsseldorf.

Dittrich, I./Kalk, W. (1987): „Wir wollen nicht länger Menschen zweiter Klasse sein." Der Metallerstreik in Schleswig-Holstein 1956/57. In: Demokratische Geschichte 2, 351–393.

Doering-Manteuffel, A./Raphael, L. (2008): Nach dem Boom. Perspektiven auf die Zeitgeschichte seit 1970. Göttingen: Vandenhoeck & Ruprecht.

Döring, D./Koch, T. (2003): Gewerkschaften und soziale Sicherung. In: Schroeder, W./Weßels, B. (Hg.): Die Gewerkschaften in Politik und Gesellschaft der Bundesrepublik Deutschland. Wiesbaden: VS Verlag, 376–404.

Dörre, K. (2009): Die neue Landnahme. Dynamiken und Grenzen des Finanzmarktkapitalismus. In: Dörre, K./Lessenich, S./Rosa, H. (Hg.): Soziologie – Kapitalismus – Kritik. Frankfurt a.M.: Suhrkamp, 21–86.

Dörre, Klaus (2011): Funktionswandel der Gewerkschaften. Von der intermediären zur fraktalen Organisation. In: Dörre, Klaus/Haipeter, Thomas (Hg.): Gewerkschaftliche Modernisierung. Wiesbaden: VS, 267–300.

Dörre, Klaus (2016): Die neue Konfliktformation. Klassen-Kämpfe in fragmentierten Arbeitsbeziehungen. In: Industrielle Beziehungen 23 (3), 348–365.

Dörre, Klaus (2017): Gewerkschaften, Machtressourcen und öffentliche Soziologie. Ein Selbstversuch. In: Österreichische Zeitschrift für Soziologie 42 (2), 105–128.

Dörre, Klaus (2018): Digitalisierung – neue Prosperität oder Vertiefung gesellschaftlicher Spaltungen? In: Hirsch-Kreinsen, Hartmut/Ittermann, Peter/Niehaus, Jonathan (Hg.): Digitalisierung industrieller Arbeit. Die Vision Industrie 4.0 und ihre sozialen Herausforderungen. Baden-Baden, 365–381.

Dörre, Klaus (2019): Risiko Kapitalismus. Landnahme, Zangenkrise, Nachhaltigkeitsrevolution. In: Dörre, Klaus/Rosa, Hartmut/Becker, Karina/Bose, Sophie/Seyd, Benjamin (Hg.): Große Transformation? Zur Zukunft moderner Gesellschaften. Wiesbaden: Springer VS, 3–34.

Dörre, Klaus (2020): In der Warteschlange. Arbeiter*innen und die radikale Rechte. Münster: Westfälisches Dampfboot.

Dörre, Klaus (2021): Die Utopie des Sozialismus. Kompass für eine Nachhaltigkeitsrevolution. Berlin: Matthes & Seitz.

Dörre, Klaus (2021): Kampf um Öffentlichkeit. Kapitalistische Landnahme und die Transformation der Medien. In: Kerem (Hg.): Transformation der Medien – Medien der Transformation. Verhandlungen des Netzwerks Kritische Kommunikationswissenschaft. Frankfurt a.M.: Westend, 103–127.

Dörre, Klaus et al. (2016): Streikrepublik Deutschland? Die Erneuerung der Gewerkschaften in Ost und West. Frankfurt a.M./New York: Campus.

Dörre, Klaus et al. (2022): Abschied vom Abschied? Transformation, Nachhaltigkeit, Krieg. Nachwort zur zweiten Auflage. In: Dies. (Hg.): Abschied von Kohle und Auto? Sozial-ökologische Transformationskonflikte um Energie und Mobilität. Frankfurt a.M.: Campus, 309–323.

Dörre, Klaus/Bose, Sophie/Lütten, John/Köster, Jakob (2018): Arbeiterbewegung von rechts? Motive und Grenzen einer imaginären Revolte. In: Berliner Journal für Soziologie 28 (1–2), 55–89.

Dörre, Klaus/Butting, Oskar/Fülöp, Nora/Mehlis, Anna (2024): In der Hitzefalle: Klimaungerechtigkeit und die Vision eines ökologischen Sozialstaats. In: Vorgänge 245/246, 63–81.

Dörre, Klaus/Liebig, Steffen/Lucht, Kim/Sittel, Johanna (2023): Klasse gegen Klima? Transformationskonflikte in der Autoindustrie. In: Berliner Journal für Soziologie 34, 9–46.

Dörrenbächer, Christoph/Geppert, Mike (Hg.) (2011): Politics and Power in the Multinational Corporation: The Role of Institutions, Interests and Identities. Cambridge: Cambridge University Press.

Dolata, Ulrich (2015): Volatile Monopole. Konzentration, Konkurrenz und Innovationsstrategien der Internetkonzerne. In: Berliner Journal für Soziologie 24 (4), 505–529.

Dribbusch, H. (2011): Organisieren am Konflikt: Zum Verhältnis von Streik und Mitgliederentwicklung. In: Haipeter, T./Dörre, K. (Hg.): Gewerkschaftliche Modernisierung. Wiesbaden: VS Verlag für Sozialwissenschaften, 231–263.

Dribbusch, Heiner (2007): Das „Organizing-Modell". Entwicklung, Varianten und Umsetzung. In: Bremme, Peter/Fürniß, Ulrike/Meinecke, Ulrich (Hg.): Never work alone. Organizing – ein Zukunftsmodell für Gewerkschaften. Hamburg: VSA, 24–52.

Dribbusch, Heiner (2010): 60 Jahre Arbeitskampf in der Bundesrepublik – Ein Überblick. In: Bispinck, Reinhard/Schulten, Thorsten (Hg.): Zukunft der Tarifautonomie. 60 Jahre Tarifvertragsgesetz: Bilanz und Ausblick. Hamburg: VSA, 145–168.

Dribbusch, Heiner (2014): Voraussetzungen internationaler Solidarität: Zur Diskussion um einen europäischen Generalstreik. In: WSI-Mitteilungen 67 (5), 337–344.

Dribbusch, Heiner/Birke, Peter (2014): Die DGB-Gewerkschaften seit der Krise: Entwicklungen, Herausforderungen, Strategien. Berlin: Friedrich-Ebert-Stiftung.

Dribbusch, Heiner/Schulten, Johannes/Thiel, Marcel (2026): „Organizing" als Instrument zur Stärkung der Tarifbindung „von unten"? – Eine Studie im Rahmen des IAQ/WSI Projektes „Stärkung der Tarifbindung". Analysen zur Tarifpolitik Bd. 113, Düsseldorf: Hans-Böckler-Stiftung.

Dukes, Ruth/Streeck, Wolfgang (2023): Democracy at Work: Contract, Status and Post-Industrial Justice. Boston: Polity.

Durkheim, Émile (1988): Über soziale Arbeitsteilung. Frankfurt a.M.: Suhrkamp.

Durkheim, Émile (1990): Der Selbstmord. Frankfurt a.M.: Suhrkamp.

Ebbinghaus, B./Visser, J. (Hg.) (2000): Trade Unions in Western Europe since 1945. Basingstoke: Palgrave Macmillan.

Eckerdt, Andreas (2017): Vorwort. In: van der Linden, Marcel: Workers of the World. Eine Globalgeschichte der Arbeit. Frankfurt a.M./New York: Campus, 3–15.

EGB (2012): Solidarity in the Crisis and beyond: Towards a Coordinated European Trade Union Approach to Tackling Social Dumping. Discussion Note for the ETUC Winter School in Copenhagen, 7.–8. Februar.

Egels-Zandén, Niklas (2009): Transnational governance of workers' rights: Outlining a research agenda. In: Journal of Business Ethics 87 (2), 169–188.

Elias, Norbert (1990): Etablierte und Außenseiter. Frankfurt a.M.: Suhrkamp.

Europäische Kommission (2020a): Vorschlag für eine Richtlinie des Europäischen Parlamentes und des Rates über angemessene Mindestlöhne in der EU. COM(2020) 682 final vom 28.10.2020.

Elias, Norbert (2009): Was ist Soziologie? Grundfragen der Soziologie. Weinheim: Juventa.

Ellguth, Peter/Kohaut, Susanne (2022): Tarifbindung und betriebliche Interessenvertretung: Ergebnisse aus dem IAB-Betriebspanel 2021. In: WSI-Mitteilungen 75 (4), 328–336.

Elsässer, Lea (2018): Wessen Stimme zählt. Frankfurt a.M./New York: Campus.

Engels, F. (1972 [1845]): Lage der arbeitenden Klasse in England. In: MEW, Bd. 2. Berlin: Dietz, 225–506.

Europarat (2010): Die neue Strategie und Aktionsplan des Europarates für soziale Kohäsion. Verabschiedet vom Ministerkomitee des Europarates am 7. Juli 2010.

Evangelista, R./Guerrieri, P./Meliciani, V. (2014): The economic impact of digital technologies in Europe. In: Economics of Innovation and New Technology 23 (8), 802–824.

Evans, Peter (2010): Is it Labor's Turn to Globalize? Twenty-first Century Opportunities and Strategic Responses. In: Global Labour Journal 1 (3), 352–379.

Eversberg, Dennis/Fritz, Martin/von Faber, Linda/Schmelzer, Matthias (2024): Der neue sozial-ökologische Klassenkonflikt. Mentalitäts- und Interessengegensätze im Streit um Transformation. Frankfurt a.M./New York: Campus.

Ewen, Janis (2022): Betriebsräte ohne Betriebe: Konfliktive Mitbestimmung in der plattformvermittelten Essenslieferarbeit. In: Ewen, Janis/Nies, Sarah/Seeliger, Martin (Hg.): Sozialpartnerschaft im digitalisierten Kapitalismus. Hat der institutionalisierte Klassenkompromiss eine Zukunft? Weinheim: Beltz Juventa, 145–164.

Ewen, Janis (2023): Schluss mit ausgeliefert? Tarifpolitik in der plattformvermittelten Lieferarbeit. In: PROKLA 53 (211).

Ewen, Janis/Hopp, Marvin/Seeliger, Martin (2023): Gewerkschaften in der Transformationskrise. Die Imagination von Zukunftsszenarien der Dekarbonisierung, Digitalisierung und europäischen Integration aus arbeitspolitischer

Perspektive. In: Kiess, Johannes et al. (Hg.): Krisen und Soziologie. Basel/Weinheim: Beltz, 207–228.

Ewen, Janis/Nies, Sarah/Seeliger, Martin (2022): Sozialpartnerschaft und arbeitspolitische Ordnungsbildung im Prozess der Digitalisierung. Eine Einführung. In: Ewen, Janis/Nies, Sarah/Seeliger, Martin (Hg.): Sozialpartnerschaft im digitalisierten Kapitalismus. Hat der institutionalisierte Klassenkompromiss eine Zukunft? Weinheim: Beltz Juventa, 7–24.

Ewen, Janis/Nies, Sarah/Seeliger, Martin (Hg.) (2022): Sozialpartnerschaft im digitalisierten Kapitalismus. Hat der institutionalisierte Klassenkompromiss eine Zukunft? Basel/Weinheim: Beltz.

Faist, Thomas (2022): Exit: Warum Menschen aufbrechen. München: Beck.

Falkenberg, J. (2021): Taylors Agenten. Eine arbeitssoziologische Analyse mobiler Assistenzsysteme in der Logistik. Baden-Baden.

Falkenberg, J./Haipeter, T./Krzywdzinski, M./Kuhlmann, M./Schietinger, M./Virgillito, A. (2020): Digitalisierung in Industriebetrieben. Auswirkungen auf Arbeit und Handlungsansätze für Betriebsräte. HBS Forschungsförderung, Report 6.

Falkner, Gerda (1998): EU Social Policy in the 1990s: Towards a Corporatist Policy Community. London: Routledge.

Fantasia, Rick (1989): Cultures of Solidarity: Consciousness, Action, and Contemporary American Workers. Los Angeles: University of California Press.

Faust, Michael (2021): Finanzialisierung und Digitalisierung von Unternehmen. Konzeptionelle Überlegungen und empirische Annäherungen. In: Buss, Klaus-Peter/Kuhlmann, Martin/Weißmann, Marliese/Wolf, Harald/Apitzsch, Birgit (Hg.): Digitalisierung und Arbeit. Triebkräfte – Arbeitsfolgen – Regulierung. Frankfurt a.M./New York: Campus, 67–106.

Favell, A. (2014): The fourth freedom. Theories of Migration and Mobilities in 'neo-liberal' Europe. In: European Journal of Social Theory 17 (3), 275–289.

Feldman, G. D. (1984): Vom Weltkrieg zur Weltwirtschaftskrise. Studien zur deutschen Wirtschafts- und Sozialgeschichte 1914–1932. Göttingen: Vandenhoeck & Ruprecht.

Fichter, Michael/Helfen, Markus/Schiederig, Katharina (2011): Kann transnationale Solidarität auf Konzernebene organisiert werden? Der Ansatz der internationalen Rahmenabkommen. In: Gerlach, F./Greven, T./Mückenberger, U./Schmidt, E. (Hg.): Solidarität über Grenzen. Gewerkschaften vor neuer Standortkonkurrenz. Berlin: Edition Sigma, 75–93.

FitzRoy, Felix/Kraft, Kornelius (2005): Co-Determination, Efficiency, and Productivity. In: British Journal of Industrial Relations 43, 233–247.

Flemming, Jana (2022): Industrielle Naturverhältnisse. Politisch-kulturelle Orientierungen gewerkschaftlicher Akteure in sozial-ökologischen Transformationsprozessen. München: oekom

Frankenberg, Günter/Heitmeyer, Wilhelm (2022): Treiber des Autoritären. Pfade von Entwicklungen zu Beginn des 21. Jahrhunderts. Frankfurt a.M./New York: Campus.

Fraser, Nancy (2023): Der Allesfresser. Wie der Kapitalismus seine eigenen Grundlagen verschlingt. Frankfurt a.M.: Suhrkamp.

Freeman, Richard B./Lazear, Edward P. (1995): An Economic Analysis of Works Councils. In: Rogers, Joel/Streeck, Wolfgang (Hg.): Works Councils. Consultation, Representation, and Cooperation in Industrial Relations. Chicago: The University of Chicago Press, 27–50.

Frege, Carole/Kelly, John (Hg.) (2004): Varieties of Unionism: Strategies for Union Revitalization in a Globalizing Economy. Oxford: Oxford University Press.

Frey, Carl B./Osborne, Michael A. (2017): The Future of Employment: How Susceptible Are Jobs to Computerisation? In: Technological Forecasting & Social Change 114 (1), 254–280.

Fuhrmann, U. (2021): Feminismus in der frühen Gewerkschaftsbewegung (1890–1914). Die Strategien der Buchdruckerei-HilfsarbeiterInnen um Paula Thiede. Bielefeld: Transcript.

Furaker, Bengt/Selden Loven, Kristina (2013): Trade Union Cooperation on Statutory Minimum Wages? A Study of European Trade Union Positions. In: Transfer 19 (4), 507–520.

Furaker, Bengt/Larsson, Bengt (2020): Trade Union Cooperation in Europe: Patterns, Conditions. New York: Palgrave.

Fürstenberg, Friedrich (1958): Der Betriebsrat – Strukturanalyse einer Grenzinstitution. In: Kölner Zeitschrift für Soziologie und Sozialpsychologie 10, 418–429.

Gajewska, Katarzyna (2009): Transnational Labour Solidarity: Mechanisms of Commitment to Cooperation within the European Trade Union Movement. London: Routledge.

Gajewski, Eltje (2025): Zwischen Weltrettung und Marktfähigkeit. Marburg: Büchner.

Galgóczi, Béla (2014): Wage Developments and Wage Setting in Central Europe. Unveröffentlichtes Manuskript. Brüssel: European Trade Union Institute.

Gollbach, J. (2005): Europäisierung der Gewerkschaften. Praktische Ansätze im Spannungsfeld transnationaler Traditionen. Hamburg: VSA

Garnero, Andrea (2020): The impact of collective bargaining on employment and wage inequality: Evidence from a new taxonomy of bargaining systems. In: European Journal of Industrial Relations 27 (2), 185–202
Geiger, Theodor (1949): Die Klassengesellschaft im Schmelztiegel. Köln-Hagen.
Gerber, Christine (2019): Alte Herrschaft in digitalen Gewändern? Der Arbeitsprozess auf Crowdwork-Plattformen. In: Butollo, Florian/Nuss, Sabine (Hg.): Marx und die Roboter. Vernetzte Produktion, Künstliche Intelligenz und lebendige Arbeit. Berlin: Dietz, 256–275.
Gerst, D. (2020): Geschäftsmodelle mitentwickeln – ein neues Handlungsfeld der Betriebsräte. In: WSI-Mitteilungen 73 (4), 295–299.
Gerst, Detlef (2023): Digitalisierung und Gewerkschaften. Gestaltungsansätze, Bilanz und Perspektiven. In: WSI-Mitteilungen 76 (5), 401–406.
Giddens, Anthony (1990): The Consequences of Modernity. Cambridge: Stanford University Press.
Gmyrek, Pawel/Berg, Janine/Bescond, David (2023): Generative AI and jobs: A global analysis of potential effects on job quantity and quality, ILO Working Paper 96. Geneva: ILO.
Goes, Thomas (2024): Grüner Sozialismus? Über das politische Bewusstsein von Arbeiter*innen in Zeiten des Umbruchs. Bielefeld: Transcript.
Goes, Thomas/Schmalz, Stefan/Thiel, Marcel/Dörre, Klaus (2015): Gewerkschaften im Aufwind? Stärkung gewerkschaftlicher Organisationsmacht in Ostdeutschland. Eine Studie der Otto-Brenner-Stiftung, Bd. 83. Frankfurt a.M.: OBS.
Goffman, Erving (1976): Frame Analysis: An Essay on the Organization of Experience. New York: Northeastern University Press.
Graf, Jakob/Liebig, Steffen/Lucht, Kim/Rackwitz, Hans/Wissen, Markus (2023): Editorial: Sozial-ökologische Transformationskonflikte und linke Strategien. In: PROKLA 53, 4–12.
Gramsci, Antonio (1991): Gefängnishefte. Hamburg: Argument.
Greef, Samuel/Schroeder, Wolfgang/Sperling, Hans Joachim (2020): Plattformökonomie und Crowdworking als Herausforderungen für das deutsche Modell der Arbeitsbeziehungen. In: Industrielle Beziehungen 27 (2), 205–226.
Greifenstein, Ralph/Kißler, Leo/Lange, Hendrik (2011): Trendreport Betriebsratswahlen 2010. Arbeitspapiere 231. Düsseldorf: Hans-Böckler-Stiftung.
Gumbrell-McCormick, Rebecca/Hyman, Richard (2013): Trade Unions in Western Europe: Hard Times, Hard Choices. Oxford: Oxford University Press.

Gumbrell-McGormick, Rebecca (2013): The International Trade Union Confederation: From Two (or More?) Identities to One. In: British Journal of Industrial Relations 51 (2), 240–263.
Günther, Wolfgang (2021): Staatliche Stützung der Tarifpolitik. Die Allgemeinverbindlicherklärung in Deutschland, den Niederlanden und Finnland. Wiesbaden: Springer.
Gurdon, M. A./Rai, A. (1990): Codetermination and Enterprise Performance: Empirical Evidence from West Germany. In: Journal of Economics and Business 42, 289–302.
Haas, Ernst B. (1958): The Uniting of Europe: Political, Social, and Economic Forces, 1950–1957. Stanford: Stanford University Press.
Habermas, Jürgen (1973): Legitimationsprobleme im Spätkapitalismus. Frankfurt a.M.: Suhrkamp.
Habermas, Jürgen (1990): Strukturwandel der Öffentlichkeit. Untersuchungen zu einer Kategorie der bürgerlichen Gesellschaft. Frankfurt a.M.: Suhrkamp.
Habermas, Jürgen (1992): Faktizität und Geltung. Beiträge zur Diskurstheorie des Rechts und des demokratischen Rechtsstaats. Frankfurt a.M.: Suhrkamp.
Haipeter, Thomas (2011): Tarifabweichungen, Betriebsräte und Gewerkschaften – Modernisierungschancen in lokalen Konflikten. In: Haipeter, Thomas/Dörre, Klaus (Hg.): Gewerkschaftliche Modernisierung. Wiesbaden: VS Verlag für Sozialwissenschaften, 31–60.
Haipeter, Thomas (2011): Einleitung: Interessenvertretungen, Krise und Modernisierung – über alte und neue Leitbilder. In: Haipeter, Thomas/Dörre, Klaus (Hg.): Gewerkschaftliche Modernisierung. Wiesbaden: VS, 7–28.
Haipeter, Thomas (2014): Das ungewisse Extra: Die Widersprüche erfolgsabhängiger Entgelte am Beispiel der Metall- und Elektroindustrie. Berlin: Edition Sigma.
Haipeter, Thomas (2019): Interessenvertretung in der Industrie 4.0: Das gewerkschaftliche Projekt Arbeit 2020. Baden-Baden: Nomos.
Haipeter, Thomas (2023): Tarifverträge: Erosion, Dezentralisierung und Innovationen. In: Seeliger, Martin (Hg.): Strukturwandel der Arbeitsgesellschaft. Basel/Weinheim: Beltz, 328–350.
Haipeter, Thomas (2010): Betriebsräte als neue Tarifakteure: Zum Wandel der Mitbestimmung bei Tarifabweichungen. Berlin: Edition Sigma.
Haipeter, Thomas/Hoose, Fabian (2019): Interessenvertretung bei Crowd- und Gigwork. Initiativen zur Regulierung von Plattformarbeit in Deutschland. IAQ-Report 5/2019. Universität Duisburg-Essen.

Haipeter, Thomas/Schilling, Gabi (2023): Interessenvertretungen in der Digitalisierung. zur Bedeutung betriebspolitischer Aktivierungsprojekte der Gewerkschaften am Beispiel von „Arbeit 2020 in NRW“. In: WSI-Mitteilungen 76 (5), 392–400.

Hall, Peter (2005): Preference Formation as a Political Process: The Case of Monetary Union in Europe. In: Katznelson, Ira/Weingast, Barry (Hg.): Preferences over Time. New York: Russell Sage Foundation, 129–160.

Hall, Peter A./Soskice, David (2001): Varieties of Capitalism: Institutional Foundations of Comparative Advantage. Oxford: Oxford University Press.

Hall, Stuart (1994c): ›Rasse‹, Artikulation und Gesellschaften mit struktureller Dominante. In: Ders.: Rassismus und kulturelle Identität. Hamburg: Argument, 89–136.

Hancké, Bob (2013): Unions, Central Banks and EMU: Labour Market Institutions and Monetary Integration in Europe. Oxford: Oxford University Press.

Harvey, David (2007): Räume der Neoliberalisierung. Zur Theorie der ungleichen Entwicklung. Hamburg: VSA.

Hasse, Raimund/Krücken, Gerhard (2015): Neo-Institutionalismus. Bielefeld: Transcript.

Hassel, Anke/Schiller, Christof (2010): Der Fall Hartz IV: Wie es zur Agenda 2010 kam und wie es weitergeht. Frankfurt a.M.: Campus.

Hauser-Ditz, Axel/Hertwig, Markus/Pries, Ludger/Jeworutzki, Sebastian (2008): Betriebliche Interessenregulierung in Deutschland: Arbeitnehmervertretung zwischen demokratischer Teilhabe und ökonomischer Effizienz. Frankfurt a.M.: Campus.

Hauser-Ditz, Axel/Hertwig, Markus/Pries, Ludger/Rampeltshammer, Luitpold (2010): Transnationale Mitbestimmung? Zur Praxis Europäischer Betriebsräte in der Automobilindustrie. Frankfurt a.M.: Campus.

Hauser-Ditz, Axel/Höpner, Martin (2002): Bewertung der Unternehmen am Neuen Markt. Gibt es einen Mitbestimmungs-Discount? In: Bertelsmann-Stiftung/Hans-Böckler-Stiftung (Hg.): Mitbestimmung in der New Economy – Ein Widerspruch? Kooperative Unternehmensführung und Mitarbeiterbeteiligung im Neuen Mittelstand. Gütersloh: Verlag Bertelsmann Stiftung, 55–66.

Hayman, R. (2001): Understanding European Trade Unionism: Between Market, Class and Society. London: Sage.

Heiden, Mathias (2015): Verborgene Konflikte der Krise von Arbeit und Reproduktion. In: WSI-Mitteilungen 68 (6), 417–426.

Heiland, H. (2018): Algorithmus = Logik + Kontrolle: Algorithmisches Management und die Kontrolle der einfachen Arbeit. In: Houben, D./Prietl, B. (Hg.):

Datengesellschaft. Einsichten in die Datafizierung des Sozialen. Bielefeld: Transcript, 233–252.
Heiland, Heiner/Brinkmann, Ulrich (2020): Liefern am Limit. Wie die Plattformökonomie die Arbeitsbeziehungen verändert. In: Industrielle Beziehungen 27(2): 120–140.
Heiland, Heiner/Schaupp, Simon (2020): Digitale Atomisierung oder neue Arbeitskämpfe? Widerständige Solidaritätskulturen in der plattformvermittelten Kurierarbeit. In: Momentum Quarterly 9(2): 50–68.
Heiland, Heiner/Schaupp, Simon (2022): Informeller Widerstand im Arbeitsprozess – eine Einführung. In: Dies. (Hg.): Widerstand im Arbeitsprozess. Eine arbeitssoziologische Einführung. Bielefeld: transcript, S. 7–26.
Heiland, Heiner/Seeliger, Martin/Sevignani, Sebastian (2022): Proletarische Öffentlichkeit revisited. Konzeptionelle und forschungsprogrammatische Überlegungen zum Strukturwandel arbeitspolitischer Öffentlichkeiten. In: Zeitschrift für theoretische Soziologie 10 (2), 85–111.
Heiland, Heiner/Seeliger, Martin (2023): Betriebliche Öffentlichkeiten im Strukturwandel als Ausgangspunkt einer Demokratisierung der Arbeit? In: Seeliger, Martin/Pflücke, Kimey/Lorig, Philipp (Hg.): Arbeit und Kritische Theorie. Wien: Mandelbaum.
Heinze, Rolf G./Hinrichs, Karl/Olk, Thomas (1981): Interessendifferenzierung und Gewerkschaftseinheit. Bruchlinien innerhalb der Arbeiterklasse als Herausforderung für gewerkschaftliche Politik. In: Gewerkschaftliche Monatshefte (6), 336–354.
Heinze, Rolf G./Müller-Jentsch, Walther (1983): Stabilitätsleistungen und Ausgrenzungseffekte des Tarifvertragssystems. In: Matthes, Joachim (Hg.): Krise der Arbeitsgesellschaft. Verhandlungen des 21. Deutschen Soziologentages in Bamberg 1982. Frankfurt a.M./New York: Campus, 554–569.
Heitmeyer, Wilhelm (2011): Deutsche Zustände. Folge 10. Berlin: Suhrkamp.
Heitmeyer, Wilhelm/Imbusch, Peter (2005): Vorwort. In: Dies. (Hg.): Integrationspotenziale einer modernen Gesellschaft. Wiesbaden: VS, 9–10.
Henschel, V. (1983): Geschichte der deutschen Sozialpolitik (1880–1980). Soziale Sicherung und kollektives Arbeitsrecht. Frankfurt a.M.: Suhrkamp.
Herod, Andrew (2014): Die Geographie globaler Produktionsnetzwerke und die Handlungsmacht von Lohnabhängigen. In: Bormann, Sarah et al. (Hg.): Last Call for Solidarity. Perspektiven grenzüberschreitenden Handelns von Gewerkschaften. Hamburg: VSA, 85–105.
Hertle, Hans-Hermann/Kädtler, Jürgen (1990): Die industriepolitische Wende der industriellen Beziehungen: Gewerkschaftspolitik unter dem Primat der

Industriepolitik am Beispiel der IG Chemie, Papier, Keramik. In: Soziale Welt 41 (2), 183–205.

Hertwig, Markus/Thünken, Oliver/Morgenroth, Sissy/Fischer, Alrun (2021): Wenn Arbeitgeber Mitbestimmung behindern – Gegenstrategien der Beschäftigtenseite. In: WSI-Mitteilungen 74 (2), 106–115.

Hessler, Siglinde (2014): Arbeitnehmerrechte weltweit stärken? Die Umsetzung der Internationalen Rahmenvereinbarungen in Mexiko. Frankfurt a.M./New York: Campus.

Hilmer, Richard/Kohlrausch, Bettina/Müller-Hilmer, Rita (2017): Einstellung und soziale Lebenslage. Eine Spurensuche nach Gründen für rechtspopulistische Orientierung, auch unter Gewerkschaftsmitgliedern. Forschungsförderung Working Paper.

Hinrichs, S. (2021): Qualifizierung im digitalen Wandel. Mitbestimmungspraxis Nr. 40. Düsseldorf: Institut für Mitbestimmung und Unternehmensführung der Hans-Böckler-Stiftung.

Hirsch, J./Roth, R. (1986): Das neue Gesicht des Kapitalismus. Vom Fordismus zum Post-Fordismus. Hamburg: VSA-Verlag.

Hirsch, Joachim/Wissel, Jens (2020): Klassenstrukturen in Europa. In: Thien, Hans-Günter (Hg.): Klassen im Postfordismus. Münster: Westfälisches Dampfboot, 285–307.

Hirsch-Kreinsen, H. (2015b): Einleitung: Digitalisierung industrieller Arbeit. In: Hirsch-Kreinsen, H./Ittermann, P./Niehaus, J. (Hg.): Digitalisierung industrieller Arbeit. Die Vision Industrie 4.0 und ihre sozialen Herausforderungen. Baden-Baden: Nomos, 9–30.

Hirsch-Kreinsen, H. (2016): Zum Verhältnis von Arbeit und Technik bei Industrie 4.0. In: APuZ – Aus Politik und Zeitgeschichte 66 (18/19), 10–17.

Hirsch-Kreinsen, H. (2018): Die Pfadabhängigkeit digitalisierter Industriearbeit. In: Arbeit 27 (3), 1–21.

Hirsch-Kreinsen, H. (2020): Digitale Transformation von Arbeit. Entwicklungstendenzen und Gestaltungsansätze. Stuttgart: Kohlhammer.

Hirsch-Kreinsen, Hartmut (2014): Wandel von Produktionsarbeit – „Industrie 4.0“. In: WSI-Mitteilungen 6/2014, 421–429.

Hirsch-Kreinsen, Hartmut (2015a): Digitalisierung von Arbeit: Folgen, Grenzen und Perspektiven. Soziologisches Arbeitspapier Nr. 43. TU Dortmund.

Hiß, Stefanie (2006): Warum übernehmen Unternehmen gesellschaftliche Verantwortung? Ein soziologischer Erklärungsversuch. Frankfurt a.M./New York: Campus.

Hodenberg, C. von (1997): Aufstand der Weber. Die Revolte von 1844 und ihr Aufstieg zum Mythos. Bonn: Dietz.

Hoffrogge, R. (2010): Vom Schnaps zum Bier. Eine Richtungsentscheidung in der deutschen Arbeiterbewegung. In: ak – analyse & kritik, 19. November 2010.

Hohendanner, Christian/Kohaut, Susanne (2025): Tarifbindung und betriebliche Mitbestimmung: keine Trendwende in Sicht. In: IAB-Forum, 30. Mai 2025

Holzer, Boris (2020): Politische Soziologie. Baden-Baden: Nomos.

Holzschuh, Madeleine/Becker, Karina/Dörre, Klaus/Ehrlich, Martin/Engel, Thomas/Hinz, Sarah/Singe, Ingo/Sittel, Johanna (2020): „Wir reiten das Pferd, bis es tot ist!" In: Blöcker, Antje/Dörre, Klaus/Holzschuh, Madeleine (Hg.): Auto- und Zulieferindustrie in der Transformation. Beschäftigtenperspektiven aus fünf Bundesländern. Frankfurt a.M./New York: Campus, 78–138

Höpfner, Clemens et al. (2021): Tarifautonomie und Tarifgeltung. Die Legitimation und Legitimität der Tarifautonomie im Wandel der Zeit. Berlin: Duncker & Humblot.

Höpner, M. (2003): Wer beherrscht die Unternehmen? Shareholder Value, Managerherrschaft und Mitbestimmung in Deutschland. Frankfurt a.M./New York: Campus.

Höpner, M./Müllenborn, T. (2010): Mitbestimmung im Unternehmensvergleich: Ein Konzept zur Messung des Einflusspotentials der Arbeitnehmervertreter im mitbestimmten Aufsichtsrat. In: Industrielle Beziehungen 17 (1), 7–29.

Höpner, Martin (2004): Unternehmensmitbestimmung unter Beschuss. Die Mitbestimmungsdebatte im Licht der sozialwissenschaftlichen Forschung. In: Industrielle Beziehungen 11 (4), 347–379.

Höpner, Martin (2021): Die IG Metall zwischen Exportblock und Mosaik. Lektionen aus der gewerkschaftlichen Europapolitik. In: Aulenbacher, Brigitte et al. (Hg.): Gewerkschaft, Politik, Wissenschaft. Mosaiklinke Zukunftspfade. Münster: Westfälisches Dampfboot, 381–390.

Höpner, Martin/Schäfer, Armin (2012): Embeddedness and Regional Integration: Waiting for Polanyi in a Hayekian Setting. In: International Organization 66 (3), 429–455.

Höpner, Martin/Waclawczyk, Maximilian (2012): Opportunismus oder Ungewissheit? Die Arbeitgeberhaltungen zum mitbestimmten Aufsichtsrat. In: Industrielle Beziehungen 19 (3), 314–336.

Höpner, Martin/Lutter, Mark (2018): The Diversity of Wage Regimes: Why the Eurozone Is Too Heterogeneous for the Euro. In: European Political Science Review 10 (1), 71–96.

Höpner, Martin/Baccaro, Lucio (2022): Das deutsche Wachstumsmodell, 1991–2019. MPIfG Discussion Paper 22/9. Köln: Max-Planck-Institut für Gesellschaftsforschung.

Höpner, Martin/Schäfer, Armin (2012): Integration among Unequals: How the Heterogeneity of European Varieties of Capitalism Shapes the Social and Democratic Potential of the EU. MPIfG Discussion Paper 12/5. Köln: Max-Planck-Institut für Gesellschaftsforschung.

Höpner, Martin/Schäfer, Armin (Hg.) (2008): Die Politische Ökonomie der europäischen Integration. Frankfurt a.M./New York: Campus.

Höpner, Martin/Seeliger, Martin (2018): Transnationale Lohnkoordination zur Stabilisierung des Euro? Gab es nicht, gibt es nicht, wird es nicht geben. In: Beyer, Jürgen/Trampusch, Christine (Hg.): Finanzmarkt, Demokratie und Gesellschaft. Wiesbaden: Springer, 415–433

Hopp, Marvin/Menz, Wolfgang/Kiess, Johannes/Seeliger, Martin (2022): Sozialpartnerschaft unter Spannung. Auswirkungen der Corona-Krise in der deutschen Metall- und Elektroindustrie. In: Arbeit 31 (3), 325–348.

Hopp, Marvin/Seeliger, Martin (2025): Kampf um die industrielle Zukunft. Gegenöffentlichkeit und Zukunftsantizipation als gewerkschaftliche Machtressource. In: Industrielle Beziehungen 32 (2).

Hübner, P./Kleßmann, C./Tenfelde, K. (Hg.) (2005): Arbeiter im Staatssozialismus. Ideologischer Anspruch und soziale Wirklichkeit. Köln: Böhlau.

Huchler, Norbert (2023): Arbeiten mit Künstlicher Intelligenz. Wie KI Arbeit strukturiert und was sie mit der indirekten Steuerung verbindet. In: WSI-Mitteilungen 76 (5), 365–373.

Huwer, J. (2013): „Gastarbeiter" im Streik. Die Arbeitsniederlegung bei Ford Köln im August 1973. Köln: Edition DOMiD.

Hyman, Richard (1972): Strikes. London: Fontana.

Hyman, Richard (2001): Understanding Trade Unionism. London: Sage.

Hyman, Richard (2002): Where Does Solidarity End? Eurozine, 17th (Sept).

Hyman, Richard (2005): Trade Unions and the Politics of the European Social Model. In: Economic and Industrial Democracy 26 (1), 9–40.

Hyman, Richard (2006): Strukturierung des transnationalen Raumes: Kann Europa dem multinationalen Kapital die Stirn bieten? In: Brinkmann, Ulrich/Krenn, Karoline/Schief, Sebastian (Hg.): Endspiel des kooperativen Kapitalismus? Institutioneller Wandel unter den Bedingungen des marktzentrierten Paradigmas. Wiesbaden: VS Verlag für Sozialwissenschaften, 121–135.

Hyman, Richard (2011): Trade Unions, Lisbon and Europe 2020. From dreams to nightmare. LEQS Paper 45.

Hyman, Richard (2001): Understanding Trade Union Identities: Between Market, Class and Society. London: Sage.

Hyman, Richard (2011): Gewerkschaftliche Strategien und Solidaritätspolitik unter globalen Konkurrenzbedingungen. In: Gerlach, Frank/Greven, Thomas/Mückenberger, Ulrich/Schmidt, Eberhard (Hg.): Solidarität über Grenzen. Gewerkschaften vor neuer Standortkonkurrenz. Berlin: Edition Sigma, 51–72.

Hyman, Richard (2003): Trade Unions and the Ambiguities of Social Europe. Konferenzpapier. IIRA-Konferenz, Berlin, 7.–12. September.

IG Metall (2022): „Team IG Metall" gewinnt deutlich bei der Betriebsratswahl. URL: https://www.teamigmetall.de/beitrag/team-ig-metall-gewinnt-deutlich-bei-der-betriebsratswahl (Abruf 23.03.2026).

IOM (2022): IOM World Migration Report. Geneva: International Organization for Migration.

Ittermann, Peter (2017): Unternehmensmitbestimmung. In: Hirsch-Kreinsen, Hartmut/Minssen, Heiner (Hg.): Lexikon der Arbeits- und Industriesoziologie. Baden-Baden: Nomos, 467–474.

Ittermann, Peter (2023): Einfacharbeit in Produktion und Logistik in der digitalen Transformation. In: WSI-Mitteilungen 76 (5), 337–345.

Ivanova, Mirela et al. (2018): The App as a Boss? Control and Autonomy in Application-Based Management. Frankfurt/Oder.

Jacobsen, Heike/Peukert, Almut/Seeliger, Martin (Hg.) (2022): Arbeiten in Zeiten von Corona. Sonderheft der Zeitschrift Arbeit. Oldenburg: De Gruyter

Janßen, Hans/Lang, Klaus (1985): Tarifpolitik und gesellschaftliche Strukturreform. In: Altvater, Elmar (Hg.): Arbeit 2000. Über die Zukunft der Arbeitsgesellschaft. Hamburg: VSA, 196–215.

Jirjahn, U. (2010): Ökonomische Wirkungen der Mitbestimmung in Deutschland. Ein Update. Arbeitspapier Nr. 186, Februar 2010. Düsseldorf: Hans-Böckler-Stiftung.

Joerges, Christian/Rödl, Florian (2008): Das soziale Defizit des Europäischen Integrationsprojekts. In: Kritische Justiz 41 (2), 149–165.

Junkes, J./Sadowski, D. (1999): Mitbestimmung im Aufsichtsrat: Steigerung der Effizienz oder Ausdünnung von Verfügungsrechten? In: Frick, B./Kluge, N./Streeck, W. (Hg.): Die wirtschaftlichen Folgen der Mitbestimmung. Frankfurt a.M./New York: Campus, 53–88.

Kädtler, Jürgen (2010): Die „Einbindung" der Tarifpolitik: Grundlage oder Achillesferse gewerkschaftlicher Vertretungsmacht im Rahmen der Tarifautonomie? In: Bispinck, Reinhard/Schulten, Thorsten (Hg.): Zukunft der Tarifautonomie. 60 Jahre Tarifvertragsgesetz. Bilanz und Ausblick. Hamburg: VSA, 124–141.

Kagermann, H./Lukas, W.-D./Wahlster, W. (2011): Industrie 4.0: Mit dem Internet der Dinge auf dem Weg zur 4. industriellen Revolution. VDI-Nachrichten 3. Mai 2011, 2–3.

Kagermann, Henning (2014): Chancen von Industrie 4.0 nutzen. In: Bauernhansl, Thomas/ten Hompel, Michael/Vogel-Heuser, Birgit (Hg.): Industrie 4.0 in Produktion, Automatisierung und Logistik. Wiesbaden: Springer, 603–614.

Kaiser, Julia (2023): Rückkehr der Konversionsbewegung? Potenziale und Grenzen der Konversionsbestrebungen sozial-ökologischer Bündnisse rund um Autozuliefererwerke. In: PROKLA 53, 35–53.

Kalkowski, Peter/Helmer, Matthias/Mickler, Otfried (2001): Telekommunikation im Aufbruch – Wandel der Arbeitsstrukturen und Beschäftigungsverhältnisse. Düsseldorf: Hans-Böckler-Stiftung.

Kalt, Tobias (2023): Zwischen Konfrontation und Kooperation. Der Transformationskonflikt Arbeit versus Klima in der südafrikanischen Energiewende. In: PROKLA 53, 99–115.

Kamp, Lothar (1999): Gruppenarbeit. Analyse und Handlungsempfehlungen. Düsseldorf: Hans-Böckler-Stiftung.

Karakayali, S. (2005): Lotta Continua in Frankfurt, Türken-Terror in Köln. In: Hüttner, B./Oy, G./Schepers, N. (Hg.): Vorwärts und viel vergessen. Neu-Ulm: AG SPAK, 121–134.

Keck, Margaret/Sikkink, Kathryn (2002): Transnational advocacy networks in international and regional politics. In: International Social Science Journal 51, 89–101.

Keller, B. (1975): Determinanten des Schlichtungsprozesses: Konfliktmanagement durch Intervention Dritter. In: Kyklos. Internationale Zeitschrift für Sozialwissenschaften 28 (1), 117–142.

Keller, B. (2014): Gewerkschaften und Interessenverbände im System der Arbeitsbeziehungen des öffentlichen Dienstes. In: Schroeder, W. (Hg.): Handbuch Gewerkschaften in Deutschland. Wiesbaden: Springer VS, 309–335.

Keller, B. (2020): Berufsgewerkschaften als autonome Akteure der Tarifpolitik. Konsequenzen für das System etablierter Arbeitsbeziehungen. In: Industrielle Beziehungen 27 (4), 437–460.

Keller, Berndt (2020): Interest representation and industrial relations in the age of digitalization – an outline. In: Industrielle Beziehungen 27 (3), 255–285.

Kellogg, Katherine C. et al. (2020): Algorithms at Work: The New Contested Terrain of Control. In: Academy of Management Annals 14 (1), 366–410.

Kiess, Johannes (2019): Die soziale Konstruktion der Krise: Wandel der deutschen Sozialpartnerschaft aus der Framing-Perspektive. Weinheim: Beltz Juventa

Kiess, Johannes/Preunkert, Jenny/Seeliger, Martin/Steg, Joris (Hg.) (2023): Krisen und Soziologie. Basel/Weinheim: Beltz.

Kirchner, Stefan (2019): Arbeiten in der Plattformökonomie: Grundlagen und Grenzen von „Cloudwork" und „Gigwork". In: Kölner Zeitschrift für Soziologie und Sozialpsychologie 71 (1), 3–25.

Kirchner, Stefan/Beyer, Jürgen (2016): Die Plattformlogik als digitale Marktordnung. In: Zeitschrift für Soziologie 45 (5), 324–339.

Kirchner, Stefan/Matiaske, Wenzel (2019): Digitalisierung und Arbeitsbeziehungen in betrieblichen Arbeitswelten: Zwischen revolutionärem Wandel und digitalem Inkrementalismus. In: Industrielle Beziehungen 26 (2), 125–129.

Kirchner, Stefan/Meyer, Sophie-Charlotte/Tisch, Anita (2020): Digitaler Taylorismus für einige, digitale Selbstbestimmung für die anderen? Ungleichheit der Autonomie in unterschiedlichen Tätigkeitsdomänen. Dortmund: Bundesanstalt für Arbeitsschutz und Arbeitsmedizin.

Kißler, Leo/Greifenstein, Ralph/Lange, Hendrick (2011a): Trendreport Betriebsratswahlen 2010. Arbeitspapier 231. Düsseldorf: Hans-Böckler-Stiftung.

Kißler, Leo/Greifenstein, Ralph/Schneider, Karsten (2011b): Die Mitbestimmung in der Bundesrepublik Deutschland. Eine Einführung. Wiesbaden: VS

Kittner, M. (2005): Arbeitskampf. Geschichte – Recht – Gegenwart. München: C. H. Beck.

Klemm, Matthias/Kraetsch, Clemens/Weyand, Jan (2011): „Das Umfeld ist bei ihnen völlig anders": Kulturelle Grundlagen der europäischen betrieblichen Mitbestimmung. Berlin: Edition Sigma.

Knauß, Dieter et al. (2021): Debatten und Anstöße „jenseits von Gremien". In: Aulenbacher, Brigitte et al. (Hg.): Mosaiklinke Zukunftspfade. Gewerkschaft, Politik, Wissenschaft. Münster: Westfälisches Dampfboot, 103–106.

Knödler, Gernot (2023): Amazon darf Beschäftigte dauerüberwachen: Leistungsdaten als Beifang. TAZ 9.2.2023.

Koch-Baumgarten, Sigrid (2006): Globale Gewerkschaften und Industrielle Beziehungen in der Global Governance. In: Industrielle Beziehungen 13 (3), 205–222.

Kohaut, Susanne (2018): Tarifbindung – der Abwärtstrend hält an. In: IAB-Forum, 24. Mai 2018

Kohlrausch, Bettina/Höcker, Linus Maximilian (2020): Ursachen für rechtspopulistische Einstellungen. Ein Überblick über den Forschungsstand. Working Paper Forschungsförderung Nr. 178. Düsseldorf: Hans-Böckler-Stiftung.

Kommission der Europäischen Gemeinschaften (2009): Sechster Zwischenbericht über den wirtschaftlichen und sozialen Zusammenhalt. Brüssel: Bericht an das Europäische Parlament.

Koopmann, Klaus (1981): Vertrauensleute. Arbeitervertretung im Betrieb. Hamburg: VSA.

Korpi, Walter (1983): Political Democracy as a Threat to Capitalism. In: Matthes, J. (Hg.): Krise der Arbeitsgesellschaft? Verhandlungen des 21. Deutschen Soziologentages in Bamberg 1982. Frankfurt a.M./New York: Campus, 66–82.

Korpi, Walter (1983): The Democratic Class Struggle. London: Routledge.

Kosthorst, E. (1963): Von der Gewerkschaft zur Arbeitsfront und zum Widerstand. In: APuZ B 18/63. Bonn.

Kotthoff, H. (2017): Betriebliche Sozialordnung. In: Hirsch-Kreinsen, H./Minssen, H. (Hg.): Lexikon der Arbeits- und Industriesoziologie. Baden-Baden: Nomos, 91–95.

Kotthoff, Hermann (1981): Betriebsräte und betriebliche Herrschaft. Frankfurt a.M./New York: Campus.

Kotthoff, Hermann (1994): Betriebsräte und Bürgerstatus. München: R. Hampp.

Kotthoff, Hermann (1995): Betriebsräte und betriebliche Reorganisation – Zur Modernisierung eines „alten Hasen“. In: Arbeit. Zeitschrift für Arbeitsforschung, Arbeitsgestaltung und Arbeitspolitik, Heft 4/95, 425–447.

Kotthoff, Hermann (1998): Mitbestimmung in Zeiten interessenpolitischer Rückschritte. In: Industrielle Beziehungen 5 (1), 76–100.

Kotthoff, Hermann/Reindl, Josef (1990): Die soziale Welt kleiner Betriebe. Göttingen: Schwartz.

Kowalsky, Wolfgang (2007): Outcome of the Battle on the Service Directive. In: Transfer 13 (1), 147–149.

Kowalsky, Wolfgang (2010): Gewerkschaften und Europa: Positionssuche zwischen naiver Akzeptanz und offensiver Ablehnung. In: IPG 3/2010, 128–144.

Kramper, P. (2008): Neue Heimat. Unternehmenspolitik und Unternehmensentwicklung im gewerkschaftlichen Wohnungs- und Städtebau 1950–1982. Stuttgart: Steiner.

Krings, Torben (2015): Bewegungsfreiheit in einem Ungleichheitsraum: Gewerkschaften und transnationale Arbeitsmobilität in der erweiterten Europäischen Union. In: Pernicka, Susanne (Hg.): Horizontale Europäisierung im Feld der Arbeitsbeziehungen. Wiesbaden: Springer VS, 87–110.

Krippner, Greta R. (2005): The financialization of the American economy. In: Socio-Economic Review 3, 178–208.

Krull, Stephan (2022): Produktion des Gemeinsamen. Vom Gesprächskreis „Zukunft Auto.Umwelt.Mobilität“ zu Transformationsräten. In: Candeias, Mario/Krull, Stephan (Hg.): Spurwechsel. Studien zu Mobilitätsindustrien, Beschäftigungspotenzialen und alternativer Produktion. Hamburg: VSA, 61–81.

Krzywdzinski, M./Pfeiffer, S./Evers, M./Gerber, C. (2022): Measuring Work and Workers. Wearables and Digital Assistance Systems in Manufacturing and Logistics. Discussion Paper SP III 2022–301. Berlin: Wissenschaftszentrum Berlin für Sozialforschung.

Krzywdzinski, M./Gerst, D./Butollo, F. (2022): Promoting human-centred AI in the workplace. Trade unions and their strategies for regulating the use of AI in Germany. In: Transfer 29 (1), 53–70.

Kühl, Stefan (2020): Regelabweichungen zum Schaden und Nutzen der Organisationen. In: Arbeit 29 (1), 53–76.

Kuhlmann, M. (2023): Digitalisierung und Arbeit. Eine Zwischenbilanz als Einleitung. In: WSI-Mitteilungen 76, 331–336.

Kuhlmann, M./Voskamp, U. (2019): Digitalisierung und Arbeit im niedersächsischen Maschinenbau. SOFI-Arbeitspapier 2019-15. Göttingen.

Kuhlmann, Martin/Rüb, Stefan (2020): Wirkmächtige Diskurse – betriebliche Auseinandersetzungen um Digitalisierung. In: Arbeits- und Industriesoziologische Studien 13 (1), 22–39.

Kuhn, A. (2004): Die deutsche Arbeiterbewegung. Stuttgart: Reclam.

Küpper, Beate/Berghan, Wilhelm/Rees, Jonas H. (2019): Aufputschen von Rechts. In: Zick, Andreas/Küpper, Beate/Berghan, Wilhelm (Hg.): Verlorene Mitte – feindselige Zustände. Bonn: Dietz, 173–202.

Kunkel, Kalle (2025): „Langer Atem – keine Geduld mehr“. Der Kampf um die Krankenhäuser als politischer Tarifkonflikt. Hamburg: VSA Verlag.

Kutlu, Yalcin/Seibold, Bettina/Mugler, Walter/Kirner, Eva/Klatt, Sandra (2023): Betriebliche Digitalisierungsprozesse: Neue Beteiligungsofferten, neue arbeitspolitische Chancen? In: Arbeit 32 (1), 51–74.

Lahusen, Christian (2019): Das gespaltene Europa. Eine politische Soziologie der Europäischen Union. Frankfurt a.M./New York: Campus.

Langley, Paul/Leyshon, Andrew (2017): Platform capitalism: the intermediation and capitalization of digital economic circulation. In: Finance and Society 3 (1), 11–31.

Lee, Min Kyung/Kusbit, Daniel/Metsky, Evan/Dabbish, Laura A. (2015): Working with Machines: The Impact of Algorithmic and Data-Driven Management on Human Workers. In: Proceedings of the 33rd Annual ACM Conference on Human Factors in Computing Systems (CHI ’15), 1603–1612.

Legantke, K. (2024): Plattformen für Essenslieferungen in Deutschland. Ist Selbstständigkeit (k)ein Thema? In: Pfeiffer, S./Nicklich, M./Henke, M./Heßler, M./Krzywdzinski, M./Schulz-Schaeffer, I. (Hg.): Digitalisierung der Arbeitswelten. Wiesbaden: Springer VS, 287–307.
Lehmbruch, Gerhard (1977): Liberal Corporatism and Party Government. In: Comparative Political Studies 10, 91–126.
Lehmbruch, Gerhard (1978): Corporatism, Labour, and Public Policy. Manuskript. International Sociology Association World Conference, Uppsala.
Leminsky, Gerhard (1997): Mitbestimmung und Tarifautonomie. Gütersloh: Verlag Bertelsmann Stiftung.
Lenhardt, Gero/Offe, Claus (2019): Politisch-soziologische Erklärungsansätze für Funktionen und Innovationsprozesse der Sozialpolitik. In: Offe, Claus: Der Wohlfahrtsstaat und seine Bürger. Wiesbaden: Springer, 3–38.
Lenin, Wladimir Iljitsch (1964): Ausgewählte Werke. Drei Bände. Berlin: Dietz.
Lessenich, S. (2019): Grenzen der Demokratie. Teilhabe als Verteilungsproblem. Ditzingen: Reclam.
Lessenich, Stephan (2016): Neben uns die Sintflut. München: Hanser.
Lessenich, Stephan (2018): Die ewige Mitte und das Gespenst der Abstiegsgesellschaft. In: Schöneck, Nadine M./Ritter, Sabine (Hg.): Die Mitte als Kampfzone. Bielefeld: Transcript, 163–178.
Lessenich, Stephan (2024): Als ob nichts wäre. In: Lessenich, Stephan/Scheffer, Thomas (Hg.): Gesellschaften unter Handlungszwang. Existenzielle Probleme, Normalität und Kritik. Berlin: Bertz & Fischer.
Levesque, Christian (2013): Futures of transnational unionism. In: Fairbrother, Peter et al. (Hg.): Transnational Trade Unionism. Building Union Power. London: Routledge, 268–280.
Liebig, Steffen/Lucht, Kim (2022): Fahren wir zusammen? Die öko-soziale Allianz von ver.di und Fridays for Future im ÖPNV. Hamburg: VSA.
Liebig, Steffen/Lucht, Kim (2022): Sozial-ökologische Bündnisse als Antwort auf Transformationskonflikte? In: PROKLA 53 (1), 15–33.
Lillie, Nathan/Wagner, Ines/Berntsen, Lisa (2014): Posted Migration, Spaces of Exception, and the Politics of Labour Relations in the European Construction Industry. In: Hauptmeier, Marco/Vidal, Matt (Hg.): Comparative Political Economy of Work and Employment. New York: Palgrave, 312–331.
Lillie, Nathan (2010): Bringing the Offshore Ashore: Transnational Production, Industrial Relations and the Reconfiguration of Sovereignty. In: International Studies Quarterly 54 (3), 683–704.

Lindner, Rald/Decker, Michael/Ehrensperger, Elisabeth/Heyen, Nils B./Lingner, Stephan/Scherz, Constanze/Sotoudeh, Mahshid (2021): Gesellschaftliche Transformationen und Technikfolgenabschätzung – Einführung in den Konferenzband. In: Dies. (Hg.): Gesellschaftliche Transformationen. Gegenstand oder Aufgabe der Technikfolgenabschätzung? Baden-Baden: Nomos, 11–18.

Logue, John (1980): Toward a Theory of Trade Union Internationalism. Gothenburg: University of Gothenburg

Loh, Wulf/Skupien, Stephan (2016): Die EU als Solidargemeinschaft. In: Leviathan 44 (4), 578–603.

Lorenz, Robert (2013): Gewerkschaftsdämmerung. Geschichte und Perspektiven deutscher Gewerkschaften. Bielefeld: Transcript.

Lösch, Andreas/Hausstein, Alexandra (2021): Transformationen und konkurrierende Zukünfte. Vision Assessment zwischen Analyse und Intervention. In: Lindner, Rald et al. (Hg.): Gesellschaftliche Transformationen. Gegenstand oder Aufgabe der Technikfolgenabschätzung? Baden-Baden: Nomos, 133–147.

Ludwig, Carmen; Simon, Hendrik Wagner, Alexander (Hg.): Entgrenzte Arbeit, (un-)begrenzte Solidarität. Münster: Westfälisches Dampfboot

Luhmann, Niklas (1995 [1964]): Funktionen und Folgen formaler Organisationen: mit einem Epilog 1999. Berlin: Duncker & Humblot.

Lutz, Burkhart (1984): Der kurze Traum immerwährender Prosperität. Eine Neuinterpretation der industriell-kapitalistischen Entwicklung im Europa des 20. Jahrhunderts. Frankfurt a.M./New York: Campus.

Lynch, Julia/Watson, Sara (2022): Welfare States and Growth Models: Accumulation and Legitimation. In: Baccaro, Lucio et al. (Hg.): Diminishing Returns. The New Politics of Growth and Stagnation. Oxford: Oxford University Press, 420–442.

Maase, Kaspar (2019): Populärkulturforschung. Eine Einführung. Bielefeld: Transcript.

Mahmood, Zaad/Banerjee, Supurna (2023): Towards what end? Collective bargaining and the making and unmaking of the working class. In: Economic and Industrial Democracy 44 (4), 964–985

Marcuse, Herbert (2014): Der eindimensionale Mensch. Studien zur Ideologie der fortgeschrittenen Industriegesellschaft. München: Fischer.

Marginson, Paul/Sisson, Keith (2004): European Integration and Industrial Relations: Multi-Level Governance in the Making. New York: Palgrave Macmillan.

Marshall, Thomas H. (1992): Bürgerrechte und soziale Klassen. Zur Soziologie des Wohlfahrtsstaates. Frankfurt a.M./New York: Campus.

Martin, Andrew/Ross, George (2001): Trade Union Organizing at the European Level: The Dilemma of Borrowed Resources. In: Imig, Dough/Tarrow, Sidney (Hg.): Contentious Europeans: Protest and Politics in an Emerging Polity. Lanham: Rowman & Littlefield, 53–76.

Marx, K./Engels, F. (1969 [1845/46]): Deutsche Ideologie. In: MEW, Bd. 3. Berlin: Dietz, 5–530.

Marx, Karl (1969 [1867]): Das Kapital. Kritik der politischen Ökonomie, Bd. 1. In: MEW 23. Berlin: Dietz.

Marx, Karl (1962 [1870]): Der Generalrat an den Föderalrat der romanischen Schweiz. In: MEW, Bd. 16, 384–391.

Matuschek, I. (2016): Industrie 4.0, Arbeit 4.0 – Gesellschaft 4.0? In: Digitalisierung der Arbeit, Arbeit 4.0, Sharing Economy und Plattform-Kooperativismus. Manuskripte Neue Folge 18. Berlin: Rosa-Luxemburg-Stiftung, 23–38.

Matuschek, Ingo/Kleemann, Frank (2018): „Was man nicht kennt, kann man nicht regeln“: Betriebsvereinbarungen als Instrument der arbeitspolitischen Regulierung von Industrie 4.0 und Digitalisierung. In: WSI-Mitteilungen 71 (3), 227–234.

Mau, Steffen/Lux, Thomas/Westheuser, Linus (2023): Triggerpunkte. Konsens und Konflikt in der Gegenwartsgesellschaft. Berlin: Suhrkamp.

Maul, Daniel (2020): Globale Solidarität? Hundert Jahre International Labour Organization. In: WSI-Mitteilungen 5/2020, 343–348.

Mayer-Ahuja, N. (2003): Wieder dienen lernen? Vom westdeutschen Normalarbeitsverhältnis zu prekärer Beschäftigung seit 1973. Berlin: Edition Sigma.

McAlevey, Jane (2019): Keine halben Sachen. Machtaufbau durch Organizing. Hamburg: VSA.

Meardi, Guglielmo (2012): Social Failures of EU Enlargement. A Case of Workers Voting with their Feet. London: Routledge.

Meardi, Guglielmo (2002): Trojan Horse for the Americanization of Europe? Polish Industrial Relations toward the EU. In: European Journal of Industrial Relations 8 (1), 77–99.

Meardi, Guglielmo/Marginson, Paul (2014): Global labour governance: Potential and limits of an emerging perspective. In: Work, Employment and Society 28 (4), 651–662.

Menz, Wolfgang/Nies, Sarah (2024): The dual economics in the labour process: managerial contradictions and indirect control. In: Work in the Global Economy 4 (2), 170–192.

Menz, Wolfgang/Seeliger, Martin (2024): Einleitung. In: Menz, Wolfgang/Seeliger, Martin (Hg.): Soziologie der Arbeit. Ein Reader. Frankfurt a.M.: Suhrkamp, 7–86.

Menz, Wolfgang/Nies, Sarah/Sauer, Dieter (2019): Digitale Kontrolle und Vermarktlichung. Beschäftigtenautonomie im Kontext betrieblicher Strategien der Digitalisierung. In: PROKLA 195, 181–200.

Menz, Wolfgang/Seeliger, Martin (Hg.) (2024): Soziologie der Arbeit. Ein Reader. Berlin: Suhrkamp.

Meteling, Wencke (2016): Nationale Standortsemantiken seit den 1970er-Jahren. In: Leendertz, Ariane/Meteling, Wencke (Hg.): Die neue Wirklichkeit. Semantische Neuvermessungen und Politik seit den 1970er-Jahren. Frankfurt a.M./New York: Campus, 207–247

Mielke, S./Frese, M. (1999): Die Gewerkschaften im Widerstand und in der Emigration 1933–1945. Quellen zur Geschichte der deutschen Gewerkschaftsbewegung im 20. Jahrhundert 5. Frankfurt a.M.: Bund-Verlag.

Mihr, Karl-Heinz (2001): Solidarität gegen Globalisierung. Erfahrungen eines Betriebsratsvorsitzenden. Hamburg: VSA.

Milanović, Branko (2018): Global inequality. A new approach for the age of globalization. Cambridge/London: The Belknap Press of Harvard University Press.

Milert, Werner/Tschirbs, Rudolf (2012): Die andere Demokratie. Betriebliche Interessenvertretung in Deutschland 1848 bis 2008. Essen: Klartext.

Mill, John Stuart (1869): On Liberty. London: John W. Parker and Son.

Minssen, Heiner (2006): Arbeits- und Industriesoziologie. Eine Einführung. Frankfurt a.M.: Campus.

Mintzberg, H. (1983): Power in and around Organizations. Englewood Cliffs: Prentice Hall.

Misterek, Fokko (2022): Ergebnisse der Betriebsratswahlen 2022. Mitbestimmungsportal der Hans-Böckler-Stiftung. URL: https://www.mitbestimmung.de/html/weiterhin-starker-ruckhalt-fur-23385.html (Abruf: 26.03.2026)

Moldaschl, M./Sauer, D. (2000): Internalisierung des Marktes. Zur neuen Dialektik von Kooperation und Herrschaft. In: Minssen, H. (Hg.): Begrenzte Entgrenzungen. Berlin: Edition Sigma, 205–225.

Mückenberger, U. (1985): Die Krise des Normalarbeitsverhältnisses. In: Zeitschrift für Sozialreform 31 (7), 415–475.

Mückenberger, Ulrich (2011): Globale Solidarität oder Protektionismus wider Willen? In: Mückenberger, U. et al. (Hg.): Solidarität über Grenzen. Gewerkschaften vor neuer Standortkonkurrenz. Berlin: Edition Sigma, 17–33.

Müller, Jan-Werner (2017): Fake Volk? Über Wahrheit und Lüge im populistischen Sinne. In: Kursbuch 189, 113–128.

Müller, Moritz/Ruiner, Caroline (2022): Arbeitspolitische Akteure im Kampf um »Arbeit 4.0«. Ein hegemonietheoretischer Blick auf Auseinandersetzungen in der Metall- und Elektroindustrie. In: Ewen, Janis/Nies, Sarah/Seeliger, Martin (Hg.): Sozialpartnerschaft im digitalisierten Kapitalismus. Hat der institutionalisierte Klassenkompromiss eine Zukunft? Weinheim/Basel: Beltz Juventa.

Müller, Steffen (2015): Works Councils and Labour Productivity: Looking beyond the Mean. In: British Journal of Industrial Relations 53 (2), 308–325.

Müller, Torsten et al. (2004): Globale Arbeitsbeziehungen in globalen Konzernen? Zur Transnationalisierung betrieblicher und gewerkschaftlicher Politik. Wiesbaden: VS.

Müller-Jentsch, W. (2023): „Sozialpartnerschaft" – Evolution und Wandel industrieller Beziehungen in Deutschland. Ein historischer Abriss. In: Seeliger, M. (Hg.): Strukturwandel der Arbeitsgesellschaft. Weinheim/Basel: Beltz Juventa, 424–446.

Müller-Jentsch, W. (1982): Gewerkschaften als intermediäre Organisationen. In: Schmidt, G./Braczyk, H. J./v. d. Knesebeck, J. (Hg.): Materialien zur Industriesoziologie. Kölner Zeitschrift für Soziologie und Sozialpsychologie, Sonderheft 24. Opladen: Westdeutscher Verlag, 408–432.

Müller-Jentsch, W. (2014): Mitbestimmungspolitik. In: Schröder, W. (Hg.): Handbuch Gewerkschaften in Deutschland. Wiesbaden: Springer VS, 505–534.

Müller-Jentsch, W. (2021): Wirtschaftsordnung und Sozialverfassung als mitbestimmte Institutionen. Studien zur sozialen und industriellen Demokratie II. Wiesbaden: Springer VS.

Müller-Jentsch, W. (2007): Strukturwandel der industriellen Beziehungen. Industrial Citizenship zwischen Markt und Regulierung. Wiesbaden: VS.

Müller-Jentsch, W. (2008): Arbeit und Bürgerstatus. Studien zur sozialen und industriellen Demokratie. Wiesbaden: VS.

Müller-Jentsch, Walther (1987): Gewerkschaften und Korporatismus. Vom Klassenkampf zur Konfliktpartnerschaft. In: Ders.: Wirtschaftsordnung und Sozialverfassung als mitbestimmte Institutionen. Wiesbaden: Springer, 63–78.

Müller-Jentsch, Walther (1995): From Collective Voice to Co-management. In: Rogers, Joel/Streeck, Wolfgang (Hg.): Works Councils. Consultation, Representation, and Cooperation in Industrial Relations. Chicago: The University of Chicago Press, 53–78.

Müller-Jentsch, Walther (1997): Soziologie der industriellen Beziehungen. Eine Einführung. Frankfurt a.M./New York: Campus.

Müller-Jentsch, Walther (2009): Arbeit und Bürgerstatus. Studien zur sozialen und industriellen Demokratie. Wiesbaden: VS Verlag für Sozialwissenschaften.

Müller-Jentsch, Walther (2011): Gewerkschaften und Soziale Marktwirtschaft seit 1945. Stuttgart: Reclam.

Müller-Jentsch, Walther/Seitz, Beate (1998): Betriebsräte gewinnen Konturen. Ergebnisse einer Betriebsräte-Befragung im Maschinenbau. In: Industrielle Beziehungen 5, 361–387.

Nachtwey, Oliver (2016): Die Abstiegsgesellschaft. Über das Aufbegehren in der regressiven Moderne. Berlin: Suhrkamp.

Nachtwey, Oliver/Brinkmann, Ulrich (2017): Postdemokratie und Industrial Citizenship: Erosionsprozesse von Demokratie und Mitbestimmung. Weinheim: Beltz Juventa

Nachtwey, Oliver/Staab, Philipp (2015): Die Avantgarde des digitalen Kapitalismus. In: Mittelweg 36, 24, 59–84.

Nachtwey, Oliver/Staab, Philipp (2020): Das Produktionsmodell des digitalen Kapitalismus. In: Maasen, S./Passoth, J.-H. (Hg.): Soziologie des Digitalen – Digitale Soziologie? Soziale Welt, Sonderband 23. Baden-Baden: Nomos, 285–304.

Nachtwey, Oliver/Seeliger, Martin (2019): Der Wandel von Economic Citizenship im Zuge der europäischen Integration. In: Zeitschrift für Soziologie 48 (5/6), 333–348.

Naphtali, Fritz (1966): Wirtschaftsdemokratie. Ihr Wesen, Weg und Ziel. Frankfurt a.M.: Europäische Verlagsanstalt.

Negt, Oskar/Kluge, Alexander (1972): Öffentlichkeit und Erfahrung. Zur Organisationsanalyse von bürgerlicher und proletarischer Öffentlichkeit. Frankfurt a.M.: Suhrkamp.

Negt, Oskar/Kluge, Alexander (1972): Öffentlichkeit und Erfahrung. Zur Organisationsanalyse von bürgerlicher und proletarischer Öffentlichkeit. Frankfurt a.M.: Suhrkamp.

Neuberger, Oswald (1995): Mikropolitik. Der alltägliche Aufbau und Einsatz von Macht in Organisationen. Stuttgart: Enke Verlag.

Neumann, Franz (1997): Wirtschaft, Staat, Demokratie. Frankfurt a.M.: Suhrkamp.

NGG (2016): 150 Jahre NGG – Geschichte der NGG. „Keine Krümel, sondern Kekse“. URL: https://150.ngg.net/geschichte-der-ngg/keine-kruemel-sondern-kekse/ (Abruf 23.03.2026).

Niebler, Valentin (2023): Coalitional Power in the Digital Economy: Alliances of Gig and Tech Workers. In: Franke, Milena/Niebler, Valentin/Kriz, Maximilian: Trajectories of Platform Capitalism and Platform Work. Brüssel: Friedrich-Ebert-Stiftung.

Nies, Sarah (2021): Eine Frage der Kontrolle? Betriebliche Strategien der Digitalisierung und die Autonomie von Beschäftigten in der Produktion. In: Berliner Journal für Soziologie 31 (2), 475–504.

Niewerth, C./Massolle, J./Schaffarczik, S./Grabski, C. (2022): Betriebsräte in der doppelten Transformation. Ein Transferforschungsprojekt zur Organisationsentwicklung von Betriebsratsgremien. Study 468. Düsseldorf: Hans-Böckler-Stiftung.

Nölke, A./Vliegenthart, A. (2009): Enlarging the Varieties of Capitalism. The Emergence of Dependent Market Economies in East Central Europe. In: World Politics 61 (4), 670–702.

Nölke, Andreas (2021): Die deutsche Droge. Frankfurt a.M.: Westend.

Offe, Claus (2018): Zur institutionellen Ordnung von Arbeitsmarkt und „Arbeitsgesellschaft“. In: Ders.: Macht und Effizienz. Studien zur kapitalistischen Rationalisierung der Arbeit. Wiesbaden: Springer, 61–76.

Offe, Claus (2018a): The German welfare state: Principles, performance and prospects after unification. In: Ders.: Der Wohlfahrtsstaat und seine Bürger. Wiesbaden: Springer, 39–65.

Offe, Claus (2019): Bewährungsproben. Über einige Beweislasten bei der Verteidigung der liberalen Demokratie. In: Ders.: Liberale Demokratie und soziale Macht. Wiesbaden: Springer, 235–249.

Offe, Claus (2019): Demokratie und Wohlfahrtsstaat: Eine europäische Regimeform unter dem Stress der europäischen Integration. In: Ders.: Staatskapazität und Europäische Integration. Wiesbaden: Springer, 245–278.

Offe, Claus (2019): Politische Legitimation durch Mehrheitsentscheidung. In: Ders.: Liberale Demokratie und soziale Macht. Wiesbaden: Springer, 192–232.

Offe, Claus (2019): Staatstheoretische Perspektiven der Untersuchung der Berufsbildungsreform. In: Ders.: Staatskapazität und Europäische Integration. Wiesbaden: Springer, 17–50.

Offe, Claus (2019): The attribution of public status to interest groups: Observations on the West German case. In: Ders.: Liberale Demokratie und soziale Macht. Wiesbaden: Springer, 45–79.

Offe, Claus/Hinrichs, Karl (2018): Sozialökonomie des Arbeitsmarktes. In: Offe, Claus: Macht und Effizienz. Studien zur kapitalistischen Rationalisierung der Arbeit. Wiesbaden: Springer, 3–41.

Offe, Claus/Wiesenthal, Helmut (2018): Two Logics of Collective Action. In: Offe, Claus: Macht und Effizienz. Wiesbaden: Springer, 315–362.

Opratko, Benjamin (2012): Hegemonie: politische Theorie nach Antonio Gramsci. Münster: Westfälisches Dampfboot.

Osterhammel, Jürgen (2014): The Transformation of the World: A Global History of the Nineteenth Century. Princeton: Princeton University Press.

Osterloh, Margit (1993): Interpretative Organisations- und Mitbestimmungsforschung. Stuttgart: Schäffer-Poeschel.

Owetschkin, Dimitrij (2016): Vom Verteilen zum Gestalten. Geschichte der betrieblichen Mitbestimmung in der westdeutschen Automobilindustrie nach 1945. Bielefeld: Transcript.

Öztürk, N. (2026): Migrantische Kämpfe gegen Ausbeutung und Rassismus und die ambivalente Rolle der Gewerkschaften. In: Blumenthal, F./Oppelt, M. (Hg.): Angriffe auf die unternehmerische Autokratie. Bielefeld: Transcript, 199–215.

Palier, Bruno/Thelen, Kathleen (2010): Institutionalizing Dualism – Complementarities and Change in France and Germany. In: Politics and Society 38 (1), 119–148.

Panitch, Leo (1978): Corporatism in Canada? Paper presented to the ECPR Workshop on Corporatism in Liberal Democracies. Grenoble, April 1978.

Parodi, Oliver (2021): Zum Verhältnis von Technik, Technikfolgenabschätzung und Transformation. In: Lindner, Rald/Decker, Michael/Ehrensperger, Elisabeth/Heyen, Nils B./Lingner, Stephan/Scherz, Constanze/Sotoudeh, Mahshid (Hg.): Gesellschaftliche Transformationen. Gegenstand oder Aufgabe der Technikfolgenabschätzung? Baden-Baden: Nomos, 19–36.

Pfeiffer, S. (2010): Technisierung von Arbeit. In: Fritz, B./Günther, G. V./Günther, W. (Hg.): Handbuch Arbeitssoziologie. Wiesbaden, 231–262.

Pfeiffer, S. (2024): AI as a Colleague: A Representative Employee Survey on Artificial Intelligence in the German Workplace. In: Heinlein, M./Huchler, N. (Hg.): Artificial Intelligence in Society. Wiesbaden: Springer, 353–379.

Pfeiffer, S./Nicklich, M./Schreyer, J. (2024): Digitalisierung der Arbeitswelten – die systemische Transformation verstehen. Ein Ausblick. In: Pfeiffer, S./Nicklich, M./Henke, M./Heßler, M./Krzywdzinski, M./Schulz-Schaeffer, I. (Hg.): Digitalisierung der Arbeitswelten. Wiesbaden: Springer VS, 559–584.

Pfeiffer, Sabine (2015): Warum reden wir eigentlich über Industrie 4.0? Auf dem Weg zum digitalen Despotismus. In: Mittelweg 36 24 (6), 14–36.

Pfeiffer, Sabine (2019): Digitale Arbeitswelten und Arbeitsbeziehungen: What you see is what you get? In: Industrielle Beziehungen 26 (2), 232–249.

Pfeiffer, Sabine (2021): Digitalisierung als Distributivkraft. Über das Neue am digitalen Kapitalismus. Bielefeld: Transcript.

Pfeiffer, Sabine/Huchler, Norbert (2018): Industrie 4.0 konkret – vom Leitbild zur Praxis? In: WSI-Mitteilungen 71 (3), 167–173.

Pfeiffer, Sabine/Suphan, A. (2015): Industrie 4.0 und Erfahrung – das Gestaltungspotenzial der Beschäftigten anerkennen und nutzen. In: Hirsch-Kreinsen, H./Ittermann, P./Niehaus, J. (Hg.): Digitalisierung industrieller Arbeit. Die Vision Industrie 4.0 und ihre sozialen Herausforderungen. Baden-Baden, 205–230.

Pfeiffer, Sabine/Suphan, Anne (2020): Digitalisierung, Arbeit und Beschäftigung: Altbekannte Zusammenhänge, überholte Kategorien, neuartige Effekte? In: Soziale Welt, Sonderband 23, 326–348.

Pflügler, Fabian/Mehlis, Anna/Humbert, Stephan/Guddat, Hannes (2025): Wasserstoff für die Stahlindustrie? Transformationskorporatismus, sozial-ökologische Konfliktachsen und Perspektiven im Betrieb. In: Dörre, Klaus/Liebig, Steffen/Lucht, Kim/Michaelis, Lennart/Sittel, Johanna (Hg.): Umkämpfte Transformation. Konflikte um den digitalen und ökologischen Wandel. Frankfurt a.M./New York: Campus, 101–126.

Piehl, Ernst (1975): Entwurf einer gewerkschaftlichen Strategie gegenüber den multinationalen Konzernen. In: Narr, Wolf-Dieter (Hg.): Politik und Ökonomie – autonome Handlungsmöglichkeiten des politischen Systems. Sonderheft der Politischen Vierteljahresschrift, 165–190.

Pierson, Paul/Leibfried, Stephan (1998): Mehrebenen-Politik und die Entwicklung des „Sozialen Europa". In: Dies. (Hg.): Standort Europa. Sozialpolitik zwischen Nationalstaat und europäischer Integration. Frankfurt a.M.: Suhrkamp, 11–57.

Piketty, Thomas (2014): Das Kapital im 21. Jahrhundert. München: Beck.

Piketty, Thomas (2022): Eine kurze Geschichte der Gleichheit. München: Beck.

Pirker, T. (1979): Die blinde Macht. Die Gewerkschaftsbewegung in Westdeutschland. 2 Bände. Berlin: Olle & Wolter.

Platzer, Hans-Wolfgang; Rüb, Stefan; Müller, Thorsten et al. (2011): Transnationale Unternehmensvereinbarungen. Zur Neuordnung der Arbeitsbeziehungen in Europa. Berlin: HBS

Platzer, Hans-Wolfgang/Müller, Thorsten (2009): Die globalen und europäischen Gewerkschaftsverbände. Handbuch und Analysen zur transnationalen Gewerkschaftspolitik. Berlin: Sigma.

Polanyi, Karl (1973): The Great Transformation. Politische und ökonomische Ursprünge von Gesellschaften und Wirtschaftssystemen. Frankfurt a.M.: Suhrkamp.

Pongratz, Hans J. (2023): Plattformarbeit: Zwischenbilanz und Perspektiverweiterung. In: WSI-Mitteilungen 76 (5), 355–364.

Preunkert, Jenny/Vobruba, G. (Hg.) (2015): Krise und Integration. Gesellschaftsbildung in der Eurokrise. Wiesbaden: VS.

Pries, Ludger (2005): Kräftefelder der Strukturierung und Regulierung von Erwerbsarbeit. Überlegungen zu einer entwicklungs- und institutionenorientierten Sozialwissenschaft der Erwerbsarbeit. Bochum: RUB/Soappapers 1.

Pries, Ludger (2008): Die Transnationalisierung der sozialen Welt. Sozialräume jenseits von Gesellschaften. Frankfurt a.M.: Suhrkamp.

Pries, Ludger (2010): Erwerbsregulierung in einer globalisierten Welt. Wiesbaden: VS Verlag für Sozialwissenschaften.

Pries, Ludger (2018): EWC – ineffective bureaucratic body or institutionalising labour regulation at European company level? In: Kiess, Johannes/Seeliger, Martin (Hg.): Trade Unions under the Pressure of European Integration. A Question of Optimism and Pessimism? London/New York: Routledge, 127–149.

Pries, Ludger/Seeliger, Martin (2012): Transnational Social Spaces between Methodological Nationalism and 'Cosmo-Globalism'. In: Glick Schiller, Nina et al. (Hg.): Beyond Methodological Nationalism: Social Science Research Methodologies in Transition. London: Routledge, 219–239.

Prott, J. (2006): Vertrauensleute – Ehrenamtliche Gewerkschaftsfunktionäre zwischen Beruf und sozialer Rolle. Münster: Westfälisches Dampfboot.

Puevo, Ana/Leining, Catherine (2023): Just transition processes: From theory to practice. Motu Note 51. Wellington: Motu.

Pyhel, Jörn (2008): Betriebliche Mitbestimmung und gewerkschaftliche Loyalitätssicherung. In: Industrielle Beziehungen 15, 32–52.

Quinto, Cosimo-Damiano (2024): Digitalisierungstarifvertrag bei H&M: Beteiligung der Beschäftigten an der Gestaltung der digitalisierten Arbeitswelt. In: ver.di – Bereich Innovation und Gute Arbeit (Hg.): Digitalisierung und Künstliche Intelligenz. Gute Arbeit 2025. Stuttgart, 116–131

Raabe, Nico (2011): Die Mitbestimmung im Aufsichtsrat. Theorie und Wirklichkeit in deutschen Aktiengesellschaften. Berlin: Erich Schmidt Verlag.

Raffetseder, E.-M./Schaupp, S./Staab, P. (2017): Kybernetik und Kontrolle. Algorithmische Arbeitssteuerung und betriebliche Herrschaft. In: PROKLA 187, 47. Jg., Nr. 2, 228–247.

Rainone, Silvia/Aloisi, Antonio (2024): The EU Platform Work Directive: What's New, What's Missing, What's Next? ETUI Research Paper – Policy Brief 2024.06.

Rammert, W. (1982): Technisierung der Arbeit als gesellschaftlich-historisches Projekt. In: Littek, W./Rammert, W./Wachtler, G. (Hg.): Einführung in die Arbeits- und Industriesoziologie. Frankfurt a.M./New York, 62–75.

Rammert/Schulz-Schaeffer (2020): Technik und Gesellschaft. In: Joas, Hans/Mau, Steffen (Hg.): Lehrbuch Soziologie. Frankfurt a.M./New York: Campus, 659–690.

Raphael, Lutz (2019): Jenseits von Kohle und Stahl. Eine Gesellschaftsgeschichte Westeuropas nach dem Boom. Berlin: Suhrkamp.

Rapp, Marc Steffen/Wolff, Michael/Udoieva, Iuliia/Hennig, Jan C. (2019): Wirkung der Mitbestimmung im Aufsichtsrat auf die Unternehmensführung. Eine empirische Analyse vor dem Hintergrund der Finanz- und Wirtschaftskrise. Study Nr. 424. Düsseldorf: Hans-Böckler-Stiftung.

Rego, K. (2022): Works Councils and Digitalisation of Manufacturing: Opportunity or Threat for Their Power Position? In: Economic and Industrial Democracy 43 (4), 1911–1933.

Rehder, B. (2014): Vom Korporatismus zur Kampagne? Organizing als Strategie der gewerkschaftlichen Erneuerung. In: Schroeder, W. (Hg.): Handbuch Gewerkschaften in Deutschland. Wiesbaden: Springer VS, 241–264.

Rehder, Britta (2006): Legitimitätsdefizite des Co-Managements/Missing Legitimacy: Betriebliche Bündnisse für Arbeit als Konfliktfeld zwischen Arbeitnehmern und betrieblicher Interessenvertretung/Company Pacts for Employment and Competitiveness as an Issue of Conflict among Works Councils and Employees. In: Zeitschrift für Soziologie 35, 227–242.

Rehder, Britta (2016): Konflikt ohne Partnerschaft? Arbeitsbeziehungen im Dienstleistungssektor. In: Industrielle Beziehungen/The German Journal of Industrial Relations 23, 366–373.

Rehling, A. (2011): Die konzertierte Aktion im Spannungsfeld der 1970er Jahre. In: Bitzegeio, U./Mittag, J./Andresen, K. (Hg.): Nach dem Strukturbruch? Bonn: Dietz, 65–86.

Renneberg, Peter (2012): Handbuch Tarifpolitik und Arbeitskampf. Hamburg: VSA.

Rhodes, Martin (1998): Das Verwirrspiel der „Regulierung“: Industrielle Beziehungen und „soziale Dimension“. In: Leibfried, Stephan/Pierson, Paul (Hg.): Standort Europa. Sozialpolitik zwischen Nationalstaat und europäischer Integration. Frankfurt a.M.: Suhrkamp, 100–154.

Ritter, G. A. (1983): Sozialversicherung in Deutschland und England. München: C. H. Beck.

Rödl, Florian (2013): Zu Begriff und Perspektiven demokratischer und sozialer Union. In: Bast, Jürgen/Rödl, Florian (Hg.): Wohlfahrtsstaatlichkeit und soziale Demokratie in der Europäischen Union. Beiheft zu Europarecht 1/2013. Baden-Baden: Nomos, 180–206.

Rogers, Joel/Streeck, Wolfgang (Hg.) (1995): Works Councils. Consultation, Representation, and Cooperation in Industrial Relations. Chicago/London: The University of Chicago Press.

Rohracher, Harald (2022): Konzepte transformativen Wandels als wissenspolitisches Terrain. In: Wieser, B./Mertlitsch, K./Bammé, A. (Hg.): Transformationen. Sozialphilosophische Perspektiven der Veränderung. Wiesbaden: Springer, 69–88.

Rosenbohm, S. (2014): Verhandelte Mitbestimmung. Die Arbeitnehmerbeteiligung in der Europäischen Aktiengesellschaft. Frankfurt a.M./New York: Campus.

Roth, K. H. (1974): Die „andere" Arbeiterbewegung und die Entwicklung der kapitalistischen Repression von 1880 bis zur Gegenwart. München: Trikont.

Rüb, Stefan (2009): Die Transnationalisierung der Gewerkschaften. Eine empirische Untersuchung am Beispiel der IG Metall. Berlin: Edition Sigma.

Rüb, Stefan et al. (2011): Transnationale Unternehmensvereinbarungen. Zur Neuordnung der Arbeitsbeziehungen in Europa. Berlin: Sigma.

Rüb, Stefan/Platzer, Hans-Wolfgang (2015): Europäisierung der Arbeitsbeziehungen im Dienstleistungssektor. Empirische Befunde, Probleme und Perspektiven eines heterogenen Feldes. Berlin: Sigma.

Rüb, Stephan (2000): Betriebsräte und andere Formen weltweiter Arbeitnehmervertretungsstrukturen in transnationalen Konzernen. Eine Bestandsaufnahme. Düsseldorf: Hans-Böckler-Stiftung.

Rudolph, W./Wassermann, W. (1996): Betriebsräte im Wandel. Münster: Westfälisches Dampfboot.

Rügemer, W./Wigand, E. (2014): Union-Busting in Deutschland. Die Bekämpfung von Betriebsräten und Gewerkschaften als professionelle Dienstleistung. OBS-Arbeitsheft 77. Frankfurt a.M.: Otto-Brenner-Stiftung.

Rycx, François/Kampelmann, Stephan (2012): Who Earns Minimum Wages in Europe? ETUI Report 124. Brüssel: European Trade Union Institute.

Sauer, D./Stöger, U./Bischoff, J./Detje, R./Müller, B. (2018): Rechtspopulismus und Gewerkschaften. Eine arbeitsweltliche Spurensuche. Hamburg: VS

Sauer, Dieter/Detje, Richard (2019): Rechtspopulismus im Betrieb. Erscheinungsformen, Hintergründe politischer Umgang. In: WSI-Mitteilungen 72 (3), 159–167.

Schadt, Peter (2020): Die Digitalisierung als Scheinsubjekt. In: Widersprüche: Zeitschrift für sozialistische Politik im Bildungs-, Gesundheits- und Sozialbereich, 40(158), 33–47.

Schäfer, Armin (2015): Der Verlust politischer Gleichheit. Warum die sinkende Wahlbeteiligung der Demokratie schadet. Frankfurt a.M./New York: Campus.

Scharpf, Fritz W. (1987): Sozialdemokratische Krisenpolitik in Europa. Frankfurt a.M./New York: Campus.

Scharpf, Fritz W. (1999): Governing in Europe: Effective and Democratic? Oxford: Oxford University Press.

Scharpf, Fritz W. (2012): Legitimacy Intermediation in the Multilevel European Polity and Its Collapse in the Euro Crisis. MPIfG Discussion Paper 12/6. Köln: Max-Planck-Institut für Gesellschaftsforschung.

Schartau, Harald (2001): Zukunft der Betriebsratsarbeit. In: Abel, Jörg/Sperling, Hans Joachim (Hg.): Umbrüche und Kontinuitäten. Perspektiven nationaler und internationaler Arbeitsbeziehungen. Walther Müller-Jentsch zum 65. Geburtstag. München/Mering: Hampp, 129–140.

Schauer, Helmut/Dabrowski, Hartmut/Neumann, Uwe/Sperling, Hans Joachim (Hg.) (1984): Tarifvertrag zur Verbesserung industrieller Arbeitsbedingungen. Frankfurt a.M./New York: Campus.

Schaupp, Simon (2021): Technopolitik von unten. Algorithmische Arbeitssteuerung und kybernetische Proletarisierung. Berlin: Matthes & Seitz.

Schiller, Dan (1999): Digital Capitalism. Networking the Global Market System. Cambridge/London: MIT Press.

Schmalz, S./Liebig, S./Thiel, M. (2015): Zur Zersplitterung des sozialen Konflikts in Westeuropa: eine Typologie nicht-normierter Kämpfe um Arbeit. In: AIS-Studien 8 (2), 49–66.

Schmalz, Stefan/Dörre, Klaus (2014): Der Machtressourcenansatz: Ein Instrument zur Analyse gewerkschaftlichen Handlungsvermögens. In: Industrielle Beziehungen 21 (3), 217–237.

Schmidt, Eberhard (1975): Ordnungsfaktor oder Gegenmacht. Die politische Rolle der Gewerkschaften. Frankfurt a.M.: Suhrkamp.

Schmidt, Eberhard/Weick, Edgar (1975): Betriebsöffentlichkeit, Gewerkschaftsöffentlichkeit, proletarische Öffentlichkeit. Anmerkungen zur Organisationsanalyse von bürgerlicher und proletarischer Öffentlichkeit. In: Narr, Wolf-Dieter (Hg.): Politik und Ökonomie – autonome Handlungsmöglichkeiten des politischen Systems. Politische Vierteljahresschrift, Sonderheft. Opladen: Westdeutscher Verlag, 467–480.

Schmidt, Gert (2010): Arbeit und Gesellschaft. In: Böhle, Fritz et al. (Hg.): Handbuch Arbeitssoziologie. Wiesbaden: VS, 143–168.
Schmidt, Rudi/Trinczek, Rainer (1999): Der Betriebsrat als Akteur der industriellen Beziehungen. In: Müller-Jentsch, Walther (Hg.): Konfliktpartnerschaft. Akteure und Institutionen der industriellen Beziehungen. München/Mering: R. Hampp, 103–128.
Schmidt, Rudi/Trinczek, Rainer (1989): Does the 38.5-Hour Week Collective Agreement Change the West German System of Co-determination? In: Lammers, C. J./Széll, G. (Hg.): International Handbook of Participation in Organizations. Bd. 1: Organizational Democracy: Taking Stock. Oxford: Oxford University Press, 285–300.
Schmidt, Rudi/Trinczek, Rainer (1986): Die betriebliche Gestaltung tariflicher Arbeitszeitnormen in der Metallindustrie. In: WSI-Mitteilungen 39, 641–652.
Schmiede, Rudi (1996): Informatisierung, Formalisierung und kapitalistische Produktionsweise. Entstehung der Informationstechnik und Wandel der gesellschaftlichen Arbeit. In: Schmiede, R. (Hg.): Virtuelle Arbeitswelten. Arbeit, Produktion und Subjekt in der „Informationsgesellschaft". Berlin, 15–47.
Schmiede, Rudi (2015): Homo faber digitalis? Zur Dialektik von technischem Fortschritt und Arbeitsorganisation. In: Mittelweg 36, 24. Jahrgang, Heft 6, 39–61.
Schmitter, Philippe C./Streeck, Wolfgang (1981): The organization of business interests: A research design to study the associative action of business in the advanced industrial societies of Western Europe. Berlin: Wissenschaftszentrum Berlin.
Schmitter, Philippe/Lehmbruch, Gerhard (Hg.) (1982): Trends Toward Corporatist Intermediation. Beverly Hills/London.
Schneider, M. (1999): Unterm Hakenkreuz: Arbeiter und Arbeiterbewegung 1933 bis 1939. Geschichte der Arbeiter und der Arbeiterbewegung in Deutschland seit dem Ende des 18. Jahrhunderts, Bd. 12. Bonn: Dietz.
Schneider, M. (2000): Kleine Geschichte der Gewerkschaften. Ihre Entwicklung in Deutschland von den Anfängen bis heute. Bonn: Dietz.
Schneider, M. (2006): „In voller Erkenntnis der Tragweite des jetzigen Konflikts." Der Ruhreisenstreit 1928/29. In: Niethammer, L. et al. (Hg.): Die Menschen machen ihre Geschichte nicht aus freien Stücken, aber sie machen sie selbst. Einladung zu einer Geschichte des Volkes in Nordrhein-Westfalen. Essen: Klartext, 136–139.

Scholz, R./Vitols, S. (2019): Board-level codetermination: A driving force for corporate social responsibility in German companies? In: European Journal of Industrial Relations 25 (3), 233–246.

Scholz, R./Vitols, S. (2021): Mitbestimmt ist nicht gleich mitbestimmt: Pfadabhängige Variation der Unternehmensmitbestimmung in Deutschland. In: Industrielle Beziehungen 28 (3), 317–341.

Schönhoven, K. (1987): Die deutschen Gewerkschaften. Frankfurt a.M.: Suhrkamp.

Schreiber, B./Bresgott, H.-C./König, D./Seifert, C. (2015): Vom Vorleser zum Mindestlohn. Hamburg: VSA.

Schreyer, Jasmin/Schrape, Jan-Felix (2018): Algorithmische Arbeitskoordination in der plattformbasierten Gig Economy: Das Beispiel Foodora. In: Arbeits- und Industriesoziologische Studien 11 (2), 262–278.

Schroeder, W./Greef, S./Ten Elsen, J./Heller, L. (2019): Rechtspopulistische Aktivitäten in betrieblichen Kontexten und gewerkschaftliche Reaktionen. In: WSI-Mitteilungen 72 (3), 185–192.

Schroeder, Wolfgang (2016): Konfliktpartnerschaft – still alive. Veränderter Konfliktmodus in der verarbeitenden Industrie. In: Industrielle Beziehungen 23 (3), 374–392.

Schulten, Thorsten (2004): Solidarische Lohnpolitik in Europa. Zur politischen Ökonomie der Gewerkschaften. Hamburg: VSA.

Schulten, Thorsten (2005): Gewerkschaften und europäische Integration: Aktuelle Facetten eines ambivalenten Verhältnisses. In: Beerhorst, Joachim/Urban, Hans-Jürgen (Hg.): Handlungsfeld europäische Integration. Gewerkschaftspolitik in und für Europa. Hamburg: VSA, 14–36.

Schulten, Thorsten (2009): Zehn Jahre europäische Koordinierung der Tarifpolitik: Eine Zwischenbilanz. In: Schulten, Heiko/Flore, Manfred (Hg.): Zukunft von Arbeitsbeziehungen und Arbeit in Europa. Osnabrück: Secolo, 103–118.

Schulten, Thorsten (2012): Stellenwert der Allgemeinverbindlicherklärung für die Tarifvertragssysteme in Europa. In: WSI-Mitteilungen 7/2012, 485–495.

Schulten, Thorsten/Müller, Torsten (2013): Ein neuer europäischer Interventionismus? Die Auswirkungen des neuen Systems der europäischen Economic Governance auf Löhne und Tarifpolitik. In: Wirtschaft und Gesellschaft 39 (3), 291–320.

Schulz, Felix/Trappmann, Vera (2023): Erwartungen von Beschäftigten an die sozial-ökologische Transformation. Working Paper Forschungsförderung 308. Düsseldorf: Hans-Böckler-Stiftung.

Schwab, Klaus (2016): Die vierte industrielle Revolution. München: Pantheon.

Schwarz-Kocher, M./Stieler, S. (2019): Die Bedeutung regionaler Wertschöpfungscluster der Automobilindustrie im Prozess fortschreitender Globalisierung und der Transformation zur Elektromobilität. In: Arbeits- und Industriesoziologische Studien 12 (2), 35–56.

Sebastian, Marcel/Seeliger, Martin (2022): Die Re-Regulierung der Schlachthofarbeit in der Corona-Krise. In: Peukert, Almut/Seeliger, Martin/Jacobsen, Heike (Hg.): Arbeiten in Zeiten von Corona. Sonderheft der Zeitschrift Arbeit. Oldenburg: De Gruyter, 235–254.

Seeliger, Martin (2012): Mitbestimmung zwischen Klassenkampf und Sozialpartnerschaft. Erwerbsregulierung bei Volkswagen zwischen Südafrika und Deutschland. Münster: Westfälisches Dampfboot.

Seeliger, Martin (2015): Europäischer Mindestlohn als Arbeitnehmerinteresse? Probleme gewerkschaftlicher Positionsbildung. In: Aus Politik und Zeitgeschichte 4–5, 36–42.

Seeliger, Martin (2017): Die soziale Konstruktion organisierter Interessen. Gewerkschaftliche Positionsbildung auf europäischer Ebene. Frankfurt a.M./New York: Campus.

Seeliger, Martin (2017): Funktioniert die europäische Lohnkoordinierung? Befunde aus der deutschen Metall- und Elektroindustrie. In: WSI-Mitteilungen 8/2017, 566–576.

Seeliger, Martin (2018): German macrosociology on capitalism, inequality, democracy – a critical review. In: Culture, Practice & Europeanization 3 (2), 74–84.

Seeliger, Martin (2018): Why do (some) European trade unions reject minimum wage regulation? Trade union politics between Integrationism and Institutional Nationalism. In: Culture, Practice and Europeanization 3 (1), 37–46.

Seeliger, Martin (2018a): Ambiguities of Social Europe. Political Agenda-Setting among Trade Unionists from Central-Eastern and Western Europe. In: Kiess, Johannes/Seeliger, Martin (Hg.): Trade Unions under the Pressure of European Integration. A Question of Optimism and Pessimism? London: Routledge, 100–120.

Seeliger, Martin (2018b): Ambiguitäten des „Sozialen Europa“. Politische Positionsbildung zwischen Gewerkschaften aus Ost- und Westeuropa. In: Ders. (Hg.): Zwischen Institutionalisierung und Abwehrkampf. Internationale Gewerkschaftspolitik im Prozess der europäischen Integration. Frankfurt a.M./New York: Campus, 37–67.

Seeliger, Martin (2018c): Gewerkschaftspolitik im 21. Jahrhundert. Internationale Perspektiven auf ein umkämpftes Terrain. Wiesbaden: Springer.

Seeliger, Martin (2018d): Ambivalences of the Countermovement. A proposal on how to inquire international trade unionism. In: Transnational Social Review 8 (2), 203–217.
Seeliger, Martin (2019): Transnationale Arbeitspolitik. Wie Klasse, Nation und „Rasse“ Haltungen zu partizipatorischer Arbeitsorganisation beeinflussen. In: Gruhlich, Julia/Seeliger, Martin (Hg.): Intersektionalität, Arbeit, Organisation. Zum Verhältnis von Geschlecht und anderen sozialen Kategorien. München/Weinheim: Beltz, 172–189.
Seeliger, Martin (2019a): Verhandelte Globalisierung. Studien zur Internationalisierung von Wirtschaft und Kultur. Wiesbaden: Springer.
Seeliger, Martin (2019b): Ambivalenzen der Gegenbewegung. Internationale Erwerbsregulierung zwischen Einbettung und Kommodifizierung. In: Ders.: Gewerkschaftspolitik im 21. Jahrhundert. Wiesbaden: Springer, 141–168.
Seeliger, Martin (2021): Konstruktiv entkoppelt? Politik und Organisation aus pragmatistischer und neoinstitutionalistischer Perspektive. In: Brunkhorst, Hauke/Petersen, Felix/Seeliger, Martin (Hg.): Pragmatistische Sozialforschung. Für eine praktische Wissenschaft gesellschaftlichen Fortschritts. Stuttgart: Metzler, 281–298.
Seeliger, Martin (2021a): Zur Ambivalenz politischer Mythenbildung: Gewerkschaften in der europäischen Tarifpolitik. In: Arbeits- und Industriesoziologische Studien 14 (2), 45–58.
Seeliger, Martin (2023): Strukturwandel der Arbeitsgesellschaft. Eine Einleitung. In: Ders. (Hg.): Strukturwandel der Arbeitsgesellschaft. Transformation zwischen Innovation und Beharrung. Basel/Weinheim: Beltz, 9–33.
Seeliger, Martin (2024): Fünf Thesen zur politischen Ökonomie der sozialökologischen Transformation. In: Vierteljahreshefte für Arbeits- und Wirtschaftsforschung 1 (3), 404–409.
Seeliger, Martin et al. (2021): Zur Einführung. Pragmatistische Sozialwissenschaft. In: Dies. (Hg.): Pragmatistische Sozialforschung. Für eine praktische Wissenschaft gesellschaftlichen Fortschritts. Stuttgart: Metzler, 1–25.
Seeliger, Martin/Bitterwolf, Sebastian (2013): „Über Bande gespielt“. Möglichkeiten und Grenzen neuer Strategien im Verhältnis von Betriebsräten, Arbeitgebern und Medienöffentlichkeit am Beispiel der Regulierung von Leiharbeit. In: Industrielle Beziehungen 20 (1), 36–53.
Seeliger, Martin/Kiess, Johannes (2018): Zwischen Institutionalisierung und Abwehrkampf. Internationale Gewerkschaftspolitik im Prozess der europäischen Integration. In: Dies. (Hg.): Zwischen Institutionalisierung und Abwehr-

kampf. Internationale Gewerkschaftspolitik im Prozess der europäischen Integration. Frankfurt a.M./New York: Campus, 7–35.
Seeliger, Martin/Sebastian, Marcel (2022): The Influence of the Discursive Power of Unions in the Swift Re-regulation of Slaughterhouse Labour during the COVID-19 Crisis in Germany. In: Global Labour Journal 13 (3), 305–321.
Seeliger, Martin/Sevignani, Sebastian (Hg.) (2021): Ein neuer Strukturwandel der Öffentlichkeit. Leviathan Sonderheft. Baden-Baden: Nomos.
Seeliger, Martin/Wagner, Ines (2020): A Socialization Paradox? The formation of political positions among European-level trade union organizations on the Freedom of Services. In: Socio-Economic Review 18 (4), 1113–1131.
Seidman, Gay (2007): Beyond the Boycott: Labor Rights, Human Rights, and Transnational Activism. New York: Russell Sage.
Seikel, Daniel (2016): Ein soziales und demokratisches Europa? Hindernisse und Handlungsperspektiven. In: WSI-Mitteilungen 69 (1), 5–13.
Seikel, Daniel (2022): Die Revision der Entsenderichtlinie: Wie die Hürden marktkorrigierender EU-Politik überwunden werden konnten. In: Politische Vierteljahresschrift 63 (3), 499–527.
Seikel, Daniel (2022): Europäische Integration, Machtressourcen und soziale Klassen. Ein Vorschlag für eine politökonomische Erweiterung des Europäisierungsansatzes. WSI Working Paper Nr. 213. Düsseldorf: WSI.
Sennett, Richard (2007): Die Kultur des neuen Kapitalismus. Berlin: Berlin Verlag.
Seongcheol, Kim/Greef, Samuel/Schroeder, Wolfgang (2022): Rechte Akteure im Betrieb. Sechs EU-Länder im Vergleich. Wiesbaden: Springer VS.
Sevignani, Sebastian (2020): Klassenbildung im digitalen Strukturwandel der Öffentlichkeit. In: Das Argument 335, 220–240.
Silver, Beverly J. (2005): Forces of Labor. Arbeiterbewegungen und Globalisierung seit 1870. Berlin/Hamburg: Assoziation A.
Simon, W. (1976): Macht und Herrschaft der Unternehmerverbände BDI, BDA und DIHT. Köln: Pahl-Rugenstein.
Skidelsky, Robert (2013): John Maynard Keynes: 1883–1946. Economist, Philosopher, Statesman. New York: Penguin.
Skocpol, Theda (1979): States and Social Revolutions. Cambridge: Cambridge University Press
Smith, Adam (1776/1978): Der Wohlstand der Nationen. Eine Untersuchung seiner Natur und seiner Ursachen. München: dtv.
Sorge, Arndt (2023): Diversifizierte Qualitätsproduktion. In: Seeliger, Martin (Hg.): Strukturwandel der Arbeitsgesellschaft. Basel/Weinheim: Beltz, 236–252.

Sperling, H. (2014): Gewerkschaftliche Betriebspolitik. In: Schroeder, W. (Hg.): Handbuch Gewerkschaften in Deutschland. Wiesbaden: Springer VS, 485–504.
Srnicek, Nick (2018): Plattform-Kapitalismus. Hamburg: Hamburger Edition.
Staab, Philipp (2019): Digitaler Kapitalismus. Markt und Herrschaft in der Ökonomie der Unknappheit. Frankfurt a.M.: Suhrkamp.
Staab, Philipp (2020): Digitalisierung. In: Joas, Hans/Mau, Steffen (Hg.): Lehrbuch Soziologie. Frankfurt a.M./New York: Campus, 901–927.
Staab, Philipp (2025): Systemkrise. Legitimationsprobleme im grünen Kapitalismus. Berlin: Suhrkamp.
Staab, Philipp/Nachtwey, Oliver (2016a): Die Digitalisierung der Dienstleistungsarbeit. In: Aus Politik und Zeitgeschichte 66, 24–31.
Streeck, Wolfgang (2005): The Sociology of Labor Markets and Trade Unions. In: Smelser, Neil J./Swedberg, Richard (Hg.): The Handbook of Economic Sociology. Princeton: Princeton University Press, 254–283.
Steinmüller, F. (2019): Arbeitsmarkt- und Rentenpolitik in Deutschland und Frankreich im Kontext der Akteurskonstellationen. In: Schroeder, W./Schulze, M. (Hg.): Wohlfahrtsstaat und Interessenorganisationen im Wandel. Baden-Baden: Nomos, 195–217.
Stevis, Dimitri (2010): International framework agreements and global social dialogue: Parameters and prospects. Geneva: ILO.
Streeck, W. (1979): Gewerkschaftsorganisation und industrielle Beziehungen: Einige Stabilitätsprobleme industriegewerkschaftlicher Interessenvertretung und ihre Lösung im westdeutschen System der industriellen Beziehungen. In: Matthes, J. (Hg.): Sozialer Wandel in Westeuropa. Verhandlungen des 19. Deutschen Soziologentages in Berlin 1979. Frankfurt a.M., 206–226.
Streeck, W. (2009): Re-Forming Capitalism. Institutional Change in the German Political Economy. Oxford: Oxford University Press.
Streeck, W. (2013): Gekaufte Zeit. Die vertagte Krise des demokratischen Kapitalismus. Berlin: Suhrkamp.
Streeck, W. (1997b): Neither European, nor Works Councils: A Reply to Paul Knutsen. In: Economic and Industrial Democracy 18 (2), 325–337.
Streeck, Wolfgang (1981): Gewerkschaftliche Organisationsprobleme in der sozialstaatlichen Demokratie. Königstein/Taunus: Athenäum.
Streeck, Wolfgang (1992): Social Institutions and Economic Performance. New York: Sage.
Streeck, Wolfgang (1998): Vom Binnenmarkt zum Bundesstaat? Überlegungen zur politischen Ökonomie der europäischen Sozialpolitik. In: Leibfried, Ste-

phan/Pierson, Paul (Hg.): Standort Europa. Sozialpolitik zwischen Nationalstaat und europäischer Integration. Frankfurt a.M.: Suhrkamp, 369–421.
Streeck, Wolfgang (1999): Korporatismus in Deutschland. Zwischen Nationalstaat und Europäischer Union. Frankfurt a.M./New York: Campus.
Streeck, Wolfgang (2001): Tarifautonomie und Politik: Von der Konzertierten Aktion zum Bündnis für Arbeit. In: Die deutschen Arbeitsbeziehungen am Anfang des 20. Jahrhunderts. Hrsg. vom Gesamtverband der metallindustriellen Arbeitgeberverbände. Köln: Deutscher Institutsverlag, 76–102.
Streeck, Wolfgang (2021): Zwischen Globalismus und Demokratie. Politische Ökonomie im ausgehenden Neoliberalismus. Berlin: Suhrkamp.
Streeck, Wolfgang (1995): Politikverflechtung und Entscheidungslücke. In: Schettkat, Ronald et al. (Hg.): Reformfähigkeit. Frankfurt a.M./New York: Campus, 101–130.
Streeck, Wolfgang/Höpner, Martin (2003): Einleitung: Alle Macht dem Markt? In: Streeck, Wolfgang/Höpner, Martin (Hg.): Alle Macht dem Markt? Fallstudien zur Abwicklung der Deutschland AG. Frankfurt a.M.: Campus, 11–59.
Streeck, Wolfgang/Schmitter, Philippe C. (Hg.) (1985): Private Interest Government – Beyond Market and State. London: SAGE
Studer, Brigitte (2020): Reisende der Weltrevolution. Eine Globalgeschichte der Kommunistischen Internationale. Berlin: Suhrkamp.
Stützle, Ingo (2014): Austerität als politisches Projekt. Von der monetären Integration Europas zur Eurokrise. Münster: Westfälisches Dampfboot.
Süß, D. (2025): Geschichte und Erinnerung der deutschen Gewerkschaften. In: Schroeder, W./Greef, S. (Hg.): Handbuch Gewerkschaften in Deutschland. Wiesbaden: Springer VS, 49–78.
Svensson, Torsten (2013): Sweden. In: Frege, Carola/Kelly, Paul (Hg.): Comparative Employment Relations in the Global Economy. London: Routledge, 227–244.
Sydow, Jörg/Wirth, Carsten (Hg.) (1999): Arbeit, Personal und Mitbestimmung in Unternehmungsnetzwerken. München/Mering: Hampp.
Taylor, Frederic W. (1977 [1913]): Die Grundsätze wissenschaftlicher Betriebsführung. München/Berlin. R. Oldenbourg,
Teschner, Eckart (1977): Lohnpolitik im Betrieb. Eine empirische Untersuchung in der Metall-, Chemie-, Textil- und Tabakindustrie. Frankfurt a.M./New York: Campus.
Teubner, G. (1979): Neo-korporatistische Strategien rechtlicher Organisationssteuerung. Staatliche Strukturvorgaben für gesellschaftliche Verarbeitung politischer Konflikte. In: Zeitschrift für Parlamentsfragen 10 (4), 487–502.

Teuteberg, H. J. (1961): Die industrielle Mitbestimmung in Deutschland. Ursprung und Entwicklung ihrer Vorläufer im Denken und in der Wirklichkeit des 19. Jahrhunderts. Tübingen: Mohr Siebeck.

Teuteberg, Hans Jürgen (1961): Geschichte der industriellen Mitbestimmung in Deutschland. Tübingen: Mohr Siebeck.

Thelen, Kathleen (2006): Institutionen und sozialer Wandel. Die Entwicklung der beruflichen Bildung in Deutschland. In: Beckert, Jens et al. (Hg.): Transformationen des Kapitalismus. Frankfurt a.M./New York: Campus, 399–423.

Thelen, Kathleen (2014): Varieties of Liberalization and the New Politics of Social Solidarity. Cambridge: Cambridge University Press.

Thiel, Marcel (2022): Wieder mächtig werden. Gewerkschaftliche Erneuerung durch bedingungsgebundene Tarifarbeit? Frankfurt a. M./New York: Campus.

Thompson, E. P. (1987): Die Entstehung der englischen Arbeiterklasse. Frankfurt a.M.: Suhrkamp.

Thompson, Edward Palmer (1971): The Moral Economy of the English Crowd in the Eighteenth Century. In: Past & Present 50, 76–136.

Thompson, Paul/Ackroyd, Stephen (2023): Arbeiter:innen-Handeln. Vom Widerstand zum Fehlverhalten: eine Arbeitsprozessperspektive. In: Heiland, Heiner/Schaupp, Simon (Hg.): Widerstand im Arbeitsprozess. Bielefeld: transcript, 53–82.

Thünken, Oliver (2018): Bewegung im Betrieb: Organizing-Projekte und die Revitalisierung der industriellen Beziehungen. Industrielle Beziehungen: Zeitschrift für Arbeit, Organisation und Management, 25(2), 231–251.

Tietel, Erhard/Meng, Frank/Singe, Ingo/Katenkamp, Olaf (2026): Gewerkschaftliche Vertrauensleute im Betrieb: Aufbruch wagen, Mitbestimmung gestalten, Bielefeld: transcript.

Tittor, Anne (2023): Postfossiler Extraktivismus? Die Vervielfältigung sozial-ökologischer Konflikte im Globalen Süden durch Dekarbonisierung. In: PROKLA 53 (1), 77–98

Topal, Serkan/Kramer, Paul-Fiete/Hoose, Fabian/Beckmann, Fabian (2024): Collective Interests in Individualised Work: An Empirical Analysis of Self-Perceptions and Orientations of Platform Workers and their Implications for Regulation and Representation. In: E-Journal of International and Comparative Labour Studies 13, 131–161.

Trappmann, Vera/Bessa, Ioulia/Joyce, Simon/Neumann, Denis/Stuart, Mark/Umney, Charles (2020): Global labour unrest on platforms. The case of food delivery workers. Berlin: Friedrich-Ebert-Stiftung.

Traxler, Franz (2003): Coordinated Bargaining: A Stocktaking of Its Preconditions, Practices and Performance. In: Industrial Relations Journal 34 (3), 195–209.

Traxler, Franz (2005): Pattern Bargaining als analytisches und empirisches Problem der Lohnpolitik. In: Wirtschaft und Gesellschaft 31 (2), 171–195.

Trede, O. (2015): Zwischen Misstrauen, Regulation und Integration. Gewerkschaften und Arbeitsmigration in der Bundesrepublik und in Großbritannien in den 1960er und 70er Jahren. Paderborn: Ferdinand Schöningh.

Trinczek, Rainer (2018): Betriebliche Regulierung von Arbeitsbeziehungen. In: Böhle, Fritz/Voß, G. Günter/Wachtler, Günther (Hg.): Handbuch Arbeitssoziologie. Band 2: Akteure und Institutionen. 2. Aufl. Wiesbaden: Springer VS, 579–618.

Tullius, Knut/Vogel, Berthold/Wolf, Harald (2021): Mentalitäten des Umbruchs. Wie sich Beschäftigte orientieren und wie sie unter Transformationsbedingungen handeln. Ein Forschungskonzept. SOFI Working Paper 2021–23. Göttingen.

Tullius, Knut/Wolf, Harald (2023): „Soll mir das Angst machen?“ Transformationserfahrungen von Beschäftigten in der Automobil- und der Luftverkehrswirtschaft. In: AIS-Studien 16 (1), 56–73.

Turner, Lowell (1996): The Europeanization of Labour: Structure before Action. In: European Journal of Industrial Relations 2 (3), 325–434.

Uhl, Karsten (2019): Eine lange Geschichte der „menschenleeren Fabrik“. Automatisierungsvisionen und technologischer Wandel im 20. Jahrhundert. In: Butollo, Florian/Nuss, Sabine (Hg.): Marx und die Roboter. Vernetzte Produktion, künstliche Intelligenz und lebendige Arbeit. Berlin: Dietz, 74–90.

Ullmann, P. (1977): Tarifverträge und Tarifpolitik in Deutschland bis 1914. Entstehung und Entwicklung, interessenpolitische Bedingungen und Bedeutung des Tarifvertragswesens für die sozialistischen Gewerkschaften. Frankfurt a.M./Bern/Las Vegas: Lang.

Urban, H.-J. (2010): Wohlfahrtsstaat und Gewerkschaftsmacht im Finanzmarkt-Kapitalismus: Der Fall Deutschland. In: WSI-Mitteilungen 9/2010, 443–450.

Urban, H.-J. (2015): Zwischen Krisenkorporatismus und Revitalisierung. Gewerkschaftspolitik im europäischen Finanzmarktkapitalismus. In: Lehndorff, S. (Hg.): Spaltende Integration. Der Triumph gescheiterter Ideen in Europa – revisited. Zehn Länderstudien. Hamburg: VSA, 302–325.

Urban, Hans-Jürgen (2013): Strohfeuer oder Wendepunkt. In: Blätter für deutsche und internationale Politik 5/2013, 83–90

Urban, Hans-Jürgen (2023): Krise. Macht. Arbeit. Über Krisen des Kapitalismus und Pfade in eine nachhaltige Gesellschaft. Frankfurt a.M./New York: Campus.

Urban, Hans-Jürgen (2025): Determinanten der ökologischen Transformation. Soziologische Analysen und strategische Implikationen. In: Dörre, Klaus/Liebig, Steffen/Lucht, Kim/Michaelis, Lennart/Sittel, Johanna (Hg.): Umkämpfte Transformation. Konflikte um den digitalen und ökologischen Wandel. Frankfurt a.M./New York: Campus, 299–322.

Urban, Hans-Jürgen (Hg.) (2025): Arbeit Klima Transformation. Arbeitspolitik: Theorie, Praxis, Strategie. Hamburg: VSA.

Urban, Hans-Jürgen (Hg.) (2024): Gute Arbeit gegen Rechts. Arbeitspolitik: Theorie, Praxis, Strategie. Hamburg: VSA.

Vallas, S. P./Schor, J. B. (2024): Labour platforms as mechanisms of class reproduction: Middle-class interests as the basis of worker consent. In: Work in the Global Economy 4 (2), 235–258.

van der Linden, Marcel (2017): Workers of the World. Eine Globalgeschichte der Arbeit. Frankfurt a.M./New York: Campus.

Vandenberg, Andrew (2006): Social-movement unionism in theory and in Sweden. In: Social Movement Studies 5 (2), 171–191.

Varga, Marika (2020): Kommentar: Vorwärts, aber gemeinsam. Transnationale Gewerkschaftsarbeit der IG Metall heute. In: Ludwig, Carmen et al. (Hg.): Entgrenzte Arbeit, (un-)begrenzte Solidarität. Münster: Westfälisches Dampfboot, 241–246.

Visser, Jelle (2012): The Rise and Fall of Industrial Unionism. In: Transfer 18 (2), 129–141

Vitols, J. (2008): Beteiligung der Arbeitnehmervertreter in Aufsichtsratsausschüssen. Arbeitspapier Nr. 163. Düsseldorf: Hans-Böckler-Stiftung.

Vitols, Sigurt/Scholz, Robert (2021): Unternehmensmitbestimmung und langfristige Investitionen in deutschen Unternehmen. In: WSI-Mitteilungen 74 (2), 87–97.

von Alemann, Ulrich (2012): Organisierte Interessen in der Bundesrepublik. Opladen: Leske + Budrich.

Voss, Kim/Sherman, Rachel (2000): Breaking the Iron Law of Oligarchy: Union Revitalization in the American Labor Movement. In: American Journal of Sociology 106 (2), 303–349.

Voswinkel, S. (2012): Arbeit und Subjektivität. In: Kapitalismustheorie und Arbeit. Neue Ansätze soziologischer Kritik. Frankfurt a.M./New York: Campus, 302–315.

Wagner, I./Lillie, N. (2014): European Integration and the Disembedding of Labour Market Regulation: Transnational Labour Relations at the European Central Bank Construction Site. In: JCMS: Journal of Common Market Studies 52 (2), 403–419.

Wagner, Katja/Neuhauss, Maria/Hauer, Maximilian (2025): Klima und Kapitalismus. Plädoyer für einen ökologischen Sozialismus. Stuttgart: Schmetterling.

Wajcman, J. (2015): Pressed for Time: The Acceleration of Life in Digital Capitalism. Chicago, IL: University of Chicago Press.

Wallerstein, Immanuel (1974): The Modern World-System I. Los Angeles: University of California Press.

Wang, Xinxin/Lo, Kevin (2021): Just transition: A conceptual review. In: Energy Research & Social Science 82, 1–11.

Wassermann, Wolfram (2002): Betriebsräte. Akteure für Demokratie in der Arbeitswelt. Münster: Westfälisches Dampfboot.

Webb, Sidney/Webb, Beatrice (1897): Industrial Democracy. Vol. 1. London/New York/Bombay: Longmans, Green & Co.

Weber, Max (1980 [1921]): Wirtschaft und Gesellschaft. Tübingen: Mohr & Siebeck

Weber, Max (1984 [1892]): Die Lage der Landarbeiter im ostelbischen Deutschland. Tübingen: Mohr.

Weber, Max (2013 [1921]): Wirtschaft und Gesellschaft. Tübingen: J. C. B. Mohr (Paul Siebeck).

Weber, Max (1985): Wirtschaft und Gesellschaft. Grundriss der verstehenden Soziologie. 5. Aufl. Hrsg. von Johannes Winkelmann. Tübingen: Mohr Verlag.

Webster, Eddie (2010): From Critical Sociology to Combat Sport? A Response to Michael Burawoy's "From Polanyi to Pollyanna: The False Optimism of Global Labour Studies". In: Global Labour Journal 1 (2), 384–387.

Webster, Eddie et al. (2008): Grounding Globalization. Labour in the Age of Insecurity. London: Blackwell.

Weidmann, Daniel (2026): Eine kleine Berliner Rätebewegung. In: Blumenthal, F./Oppelt, M. (Hg): Angriffe auf die unternehmerische Autokratie. Bielefeld: transcript, 255–272.

Weinert, Rainer (2009): Die Rolle der Gewerkschaften in der europäischen Sozialpolitik: Was die offene Methode der Koordinierung bedeutet. Berlin: Edition Sigma.

Weipert, A. (2012): Vor den Toren der Macht. In: Jahrbuch für Forschungen zur Geschichte der Arbeiterbewegung 11 (2), 16–32.

Wells, Don (2009): Local Worker Struggles in the Global South: Reconsidering Northern Impacts on International Labour Standards. In: Third World Quarterly 30 (3), 567–579

Weltz, F. (1977): Kooperative Konfliktverarbeitung. In: Gewerkschaftliche Monatshefte 28 (5), 291–301.

Werner, J.-R./Zimmermann, J. (2005): Unternehmerische Mitbestimmung in Deutschland: Eine empirische Analyse der Auswirkungen von Gewerkschaftsmacht in Aufsichtsräten. In: Industrielle Beziehungen 12 (3), 339–354.

Wetzel, Detlef (Hg.) (2013): Organizing. Die Veränderung der gewerkschaftlichen Praxis durch das Prinzip Beteiligung. Hamburg: VSA.

Wiedemuth, Jörg (2017): Tarifverhandlungen – ein überflüssiges Ritual? Zur Innenansicht eines gesellschaftlichen Konfliktes. In: WSI-Mitteilungen 8/2017, 614–620.

Wiesenthal, Helmut (1992): Das Trilemma strategisch ambitionierter Mitgliederverbände. In: Berliner Journal für Soziologie 3 (1), 3–18.

Wilkinson, T. M. (2004): The Ethics and Economics of the Minimum Wage. In: Economics & Philosophy 20 (2), 351–374.

Wissel, Jens/Hirsch, Joachim (2015): Transnationalisierung der Klassenverhältnisse. In: Thien, Hans-Günter (Hg.): Klassen im Postfordismus. Münster: Dampfboot, 285–307.

Wissenschaftlicher Beirat der Bundesregierung Globale Umweltveränderungen (2011): Welt im Wandel. Gesellschaftsvertrag für eine Große Transformation. Berlin: WBGU

Wright, E. O. (2000): Working Class Power, Capitalist Class Interests and Class Compromise. In: American Journal of Sociology 105 (4), 957–1002.

WSI (2024): Jahresbilanz des WSI-Tarifarchivs: Tariflöhne steigen 2024 nominal um durchschnittlich 5,5 Prozent – Reallohnzuwachs von 3,2 Prozent gibt erstmals wieder einen kräftigen Kaufkraftschub. Pressemitteilung 06.12.2024. URL: https://www.boeckler.de/pdf/pm_ta_2024_12_06.pdf (Abruf: 28.3.2026).

Zanker, C./Roth, I./Hoppe, M. (2019): Ver.di-Innovationsbarometer 2019: Künstliche Intelligenz. Berlin

Zeuner, Bodo (2004): Widerspruch, Widerstand, Solidarität und Entgrenzung – neue und alte Probleme der Gewerkschaften. In: Beerhorst, Joachim/Demirović, Alex/Guggemos, Michael (Hg.), Kritische Theorie im gesellschaftlichen Strukturwandel, Suhrkamp: Frankfurt/M, 318–353.

Zeuner, B./Gester, J./Fichter, M./Kreis, J./Stöss, R. (2007): Gewerkschaften und Rechtsextremismus. Anregungen für die Bildungsarbeit und die politische Selbstverständigung. Münster: Westfälisches Dampfboot

Zinke, Guido (2020): Lohnentwicklung in Deutschland und Europa. URL: https://www.bpb.de/themen/arbeit/arbeitsmarktpolitik/322503/lohnentwicklung-in-deutschland-und-europa/ (Abruf 28.3.2026)

Zuboff, Shoshana (2018): Das Zeitalter des Überwachungskapitalismus. Frankfurt a.M./New York: Campus.

Register